HÀNYǓ CHÉNGYǓ XIǍOCÍDIǍN

汉语成语小词典

（2003 年修订本）

商务印书馆辞书研究中心修订

商务印书馆

2004 年·北京

说　　明

　　《汉语成语小词典》是北京大学中文系 1955 级语言班同学于 1958 年集体编写的,同年出版。1959 年、1962 年、1972 年、1981 年、1998 年先后作过五次修订。

　　这次修订,以第五次修订本为基础,增收部分常见成语;删改和调换已不合时宜的例句;对异读词,按照《普通话异读词审音表》(1985 年 12 月修订版)的规定作了订正;对个别体例进行了调整,使之规范;改正错字。注释力求准确、通俗;例句简短、易懂。便于学生及一般读者理解、掌握和运用成语。

　　商务印书馆辞书研究中心承担了这次修订工作。参加修订工作的有许振生、何宛屏、王玉,张万起审订。

　　修订本难免有不妥之处,欢迎读者批评指正。

2003 年 1 月

凡　例

一、本词典共收成语 4600 条。除一般成语外，也酌收一些类似成语或正在向成语发展的词组和一些常用的熟语。

二、本词典按汉语拼音字母次序排列，如 a，ai，an，ang。成语第一音节（即第一个汉字的注音）相同的，以声调的阴平、阳平、上声、去声为序，如 bā，bá，bǎ，bà。成语第一音节相同并且声调也相同的，按汉字笔画多少排列，如：

> 班门弄斧　（bān mén nòng fǔ）
> 斑驳陆离　（bān bó lù lí）

成语第一个汉字相同并且声调也相同的，排列在一起，然后按第二字、第三字音序排列，如：

> 倒打一耙　（dào dǎ yī pá）
> 倒行逆施　（dào xíng nì shī）

如果第一个汉字相同而声调不同，仍按音序分开排列，如：

倒海翻江　（dǎo hǎi fān jiāng）

蹈常袭故　（dǎo cháng xí gù）

蹈袭覆辙　（dǎo xí fù zhé）

倒打一耙　（dào dǎ yī pá）

倒行逆施　（dào xíng nì shī）

三、本词典用汉语拼音注音。注音按照《普通话异读词审音表》，如"波澜壮阔"中的"波"字，注 bō 不注 pō，"悬崖勒马"中的"崖"字，注 yá 不注 yái。成语中汉字注音一律注原调，不注变调，如"一概而论"和"一帆风顺"中的"一"均注 yī，"不计其数"和"不屈不挠"中的"不"均注 bù 等。轻声一律标单字读音。

四、释义注意成语的现实意义，肯定或否定一般寓于带倾向性的串讲中。成语中难懂的字、词加以注释，如果该字、词有数义，则仅注与该成语有关的一个意义。成语中字、词有不同写法的，予以注明。成语如有出处、典故，酌情引述，并分别情况加以注释、讲解。解释的文字一般是先分注难懂的字、词，其次引述成语的出处，再次串讲。在解释成语的意义时，并指出比喻、形容等义及褒贬等修辞色彩。一部分成语附有例句，如果一个成语有两个意义，则根据需要列两个例句，分别以 1、2 标示。

成语中容易读错、写错的字，以〔注意〕标出。辨正字音的有两类：一个字有两音的，标明这个字在这里"不读×"，如"好大喜功"中的"好"，指出"不读hǎo"；一个字可能读错的，标明"不能读作×"，如"信手拈来"中的"拈"，指出"不能读作 zhān"。辨正字的写法的，标明"不能写作×"，如"草菅人命"中的"菅"，指出"不能写作'管'"。

几个成语如意义相同，文字也基本相同，一般以常用的一条为主条，其他为"又作"。"又作"也列为词条，如"披沙拣金"为主条，又作"排沙简金"；"方兴未艾"为主条，又作"方兴未已"。几个成语意义相关或同中有异，单注或互注"参见"，如"唇齿相依"注参见"唇亡齿寒"，"情急生智"和"急中生智"互注参见。

五、例句中一律以代替号"～"代替该成语。

六、本词典附有汉语拼音排列的音序表，另外附有按汉字笔画排列的条目笔画索引。

音 序 表

长	51	嗤	58	怵	66	cong		dan	
常	52	痴	59	触	66	从	71	单	82
怅	52	魑	59			cu		殚	82
畅	52	持	59	chuan		粗	72	箪	82
		踟	59	川	67	促	73	胆	82
chao		尺	59	穿	67	猝	73	淡	83
超	53	齿	59	传	67			弹	83
		叱	60	chuang		cui			
che		赤	60	创	68	摧	73	dang	
车	53			疮	68			当	83
彻	53	chong		窗	68	cun		党	84
掣	54	冲	60	创	68	存	73	荡	84
		充	60			寸	73		
chen		重	60	chui				dao	
沉	54	崇	61	吹	68	cuo		刀	84
陈	54	宠	62	垂	68	蹉	73	倒	84
称	54			捶	69	厝	73	蹈	84
趁	55	chou				措	74	倒	85
		稠	62	chun		错	74	盗	85
cheng		愁	62	春	69			道	85
称	55	踌	62	椿	70	**D**			
瞠	55	臭	63	唇	70			de	
成	55			鹑	70	dá		得	86
诚	56	chu		蠢	71	达	75	德	87
承	56	出	63			答	75		
城	57	初	65	chuo		打	75	deng	
乘	57	除	65	踔	71	大	75	灯	87
程	58	锄	66	绰	71			登	87
惩	58	处	66			dai		等	88
逞	58	础	66	ci		呆	81	di	
		楚	66	词	71	代	81	低	88
chi				辞	71	待	82	羝	89
吃	58			此	71	戴	82		

牛 254
扭 255

nong
浓 255
弄 255

nu
奴 255
怒 255

O

ou
呕 257
偶 257
藕 257

P

pa
爬 258

pai
拍 258
排 258

pan
攀 259
盘 259
磐 259
判 259

pang
庞 260

旁 260

pao
抛 260
袍 261
炮 261

pei
赔 261

pen
喷 261

peng
朋 261
蓬 261
鹏 262

pi
披 262
劈 262
皮 262
蚍 263
疲 263
匹 263
否 264

pian
偏 264
胼 264
片 264

pin
贫 264
品 264

ping
平 264
评 265
凭 265
萍 266

po
迫 266
破 266

pu
扑 267
铺 267
璞 267
朴 267
普 268

Q

qi
七 269
妻 269
凄 269
欺 269
漆 269
齐 270
其 270
奇 270
歧 271
骑 271
棋 271

旗 271
乞 272
杞 272
起 272
气 272
弃 273
泣 274

qia
恰 274

qian
千 274
牵 277
铅 278
谦 278
前 278
钳 280
潜 280
黔 280
浅 280

qiang
枪 280
强 280
墙 281
强 281

qiao
敲 281
乔 281
巧 282

qie
切 282
切 282
窃 283
锲 283

qin
钦 283
亲 283
勤 284
擒 284
寝 284
沁 284

qing
青 284
轻 285
倾 286
清 287
蜻 287
情 287
晴 288
请 288
庆 288
罄 288

qiong
穷 289
茕 290
琼 290

qiu
秋 290
求 291

qu
曲 291
屈 292
趋 292
曲 292
取 292
去 293

quan
权 293
全 293
犬 293

que
却 294
确 294
鹊 294

qun
群 294

R

ran
燃 295

rao
饶 295

re
惹 295
热 295

ren					
人	295	弱 306	删 314	甚 323	拭 335	shuang
仁	298	**S**	姗 314	蜃 323	是 335	双 341
忍	299		煽 314	慎 323	适 336	shui
认	299	sa	潸 314	sheng	恃 336	水 341
任	299	飒 308	闪 314	升 323	舐 336	shun
ri		sai	善 314	生 324	嗜 336	吮 343
日	300	塞 308	擅 315	声 325	誓 337	顺 343
rong		san	shang	胜 326	噬 337	瞬 343
戎	301	三 308	伤 315	盛 327	shou	shuo
荣	301	散 310	赏 315	shi	收 337	铄 344
容	301	sang	上 315	尸 327	手 337	硕 344
融	301	桑 311	尚 316	失 327	守 337	数 344
冗	301	丧 311	shao	师 328	首 338	si
rou		sao	稍 316	诗 328	寿 338	司 344
柔	301	搔 311	少 317	十 328	受 338	丝 344
ru		扫 311	少 317	石 329	瘦 339	私 344
如	301	se	she	时 330	shu	思 345
茹	305	色 311	舌 317	识 330	书 339	斯 345
乳	305	sen	蛇 317	实 330	殊 339	死 345
入	305	森 312	舍 317	拾 331	熟 339	四 346
ruan		seng	设 319	食 331	蜀 339	似 346
软	305	僧 312	社 319	史 332	鼠 339	肆 347
rui		sha	涉 319	矢 332	数 339	song
枘	305	杀 312	shen	始 332	束 340	耸 347
锐	306	沙 313	身 319	世 333	述 340	送 347
ruo		煞 313	深 320	势 333	树 340	颂 347
若	306	shan	神 322	事 334	shuai	sou
		山 313	审 323	视 334	率 341	搜 347

稀	399	相	405	兴	417	选	424	颜	431	夜	437
熙	399	降	407	星	417	巳	424	奄	431	**yi**
膝	399	响	407	腥	418	癣	424	掩	431	一	437
嬉	399	想	408	行	418	**xue**	眼	432	衣	453
习	400	向	408	形	419	削	424	偃	432	依	453
席	400	项	408	兴	419	穴	424	宴	432	怡	454
洗	400	相	408	幸	420	学	424	雁	432	贻	454
喜	400	象	409	**xiong**	雪	425	**yang**	移	454
细	401	像	409	凶	420	血	425	扬	433	遗	454
xia	**xiao**	兄	420	**xun**	羊	433	颐	455
虾	402	逍	409	汹	420	寻	426	阳	433	疑	455
狭	402	萧	409	胸	420	循	426	洋	433	以	455
遐	402	销	409	雄	421	训	427	仰	434	倚	458
瑕	402	霄	409	**xiu**	迅	427	养	434	义	458
下	402	小	409	休	421	徇	427	**yao**	亦	459
xian	笑	410	朽	421	**Y**	妖	434	异	459
仙	403	**xie**	秀	422		腰	434	抑	460
先	403	邪	410	袖	422	**ya**	邀	435	易	460
纤	404	胁	411	**xu**	鸦	428	摇	435	意	460
掀	404	卸	411	虚	422	哑	428	遥	435	溢	460
闲	404	邂	411	嘘	423	雅	428	杳	435	毅	460
弦	404	**xin**	栩	423	揠	428	咬	436	**yin**
衔	405	心	411	旭	423	**yan**	要	436	因	460
显	405	欣	415	**xuan**	烟	428	耀	436	阴	462
险	405	新	415	轩	423	湮	428	**ye**	音	462
鲜	405	馨	416	喧	423	严	428	野	436	殷	462
现	405	信	416	悬	423	延	429	业	436	吟	462
xiang	**xing**	旋	424	言	429	叶	436	银	462

寅	463	yu		yun		瞻	483	峥	490	中	497

寅 463

引 463

饮 464

隐 464

ying

应 464

英 465

莺 465

鹦 465

迎 465

营 465

蝇 466

应 466

yong

庸 466

永 466

勇 467

用 467

you

优 467

忧 467

悠 468

犹 468

油 468

游 468

有 468

牖 471

诱 471

yu

于 472

余 472

鱼 472

愚 472

与 473

羽 473

雨 474

语 474

玉 474

郁 474

浴 474

欲 475

鹬 475

yuan

冤 475

元 476

原 476

圆 476

缘 476

源 476

远 477

怨 477

yue

约 478

刖 478

跃 478

越 478

yun

晕 478

云 479

芸 479

运 479

Z

zá

杂 481

zai

再 481

在 481

载 482

zan

赞 482

zao

凿 482

造 482

ze

责 482

择 482

zei

贼 483

zhai

债 483

zhan

沾 483

瞻 483

斩 483

崭 483

辗 484

战 484

zhang

张 484

獐 484

彰 485

掌 485

仗 485

zhao

招 485

昭 486

朝 486

照 487

zhe

遮 487

折 487

辙 487

zhen

针 488

真 488

枕 488

振 489

震 489

zheng

争 489

峥 490

蒸 490

整 490

正 490

郑 491

政 491

zhi

之 491

支 491

只 491

芝 491

知 492

执 492

直 492

只 493

纸 494

指 494

咫 495

趾 495

至 495

志 495

炙 496

治 496

栉 496

掷 496

智 496

置 497

zhong

中 497

忠 498

终 498

钟 498

众 499

种 500

重 500

zhou

周 500

zhu

诛 500

珠 501

铢 501

蛛 501

逐 501

煮 501

助 502

铸 502

筑 502

zhuan

专 502

转 503

zhuang

装 503

壮 503

zhui

追 503

惴 504

笔画索引

说　明

一、本索引按每个成语第一个字的笔画排列,笔画少的在前,笔画多的在后。笔画数目相同时按以下笔画次序排列:

一　丨　丿　丶　乙

（横）（竖）（撇）（点）（折）

第一个字相同,按第二个字的笔画排列,第三、第四字也照上述原则排列。

二、正文中"又作"条目都列入索引。如"刻骨铭心"又作"刻骨镂心","万水千山"又作"千山万水","刻骨镂心"和"千山万水"也都列入索引。

A

【哀兵必胜】āi bīng bì shèng　哀兵：士气悲愤的军队。指悲愤激昂的战士，勇于抗敌，必定能取胜。

【哀鸿遍野】āi hóng biàn yě　哀鸿：哀叫的大雁，比喻流离失所的灾民。野：郊外，这里指大地上。到处是受灾的人民。〔例〕在旧社会，每逢水旱战乱，人民就被迫四处逃亡，～，一片凄凉。

【爱不释手】ài bù shì shǒu　释：放开。喜爱得舍不得放手。

【爱才若渴】ài cái ruò kě　爱慕人才就像口渴想喝水一样。形容十分重视人才。

【爱老慈幼】ài lǎo cí yòu　慈：慈爱。爱护老人和幼儿。

【爱毛反裘】ài máo fǎn qiú　裘：音求，皮衣。汉朝刘向《新序·杂事》上说，魏文侯外出巡游，见路上有人反穿着皮衣背草，就问是什么原因。那人说："我怕把皮衣的毛磨坏了。"魏文侯说："难道你不知道，皮衣的衣里磨掉了，皮衣的毛也就没有依靠了吗？"后用"爱毛反裘"比喻不重视事物的根本问题，因小失大。

【爱莫能助】ài mò néng zhù　爱：同情。莫：不。虽然心里愿意帮助，但是力量办不到。

【爱屋及乌】ài wū jí wū　乌：乌鸦。《尚书大传·大战》：

"爱人者,兼其屋上之乌。"意思是说,因为爱一个人而连带喜爱他屋上的乌鸦。比喻因为爱一个人而连带喜爱和他有关系的人或事物。

【爱憎分明】 ài zēng fēn míng　喜爱什么,憎恨什么,界限十分清楚明白。〔例〕他始终～,接触到原则性的问题,绝不妥协。

【安步当车】 ān bù dàng chē　安步:慢慢步行。慢慢地步行,就当作是坐车。〔例〕反正路不远,我们还是～吧!

【安常处顺】 ān cháng chǔ shùn　安:习惯于。常:平常,正常。习惯于平稳的日子,处在顺利的境遇中。〔例〕他长期来～,缺乏锻炼,因而经不起挫折。〔注意〕"处"不读 chù。

【安分守己】 ān fèn shǒu jǐ　分:本分。规矩老实,守本分。〔注意〕"分"不读 fēn。

【安家落户】 ān jiā luò hù　到一个新地方安家,长期居住。

【安居乐业】 ān jū lè yè　安:安于。居:住的地方。《汉书·货殖传》:"各安其居而乐其业。"指安定地生活,愉快地工作。〔例〕改革开放以来,国家富强,人民～。

【安贫乐道】 ān pín lè dào　安:安心。乐:以……为乐事。道:指道义、思想、主张。安于贫困,以守道为乐。〔注意〕"乐"不读 yuè。又作"乐道安贫"。

【安然无恙】 ān rán wú yàng　安然:平安。恙:音样,病。原指人平安没有疾病。现泛指事物平安未遭损害。〔例〕新修的堤坝经受住了洪水的考验,～。

【安如泰山】 ān rú tài shān　安:安稳。泰山:我国著名的高山,在山东省。形容像泰山一样稳固,不可动摇。〔例〕在敌人的强大攻势下,我军阵地～。又作"稳如泰山"。

【安身立命】 ān shēn lì mìng　安身:指在某地居住或生活。指生活有着落,精神有所寄托。

【安土重迁】 ān tǔ zhòng qiān　重:看得很重。安于本乡本土,不愿轻易迁移。〔例〕建国初期,不少人通过学习克服了～思想后,全家迁到边远地区,支援当地建设。

【安营扎寨】 ān yíng zhā zhài　安营:安置营房。扎寨:在营房四周修筑栅栏。指部队驻扎下来。也比喻建立临时的劳动或工作基地。

【安之若素】 ān zhī ruò sù　安:心安。之:代词,代替人或物。素:往常,向来。安然相处,和往常一样,不觉得有什么不合适。

【按兵不动】 àn bīng bù dòng　按:止住。使军队暂不行动。现也比喻暂不开展工作。〔例〕楚怀王任命宋义为上将军,命他率领大军前去破秦救赵。兵至安阳,～,项羽大怒,乘朝食时杀了宋义,带兵过河,和秦军进行决战。

【按部就班】 àn bù jiù bān　部、班:门类,次序。晋朝陆机《文赋》:"选义按部,考辞就班。"意思是按文章分段布局的需要来选用词语。后用"按部就班"表示做事按照一定的条理,遵循一定的程序。〔例〕生产一件产品,必须根据操作规程,～地进行。〔注意〕"部"不能写作"步"。

【按图索骥】 àn tú suǒ jì　索:寻找。骥:音寄,好马。按照画像去找好马。原比喻办事拘泥成规。后也指按照线索去寻找事物。

【暗箭伤人】 àn jiàn shāng rén　比喻暗地里用某种手段伤害人。

【暗送秋波】àn sòng qiū bō　秋波:旧时比喻美女的眼睛像秋天明净的水波一样。指暗中眉目传情。引申为暗中进行勾搭。

【暗无天日】àn wú tiān rì　形容在反动势力统治下社会的黑暗。

【黯然失色】àn rán shī sè　黯:音按。黯然:阴暗的样子。失色:失掉本来的光彩。指相比之下显得暗淡无光。〔例〕他画的国画虽然很不错,但与前代艺术大师的作品相比,就显得～了。

【昂首阔步】áng shǒu kuò bù　昂首:仰起头。抬起头,迈开大步。形容精神抖擞,意气风发。〔例〕中国人民～地开始了新的长征。

【嗷嗷待哺】áo áo dài bǔ　嗷嗷:哀号声。哺:音捕,喂食。形容饥饿时急于求食的样子。

【傲然屹立】ào rán yì lì　傲然:高傲不屈服的样子。屹:音逸。屹立:高高地挺立。形容坚定,不可动摇地站立着。

B

【八斗之才】bā dǒu zhī cái 见"才高八斗"(45页)。

【八方呼应】bā fāng hū yìng 形容各方面互通声气,互相响应。

【八面玲珑】bā miàn líng lóng 玲珑:敞亮通明。元朝马熙《开窗看雨》诗:"八面玲珑得月多。"意思是窗户多而通明,满屋子都见月光。后多用来形容为人处世圆滑,各方面都应付得周到。

【八面威风】bā miàn wēi fēng 明朝董谷《碧里杂存》:"大将军八面威风。"形容神气十足。

【八仙过海,各显其能】bā xiān guò hǎi, gè xiǎn qí néng 见"八仙过海,各显神通"(本页)。

【八仙过海,各显神通】bā xiān guò hǎi, gè xiǎn shén tōng 八仙:道教神话中的八个神仙,就是汉钟离、张果老、吕洞宾、李铁拐、韩湘子、曹国舅、蓝采和、何仙姑。神通:佛教用语,指无所不能的本领,现指特别高明的本领。比喻做事各有各的一套办法。也比喻各自拿出本领互相竞赛。〔例〕在技术革新运动中,车间人人出主意,想办法,~,很快解决了生产中的十几项关键问题。又作"八仙过海,各显其能"。

【拔地而起】bá dì ér qǐ 从地面上突兀而起。〔例〕一幢幢高楼~。

【拔苗助长】 bá miáo zhù zhǎng 《孟子·公孙丑上》说，宋国有个人嫌禾苗长得慢，就一棵棵往上给拔起一点，结果禾苗都枯死了。比喻违反事物发展的客观规律，急于求成，反而把事情弄糟。〔例〕教学要循序渐进，搞那种不顾学生能否接受的填鸭式做法，无异～。又作"揠苗助长"。〔注意〕"长"不读 cháng。

【跋山涉水】 bá shān shè shuǐ 跋山：翻过山岭。涉水：蹚水过河。形容走远路的艰苦。〔例〕地质勘探队员不怕艰苦，～，为祖国寻找地下宝藏。

【白璧微瑕】 bái bì wēi xiá 璧：古代一种扁圆形的、中间有孔的玉器。瑕：音霞，玉上的斑点。洁白的玉上面有些小斑点。比喻很好的人或事物有些小缺点，美中不足。

【白发苍苍】 bái fà cāng cāng 苍苍：灰白色。形容人年老而头发花白。〔例〕在屋前的空地上，～的祖父在舒拳动腿地练太极拳。

【白驹过隙】 bái jū guò xì 驹：少壮的马。过：越过。隙：缝隙。《庄子·知北游》："若白驹之过郤。"（郤：同"隙"。）意思是说，像少壮的马在细的缝隙前飞快地驰过。后用"白驹过隙"形容时间过得很快。

【白日做梦】 bái rì zuò mèng 白日：白天。大白天做梦。比喻妄想实现根本不可能实现的事情。

【白手起家】 bái shǒu qǐ jiā 空手创建家业。旧指空手发家。后形容在缺乏基础或条件极差的情况下艰苦奋斗，创立事业。

【白头如新，倾盖如故】 bái tóu rú xīn, qīng gài rú gù 白头：白发，指时间很久。新：指刚刚结识。倾盖：指在路上相遇，停车交谈。（倾：倾斜。盖：车盖，古代车上用的像伞的篷子。两车靠近，车盖因相接而倾斜。）故：旧友。这是古代的谚语，见于《史记·鲁仲连邹阳列传》。意思是，不相知的人，即使相处一辈子，仍然如同刚刚结识；相知的人，即使相处时间很短，也如同老朋友一样。

【白头偕老】bái tóu xié lǎo 偕老：一起共同到老。指夫妻感情和谐，共同生活直到老年。

【白云苍狗】bái yún cāng gǒu 苍：黑色。唐朝杜甫《可叹》诗："天上浮云如白衣，斯须改变如苍狗。"（斯须：一会儿。）意思是说，云彩像白衣裳，一会儿又变得像只黑狗。比喻世事变幻无常。

【百步穿杨】bǎi bù chuān yáng 《史记·周本纪》上说，楚国将领养由基善于射箭，射相距百步远的杨柳叶子能百发百中。形容箭法或枪法十分高明。〔例〕连长打靶十发十中，堪称"～的神枪手"。

【百尺竿头，更进一步】bǎi chǐ gān tóu，gèng jìn yī bù 百尺竿头：百尺高的竿子，指极高的境界。比喻不要满足于已有的成绩，还应继续努力，不断前进。〔例〕领导表扬了他们的工作，并勉励他们～，争取更大胜利。

【百川归海】bǎi chuān guī hǎi 川：江河。《文选·左思〈吴都赋〉》："百川派别，归海而会。"（派：支流。）意思是所有的江河最后都汇入大海。比喻许多分散的事物都汇集到一个地方。也比喻人心所向，众望所归。又作"百川会海"。

【百川会海】bǎi chuān huì hǎi 见"百川归海"（本页）。

【百读不厌】bǎi dú bù yàn 厌：厌烦。反复读也不厌烦。

形容文章内容精深,引人入胜。〔例〕这本名家散文集令人
～。

【百端待举】bǎi duān dài jǔ 端:项目。举:办,做。有很
多事情等着要兴办。〔例〕新油田在建设中～,应当分别轻
重缓急进行安排。

【百发百中】bǎi fā bǎi zhòng 发:发射。形容射箭或打
枪准确,每次都命中目标。也比喻料事有充分把握,从不落
空。〔例〕1. 他是个～的神枪手。2. 连长富有战斗经验,
估计敌情～,极少有差错。

【百废待举】bǎi fèi dài jǔ 举:办,做。有很多被搁置的
事情等着要兴办。〔例〕建国初期,～,全国人民在党的领导
下,短短的三年时间内便完成了经济恢复工作。

【百废俱举】bǎi fèi jù jǔ 见“百废俱兴”(本页)。

【百废俱兴】bǎi fèi jù xīng 俱:全,都。各种过去被延
误、搁置的事情都兴办起来。形容建设事业蓬勃发展的兴
旺景象。又作“百废俱举”。

【百感交集】bǎi gǎn jiāo jí 感:感触,感想。交:一齐。
各种感触交织在一起。形容感触很多,心情复杂。〔例〕老
张拿起战友老李生前用过的枪,轻轻地抚摸着,一时～。

【百花齐放】bǎi huā qí fàng 形容百花盛开,丰富多彩。
比喻同一事情的不同做法、同一内容的不同形式或同一类
东西的不同品种丰富繁多。后也指文学艺术上不同形式和
风格的自由发展。〔例〕美术展览会上展出了许多新作品,
～,各具风格。

【百喙莫辩】bǎi huì mò biàn 见“百口莫辩”(9页)。

【百家争鸣】bǎi jiā zhēng míng 家:指学术流派。指各

种学术流派的自由争论互相批评。也指不同意见的争论。〔例〕没有～，就没有学术的繁荣和发展。

【百孔千疮】 bǎi kǒng qiān chuāng　形容漏洞、弊病很多，或破坏的程度严重。又作"千疮百孔"。

【百口莫辩】 bǎi kǒu mò biàn　莫：不能。辩：辩解。即使有一百张嘴，也不能辩解清楚。指无法说明事实真相。〔例〕你总得给人一个解释的机会，不然，岂不令他～了吗？〔注意〕"辩"不能写作"辨"。又作"百喙莫辩"。喙：鸟兽的嘴，借指人的嘴。

【百炼成钢】 bǎi liàn chéng gāng　比喻经过长期的多次的锻炼，变得坚强。〔例〕青年一代只有通过不断地磨练，才能～。

【百年不遇】 bǎi nián bù yù　很多年也碰不上。形容极难遇到。〔例〕前几年这里发生了～的大旱。

【百年大计】 bǎi nián dà jì　计：策略，计划。指关系到长远利益的计划或措施。〔例〕基本建设是～，一定要保证质量。

【百年树人】 bǎi nián shù rén　树：培育。指培养人才是长远之计，需要付出艰辛。

【百思不得其解】 bǎi sī bù dé qí jiě　见"百思不解"（本页）。

【百思不解】 bǎi sī bù jiě　思：思索。怎么想也不能理解。又作"百思不得其解"。

【百闻不如一见】 bǎi wén bù rú yī jiàn　闻：听见。听得再多，也不如亲眼见到一次。〔例〕～，这次参观，我才真正理解了大庆艰苦的创业精神。

【百无聊赖】bǎi wú liáo lài　聊赖：依靠，寄托。精神上无所寄托，感到什么都没意思。〔例〕树立了正确人生观的人，是不会有～的心情的。

【百无一失】bǎi wú yī shī　见"万无一失"（375页）。

【百依百顺】bǎi yī bǎi shùn　依：依从，顺从。形容一切都顺从别人。

【百战百胜】bǎi zhàn bǎi shèng　多次打仗都能取得胜利。形容所向无敌。〔例〕马列主义的普遍真理一旦与中国人民革命斗争的具体实践相结合，便成为中国人民的～的思想武器。

【百战不殆】bǎi zhàn bù dài　殆：危险。多次打仗都不会失败。

【百折不回】bǎi zhé bù huí　见"百折不挠"（本页）。

【百折不挠】bǎi zhé bù náo　折：挫折。挠：音脑阳平，弯曲。比喻意志坚强，无论受到多少次挫折，毫不动摇退缩。〔例〕中国人民经过一百多年艰苦卓绝的斗争，～，终于取得了人民革命的伟大胜利。又作"百折不回"。

【班门弄斧】bān mén nòng fǔ　班：鲁班，我国古代著名的木匠。在鲁班家门前要弄斧子。比喻在行家面前卖弄本领。〔例〕我在各位老师傅面前谈操作经验，实在是～。

【斑驳陆离】bān bó lù lí　斑驳：不同颜色杂在一起。陆离：色彩繁杂的样子。形容色彩复杂。〔例〕在三门峡工程中挖出了不少～的青铜器，经检验，都是几千年前的古物。

【搬弄是非】bān nòng shì fēi　搬弄：挑拨。把别人私下讲的话传来传去，从中挑拨，或在背后胡乱议论，制造纠纷。

【板上钉钉】bǎn shàng dìng dīng　比喻事情不能更改。

【版版六十四】bǎn bǎn liù shí sì　版：古代铸钱用的模子。宋代铸钱，每版铸六十四文。后用"版版六十四"比喻呆板、固执。

【半壁河山】bàn bì hé shān　见"半壁江山"（本页）。

【半壁江山】bàn bì jiāng shān　半壁：半边。江山：国土。半个天下。指在敌人入侵后残存或丧失的部分国土。又作"半壁河山"。

【半斤八两】bàn jīn bā liǎng　八两：老秤一市斤是十六两，八两等于半斤。比喻彼此一样（含贬义）。

【半路出家】bàn lù chū jiā　出家：指脱离家庭去当和尚或尼姑。原指成年以后才出家去做和尚或尼姑。比喻不是本行出身，后来才改学这一行。〔例〕我过去是学文科的，现在搞软件，是～。

【半途而废】bàn tú ér fèi　废：停止。中途停止，使工作不能完成。〔例〕这项工作一定要坚持完成，绝不能～。

【半推半就】bàn tuī bàn jiù　推：推开。就：靠上去。形容装腔作势假意推辞的样子。

【半信半疑】bàn xìn bàn yí　有点相信，又有点怀疑。〔例〕尽管大家都这么说，他还是～。

【半夜三更】bàn yè sān gēng　三更：古时将一夜划分成五更，三更约等于现在深夜十一时至次日一时。泛指深夜。〔例〕～，你从哪里来？

【包办代替】bāo bàn dài tì　指办事大包大揽，不让别人参与。〔例〕凡事必须依靠群众，不要指手划脚，～。

【包藏祸心】 bāo cáng huò xīn　包藏:隐藏。祸心:害人
之心。肚子里藏着坏主意。

【包罗万象】 bāo luó wàn xiàng　罗:用网兜起来。包罗:
包容。万象:宇宙间一切景象,指形形色色的东西。形容内
容丰富,应有尽有。

【饱经沧桑】 bǎo jīng cāng sāng　饱:充分地。沧桑:沧
海和桑田。沧海变桑田,泛指世事的变化。形容经历过许
多次世事的变化。〔例〕这位～的老人,晚年的生活很美满。

【饱经风霜】 bǎo jīng fēng shuāng　饱:充分地。风霜:比
喻生活中的痛苦或挫折。比喻经历过长期的艰难困苦。
〔例〕今天,他那张～的慈祥的脸,又似乎多了一层庄严。

【饱食终日】 bǎo shí zhōng rì　终日:整天。《论语·阳
货》:"饱食终日,无所用心,难矣哉!"指吃饱饭整天什么正
经事也不干。〔例〕大家都在争分夺秒,拼搏大干,谁也不愿
过～无所用心的生活。

【报仇雪耻】 bào chóu xuě chǐ　见"报仇雪恨"(本页)。

【报仇雪恨】 bào chóu xuě hèn　雪:洗刷掉。恨:仇恨。
报冤仇,除仇恨。〔例〕干革命不只是为了个人～,更重要的
是为了争得全体劳苦大众的解放。又作"报仇雪耻"。耻:
耻辱。

【抱残守缺】 bào cán shǒu quē　缺:又写作"阙"。抱着残
缺陈旧的东西不放。形容思想保守,不求进取。

【抱恨终天】 bào hèn zhōng tiān　抱:怀着。恨:悔恨,遗
憾。终天:终身。因父母去世而一辈子感到悲痛。后指因
做错某事而悔恨一辈子。

【抱头鼠窜】 bào tóu shǔ cuàn　窜:逃跑。鼠窜:像老鼠

一样逃跑。形容受到打击后狼狈逃跑。〔例〕三连战士一阵猛打,吓得敌人～。

【抱薪救火】bào xīn jiù huǒ　薪:柴。《史记·魏世家》:"譬犹抱薪救火,薪不尽,火不灭。"意思是说,就像抱柴草去救火,柴不烧完,火是不会灭的。后用"抱薪救火"比喻用错误的方法去消除灾祸,结果使灾祸反而扩大。

【暴风骤雨】bào fēng zhòu yǔ　暴:突然而猛烈的。骤:急。比喻来势急速而猛烈。〔例〕土地改革运动中,几亿农民奋起斗争,其势如～。

【暴虎冯河】bào hǔ píng hé　暴:空手格斗。暴虎:空手打虎。冯:音平,蹚水。冯河:蹚水过河。比喻有勇无谋,鲁莽冒险。〔注意〕"冯"不读féng。

【暴戾恣睢】bào lì zì suī　戾:音利。暴戾:残暴凶狠。恣睢:音自虽,任意做坏事。形容凶残横暴。〔注意〕"戾"不能读作léi。"睢"不能写作"睢"(jū)。

【暴露无遗】bào lù wú yí　无遗:没有遗留。(罪恶、阴谋等)全部暴露了出来。

【暴殄天物】bào tiǎn tiān wù　殄:音田上,灭绝。暴殄:残害灭绝。天物:天生万物。语出《尚书·武成》。原指残害灭绝天生万物。后多指不爱惜财物,任意糟蹋。〔注意〕"殄"不能读作zhēn。

【暴跳如雷】bào tiào rú léi　暴:急躁。暴跳:指发怒时顿足。急怒叫跳,像打雷一样猛烈。形容又急又怒,大发脾气的样子。

【杯弓蛇影】bēi gōng shé yǐng　《晋书·乐广传》里说,有一个人饮酒时,看见酒杯里有一条蛇,吓得生了病。后来知道原来是挂在墙上的一张弓的影子照在杯子里,病也就好了。比喻疑神疑鬼,虚惊一场。

【杯盘狼藉】bēi pán láng jí　狼藉:杂乱的样子。杯子盘子乱七八糟地放着。形容吃喝以后桌面杂乱的样子。〔例〕从桌上~的样子看来,敌人还没有走远,游击队长立即带领大家向后山追去。

【杯水车薪】bēi shuǐ chē xīn　车薪:一车柴草。《孟子·告子上》:“犹以一杯水救一车薪之火也。”意思是像用一杯水去救一车着火的柴草。比喻力量太小,解决不了问题。

【卑鄙无耻】bēi bǐ wú chǐ　品行低下,不知廉耻。

【卑躬屈节】bēi gōng qū jié　见“卑躬屈膝”(本页)。

【卑躬屈膝】bēi gōng qū xī　卑:低。躬:身体。卑躬:弯着腰,低着头。屈膝:下跪。形容没有骨气,低声下气地讨好奉承。又作“卑躬屈节”。

【悲不自胜】bēi bù zì shèng　胜:禁受得住。悲伤得自己都禁受不住。形容非常悲痛。

【悲愤填膺】bēi fèn tián yīng　填:充满。膺:胸。悲伤与愤恨的感情充满胸中。

【悲欢离合】bēi huān lí hé　悲哀和欢乐,离别和团聚。泛指生活中经历的各种境遇和由此产生的各种心情。〔例〕这部小说通过描写几个家庭的~,反映出在那个动荡的时代里小人物的命运。

【悲天悯人】bēi tiān mǐn rén　悲天:哀叹时世。悯:怜惜。指哀叹时世的艰难,怜惜人们的痛苦。〔例〕诗人以~的胸怀谴责了当时的军阀混战,申诉了人民的苦难。

【悲痛欲绝】bēi tòng yù jué　欲:将要。绝:气绝,指断气。悲痛得将要断气了。形容非常悲痛。

【背城借一】 bèi chéng jiè yī　背：背向。借：借助，依仗。一：指最后一战。背靠城墙，依仗最后一战来决定存亡。比喻作最后的决战。〔例〕1948年平津战役中，天津守敌拒不投降，妄图～。结果我军发起进攻，仅29小时，就全歼守敌，解放了天津。

【背道而驰】 bèi dào ér chí　道：道路，方向。驰：快跑。朝着相反的方向快跑。比喻两者方向或目标完全相反。

【背井离乡】 bèi jǐng lí xiāng　见"离乡背井"（216页）。

【背水一战】 bèi shuǐ yī zhàn　水：江河。《史记·淮阴侯列传》中说，汉将军韩信率军攻赵，穿出井陉口，命令将士背靠大河摆开阵势，与敌人交战。韩信以前临大敌，后无退路的处境来坚定将士拼死求胜的决心，结果大破赵军。比喻决一死战。

【背信弃义】 bèi xìn qì yì　背：违背。信：信用。弃：丢弃。义：道义。违背诺言，不讲道义。

【倍道兼行】 bèi dào jiān xíng　道：路程。兼：加倍。一天走两天的路，以加倍的速度赶路。〔例〕我军发扬不怕疲劳、连续作战的精神，～，终于赶在敌人的前面占领了制高点。

【奔走相告】 bēn zǒu xiāng gào　走：跑。指有重大消息时，人们奔跑着互相转告。

【本来面目】 běn lái miàn mù　原是佛教用语。指人本就具有的心性。后多用来指事物原来的样子。〔例〕这篇文章经过多人加工，现在已不是～了。

【本末倒置】 běn mò dào zhì　本：树根，比喻事物的根本。

末:树梢,比喻事物的细枝末节。置:放置。比喻把主要的和次要的、本质的和非本质的关系弄颠倒了。〔例〕看问题必须抓住本质,如果只强调那些非本质的东西,就会~,得出错误的结论。

【**本乡本土**】běn xiāng běn tǔ　指本地或家乡。

【**逼上梁山**】bī shàng liáng shān　小说《水浒》里有许多英雄好汉被逼上梁山造反的故事。比喻被迫起来反抗。又引申用于其他不得已才采取某种行动的场合。〔例〕封建社会里,在地主阶级残酷的经济剥削和政治压迫下,农民被~,进行了一次又一次的武装斗争,沉重地打击了地主阶级的反动统治。

【**匕鬯不惊**】bǐ chàng bù jīng　匕:古代勺子一类的取食用具。鬯:古代祭祀用的一种香酒。匕鬯:指祭祀。《周易·震》:"震惊百里,不丧匕鬯。"原指祭祀宗庙时不受惊扰。后形容军队纪律严明,不惊扰百姓。

【**比比皆是**】bǐ bǐ jiē shì　比比:一个挨一个,引申为"到处"的意思。到处都是。形容很多。〔例〕在我们国家,拾金不昧的事~。

【**比肩继踵**】bǐ jiān jì zhǒng　比:挨着。踵:音肿,脚后跟。肩挨着肩,脚跟着脚。形容人很多,很拥挤。〔例〕春节期间,在地坛庙会上,游人~,十分热闹。又作"比肩接踵"。

【**比肩接踵**】bǐ jiān jiē zhǒng　见"比肩继踵"(本页)。

【**比翼齐飞**】bǐ yì qí fēi　比翼:翅膀挨着翅膀。原比喻夫妻恩爱,形影不离。后也比喻互相帮助,一起进步。〔例〕这两位分别来自城市和贫困山区的孩子,思想上互相勉励,学习上互相帮助,生活上互相关心,最终~,双双考入了理想的大学。

【笔扫千军】bǐ sǎo qiān jūn　形容写诗、作文很有气势，无人能比。〔例〕他的文章气魄宏大，堪称~，为人们争相传诵。

【笔走龙蛇】bǐ zǒu lóng shé　形容书法笔势雄健。〔例〕他虽年迈，但豪气不减当年，泼墨挥毫，~，几幅字很快就写好了，赢得旁观者的一片喝彩。

【必恭必敬】bì gōng bì jìng　必：一定。恭：谦逊有礼貌。敬：尊敬，有礼貌地对待。形容态度十分恭敬。〔例〕群众是真正的英雄，我们必须抱着~的态度向他们学习。又作"毕恭毕敬"。毕：完全。

【必由之路】bì yóu zhī lù　由：经过。必定要经过的道路。泛指事物必须遵循的规律或做事必须遵守的方法。

【毕恭毕敬】bì gōng bì jìng　见"必恭必敬"（本页）。

【毕其功于一役】bì qí gōng yú yī yì　毕：完成。功：指事情。役：行动。把应该分成几步做的事一次做完。形容急于求成。〔例〕民主革命和社会主义革命，是两个性质不同的革命过程，不能~；但两者又是互相联系的，前者是后者的必要准备，后者是前者的必然趋势。

【闭关锁国】bì guān suǒ guó　锁：封锁。闭关自守，不与外国来往。参见"闭关自守"（本页）。

【闭关自守】bì guān zì shǒu　闭：关闭。关：关口、门户。关闭关口，不和外人来往。后也比喻因循保守，不愿接触外界事物。

【闭门思过】bì mén sī guò　过：过错。关起门来反省自己的过错。〔例〕事情没办好，总要想个补救的办法，光~解决不了问题。

【闭门谢客】 bì mén xiè kè　谢:谢绝。关上家门,谢绝客人来访。

【闭门造车】 bì mén zào chē　关起门来造车子。比喻脱离实际,只凭主观办事。〔例〕做事不从实际出发,～,一定会出问题。

【闭目塞听】 bì mù sè tīng　塞:音色,堵塞。闭上眼睛不看,堵住耳朵不听。形容不接触外界事物,脱离现实。〔例〕一个脱离现实、～的人,对事物是不可能有正确的认识的。

【闭月羞花】 bì yuè xiū huā　闭月:使月亮躲藏。羞花:使花儿羞愧。形容女子貌美。

【敝帚自珍】 bì zhǒu zì zhēn　敝:破的。珍:爱惜。三国时曹丕《典论·论文》引当时谚语:"家有敝帚,享之千金。"意思是把自己家里的破扫帚当成价值千金的宝贝。后用"敝帚自珍"比喻东西虽然不好,自己却很珍惜。

【筚路蓝缕】 bì lù lán lǚ　筚:音毕。筚路:用荆条做车帮的车,又写作"荜露"。蓝缕:同"褴褛",衣服破烂的样子,又写作"蓝蒌"。《左传·宣公十二年》:"筚路蓝缕,以启山林。"意思是说,驾着简陋的车,穿着破烂的衣服去开辟山林。形容创业的艰苦。〔例〕大庆工人当年,创建了这规模巨大的油田。

【碧水青山】 bì shuǐ qīng shān　碧绿的水,青翠的山。形容秀丽的山水。

【碧血丹心】 bì xuè dān xīn　碧血:指为正义事业而流的血。丹:红色。满腔正义的热血,一颗赤诚的红心。形容十分忠诚坚定。〔例〕岳飞～,抗金报国,却被权臣秦桧害死。

【弊绝风清】 bì jué fēng qīng　弊:用欺诈手段谋求私利

的行为,指贪污舞弊等。绝:绝迹。风:风气。清:干净。指
贪污舞弊等坏事没有了,社会风气良好。又作"风清弊绝"。

【弊衣疏食】 bì yī shū shí　弊:破旧。疏:粗疏,粗粝。疏
食:粗粝的食物。形容生活俭朴。

【壁垒森严】 bì lěi sēn yán　壁垒:古代军营的围墙。森
严:整齐严肃,形容守卫严密。原指军事戒备严密。后也用
来比喻彼此界限划得很分明。又作"森严壁垒"。

【避繁就简】 bì fán jiù jiǎn　繁:繁杂。简:简单。避开繁
杂的,选择简单的。

【避其锐气,击其惰归】 bì qí ruì qì, jī qí duò guī　击:
攻打。惰:松懈。归:指撤回。语出《孙子·军争》。指善于
用兵的人,总是避开敌人初来时旺盛的气势,等敌人疲劳松
懈撤回去的时候再去打击。

【避实就虚】 bì shí jiù xū　实:实在,坚实部分。虚:空虚,
虚弱部分。指避开敌人的主力,找敌人的弱点进攻。又指
谈问题回避要害。

【避重就轻】 bì zhòng jiù qīng　就:凑近。指回避重的责
任,只拣轻的来承担,或回避要害问题,只谈无关紧要的事。

【髀肉复生】 bì ròu fù shēng　髀:音必,大腿。《三国志
·蜀书·先主传》裴松之注引《九州春秋》说,刘备曾慨叹地对
刘表说:"以往我身不离鞍,长年累月骑马征战,大腿上的肉
都消失了;现在不再骑马,大腿处又长起肉了。岁月流逝,
我快要老了,然而却未建功立业,因此内心十分悲哀。"后用
"髀肉复生"形容长久过安逸的生活,没有作为。

【鞭长莫及】 biān cháng mò jí　莫:不。及:到。《左传·
宣公十五年》:"虽鞭之长,不及马腹。"原意是鞭子虽长,却

不能打马肚子（因为马肚子不是打的地方）。后用"鞭长莫及"比喻相隔太远，统治或影响的力量达不到。

【鞭辟入里】biān pì rù lǐ　辟：透彻。里：里头。形容分析透彻，深中要害。

【变本加厉】biàn běn jiā lì　本：本来，原来。厉：厉害。南朝梁代萧统《文选·序》："变其本而加厉。"意思是比原来更加发展。今指情况变得比本来更加严重（多指缺点、错误）。〔例〕他不但不改正错误，反而～，处处与群众对立，这种态度是很危险的。〔注意〕"厉"不能写作"利"。

【变幻莫测】biàn huàn mò cè　变幻：经常地不规则地变化。莫测：不能预料。指事物变化迅速，捉摸不定。〔例〕国际形势，看来～，但总还是有脉络可寻的。

【变幻无常】biàn huàn wú cháng　变幻：经常地不规则地变化。无常：没有常态。指事物经常变化，没有规律性。〔例〕唐古拉山区天气～，往往大晴天里忽然就刮起了风雪。

【便宜行事】biàn yí xíng shì　便宜：便利，适宜。指根据实际情况，随机应变地处理事情，不必请示。〔例〕外出执行任务，遇到情况时，你们应机智果断、～，不必临时请示，以免贻误战机。〔注意〕"便宜"不读 piányi。

【遍地开花】biàn dì kāi huā　遍地：到处。比喻好的事物到处涌现或普遍发展。

【遍体鳞伤】biàn tǐ lín shāng　遍：全。鳞：鱼鳞。浑身受伤，伤痕像鱼鳞一样密。形容受伤很重。

【辩才无碍】biàn cái wú ài　辩才：好的口才。本为佛教用语，指解说佛法时，语言流畅，义理贯通，没有滞碍。后指能言善辩。〔注意〕"辩"不能写作"辨"。

【标同伐异】 biāo tóng fá yì　标：显扬，这里指支持、维护。指维护同道，攻击异己。

【标新立异】 biāo xīn lì yì　标：用文字或其他事物表明。异：不同的，特别的。语出《世说新语·文学》。原指特创新意，立论与人不同。后指提出新奇的主张，表示与一般有所不同。

【彪炳千古】 biāo bǐng qiān gǔ　彪炳：照耀。千古：长远的年代。形容伟大的业绩永远流传。〔例〕他的丰功伟绩将～，永远流传。

【表里如一】 biǎo lǐ rú yī　表：外表。里：指内心。外表与内心一致。指人的言行与思想一致。〔例〕他这个人～，心里怎么想，嘴里就怎么说。

【表里山河】 biǎo lǐ shān hé　表里：内外。山：指太行山。河：指黄河。《左传·僖公二十八年》："战而捷，必得诸侯；若其不捷，表里山河，必无害也。"意思是说，晋国与楚国交战，如果打胜了，晋国一定可以在诸侯中称霸；如果没打胜，晋国内外有太行山、黄河之险，也一定不会受到损害。后泛指地势险要的地方。

【别出心裁】 bié chū xīn cái　另有一种构思或设计。指想出的办法与众不同。参见"独出心裁"（95 页）。

【别具匠心】 bié jù jiàng xīn　匠心：精巧的心思。另有一种灵巧的心思。指在技巧和艺术方面具有与众不同的巧妙构思。参见"独具匠心"（95 页）。

【别具一格】 bié jù yī gé　别：另外的，独特的。格：格式，风格。另有一种独特的风格。〔例〕这个画家的人物画拙中有巧，～。

【别开生面】 bié kāi shēng miàn　生面:新的面貌。唐朝杜甫《丹青引》:"凌烟功臣少颜色,将军下笔开生面。"(凌烟功臣:指画在凌烟阁里唐朝初年功臣的画像。将军:指画家曹霸。)原意是画像的颜色已经暗淡了,但经画家下笔重画,就有了新的面貌。后用"别开生面"指另创新的格局或新的形式。

【别树一帜】 bié shù yī zhì　树:树立。帜:旗帜。另外树起一面旗帜。比喻另成一家或另创局面。参见"独树一帜"(96页)。

【别无长物】 bié wú cháng wù　长物:多余的东西。除一身之外再没有多余的东西。原指生活俭朴。现形容贫穷。又作"身无长物"、"一无长物"。

【别有洞天】 bié yǒu dòng tiān　洞天:道教所称的神仙居住的地方,泛指境界。另有一种不同于一般的境界。形容风景幽雅,引人入胜。〔例〕这里闹中取静,~。

【别有天地】 bié yǒu tiān dì　天地:境界。唐朝李白《山中问答》诗:"别有天地非人间。"意思是山里和人世间不同,另有一番境界。形容风景或艺术创作的境界引人入胜。〔例〕出了山涧口,只见小桥流水,竹篱茅舍,真是~。

【别有用心】 bié yǒu yòng xīn　用心:居心,心中的算计。心中另有算计。指言论或行动另有不可告人的企图。

【宾客盈门】 bīn kè yíng mén　盈:充满。客人充满门庭。指来的客人很多。

【宾至如归】 bīn zhì rú guī　宾:客人。归:回家。客人到这里就像回到自己的家里一样。〔例〕这个旅馆招待热情,服务周到,旅客都有~的感觉。

【彬彬有礼】 bīn bīn yǒu lǐ　彬彬:文雅的样子。形容文雅有礼貌的样子。〔例〕这个青年人给我的印象是诚恳、认真、～。

【冰炭不相容】bīng tàn bù xiāng róng 《韩非子·显学》："夫冰炭不同器而久，寒暑不兼时而至。"意思是说，冰和炭在同一个容器内不能长时间地共存，寒天和暑天不能同时到来。比喻互相对立的两种事物不能共存。〔例〕真善美与假恶丑是～的。

【冰天雪地】bīng tiān xuě dì 冰雪布满了天空和地面。形容天气非常寒冷。也指非常寒冷的地方。

【冰消瓦解】bīng xiāo wǎ jiě 冰消：像冰一样融化了。瓦解：像瓦一样破碎了。比喻完全消失或崩溃。〔例〕通过谈心，他们两人之间的误会已经～。

【兵不血刃】bīng bù xuè rèn 兵：武器。刃：刀剑等的锋利部分。《荀子·议兵》："兵不血刃，远迩来服。"（迩 ěr：近。）意思是说，武器锋刃没沾上血，远近各国就降服了。原指不必打仗就能取得胜利。后也指不经激烈战斗就取得了胜利。

【兵不厌诈】bīng bù yàn zhà 兵：用兵，作战。厌：嫌。诈：使手段欺骗。《韩非子·难一》说："战阵之间，不厌诈伪。"意思是指两军对阵打仗时可以故作假象，欺骗敌人，诱使敌人作出错误的判断。

【兵贵神速】bīng guì shén sù 贵：可贵。神速：特别的迅速。用兵贵在行动特别迅速。〔例〕～，我们立即出发！

【兵荒马乱】bīng huāng mǎ luàn 荒、乱：指社会秩序极端不安定。形容战争期间社会混乱不安的景象。〔例〕"九·一八"事变后，我和姐姐在～中失散，解放后才得到团聚。

【兵连祸结】 bīng lián huò jié　兵:指战争。结:相联。战争接连不断,带来了无穷的灾祸。〔例〕辛亥革命后,军阀混战,～,广大劳动人民生活在水深火热之中。

【兵强马壮】 bīng qiáng mǎ zhuàng　兵:兵士。形容军队实力雄厚,富有战斗力。也泛指实力雄厚。〔例〕这支球队～,肯定能出线。

【兵戎相见】 bīng róng xiāng jiàn　兵戎:武力。指发生武装冲突。

【秉公无私】 bǐng gōng wú sī　秉:掌握,主持。指主持公道,没有偏私。

【屏气敛息】 bǐng qì liǎn xī　屏:音饼,抑止(呼吸)。敛:收住。气、息:呼吸时出入的气。指因心情紧张或注意力集中,暂时止住了呼吸。〔例〕当红军老爷爷讲到红军当年强渡大渡河、攀过铁索桥的时候,孩子们都～地听着。〔注意〕"屏"不读 píng。

【并驾齐驱】 bìng jià qí qū　并:并排着。驾:套牲口拉车。驱:快跑。并排套着的几匹马一齐快跑。比喻齐头并进,不分先后,不相上下。

【并日而食】 bìng rì ér shí　并日:两天并作一天。《礼记·儒行》:"易衣而出,并日而食。"意思是说,一家人只有一件好一些的衣服,出门的人要轮换着穿;因为粮食不多,两天吃一天的饭。形容生活很贫困。

【并行不悖】 bìng xíng bù bèi　并行:同时进行。悖:音背,相冲突。同时进行,不相冲突。〔例〕发展火力发电和发展水力发电,这是～的。

【病入膏肓】 bìng rù gāo huāng　膏肓:音高荒,古人说心

下面有一小块脂肪叫做膏，膈上面有一层薄膜叫做肓。膏和肓之间是药力达不到的地方。形容病情严重，无法医治。比喻事情到了无法挽救的地步。〔注意〕"肓"不能写作"盲"，不能读作 máng。

【拨乱反正】bō luàn fǎn zhèng　拨：除去，废除。反：同"返"，返回。《公羊传·哀公十四年》："拨乱世，反诸正。"（诸：相当于"之于"。）消除混乱局面，恢复正常秩序。

【拨云见日】bō yún jiàn rì　日：太阳。拨开乌云，见到太阳。比喻冲破黑暗，见到光明。也比喻消除困惑，思想豁然开朗。

【波谲云诡】bō jué yún guǐ　见"云谲波诡"（479页）。

【波澜壮阔】bō lán zhuàng kuò　澜：大浪。壮阔：雄壮而宽阔。比喻声势雄壮或规模巨大。

【勃然大怒】bó rán dà nù　勃然：因发怒而脸变色的样子。形容人大怒的样子。

【博大精深】bó dà jīng shēn　博：丰富，多。形容思想和学识广博高深。

【博古通今】bó gǔ tōng jīn　博：知道的多。通：通晓。对古代的事知道得很多，并且通晓现代的事情。形容知识丰富。〔例〕鲁迅先生是一位伟大的文学家，也是一位～的学者。

【博洽多闻】bó qià duō wén　博洽：渊博。多闻：见识多。指学问渊博，见识多广。

【博士买驴】bó shì mǎi lǘ　博士：古代传授经学的一种官员。北齐颜之推《颜氏家训·勉学》："博士买驴，书券三纸，未有'驴'字。"意思是说，博士为买驴而写契约，一连写了三张纸，还未写到"驴"字。后用来讽刺说话、写文章废话连篇，抓不住要点。又作"三纸无驴"。

【博闻强记】bó wén qiáng jì　博闻：见闻广博。强记：记忆力强。形容知识丰富，记忆力强。又作"博闻强识"。识：音志 zhì，记。

【博闻强识】bó wén qiáng zhì　见"博闻强记"（本页）。

【博学多才】bó xué duō cái　博：广博。学识广博，有多方面的才能。〔例〕我国东汉时的张衡～，他既精通天文历算，又擅长文学。

【薄物细故】bó wù xì gù　薄物：轻微的物品。细故：细小的事情。《史记·匈奴列传》："朕追念前事，薄物细故，谋臣计失，皆不足以离兄弟之欢。"意思是说，我（汉文帝）追思往事，细微的事物，谋臣失策，都不足以使兄弟失和。指无关紧要的小事。

【补偏救弊】bǔ piān jiù bì　偏：偏差。弊：害处，毛病。补救偏差漏洞，纠正缺点错误。

【捕风捉影】bǔ fēng zhuō yǐng　风和影子都是抓不着的，用以比喻说话做事毫无根据。

【不白之冤】bù bái zhī yuān　白：明白，弄清楚。冤：冤屈。没有得到辩白或洗刷的冤屈。

【不卑不亢】bù bēi bù kàng　见"不亢不卑"（31页）。

【不辨菽麦】bù biàn shū mài　菽：音叔，豆类。分不清哪是豆子，哪是麦子。形容缺乏农业生产的实际知识。〔例〕通过劳动，他们这些原来～的学生都有了一定的农业生产知识。

【不成体统】bù chéng tǐ tǒng　体统：指应具备的体制、格局、规矩等。不成样子，不像话。

【不逞之徒】 bù chěng zhī tú 逞:音成上。不逞:欲望未得到满足。指心怀不满而闹事的人。

【不耻下问】 bù chǐ xià wèn 不耻:不以为耻。指乐于向学问或地位比自己差的人学习,而不觉得不好意思。

【不辞而别】 bù cí ér bié 辞:告辞。不告辞就离去了。〔例〕他没有说一声,就～了。

【不辞劳苦】 bù cí láo kǔ 辞:推辞。不躲避劳累辛苦。形容工作勤奋,不怕吃苦。〔例〕小李～,重活脏活带头干。

【不打自招】 bù dǎ zì zhāo 旧指没有用刑,自己就招认了罪行。后比喻无意中透露出自己的怀主意。

【不到黄河心不死】 bù dào huáng hé xīn bù sǐ 比喻不到实在无路可走的境地不肯死心(多用于贬义)。〔例〕敌人～,总想偷袭这个山头阵地,不给他一个沉重打击,他是不会老实的。

【不得要领】 bù dé yào lǐng 要领:要点,关键。指抓不住要点或关键。〔例〕写文章要简明扼要,中心突出,不要面面俱到,使人～。

【不登大雅之堂】 bù dēng dà yǎ zhī táng 登:走上。大雅之堂:文雅高贵的地方。形容某些不被人看重的、"粗俗"的事物(多指文艺作品)。〔例〕解放以来,许多在旧社会被认为是～的地方戏曲,在党的"百花齐放,推陈出新"的文艺方针的指引下,得到了提高和发展。

【不动声色】 bù dòng shēng sè 动:变动,变化。声色:说话的声音和脸色。指在紧急情况下,说话、神态仍然跟平时一样,没有变化。形容非常镇静。〔例〕他～地说:"这得看人家企业同不同意,若同意我没意见。"

【不二法门】 bù èr fǎ mén 原为佛教用语。法门:指修行入道的门径。原指不靠言语传授,只靠内心思考求得大彻大悟的修道门径。后指最好的或独一无二的方法。

【不乏其人】 bù fá qí rén 乏:缺乏。那样的人并不少(多含贬义)。

【不分青红皂白】 bù fēn qīng hóng zào bái 皂:音造,黑色。比喻不分是非,不问情由。又作"不问青红皂白"。

【不负众望】 bù fù zhòng wàng 负:辜负。不辜负大家的期望。〔例〕他～,带领全村人共同致富,实现了他的诺言。

【不甘后人】 bù gān hòu rén 不甘心落在别人后面。〔例〕在劳动中,大家你追我赶,谁也～。

【不甘寂寞】 bù gān jì mò 不甘心被冷落而置身事外。指要参加某一工作、活动或企图有所表现。〔例〕他总是～,喜欢在众人面前表现自己。

【不甘示弱】 bù gān shì ruò 示:显示,表现。弱:差,软弱。不甘心表示自己比别人差。〔例〕修堤劳动中,小张担土快步上堤,小李～,紧紧跟上。

【不敢越雷池一步】 bù gǎn yuè léi chí yī bù 雷池:古时雷水的别称,在今安徽省望江县。晋朝庾亮《报温峤(qiáo)书》:"足下无过雷池一步也。"意思是叫温峤只在原地防守,不要越过雷池到京城去。后用"不敢越雷池一步"表示不敢超越一定的界限。

【不攻自破】 bù gōng zì pò 不用攻击,自己就破灭。也形容论点站不住脚,经不起反驳或攻击。

【不共戴天】 bù gòng dài tiān 戴:顶。不愿和仇敌在同一个天底下并存。形容仇恨极深。〔例〕赵光腔、郭全海怀着对地主～的仇恨，积极投入了土地改革运动。〔注意〕"戴"不能写作"载"。

【不苟言笑】bù gǒu yán xiào　苟：随便。不随便说笑。形容态度庄重严肃。〔例〕老侯生性严肃，～。

【不关痛痒】bù guān tòng yǎng　见"无关痛痒"（390页）。

【不过尔尔】bù guò ěr ěr　尔尔：这样罢了。不过这样罢了。

【不寒而栗】bù hán ér lì　栗：发抖。并不冷而身体发抖。形容非常害怕。〔例〕想到他可能遭遇的种种危险，真教人～。

【不合时宜】bù hé shí yí　时宜：某个时期的风气或要求。不符合当时的情况或要求。

【不欢而散】bù huān ér sàn　欢：愉快。很不愉快地分手。

【不即不离】bù jí bù lí　即：接近。离：离开。指对人既不接近，也不疏远（多用在对人的关系或态度方面）。

【不急之务】bù jí zhī wù　务：事务。目前不是急于要做的事情。〔例〕在人力物力有限的情况下，～暂时不要办。

【不计其数】bù jì qí shù　计：计算。没法计算数目。形容很多。〔注意〕"计"不能写作"记"。

【不假思索】bù jiǎ sī suǒ　假：凭借。形容做事答话敏捷熟练，用不着考虑。〔例〕库房里有什么器材，数量、单价，放在哪个架上，这个保管员都能～地回答上来。

【不见圭角】bù jiàn guī jiǎo 见"不露圭角"(34页)。

【不见经传】bù jiàn jīng zhuàn 经:经典。传:解释经典的著作。经传:泛指权威性的著作。经传上没见到过。指某种说法缺乏根据,没有来历。也指人或事物没有名气。〔注意〕"传"不读 chuán。

【不骄不躁】bù jiāo bù zào 不骄傲,不急躁。〔例〕在成绩面前,要始终保持谦虚谨慎、～的作风。〔注意〕"骄"不能写作"娇"。"躁"不能写作"燥"。

【不教而杀】bù jiào ér shā 见"不教而诛"(本页)。

【不教而诛】bù jiào ér zhū 诛:处死。不警告就处死。指事先不教育人,一犯错误就加以惩罚。〔例〕对待犯错误的人应当采取治病救人的方针,而不应该～。又作"不教而杀"。

【不解之缘】bù jiě zhī yuán 缘:缘分。不能分开的缘分。形容关系密切,互不可分。

【不经一事,不长一智】bù jīng yī shì, bù zhǎng yī zhì 智:智慧,见识。不经历一件事情,就不能增长对那件事情的见识。

【不经之谈】bù jīng zhī tán 不经:不正常,荒唐。荒唐的没有根据的话。〔例〕天命、报应、鬼神之类完全是骗人的～。

【不胫而走】bù jìng ér zǒu 胫:音径,小腿。走:跑。没有腿却能跑。比喻没有声张或推行却流行传播得很快。〔例〕好消息～,没半天全村就都知道了。

【不咎既往】bù jiù jì wǎng 见"既往不咎"(175页)。

【不拘小节】bù jū xiǎo jié 拘:拘泥,计较。小节:指和原则无关的琐碎小事。不为小事情所约束。多指不注意生活小事。

【不拘一格】bù jū yī gé 拘:拘泥,局限。格:格局,规格。不局限于一种规格或一个格局。〔例〕群众性的科技读物,必须做到通俗易懂,至于表达的形式,则可以～。

【不绝如缕】bù jué rú lǚ 绝:断。缕:音吕,细线。《公羊传·僖公四年》:"中国不绝若线。"(中国:指中原诸国。)原意是中原诸国在异族冲击下,形势危急,虽然还没有断绝,但也只像一根细线那样连着。形容形势危急。也形容声音细微。〔例〕1."七七"事变后,日本帝国主义者向华北大举进攻,祖国危急,～。2. 音乐会上,演员的歌声～。

【不刊之论】bù kān zhī lùn 刊:删除,修改。指正确的不可修改的言论。〔例〕他批判形而上学的文章,堪称～。

【不堪回首】bù kān huí shǒu 堪:能忍受。回首:回头,引申为回顾,回忆。指对过去的事情想起来就会感到痛苦,因而不忍去回忆。

【不堪设想】bù kān shè xiǎng 堪:能。设想:想像。未来情况不能想像。指预料事情会发展到很坏的地步。

【不堪一击】bù kān yī jī 堪:能承受,经得起。形容力量薄弱,经不起一击。也形容论点不严密,经不起反驳。〔例〕1. 这支敌军毫无战斗力,～。2. 这篇文章论点不严密,～。

【不堪造就】bù kān zào jiù 堪:可以,能。造就:培养使有成就。指没有培养前途。

【不亢不卑】bù kàng bù bēi 亢:高。卑:低下。指对待人有恰当的分寸,既不低声下气,也不傲慢自大。又作"不卑不亢"。

【不可或缺】 bù kě huò quē　或：有时。一时也不能缺少。

【不可救药】 bù kě jiù yào　药：用药治疗。病已经重到没法用药医治的程度。比喻已经到了无法挽救的地步。〔例〕对于犯错误的同志，只要不是～的，都应当热情帮助他们改正。

【不可开交】 bù kě kāi jiāo　开交：结束，解决。（只用于否定）没法解脱。〔例〕他这几天地正忙得～，以后再找他吧。

【不可理喻】 bù kě lǐ yù　喻：使明白。没法跟他讲道理。形容蛮横或固执。

【不可名状】 bù kě míng zhuàng　见"不可言状"(33页)。

【不可磨灭】 bù kě mó miè　磨灭：逐渐消失。永远消失不了。指事迹言论等将始终保留在人们的记忆中。〔例〕敬爱的周总理以他崇高的品格，卓越的才华，给每一个和他交谈过的人都留下了～的印象。

【不可偏废】 bù kě piān fèi　偏废：侧重一方，轻视忽略另一方。不能片面地强调一个方面，而忽视另一方面。〔例〕火力发电和水力发电要统一规划，～。

【不可企及】 bù kě qǐ jí　企：踮起脚跟向前望，引申为盼望。及：达到。企及：盼望达到。没有希望达到。形容远远赶不上。

【不可饶恕】 bù kě ráo shù　不能够宽恕。形容罪行或错误严重。

【不可胜计】 bù kě shèng jì　见"不可胜数"(33页)。

【不可胜数】bù kě shèng shǔ 胜:尽。数不过来。形容极多。又作"不可胜计"。

【不可思议】bù kě sī yì 原为佛教用语,指神秘奥妙。现指无法想像,难于理解。

【不可同年而语】bù kě tóng nián ér yǔ 见"不可同日而语"(本页)。

【不可同日而语】bù kě tóng rì ér yǔ 不能相提并论,不能相比。〔例〕拿我们在解放前的悲惨遭遇和现在的幸福生活相比,真是～。又作"不可同年而语"。

【不可向迩】bù kě xiàng ěr 迩:音尔,近。《尚书·盘庚上》:"若火之燎于原,不可向迩。"意思是说,火在原野上燃烧,不可接近。后指因某种原因而不能接近某人或某物。

【不可言传】bù kě yán chuán 传:表达。不可能用言语表达。

【不可言状】bù kě yán zhuàng 言:说。状:描述。没法用言语形容。〔例〕离别多年的老战友,今天又见面了,大家高兴得～。又作"不可名状"。名:说出。

【不可一世】bù kě yī shì 形容狂妄自大到了极点,自以为在当代没有一个人能比得上他。

【不可逾越】bù kě yú yuè 逾:越过。不能越过。〔例〕在中国登山队员的面前,没有～的障碍。

【不可捉摸】bù kě zhuō mō 捉摸:预料,猜测。难以预料或猜测。〔例〕近日来,他整天沉默寡言,令人～。

【不愧屋漏】bù kuì wū lòu 屋漏:古代屋子的西北角,是放置小帐的地方,代指隐蔽的地方。《诗经·大雅·抑》:"相在尔室,尚不愧于屋漏。"意思是,你检省一下,在屋内时应该无愧于心。后指在隐蔽的地方也不做坏事、不起坏的念头。

【不稂不莠】 bù láng bù yǒu 稂:音狼。莠:音友。稂、莠:都是田里的野草。语出《诗经·小雅·大田》。原意是田里没有野草。后用作"既不像稂,又不像莠"的意思,比喻人不成材,没出息。〔注意〕"稂"不能读作 liáng。"莠"不能读作 xiù。

【不劳而获】 bù láo ér huò 获:获得。自己不劳动却占有别人的劳动成果。〔例〕劳动光荣,~可耻,是我们新社会的特点。

【不了了之】 bù liǎo liǎo zhī 了:完了,结束。用不了结的办法去了结。指把事情放在一边不管,就算完事。〔例〕这件事你要负责到底,不要~。

【不吝指教】 bù lìn zhǐ jiào 吝:吝惜,舍不得。指点,教导。不要舍不得指点教导。(请人指教的客气话)〔例〕我们的工作缺点很多,请~。

【不露圭角】 bù lù guī jiǎo 圭角:圭的棱角。比喻锋芒。圭,音归,古代帝王诸侯举行礼仪时用的一种上尖下方的玉器。比喻锋芒才干不外露。又作"不见圭角"。

【不露声色】 bù lù shēng sè 声色:指说话的声音和脸上的表情。心里的打算不在说话和脸色上显露出来。

【不伦不类】 bù lún bù lèi 伦:类。不像这类,也不像那类。形容不像样,不三不四。〔例〕这个比喻用在这里~,显得很别扭。

【不落窠臼】 bù luò kē jiù 窠臼:老套子,旧框框。比喻有独创风格,不落旧套。〔例〕这篇评论战斗性很强,写法也很新颖,～。〔注意〕"窠"不能读作 cháo,不能写作"巢"。

【不蔓不枝】bù màn bù zhī　蔓:细长而不能直立的茎。枝:植物主干上分出来的细茎。不生蔓,也不长旁枝。比喻说话或写文章简洁,不芜杂。〔例〕这篇文章条理清晰,～,很有说服力。

【不毛之地】bù máo zhī dì　不毛:原指不长庄稼的地方。形容荒凉,贫瘠。〔例〕这里原是一片～,自从开渠引水以后,就成了肥沃的良田。

【不谋而合】bù móu ér hé　谋:商量。合:符合,一致。事先没有商量过,意见或行动却完全一致。〔例〕会上小张和我的意见～。

【不能自拔】bù néng zì bá　拔:摆脱。不能主动地从痛苦、错误或罪恶中解脱出来。〔例〕亲人去世以后,他一直陷于痛苦之中～。

【不能自已】bù néng zì yǐ　已:停止。自己控制不住自己的感情。

【不宁唯是】bù nìng wéi shì　宁:古汉语助词。唯:只是。是:这样。不只是这样,即不仅如此。

【不偏不倚】bù piān bù yǐ　倚:偏。不偏向任何一方。表示中立或公正。

【不平则鸣】bù píng zé míng　鸣:发出声音。指受到委屈和压迫就要发出不满和反抗的呼声。

【不破不立】bù pò bù lì　破:破除。立:建立。旧的不破除,新的就不能建立起来。

【不期而会】bù qī ér huì　见"不期而遇"(36 页)。

【不期而然】bù qī ér rán　期：料想。然：如此。没有想到会这样而竟然这样。〔例〕我们已经准备长期抗旱了，这场雨～地到来，使人格外高兴。又作"不期然而然"。

【不期而遇】bù qī ér yù　期：约定日期。没有约定而遇见。指意外碰见。〔例〕我们离别已经整整十年，今天在火车上～，真使人高兴。又作"不期而会"。

【不期然而然】bù qī rán ér rán　见"不期而然"(本页)。

【不情之请】bù qíng zhī qǐng　不情：不近人情。不近人情的请求，多用于向人求助的客气话。〔例〕虽然知道您很忙，但这一问题不解决，我们下一步的科研工作就无法展开，故而有此～，请大力协助！

【不求甚解】bù qiú shèn jiě　甚：很。指学习不认真，不求深刻理解。〔例〕学习马列、毛主席著作和邓小平理论，要刻苦钻研，深入领会，不能粗枝大叶～。

【不屈不挠】bù qū bù náo　挠：音脑阳平。屈、挠：弯曲。比喻在压力和困难面前不屈服，表现十分顽强。〔例〕一百多年来，我们的先人曾跟国内外反动势力进行了～的斗争。

【不容置喙】bù róng zhì huì　置：放。喙：音会，鸟兽的嘴，借指人的嘴。置喙：插嘴。不许插嘴。

【不容置疑】bù róng zhì yí　置疑：怀疑(用于否定)。不容许有什么怀疑。指真实正确。〔例〕这一报告的内容与群众反映的情况一致，～。

【不入虎穴，焉得虎子】bù rù hǔ xué，yān dé hǔ zǐ　穴：巢穴。焉：怎么。不进老虎窝，怎么能捉到小老虎。语出《后汉书·班超传》。原意是不亲历险境就不能获得成功。后也用来比喻不大胆实践就不能得到成果。〔例〕～，如果不深入实际,调查研究,就不能了解到事物的真相。

【不三不四】bù sān bù sì　指不正派。也指不像样子。

【不塞不流,不止不行】bù sè bù liú, bù zhǐ bù xíng　语出唐朝韩愈《原道》。原意是佛老之道不予以堵塞禁止,孔孟之道就不能流传通行。后指旧思想旧文化不予以破除,新思想新文化就不能树立起来。

【不衫不履】bù shān bù lǚ　衫:上衣或长袍。履:鞋子。不穿衣衫,不穿鞋子。形容不修边幅的样子。

【不甚了了】bù shèn liǎo liǎo　了了:明白,懂得。心里不太明白。〔例〕这篇文章道理讲得不透,看了以后仍然使人～。

【不声不响】bù shēng bù xiǎng　没有一点声响。也用来形容办事稳重,不张扬。〔例〕1. 小王～地站起来走了。2. 他～地为我们做了许多事,我们都牢牢地记在心上。

【不胜枚举】bù shèng méi jǔ　不胜:承担不了。枚举:一个一个地举出来。不能一个个地全列举出来。形容数量多。〔例〕向阳商店在为顾客服务方面做了许多改进,项目之多,～。

【不胜其烦】bù shèng qí fán　烦:烦琐。烦琐得使人受不了。

【不失时机】bù shī shí jī　时机:具有一定时间性的机会。指不错过当时的机会。

【不识大体】bù shí dà tǐ　识:认识,懂得。大体:大局或重要的道理。不懂得从大处考虑。

【不识好歹】bù shí hǎo dǎi　歹:坏。不知道好和坏。

【不识时务】bù shí shí wù　时务：当前的重大事情或形势。指不认识当前重要的事态和时代的潮流。后也指待人接物不知趣。

【不识抬举】bù shí tái jǔ　抬举：指称赞、器重或提拔。不懂得人家对自己的好意(多用于指责别人)。

【不识一丁】bù shí yī dīng　见"目不识丁"(247页)。

【不时之需】bù shí zhī xū　不时：随时，说不定什么时候。说不定什么时候会出现的需要。〔例〕粮食要有充分的储备，以应～。

【不世之功】bù shì zhī gōng　不世：不是每个世代都有的。指极大的功勋。

【不速之客】bù sù zhī kè　速：邀请。指没有邀请突然而来的客人。〔例〕红色娘子军党代表洪常青两度假扮侨商进入南霸天的巢穴，但凶狠而愚蠢的南霸天却始终能从这个～身上看出任何破绽。

【不祧之祖】bù tiāo zhī zǔ　祧：音挑阴平，把相隔几代的祖宗的神主迁进远祖的庙合祭。只有创业的远祖以及有较大影响的祖先的神主不迁，称为不祧。不迁入远祖庙的祖先。比喻开创某一事业、倍受尊崇的人。

【不同凡响】bù tóng fán xiǎng　凡响：平凡的音乐。形容事物不平凡，很出色(多指文学、艺术作品)。〔例〕这首诗～，是近年来少见的好作品。

【不痛不痒】bù tòng bù yǎng　比喻不触及实质，不切中要害，不解决问题。〔例〕这种～的批评，对他恐怕没有什么帮助。

【不为已甚】bù wéi yǐ shèn　为：做。已：太。已甚：太过分。不做得太过分。多指对人的责备或惩罚适可而止。〔例〕他既已认错，就～，给他一个改正的机会吧。又作"莫为已甚"。

【不闻不问】bù wén bù wèn　闻：听。人家说的不听，也不主动去问。形容对事情不关心。〔例〕干部应当关心群众生活，不能对群众生活中的困难～。

【不问青红皂白】bù wèn qīng hóng zào bái　见"不分青红皂白"（28页）。

【不无小补】bù wú xiǎo bǔ　不是没有小的补益。指虽然不能起很大的作用，但多少有些帮助。

【不舞之鹤】bù wǔ zhī hè　南朝宋刘义庆《世说新语·排调》说，羊祜养的一只鹤善于跳舞，曾向客人称说此事。一次，客人想让鹤跳舞，那鹤却把羽毛松开，不肯起舞。后用来讽刺别人无能，也谦称自己没有本事。

【不务空名】bù wù kōng míng　务：追求。切实地工作，不追求虚名。〔例〕他一向工作踏踏实实，～，能做到的一定去做，做不到的从来不说能做。

【不务正业】bù wù zhèng yè　务：从事。正业：正当的职业，本职工作。指丢下本职工作不做，去搞其他的事情。

【不相上下】bù xiāng shàng xià　分不出高低好坏。形容水平相当。〔例〕这两样稻种都是良种，产量～。

【不肖子孙】bù xiào zǐ sūn　不肖：品行不好。（限用于子孙）指品德差、没出息，不能继承先辈事业的子孙或晚辈。

【不屑一顾】bù xiè yī gù　屑：音泄。不屑：认为不值得。顾：看。认为不值得一看。形容极端轻视。〔例〕他对原材料要求太高，连中上水平的都～，何况这种呢。

【不省人事】bù xǐng rén shì 省：知觉。指昏迷过去，失去知觉。〔例〕天气太热，他突然中暑晕倒，～。〔注意〕"省"不读 shěng。

【不修边幅】bù xiū biān fú 边幅：布幅边上毛糙的地方。不把毛边修剪整齐。原形容随随便便，不拘小节。后形容不注意衣着或容貌的整洁。〔例〕别看他衣着很随便，～，可在学习上却是一丝不苟。

【不宣而战】bù xuān ér zhàn 宣：宣战。指不宣战就进行战争。

【不学无术】bù xué wú shù 术：技术，技艺。没有学问，没有本领。

【不徇私情】bù xùn sī qíng 徇：曲从。私情：私人的交情。指不为了私情而做违法的事。

【不言不语】bù yán bù yǔ 沉默不语。

【不言而喻】bù yán ér yù 喻：明白。不用说就能明白。形容道理很明显。〔例〕他超额完成了任务，～，心里是很高兴的。

【不厌其烦】bù yàn qí fán 厌：嫌。不嫌麻烦。〔例〕每当我提出问题时，张老师总是～地反复给我讲解。

【不厌其详】bù yàn qí xiáng 不嫌详细。指愈详细愈好。〔例〕做调查工作，材料记录要～，越具体越好。

【不一而足】bù yī ér zú 足：充足，足够。指同类的事物很多，不止一个。〔例〕这个街道服务小组服务项目很多，诸如订报送奶，补衣修鞋，职工临时托儿，老弱代买粮菜等等，～。

【不遗余力】bù yí yú lì 遗：留。余力：剩余的力量。把全部力量都使出来，一点不保留。〔例〕为了早日把祖国建设成现代化的社会主义强国，我们要～地工作。

【不以为然】 bù yǐ wéi rán 然：对，不错。不认为是对的。表示不同意（含轻视意味）。

【不亦乐乎】 bù yì lè hū 亦：也。乐：快乐，愉快。乎：古汉语助词，这里相当于"吗"，表示疑问语气。原意是"不也是很愉快的吗？"后常用来表示极度、非常、淋漓尽致的意思（含诙谐意）。〔例〕炊事班的同志为了保证夏收夏种任务的完成，往地头送饭送水，忙得～。

【不易之论】 bù yì zhī lùn 易：改变。不可更改的言论。形容论断或意见非常正确。〔例〕他的关于形而上学危害性的一番议论，可称～。

【不翼而飞】 bù yì ér fēi 不翼：没有翅膀。没有翅膀却飞走了。比喻东西突然丢失。也比喻消息传得极快。〔例〕1. 真奇怪，抽屉里的书怎么～了呢。2. 这个消息，才半天功夫，大家就都议论开了。

【不由分说】 bù yóu fēn shuō 不由：不听从，不容许。分说：分辩。不容人分辩（就采取行动）。〔例〕他一定要我陪他去找老张，～地拉我就走。

【不由自主】 bù yóu zì zhǔ 由不得自己，控制不住自己。〔例〕当李大娘悲愤交集，声泪俱下地诉说苦难的经历时，大家～地流下了热泪。

【不远千里】 bù yuǎn qiān lǐ 远：认为遥远。千里：指遥远的路途。《孟子·梁惠王上》："不远千里而来，亦将有以利吾国乎？"意思是，您不辞艰辛，千里跋涉而来，那么对我的国家会有很大帮助吧？指为了某一目标，不怕路途遥远而来。〔例〕为了帮助山区人民脱贫致富，他放弃了大城市优裕的生活条件，～来到了这个穷山乡。又作"不远万里"。

【不远万里】 bù yuǎn wàn lǐ 见"不远千里"(41页)。

【不约而同】 bù yuē ér tóng 约：约定。没有经过商量而彼此行动一致。〔例〕演员一出场，观众～地就鼓起掌来。

【不择手段】 bù zé shǒu duàn 择：挑选。指为了达到目的，什么手段都使得出来(含贬义)。

【不折不扣】 bù zhé bù kòu 折、扣：买卖货物，照标价减去一个成数，叫做打折扣。没有折扣，表示完全、十足的意思。

【不知不觉】 bù zhī bù jué 知：知道。觉：感觉。指不经意，没有感觉到。〔例〕我们边走边聊，～地到了前门大街。

【不知轻重】 bù zhī qīng zhòng 不懂得权衡事情的重要和不重要。比喻做事没有分寸，鲁莽冒失。

【不知深浅】 bù zhī shēn qiǎn 不了解内情、底细或复杂程度。也比喻言行冒失，没有分寸。〔例〕他刚来到这里，说话～，请多包涵。

【不知所措】 bù zhī suǒ cuò 措：处置，安排。不知道应该怎么办。

【不知所以】 bù zhī suǒ yǐ 所以：何以，为何，为什么。不明白为什么会是这样。指不知道原因。

【不知所云】 bù zhī suǒ yún 云：说。不知道说的是些什么。多指语言、文章等思路不清，说理不明，使人抓不住要领。〔例〕这篇文章逻辑性太差，使人看了～。

【不值一钱】 bù zhí yī qián 形容毫无价值或地位极其低

下。

【不置可否】bù zhì kě fǒu 置：搁，放。可：行。否：不行。不说行，也不说不行。〔例〕对于原则问题，要态度鲜明，不能含糊其辞，～。

【不着边际】bù zhuó biān jì 着：挨上，接触。边际：边儿。挨不着边儿。多指说话空泛，不接触实际。〔例〕他的发言很实在，没有一句～的话。

【不自量力】bù zì liàng lì 自己不估量自己的能力。指过高地估计自己的力量。〔例〕以他那样的体力要挑二百斤的担子，未免太～。又作"自不量力"。

【不足挂齿】bù zú guà chǐ 不足：不值得。挂齿：说到，提起。不值得一提（谦虚的说法）。

【不足为怪】bù zú wéi guài 见"不足为奇"（本页）。

【不足为据】bù zú wéi jù 见"不足为凭"（本页）。

【不足为凭】bù zú wéi píng 不足：不能。凭：凭据，根据。不能当作凭证或根据。〔例〕要证明这点，口说～，还没有事实根据。又作"不足为据"。

【不足为奇】bù zú wéi qí 不足：不值得。不值得奇怪。指某种事物或现象很平常，没有什么奇怪的。〔例〕儿童也能骑马奔驰，这在牧区是～的。又作"不足为怪"。

【不足为训】bù zú wéi xùn 训：准则。不值得作为效法的准则或榜样。

【布鼓雷门】bù gǔ léi mén 布鼓：用布蒙的鼓（鼓一般都用皮革蒙制）。雷门：古时会稽（今浙江省绍兴市）的城门名。《汉书·王尊传》："毋持布鼓过雷门。"意思是不要拿着布蒙的鼓经过雷门。颜师古注解说，古代在雷门那里有大鼓,在那里击这面鼓,鼓声可以传到河南洛阳。后比喻本领一般的人不自量力,在高手面前炫耀本领。

【布衣粝食】 bù yī lì shí　见"布衣蔬食"(本页)。

【布衣蔬食】 bù yī shū shí　布衣:布制的衣服。蔬食:粗食,以草菜为食。穿布衣,吃粗食。形容生活节俭朴素。〔例〕这些年来,虽然生活水平有了很大的提高,但他仍然勤俭节约,保持着当年～的生活习惯。又作"布衣粝食"。粝食:粗食。

【布衣之交】 bù yī zhī jiāo　布衣:平民的衣服。指普通百姓之间的交往和友谊。

【步步为营】 bù bù wéi yíng　步步:形容相隔很近。营:军事营垒。指军队每向前推进一步就设下一道营垒。形容防守严密,行动谨慎。〔例〕第三次反"围剿"战争中,敌军～,逐渐逼进,红军避实就虚,长驱七百里,连打五仗,各个击破,取得了胜利。

【步调一致】 bù diào yī zhì　步调:走路时脚步的大小快慢。比喻行动和谐一致。〔例〕他们两个小组配合紧密,～,任务完成得很好。

【步履维艰】 bù lǚ wéi jiān　步履:步行。维:古汉语助词。艰:困难。指行走困难。〔例〕车上下来一位老人,～地走上台阶。

【步人后尘】 bù rén hòu chén　步:踏着。后尘:走路时在后面扬起的尘土。指跟在别人后面走。比喻追随、模仿,没有创造性。〔例〕我们在发展科学技术的道路上,要充分发挥自己的创造性,而不是事事～。

C

【才高八斗】 cái gāo bā dǒu　五代李翰《蒙求》:"谢灵运尝云:'天下才共有一石,子建独得八斗,我得一斗,自古及今同用一斗。'"意思是,谢灵运(南朝宋文学家)曾说,天下的文才共有一石(石,音但 dàn,容量单位,十斗为一石),曹植(字子建,三国时期魏国文学家)独得八斗,谢灵运自己得一斗,其他古今文人共分一斗。形容人很有文才。又作"八斗之才"。

【才华横溢】 cái huá héng yì　横溢:充分显露。指才华充分显露出来。

【才貌双全】 cái mào shuāng quán　才:才能。貌:相貌。形容人才能高,相貌好,两者齐全。

【才疏学浅】 cái shū xué qiǎn　疏:音书,空疏、空虚。才能不高,学识浅薄(多用于自谦)。〔例〕我～,当不了总工程师,还是请有能力的人担任吧。

【才疏意广】 cái shū yì guǎng　意:志向。才能不高,志向高远。又作"意广才疏"。

【才疏志大】 cái shū zhì dà　见"志大才疏"(495页)。

【餐风宿露】 cān fēng sù lù　见"风餐露宿"(113页)。

【残杯冷炙】 cán bēi lěng zhì　见"残羹冷炙"(46页)。

【残编断简】 cán biān duàn jiǎn　见"断简残编"(97页)。

【残羹冷炙】 cán gēng lěng zhì　残:剩余的。羹:音耕,有浓汁的食品。炙:烤肉。指吃剩的饭菜。也比喻权贵的施舍。〔例〕他为了从敌人那里分得一点～,不惜出卖国家和民族的利益。又作"残杯冷炙"。

【残民害理】 cán mín hài lǐ　残:伤害。残害百姓,违背天理。形容反动统治者所作所为的残忍不义。

【残缺不全】 cán quē bù quán　残:残破。缺:短缺。指因残破短缺而不完整。〔例〕这些古旧书籍,因年代久远,有些已经～了。

【残山剩水】 cán shān shèng shuǐ　残:不完全的。剩:余留下来的。指国家领土大部沦陷后残余的部分。

【残垣断壁】 cán yuán duàn bì　垣:墙。指残存的、倒塌了的墙壁。形容建筑物残破的衰败景象。

【残渣余孽】 cán zhā yú niè　残渣:剩余的渣滓。孽:音涅,邪恶。余孽:残余的坏分子或恶势力。比喻残存的坏人或没有消灭干净的恶势力。

【蚕食鲸吞】 cán shí jīng tūn　像蚕吃桑叶一样逐步侵占,像鲸鱼吞食一样一举吞并。比喻用各种方式侵占吞并别国的领土。

【惨不忍睹】 cǎn bù rěn dǔ　睹:看见。凄惨得叫人不忍心看。〔例〕建国前,每逢荒年,贫苦农民饥寒交迫,农村里一片～的凄凉景象。

【惨不忍闻】 cǎn bù rěn wén　闻:听。凄惨得叫人不忍心听。

【惨淡经营】 cǎn dàn jīng yíng　惨淡:辛苦,又写作"惨澹"。唐朝杜甫《丹青引》:"意匠惨澹经营中。"原意是说下笔之前,苦心构思。后用"惨淡经营"指苦心经营。

【惨绝人寰】 cǎn jué rén huán　绝:穷尽,到了尽头。寰:音环。人寰:人世。世界上再没有比这更惨的了。形容极其惨痛。〔例〕1927 年,蒋介石在上海发动反革命政变,对革命人民进行了~的大屠杀。

【惨无人道】 cǎn wú rén dào　惨:凶恶,狠毒。形容极端凶狠残暴。

【仓皇失措】 cāng huáng shī cuò　仓皇:匆忙慌张。措:处理,安排。由于匆忙慌张而不知道怎么办。〔例〕听说马惊了,他~,一时不知往哪里躲才好。

【沧海横流】 cāng hǎi héng liú　沧:同"苍",暗绿色。沧海:指大海。横流:水往四处奔流。《晋书·王尼传》:"沧海横流,处处不安也。"意思是社会上好像大海泛滥,哪儿都不安定。〔例〕在~的岁月,人们流离失所,无家可归。

【沧海桑田】 cāng hǎi sāng tián　桑田:农田。大海变成桑田,桑田变成大海。比喻世事变化很大。〔例〕家乡的山谷成了水库,土山变成平川,水田连成一片,真是~,今非昔比。

【沧海一粟】 cāng hǎi yī sù　粟:谷子。宋朝苏轼《前赤壁赋》:"渺沧海之一粟。"(渺:水面宽阔。)意思是像无边无际的大海中的一颗谷粒。比喻非常渺小。〔例〕我们个人做出的任何成绩和伟大的革命事业相比,都只不过是~。

【藏垢纳污】 cáng gòu nà wū　见"藏污纳垢"(48 页)。

【藏龙卧虎】 cáng lóng wò hǔ　龙、虎:比喻不平凡的人物。指隐藏着未被发现的人才,也指隐藏不露的人才。〔例〕你们厂人才济济,真是个~之地。

【藏头露尾】 cáng tóu lù wěi　形容说话躲躲闪闪,不把真实情况全部讲出来。

【藏污纳垢】 cáng wū nà gòu　藏:包藏。纳:容纳。污:肮脏。垢:音构,脏东西。比喻包容坏人坏事。又作"藏垢纳污"。

【操之过急】 cāo zhī guò jí　操:从事,做。指办事情太急躁。〔例〕做思想工作要耐心,不要~。

【草草了事】 cǎo cǎo liǎo shì　草草:急急忙忙,草率。了:音辽上,完成,结束。草率地把事情做完。指工作态度很不认真。〔例〕做工作一定要踏踏实实,一丝不苟,千万不能抱着不负责任的态度~。

【草间求活】 cǎo jiān qiú huó　躲在草丛中以求生存。形容苟且偷生。

【草菅人命】 cǎo jiān rén mìng　菅:音坚,一种野草。《汉书·贾谊传》:"其视杀人,若艾草菅然。"(艾:通"刈",音意,割草。)意思是他把杀人看得像割草一样。形容残酷横暴。〔例〕这帮歹徒,横行乡里,~,必须彻底铲除。〔注意〕"菅"不能写作"管",不能读作 guǎn。

【草木皆兵】 cǎo mù jiē bīng　《晋书·苻坚载记》记载,东晋时,前秦国君苻坚的军队在淝水被晋军打得大败,逃跑时看见八公山上的草木,以为都是东晋的士兵。后用"草木皆兵"形容人在非常恐慌的时候,稍有一点风吹草动就十分紧张害怕,疑神疑鬼。又作"风声鹤唳,草木皆兵"。唳:音利lì,鹤叫。

【草率从事】 cǎo shuài cóng shì　草率:不认真,敷衍。从事:办事。指不认真地办事。

【侧目而视】 cè mù ér shì　斜着眼睛看人。形容憎恨或又怕又愤恨。

【参差不齐】 cēn cī bù qí　参差:音岑阴平雌阴平。长短、高低不齐。〔例〕这些树不是一个时候栽的,长得高高低低、～。〔注意〕"参"不读 cān。"差"不读 chā。

【层出不穷】 céng chū bù qióng　层:一个接一个地,不断地。穷:完、尽。接连出现,没有穷尽。〔例〕开展学雷锋活动以来,好人好事～。

【层次分明】 céng cì fēn míng　层次:排列的次序。分明:清楚。形容事物的排列次序清楚。〔例〕这是一篇好文章,内容充实,～。

【层峦叠嶂】 céng luán dié zhàng　峦:音乱阳平,(连绵的)山。嶂:音丈,直立的像屏障的山峰。形容山峰重叠、险峻。〔例〕这里～,景色优美,是著名的旅游胜地。

【曾几何时】 céng jǐ hé shí　曾:古汉语副词,多用于疑问和否定,用法近于"乃"。几何:多少。才有多少时候。指没过多久。

【曾经沧海】 céng jīng cāng hǎi　曾:曾经。经:经历。沧海:大海。唐朝元稹《离思》诗:"曾经沧海难为水。"意思是曾见过大海的水,别的水就很难谈得上了。比喻曾经见过大世面,不把平常事物放在眼里。

【差强人意】 chā qiáng rén yì　差:稍微、比较地。强:振奋起来。《后汉书·吴汉传》记载,汉光武帝起兵讨伐王莽,某次作战不利,诸将都很恐慌,只有大司马吴汉镇定自若。光武感慨地说:"吴公差强人意。"意思是吴汉还算能振奋人的心意。后用来表示大体上还算能使人满意。〔例〕这本短篇小说集不甚精彩，只第四篇～。〔注意〕"差"不读 chà。
"强"不读 qiǎng。

【差之毫厘，谬以千里】 chā zhī háo lí, miù yǐ qiān lǐ
差：相差。毫厘："毫"和"厘"都是很小的计算单位，形容微
小。谬：错误。开头稍微差一点儿，结果会造成很大的错
误。强调不能有一点差错。〔例〕测绘工作常是～，因此一
定要十分准确，绝不能粗心大意。又作"失之毫厘，差以千
里"、"差以毫厘，失之千里"。〔注意〕"差"不读 chà。

【差以毫厘，失之千里】 chā yǐ háo lí, shī zhī qiān lǐ
见"差之毫厘，谬以千里"（本页）。

【插翅难飞】 chā chì nán fēi　插上翅膀也难飞走。比喻
怎么也逃不了。〔例〕路口已经截断，这股敌人已是～了。

【插科打诨】 chā kē dǎ hùn　科：古代戏曲用语，指角色的
动作。诨：音混去。打诨：说开玩笑的话。指戏曲、曲艺演员
表演时常常穿插一些滑稽的动作和逗乐的话来引人发笑。
泛指逗趣，说笑话。

【茶余饭后】 chá yú fàn hòu　泛指休息或空闲的时候。
〔例〕练书法、画画，成了他～的消遣。又作"茶余酒后"。

【茶余酒后】 chá yú jiǔ hòu　见"茶余饭后"（本页）。

【查无实据】 chá wú shí jù　查：调查。实据：确凿证据。
指经过调查，未发现确凿证据。

【察察为明】 chá chá wéi míng　察察：精细地考察。指专
对细小问题进行考察，自以为精明。

【察言观色】 chá yán guān sè　察、观：仔细看。观察别人
的说话和脸色，来揣摸人的心意。

【姹紫嫣红】 chà zǐ yān hóng　姹：音岔，美丽。嫣：音烟

美好。形容各种花朵娇艳美好。〔例〕公园里百花盛开，～，一片春天的景象。

【豺狼成性】chái láng chéng xìng　豺：音柴，豺狗。像豺狼一样凶恶残暴成了习性。

【豺狼当道】chái láng dāng dào　豺狼：比喻坏人。当道：处在道路中间。比喻坏人当权。

【馋涎欲滴】chán xián yù dī　涎：音闲，口水。馋得口水都要滴下来了。形容极其贪馋的样子。也形容非常眼红。〔例〕座山雕对秘密联络图～，想方设法要把它弄到手。杨子荣就利用这点打进了威虎山。〔注意〕"涎"不能读作 yán。

【缠绵悱恻】chán mián fěi cè　缠绵：感情苦恼而排解不开的样子。悱恻：心情悲苦的样子。形容内心痛苦难以排解。也指文章感情婉转凄凉。

【谄上欺下】chǎn shàng qī xià　谄：音搀上，讨好，拍马。讨好上司，欺压下级。〔例〕决不能让那种政治品质不好、～的人混进领导班子。

【长此以往】cháng cǐ yǐ wǎng　长：长久。此：这样。以：介词。往：去。长期这样下去。

【长风破浪】cháng fēng pò làng　见"乘风破浪"(57页)。

【长歌当哭】cháng gē dàng kū　长歌：长声歌咏，引申为写诗文。当：当作。用长声歌咏或写诗文来代替痛哭，借以抒发心中的悲愤。〔例〕在诗歌朗诵会上，诗人们～，沉痛悼念我们敬爱的周总理。

【长年累月】cháng nián lěi yuè　累月：一月又一月。指经过很久的时间；长时间。〔例〕他的丰富的生产经验，是～积累起来的。又作"穷年累月"、"经年累月"。

【长篇大论】 cháng piān dà lùn　滔滔不绝的言论。多指内容烦琐、词句重复的长篇发言或文章。〔例〕写文章说话要简明扼要，不要～，空话连篇。

【长篇累牍】 cháng piān lěi dú　牍：古代用来写字的木简。指篇幅冗长的文章。

【长驱直入】 cháng qū zhí rù　驱：快跑。指长距离不受阻挡一直冲进去。形容进攻顺利。〔例〕解放军渡江以后，～，很快就解放了整个中国大陆。

【长途跋涉】 cháng tú bá shè　跋涉：爬山趟水。远距离爬山蹚水。形容长途旅行的艰辛。

【长吁短叹】 cháng xū duǎn tàn　吁：音虚，叹息。长一声短一声不住地叹气。形容发愁的神情。〔注意〕"吁"不读 yù。

【长治久安】 cháng zhì jiǔ ān　治：安定，太平。《汉书·贾谊传》："建久安之势，成长治之业。"意思是建立永远安定太平的政局。后用"长治久安"指国家长期太平安定。〔例〕这一政策顺应时代发展潮流，深得民心，堪称～之策。〔注意〕"长"不能写作"常"。

【常备不懈】 cháng bèi bù xiè　常：经常，时时。懈：松懈。时刻准备着，毫不松懈。〔例〕我们要提高警惕，～，以应付突发事件的发生。

【怅然若失】 chàng rán ruò shī　怅然：失意的样子。形容心里不痛快，好像丢了什么东西一样。〔例〕近一段时间，她整天愁眉不展～的样子，让人猜不透发生了什么事。

【畅所欲言】 chàng suǒ yù yán　畅：没有阻碍，痛快。欲：想要，希望。言：说。痛痛快快地把心里想说的话都说出来。〔例〕在小组会上，大家～，对工作提出了不少建议。

【超尘拔俗】chāo chén bá sú　尘、俗：佛教用语，指尘世，人间。拔：高出。原指佛教徒功夫深，已超出尘世。后也指才德远远超过平常人。

【超凡入圣】chāo fán rù shèng　凡：平常人。圣：圣贤。超越平常人而达到圣贤的境界。形容学识修养达到了高峰。

【超凡脱俗】chāo fán tuō sú　凡：尘世。俗：世俗。超越凡俗，脱离尘世。形容与众不同，非常特别。〔例〕他有一种～的气派。

【超前绝后】chāo qián jué hòu　超越前人，后人也不会有与之相比的。

【超群绝伦】chāo qún jué lún　绝：没有。伦：同等，同类。超出一般人，没有可以相比的。

【超然物外】chāo rán wù wài　超然：超脱。物：客观世界。超出世俗生活之外。引申为置身事外。

【车水马龙】chē shuǐ mǎ lóng　《后汉书·马后纪》："车如流水，马如游龙。"意思是车像水流一样不断，马连成了一条长龙。形容车马很多，往来不断，非常热闹。〔例〕这条马路上～，人来人往，非常热闹。

【车载斗量】chē zài dǒu liáng　载：装运。《三国志·吴书·孙权传》注引《吴书》："如臣之比，车载斗量，不可胜数。"意思是说，像我这样的人，可以用车载，用斗量，多得都数不过来。后用"车载斗量"形容数量很多，不算什么。〔注意〕"量"不读 liàng。

【彻头彻尾】chè tóu chè wěi　彻：贯通，贯彻。从头到尾。指整个儿，完完全全（多用于贬义）。

【掣襟露肘】 chè jīn lù zhǒu　掣:拉。襟:衣襟。肘:胳膊肘。拉动衣襟就会露出胳膊肘。形容处境窘迫狼狈。

【沉默寡言】 chén mò guǎ yán　寡:少。不声不响,很少说话。〔例〕他生性～,但在大是大非面前态度是很鲜明的。

【沉思默想】 chén sī mò xiǎng　沉:深。默:不说话。深深地在心中思考。〔例〕考场上,小李同学经过几分钟的～后,便提笔疾书,很快答完了试卷。

【沉吟不决】 chén yín bù jué　沉吟:迟疑不决,轻声自语。决:决定。迟疑很久,决定不下来。〔例〕处理问题应该果断,遇事～,往往会错过时机。

【沉冤莫白】 chén yuān mò bái　沉冤:长期得不到申雪的冤屈。莫白:没有弄明白。指受冤屈很久而得不到昭雪。

【沉滓泛起】 chén zǐ fàn qǐ　滓:音子,渣滓。泛:浮。已经沉底的渣滓重新浮上水面。语出鲁迅《二心集·沉滓的泛起》。比喻已经消失的旧事物又重新表现出来。

【陈陈相因】 chén chén xiāng yīn　陈:旧的。因:沿袭。《史记·平准书》:"太仓之粟,陈陈相因,充溢露积于外,至腐败不可食。"意思是京都仓库里的粮食逐年增加,陈粮加陈粮,从库里堆到露天,以至腐败不可食用。后用"陈陈相因"比喻依照老一套不改变,没有革新和创造。

【陈词滥调】 chén cí làn diào　陈:陈旧。滥:空泛不切实际。老一套的,不切实际的话。

【陈规陋习】 chén guī lòu xí　陋:坏的,不合理的。指过了时的不合理的规章制度和惯例。

【称心如意】 chèn xīn rú yì　称:适合。完全合心意。〔例〕老大爷从货摊上买了几件～的农具,高高兴兴地走了。

【趁火打劫】chèn huǒ dǎ jié　打劫:抢劫。趁人家发生火灾、一片混乱时去抢东西。比喻趁别人危急或困难的时候去捞一把。

【趁热打铁】chèn rè dǎ tiě　铁要趁烧红的时候打。比喻趁着有利的时机或利用有利条件抓紧去做。

【称孤道寡】chēng gū dào guǎ　孤、寡:古代封建帝王自称"孤"或"寡人"。指自封为王。

【称王称霸】chēng wáng chēng bà　霸:霸主。比喻凭借权势横行一方,或狂妄地以首脑自居。

【称兄道弟】chēng xiōng dào dì　称:称呼。道:说。朋友间以兄弟相称。形容关系亲密(现多用于贬义)。

【瞠乎其后】chēng hū qí hòu　瞠:音撑,直瞠着眼。乎:于,在。在别人后面干瞠眼赶不上。形容远远落在后头。

【瞠目结舌】chēng mù jié shé　结舌:舌头转不动,说不出话来。指因为害怕或理屈,瞠着眼说不出话来。形容受窘或吓呆了的样子。

【成败利钝】chéng bài lì dùn　利:锋利,引申为顺利。钝:不锋利,引申为不顺利。成功或失败,顺利或不顺利。指做事情可能有的各种情况或结果。〔例〕既然事关全局,我们必须不计～,全力以赴。

【成家立业】chéng jiā lì yè　指男子结了婚,有职业,能独立生活。

【成龙配套】chéng lóng pèi tào　龙:指完整的体系。指搭配起来构成一个完整的系统。〔例〕此产品要想批量生产,必须再建一条流水线,使之～。

【成年累月】chéng nián lěi yuè　成年：整年。累月：月复一月。年复一年，月复一月。形容时间很长。

【成千上万】chéng qiān shàng wàn　形容数量极多。

【成群结队】chéng qún jié duì　成、结：形成，结成。指聚集到一起，形成了一群群、一队队。〔例〕春天来了，孩子们一有空儿，就～地往植物园去看花。

【成仁取义】chéng rén qǔ yì　是"杀身成仁，舍生取义"的缩语。见"杀身成仁"（313页）和"舍生取义"（318页）。

【成人之美】chéng rén zhī měi　成：成全，帮助。美：好，好事。成全别人的好事。

【成事不足，败事有余】chéng shì bù zú, bài shì yǒu yú　成事：办成事情。不足：不能。败事：把事情搞坏。指办不好事情，反而把事情搞坏。

【成一家言】chéng yī jiā yán　成：成为。言：言论，学说。形成具有自己独特体系和风格的言论。

【成竹在胸】chéng zhú zài xiōng　见"胸有成竹"（421页）。

【诚惶诚恐】chéng huáng chéng kǒng　诚：确实，的确。惶：恐惧。原为封建时代官员上奏章时的套语，表示对皇帝的敬畏。后形容惶惧不安（多含贬义）。〔例〕在工作上出了点小小的差错，只要吸取教训就可以了，不要为此背包袱，整天～的。

【诚心诚意】chéng xīn chéng yì　形容十分真挚诚恳。

【承欢膝下】chéng huān xī xià　承欢：迎合他人的心意，使其感到欢喜。膝下：子女年幼时常倚在父母膝前玩耍，因而代指父母。指侍奉父母，使父母感到欢悦。

【承前启后】 chéng qián qǐ hòu　承：承接。启：开创，引出。承接前面的，开创后来的。指继承前人事业，为后人开辟道路。

【承上启下】 chéng shàng qǐ xià　承：承接。启：开创，引出。承接上面的，引出下面的。多用在写文章方面。〔例〕这一段文字起着～的作用，看似闲笔，却决不是可有可无的。

【城狐社鼠】 chéng hú shè shǔ　城：城墙。社：古代祭土地神的地方。城墙上的狐狸，社庙里的老鼠。城狐社鼠虽然为害，却不便驱除，因为要对它们的巢穴挖掘灌熏，都会破坏城墙和社庙。比喻依仗权势作恶，一时难以驱除的小人。又作"社鼠城狐"。

【城门失火，殃及池鱼】 chéng mén shī huǒ, yāng jí chí yú　殃：祸害。池：护城河。城门着了火，大家都用护城河的水救火，水用尽了，鱼也就干死了。比喻无故受牵连而遭受祸害或损失。

【城下之盟】 chéng xià zhī méng　盟：盟约，条约。敌人兵临城下时被迫同敌人订立的屈辱性条约。

【乘风破浪】 chéng fēng pò làng　乘：骑，坐。《宋书·宗悫(què)传》记载，宗悫少年时表示自己的志向说："愿乘长风破万里浪。"意思是愿在大海中乘着风浪万里远航出征。（长风：大风。）比喻志向远大，不怕困难，奋勇前进。又作"长风破浪"。

【乘人之危】 chéng rén zhī wēi　乘：趁着。趁人家有危难的时候去威胁损害。

【乘隙而入】 chéng xì ér rù 见"乘虚而入"(本页)。

【乘兴而来，败兴而归】 chéng xìng ér lái, bài xìng ér guī 败兴:扫兴。趁着兴致来到,结果很扫兴地回去。

【乘虚而入】 chéng xū ér rù 乘:趁着,利用(机会)。虚:空虚。趁着对方空虚的时候进入。又作"乘隙而入"。隙:音戏 xì,漏洞,机会。

【程门立雪】 Chéng mén lì xuě 程:指宋朝理学家程颐。《宋史·杨时传》记载,一次,杨时和游酢两人向程颐请教学问,程颐闭目而坐。二人不敢惊动程颐,侍立一旁。当时天正下雪,待程颐醒时,门前已有一尺深的积雪了。后形容尊师重道,诚心受教。

【惩前毖后】 chéng qián bì hòu 惩:惩罚,惩戒。毖:音闭,谨慎。指批判以前所犯的错误,吸取教训,使以后慎重些,不致再犯。〔例〕对于犯错误的干部,要坚持～的方针,重在教育。

【惩一儆百】 chéng yī jǐng bǎi 见"杀一儆百"(313页)。

【逞性妄为】 chěng xìng wàng wéi 逞:音成上,放任。妄:胡乱。由着性子胡来。也指坏人任意干坏事。

【吃苦耐劳】 chī kǔ nài láo 指能经受艰苦和劳累。〔例〕中华民族有一种勤劳勇敢、～的光荣传统。

【吃一堑，长一智】 chī yī qiàn, zhǎng yī zhì 堑:音欠,壕沟,比喻障碍,困难。智:智慧,见识。受一次挫折,增长一分见识。用于经过失败取得教训的场合。

【嗤之以鼻】 chī zhī yǐ bí 嗤:音痴,讥笑。用鼻子吭声冷笑。表示轻蔑。

【痴人说梦】chī rén shuō mèng　痴人：傻子。语出宋朝惠洪《冷斋夜话》。原为"对痴人说梦"，指对傻子说梦话，而傻子信以为真。后用"痴人说梦"比喻人凭荒唐的想像胡言乱语。

【痴心妄想】chī xīn wàng xiǎng　痴心：想得入了迷的心思。妄想：荒唐的想法。指脱离实际，一心想着不可能实现的事情。

【魑魅魍魉】chī mèi wǎng liǎng　魑魅：音痴昧。魑魅、魍魉都是传说中害人的妖怪。后用来指各种各样的坏人。〔注意〕"魑"不能读作 lí。"魅"不能读作 wèi。

【持平之论】chí píng zhī lùn　持平：保持公平，没有偏向。指公正的意见。

【持之以恒】chí zhī yǐ héng　持：坚持。恒：恒心。以长久不变的意志坚持做某事。〔例〕书法不是一天两天就能学好的，但只要～，勤学不辍，就一定会有收获。

【持之有故】chí zhī yǒu gù　持：持论，主张。有故：有根据。指所持的见解和主张有一定的根据。〔例〕他经过实地调查，提出这一看法，～，完全可信。

【踟蹰不前】chí chú bù qián　见"踌躇不前"（62页）。

【尺短寸长】chǐ duǎn cùn cháng　短：不足。长：有余。《楚辞·卜居》："尺有所短，寸有所长。"意思是说，由于应用的场合不同，一尺有不够长的时候，一寸也有多余的时候。比喻事物各有长处和短处。〔例〕～，我们要虚心向他们学习，弥补自己的不足。

【齿若编贝】chǐ ruò biān bèi　编：排列，编排。贝：贝壳，颜色白。牙齿长得像排列整齐的贝壳。形容牙齿长得洁白整齐。

【叱咤风云】 chì zhà fēng yún 叱咤:音赤乍,怒喝。风云:比喻变化不定的局势。唐朝骆宾王《代李敬业讨武氏檄》:"叱咤则风云变色。"意思是说,怒喝一声就可以使风云改变颜色。比喻力量极大,可以控制整个局势。

【赤膊上阵】 chì bó shàng zhèn 赤膊:光着上身。光着上身出阵打仗。比喻不顾一切,作战勇猛。后多比喻不加掩饰地做坏事。〔例〕在遭到一连串的失败之后,他们最终露出凶恶的本来面目,～,公然与人民为敌了。

【赤胆忠心】 chì dǎn zhōng xīn 赤:赤诚,忠诚。形容非常忠诚。〔例〕他为革命～,奋斗了一生。

【赤地千里】 chì dì qiān lǐ 赤:光秃秃的。赤地:寸草不生的地面。形容旱灾或虫灾后农业大面积破坏的荒凉景象。〔例〕解放前,华北地区一遇旱灾虫害,往往～,灾民大批逃荒。

【赤手空拳】 chì shǒu kōng quán 赤手:空手。指手里没有任何武器。也指手里没有任何工具。〔例〕在"一二·九"运动中,北平学生举行抗日救国大示威,～地与军警搏斗。

【赤子之心】 chì zǐ zhī xīn 赤子:初生的婴儿。比喻人心地纯洁善良。

【冲锋陷阵】 chōng fēng xiàn zhèn 陷:深入,攻破。向敌人冲击,深入敌军阵地。形容作战英勇。〔例〕老张当年在战场上～,今天在劳动上也是一名英雄。

【充耳不闻】 chōng ěr bù wén 充:堵塞。闻:听见。塞住耳朵不听。指不想听取别人的意见。

【重操旧业】 chóng cāo jiù yè 指重新从事以往曾经从事

过的职业。

【重蹈覆辙】chóng dǎo fù zhé　重：重新，再。蹈：踩，踏上。覆：翻倒。辙：车轮的印子。又走上翻过车的老路。比喻没有吸取失败的教训，重犯过去的错误。〔例〕要从失败中吸取教训，以免～。又作"蹈袭覆辙"。袭：照样做。

【重见天日】chóng jiàn tiān rì　比喻脱离黑暗的环境，重新见到光明。〔注意〕"重"不读 zhòng。

【重温旧梦】chóng wēn jiù mèng　温：温习。比喻再经历一次过去的光景（多含贬义）。〔注意〕"重"不读 zhòng。

【重整旗鼓】chóng zhěng qí gǔ　旗鼓：古代作战时以摇旗击鼓指挥进军。比喻失败之后，整顿力量，准备再干。〔例〕足球队在比赛失利后，决心～，加强训练，准备下半年再战。〔注意〕"重"不读 zhòng。

【重足而立，侧目而视】chóng zú ér lì，cè mù ér shì　重足：一只脚踩着另一只脚。侧目：斜着眼睛看。指不敢迈步走路，不敢正眼看人。语出《史记·汲郑列传》。形容非常害怕或又怕又愤恨。〔注意〕"重"不读 zhòng。参见"侧目而视"（49页）。

【崇论宏议】chóng lùn hóng yì　崇：高。宏：大。高超的、见识广博的言论。

【崇山峻岭】chóng shān jùn lǐng　崇：音虫，高。峻：高而陡峭。岭：顶上有路可通行的山。指高而陡峭的山岭。〔注意〕"崇"不能写作"祟"。"峻"不能写作 zùn。

【崇洋媚外】chóng yáng mèi wài　媚：音妹，讨好，巴结。崇拜外国，巴结外国人。〔例〕我们一方面要坚持对外开放的政策，另一方面又要树立民族自尊心和自信心，～的做法是要不得的。

【宠辱不惊】 chǒng rǔ bù jīng 宠:尊荣。辱:羞辱。受宠受辱都不在乎。指不因个人得失而动心。

【稠人广众】 chóu rén guǎng zhòng 稠:密。指人很多的场合。〔例〕陈师傅不爱出头露面,更不爱在～中讲话。又作"稠人广座"。

【稠人广座】 chóu rén guǎng zuò 见"稠人广众"(本页)。

【愁眉不展】 chóu méi bù zhǎn 展:舒展。老皱着眉头发愁。形容心事重重的样子。

【愁眉苦脸】 chóu méi kǔ liǎn 忧愁使双眉紧锁,脸色悲苦。形容愁容满面。〔例〕他每天～的,没有看见他笑过。

【愁眉锁眼】 chóu méi suǒ yǎn 锁:紧皱。愁得紧皱眉头,眯起双眼。形容非常苦恼的样子。〔例〕思想问题解决后,老吴心情舒畅了,再不像过去那样成天～了。

【愁云惨雾】 chóu yún cǎn wù 形容暗淡无光的景象。多比喻令人忧愁苦闷的局面。

【踌躇不决】 chóu chú bù jué 踌躇:音愁除,迟疑不决的样子。指遇事犹豫,不能作出决定。

【踌躇不前】 chóu chú bù qián 踌躇:音愁除,迟疑不决的样子。迟疑不决,不敢前进。〔例〕他要写的题目已经定了,但感觉所掌握的材料还不够,有点～。又作"踟蹰不前"。踟蹰:音池除,同"踌躇"。

【踌躇满志】 chóu chú mǎn zhì 踌躇:音愁除,从容自得的样子。满:满足。志:心意。形容对自己取得的成就非常得意。

【臭名远扬】chòu míng yuǎn yáng　名：名声。扬：传播。坏名声传得很远。

【臭名昭著】chòu míng zhāo zhù　昭著：明白显著。坏名声人人都知道。

【臭味相投】chòu wèi xiāng tóu　投：投合。指思想作风相同，彼此很合得来（多含贬义）。〔注意〕"臭"当气味讲读xiù。参见"气味相投"（273页）。

【出尔反尔】chū ěr fǎn ěr　尔：你。《孟子·梁惠王下》："出乎尔者，反乎尔者也。"意思是从你那儿出的，还要回到你那儿去。原指你怎样对待人，人家也将怎样对待你。后说指出口的是你，不算数的也是你。比喻反复无常，言行前后矛盾。

【出乖露丑】chū guāi lù chǒu　乖：荒谬。出、露：露出。指在人前出丑。

【出乎意料】chū hū yì liào　出：超出。乎：于。意料：预先的估计。指超出了预先的估计。〔例〕她今天能参加我们的活动，真是～。

【出口成章】chū kǒu chéng zhāng　说出话来就成文章。形容文思敏捷，口才好。〔例〕讲话深入浅出，又有风趣，～，记下来就是一篇好文章。

【出类拔萃】chū lèi bá cuì　出：超越。拔：超出。萃：音粹，成群的人或物。超出同类之上（多指人的品德、才能）。〔例〕在各条生产战线上，都有许多～的先进工作者。

【出没无常】chū mò wú cháng　无常：没有常规。忽而出现，忽而隐没，没有一定，使人无法捉摸。

【出谋划策】chū móu huà cè　谋：主意。策：计策。指为人出主意定计策。〔例〕这件事他必须参加解决,因为他善于～。

【出其不意】 chū qí bù yì　不意:没有意料到。《孙子·计篇》:"攻其无备,出其不意。"指在敌人意想不到的时候进行袭击。后也泛指出于别人的意料。〔例〕游击队经常～地袭击敌人。

【出奇制胜】 chū qí zhì shèng　制胜:取胜。用奇兵或奇计战胜敌人。比喻用对方意想不到的方法来取胜。〔例〕小分队～,活捉了座山雕。

【出人头地】 chū rén tóu dì　宋朝欧阳修读了苏轼送给他的文章,非常佩服,写信给梅尧臣说:"老夫当避路,放他出一头地也。"(见欧阳修《与梅圣俞书》)意思是,我应当给他让路,让他高出我一头。后用"出人头地"指高人一等。

【出人意表】 chū rén yì biǎo　意表:意想之外。指没有想到。〔例〕这支足球队在联赛中一向不被人们看好,这次能夺得联赛亚军,实在是～。又作"出人意料"、"出人意外"。

【出人意料】 chū rén yì liào　见"出人意表"(本页)。

【出人意外】 chū rén yì wài　见"出人意表"(本页)。

【出神入化】 chū shén rù huà　神:神妙。化:化境,极其高超的境界。超出神妙,进入化境。形容文学艺术达到极高的成就。〔例〕《红楼梦》的人物描写简直达到了～的地步。

【出生入死】 chū shēng rù sǐ　冒着生命危险,不顾个人安危。〔例〕在战争年代,他曾经冒着枪林弹雨,～地与敌人进行斗争。

【出头露面】 chū tóu lù miàn　指在公开场合出现。也指出风头。

【出言不逊】 chū yán bù xùn 逊:音训,谦虚,客气。说话傲慢莽撞,没有礼貌。〔例〕虽然他~,小黄还是耐心地向他说明情况。〔注意〕"逊"不能读作 sūn。

【初出茅庐】 chū chū máo lú 茅庐:草屋。汉末诸葛亮隐居南阳时,住的是茅庐。后来他被刘备邀请出山,初掌兵权,就用计在博望坡大破曹操追兵,被称为"初出茅庐第一功"。(见《三国演义》第 39 回)原比喻新露头角。后比喻刚离开家庭或学校出来工作,缺乏经验。〔例〕他是个~的小伙子,长处是劲头十足,缺点是不够稳。

【初露锋芒】 chū lù fēng máng 锋芒:指刀剑的刃和尖。比喻刚开始显示出力量或才能。〔例〕在校运动会上,小何~,铅球、标枪都进入了前三名。

【初露头角】 chū lù tóu jiǎo 头角:比喻才华。比喻青年人刚刚显露出才华。

【初生牛犊不怕虎】 chū shēng niú dú bù pà hǔ 犊:小牛。一般动物都怕老虎,刚生的小牛因不懂事而不怕。比喻年轻人思想上没有框框,敢作敢为,勇敢大胆。又作"初生之犊不畏虎"。

【初生之犊不畏虎】 chū shēng zhī dú bù wèi hǔ 见"初生牛犊不怕虎"(本页)。

【除恶务尽】 chú è wù jìn 恶:邪恶,指害人坏事。务:必须。清除坏人坏事,务必干净彻底。

【除旧布新】 chú jiù bù xīn 布:安排。清除旧的,安排新的。〔例〕自从百花齐放、百家争鸣的方针得到真正的贯彻,我国文艺界~,迎来了百花盛开的春天。又作"除旧更新"。

更：音耕 gēng，改换。

【除旧更新】 chú jiù gēng xīn　见"除旧布新"（65 页）。

【锄强扶弱】 chú qiáng fú ruò　锄：铲除。强：强暴。扶：帮助，援助。铲除强暴，扶助弱者。〔例〕鲁智深～，三拳打死镇关西，救出了金老父女。

【处变不惊】 chǔ biàn bù jīng　变：变乱。指处在变乱之中，能沉着应付，一点儿也不惊慌。

【处心积虑】 chǔ xīn jī lǜ　处心：存心。积虑：考虑了很长时间。费尽心机，谋划已久。指长期谋划，要干某件事（含贬义）。〔注意〕"处"不读 chù。

【处之泰然】 chǔ zhī tài rán　处：对待。泰然：安然。形容毫不在意，沉着镇定。又作"泰然处之"。

【础润而雨】 chǔ rùn ér yǔ　础：立柱下的石头。润：潮湿。柱下石头湿润，预示天就要下雨。

【楚材晋用】 Chǔ cái Jìn yòng　楚、晋：东周时期的两个诸侯国。《左传·襄公二十六年》："晋卿不如楚，其大夫则贤，皆卿材也。如杞、梓、皮革，自楚往也。虽楚有材，晋实用之。"意思是说：晋国的卿虽然不如楚国，但晋国的大夫却很贤能，都是做卿的人物。就同如杞木、梓木、皮革，都来自楚国。虽然楚国有人才，实际却是晋国在使用他们。楚国的人才被晋国使用。比喻己方的人才为别人所利用。

【楚楚动人】 chǔ chǔ dòng rén　楚楚：秀丽的样子。形容姿容秀丽，使人心动。

【怵目惊心】 chù mù jīng xīn　见"触目惊心"（67 页）。

【触景生情】 chù jǐng shēng qíng　受到眼前景物的触动，引起联想，产生某种感情。〔例〕老田同志经过太行山，看到这里的一草一木，不禁～，想起当年打游击时候的战斗生活，心情十分激动。

【触类旁通】chù lèi páng tōng　触：碰，遇到。旁：别的，其他的。通：懂得。指掌握了某一事物的知识或规律，从而类推了解同类的其他事物。〔例〕学会修理汽车，你就能～，也可以修理拖拉机。

【触目皆是】chù mù jiē shì　眼睛所看到的地方，到处都是。形容很多。〔例〕发展温室种植，新鲜蔬菜～。

【触目惊心】chù mù jīng xīn　形容情况严重，眼睛一看到，就引起内心震动。又作"怵目惊心"。

【川流不息】chuān liú bù xī　川：江河。像河水那样流个不停。形容人群或车船来往不断。〔例〕在矿下电灯明亮的巷道里，成列的罐车～。〔注意〕"川"不能写作"穿"。

【穿云裂石】chuān yún liè shí　穿破云天，震裂石头。形容声音高亢嘹亮。〔例〕草原上，随着牧民们～的歌声，羊群在缓缓地走动着。

【穿凿附会】chuān záo fù huì　穿凿：很牵强地解释，把没有这种意思的说成有这种意思。附会：把没有关连的事物扯在一起，说成有关连。生拉硬扯，非常牵强地解释。参见"牵强附会"(277页)。

【穿针引线】chuān zhēn yǐn xiàn　比喻从中撮合拉拢。

【传杯换盏】chuán bēi huàn zhǎn　形容宴会上互相斟酒的欢乐情景。

【传檄而定】chuán xí ér dìng　传：音船，传布，传播。檄：音席，声讨敌人的文书。《史记·淮阴侯列传》："今大王举而东，三秦可传檄而定也。"意思是，现在大王您挥师东进，三秦一带只要传布檄文就可以平定。形容声威很大,不战而胜。〔注意〕"传"不读 zhuàn。"檄"不能读作 jiǎo。

【创巨痛深】 chuāng jù tòng shēn　创:音窗,创伤。受了很大创伤,痛苦很深。比喻遭受极大的损害和痛苦〔例〕中国人民过去受尽帝国主义的欺压,～,我们永远也不能忘记。〔注意〕"创"不读 chuàng。

【疮痍满目】 chuāng yí mǎn mù　痍:音移。疮痍:创伤。比喻眼前看到的都是灾祸的景象。〔例〕一场飓风刮过,到处显得～。又作"满目疮痍"。

【窗明几净】 chuāng míng jī jìng　几:小桌子。形容房间干净明亮。〔例〕车厢里～,旅客的行李什物放得整整齐齐

【创业维艰】 chuàng yè wéi jiān　创业:创办事业。维:是,乃。开创事业是艰难的。〔例〕～,没有革命先烈抛头洒热血,哪有今天人民的江山。

【吹毛求疵】 chuī máo qiú cī　求:寻找。疵:音词阴平,小毛病,缺点。语出《韩非子·大体》。把皮上的毛吹开,去找小毛病。比喻故意挑毛病,找缺点。〔例〕同志之间的批评应当着重于原则问题,不要在生活细节上～。

【垂手而得】 chuí shǒu ér dé　垂手:比喻不动手。不动手就得到。形容得来毫不费力气。〔例〕这本书我跑了许多地方没买到,想不到今天在这里～。又作"垂手可得"。

【垂手可得】 chuí shǒu kě dé　见"垂手而得"(本页)。

【垂死挣扎】 chuí sǐ zhēng zhá　垂:接近。临死前的挣扎,妄想延长生命。

【垂头丧气】 chuí tóu sàng qì　垂头:低着脑袋。丧气:情绪低落。形容因失败或不顺利而情绪低落、萎靡不振的样

子。

【垂涎三尺】chuí xián sān chǐ　垂:挂下来。涎:音闲,口水。口水挂下三尺长。形容极其贪馋的样子。也形容非常眼热。〔注意〕"涎"不能读作 yán。

【垂涎欲滴】chuí xián yù dī　涎:口水。嘴馋得口水都快要滴下来了。形容非常贪馋或羡慕。〔注意〕"涎"不能读作 yán。

【捶胸顿足】chuí xiōng dùn zú　顿:跺。捶打胸部,跺着两脚。形容非常悲伤或悔恨的样子。〔例〕她～大哭起来,同时咒骂那不孝的儿子。

【春风得意】chūn fēng dé yì　唐朝孟郊《登科后》诗:"春风得意马蹄疾,一日看尽长安花。"意思是作者中进士后在春风中得意地骑马奔驰,一天就看遍了京都长安的风光。后用"春风得意"形容职位升迁顺利。

【春风化雨】chūn fēng huà yǔ　化雨:促使草木生长的及时雨。指适宜于草木生长的风雨。比喻良好的教育。又作"东风化雨"。

【春风满面】chūn fēng mǎn miàn　见"满面春风"(234页)。

【春光明媚】chūn guāng míng mèi　明媚:鲜明可爱。形容春天的景色艳丽多彩。〔例〕江南三月,～,风景宜人。

【春寒料峭】chūn hán liào qiào　料峭:形容微微的寒冷。指早春的气候,使人感到乍暖还寒。

【春华秋实】chūn huá qiū shí　华:古同"花",花朵。实:果实。春天开的花朵,秋天结的果实。多用来比喻好的文章或高尚的品德节操。

【春暖花开】 chūn nuǎn huā kāi　春天气候暖和，百花盛开。形容春天气候宜人，景色秀丽。

【春意盎然】 chūn yì àng rán　盎然：气氛、趣味等浓厚的样子。形容春天的意味十分浓厚。

【椿萱并茂】 chūn xuān bìng mào　椿：古代传说的一种长寿的树，以八千年为春天，以八千年为秋天。喻指父亲。萱：萱草，古人种在北堂以忘忧。喻指母亲。椿和萱都茂盛。比喻父母身体健康。

【唇齿相依】 chún chǐ xiāng yī　比喻关系密切，互相依靠。〔例〕中朝两国人民～，患难与共，曾经共同抗击了帝国主义的侵略。参见"唇亡齿寒"（本页）。

【唇焦舌敝】 chún jiāo shé bì　焦：干燥。敝：破裂。嘴唇干燥，舌头破裂。形容费尽口舌。〔例〕他想做的事，任你说得～也不会听的。

【唇枪舌剑】 chún qiāng shé jiàn　形容争辩激烈，言词犀利，像枪剑交锋一样。〔例〕讨论会上，他们两人～，各不相让。

【唇亡齿寒】 chún wáng chǐ hán　《左传·僖公五年》记载，晋国要从虞国借道去攻打虢（guó）国，虞国大夫宫之奇主张拒绝。他说，虢亡了，虞一定跟着灭亡，就像嘴唇没了，牙齿就会感到寒冷（"唇亡齿寒"）一样。后用"唇亡齿寒"比喻利害关系十分密切。

【鹑衣百结】 chún yī bǎi jié　鹑：音唇。鹑衣：比喻破烂的衣服。百结：缝补的地方很多。形容衣服非常破烂。〔例〕这个山区的农民～，生活贫困，改革开放后生活才有了改善。

【蠢蠢欲动】 chǔn chǔn yù dòng　蠢蠢:虫子拱着爬动的样子。比喻敌人准备进攻或坏人阴谋捣乱。

【踔厉风发】 chuō lì fēng fā　踔:音戳。踔厉:形容人精神振奋,见识高远。风发:指精神振奋,情绪高涨。语出唐朝韩愈《柳子厚墓志铭》。形容文章议论纵横自如,气势豪迈。也形容精神振奋,斗志高昂。〔注意〕"厉"不能写作"历"、"励"。

【绰绰有余】 chuò chuò yǒu yú　绰:音戳去。绰绰:宽裕的样子。很宽裕,还有多余的。〔例〕以你的身材,八尺布做一件上衣,～。

【词不达意】 cí bù dá yì　达:表达。指说话或写文章时,使用的词语不能确切表达意思。

【辞旧迎新】 cí jiù yíng xīn　辞:辞别。辞别旧岁,迎来新年。

【此地无银三百两】 cǐ dì wú yín sān bǎi liǎng　旧时民间故事说,有个人把银子埋在地里藏起来,上面写了个字条说:"此地无银三百两。"他的邻居阿二看见字条以后把银子偷走了,也写了个字条放在那儿说:"隔壁阿二不曾偷。"后用"此地无银三百两"比喻想要隐瞒掩饰,结果反而暴露。

【此起彼伏】 cǐ qǐ bǐ fú　这里起来,那里下去。形容接连不断地起来。〔例〕演唱会上,歌声、欢呼声～。又作"此起彼落"。

【此起彼落】 cǐ qǐ bǐ luò　见"此起彼伏"(本页)。

【此一时,彼一时】 cǐ yī shí, bǐ yī shí　此:这。彼:那。指时间不同,情况也会不一样。

【从长计议】 cóng cháng jì yì　从长:指用较长的时间。

慢慢地商量。〔例〕这个问题比较复杂，还是～，不要忙于做出决定。

【从井救人】 cóng jǐng jiù rén　从：跟随。《论语·雍也》："宰我问曰：'仁者虽告之曰井有仁焉，其从之也？'"意思是，宰我问："仁者告诉说井里有仁人，那么是不是也跟着跳下去？"比喻不得法地做好事，不仅对人无益，而且对己有害。

【从容不迫】 cóng róng bù pò　从容：镇定，沉着。不迫：不急促。不慌不忙，沉着镇定。〔例〕课堂上孩子们～地回答老师的提问。〔注意〕"从"不能读作 cōng。

【从容就义】 cóng róng jiù yì　就义：为正义而牺牲。无所畏惧地为正义事业牺牲。〔例〕方志敏同志为了人民解放事业，视死如归，～。

【从善如登，从恶如崩】 cóng shàn rú dēng, cóng è rú bēng　从：顺从。登：指登山。崩：指山崩。这是古代的谚语，见于《国语·周语下》。做好事像登山那样难，做坏事像山崩那样容易。

【从善如流】 cóng shàn rú liú　从：听从。善：好的意见。接受善意的规劝，如同水流向下那样迅速而自然。〔例〕老张～，和同志们一起商量修改他原先提出的方案。

【粗茶淡饭】 cū chá dàn fàn　形容饮食简单，生活俭朴。〔例〕他永远是这样俭朴。穿着粗布衣服，吃的是～。

【粗心大意】 cū xīn dà yì　指做事马虎，不细心。

【粗枝大叶】 cū zhī dà yè　比喻工作粗糙，不认真细致。

【粗制滥造】 cū zhì làn zào　滥：不加选择，不加节制。指制作马虎潦草，只求数量，不顾质量。〔例〕产品要注意质量，须知～是最大的浪费。

【促膝谈心】 cù xī tán xīn 促：靠近。靠近坐着谈心里话。〔例〕老何经常深入群众，和工人～。

【猝不及防】 cù bù jí fáng 猝：突然。指事情突然发生，来不及防备。

【摧枯拉朽】 cuī kū lā xiǔ 枯：枯草。朽：干枯、腐烂的树木。比喻轻而易举地摧毁腐朽、虚弱的势力。〔例〕人民解放军强渡长江后，以～之势，迅速解放了中国大陆。

【存而不论】 cún ér bù lùn 存：保留。不论：不讨论。指把问题保留下来，暂不讨论。〔例〕这个问题意见分歧太大，可以暂时～，先讨论别的吧。

【存亡绝续】 cún wáng jué xù 存：生存。亡：灭亡。绝：完结。续：延续。或是继续生存，或是灭亡。指局势万分危急。〔例〕抗日战争爆发后，广大爱国青年学生在这中华民族～的关头，纷纷走上前线。

【寸步难行】 cùn bù nán xíng 寸：形容极小。形容走路困难。后多比喻处境艰难。〔例〕不管什么工作，离开了群众就会～。

【寸草不留】 cùn cǎo bù liú 连小草也不留下。多用来形容烧杀抢掠极其残暴。

【寸有所长】 cùn yǒu suǒ cháng 比喻平平常常的人和事物，也会有他的长处。参见"尺短寸长"（59页）。

【蹉跎岁月】 cuō tuó suì yuè 蹉跎：音搓驼。把时间白白地耽误过去。指虚度光阴。〔例〕李教授在他前半生里～，一事无成，现在才有机会为祖国建设贡献自己的力量。

【厝火积薪】 cuò huǒ jī xīn 厝：同"措"，放置。薪：柴草。《汉书·贾谊传》："夫抱火厝之积薪之下，而寝其上，火未及

燃,因谓之安。"意思是把火放在柴草堆下面而在柴堆上面
睡觉,火一时还没有着起来,就以为平安。后用"厝火积薪"
比喻潜伏着很大危险。〔注意〕"厝"不能读作 xī 或 là。

【措手不及】 cuò shǒu bù jí　措手:着手处理、应付。形容
因事出突然或准备不足,来不及应付。〔例〕星期日的这场
比赛,我们采用了一种新的战术,打得他们～。

【措置裕如】 cuò zhì yù rú　措置:安排、办理。裕如:从容
的样子。指处理事情不费劲,而且做得很好。〔例〕老张经
常处理困难任务,这件小事肯定是～,胜任愉快。

【错落有致】 cuò luò yǒu zhì　错落:纷杂交错。致:情趣。
形容事物安排布置参差不齐而别有情趣。〔例〕小区的楼房
排列得～。

【错综复杂】 cuò zōng fù zá　错综:纵横交叉。形容头绪
多,情况复杂。〔例〕情况尽管～,只要我们依靠群众,深入
调查研究,一定能够把真相搞清楚。

D

【达官贵人】dá guān guì rén 达官:职位高的官吏。贵人:地位尊贵的人。旧指大官僚和社会地位显赫的人物。〔例〕从前,他是～的奴仆;建国后,人民当家作主,他终于成为了社会的主人。

【答非所问】dá fēi suǒ wèn 回答的内容不是对方要问的。

【打草惊蛇】dǎ cǎo jīng shé 比喻行动不谨慎,使对方事前有所觉察。

【打家劫舍】dǎ jiā jié shè 打、劫:抢。指成帮结伙到人家里抢夺财物。

【打破沙锅璺到底】dǎ pò shā guō wèn dào dǐ 璺:陶瓷等器皿上的裂纹,与"问"谐音。比喻对事情究根寻底。

【大材小用】dà cái xiǎo yòng 把大的材料当小的材料用。比喻使用不当,浪费人才。

【大吃一惊】dà chī yī jīng 形容对发生的事没有准备,感到十分吃惊。

【大处落墨】dà chù luò mò 原指画画或写文章要在主要部分下功夫。比喻做事从大处着眼。又作"大处着墨"。着:音酌 zhuó。

【大处着墨】dà chù zhuó mò 见"大处落墨"(本页)。

【大吹大擂】dà chuī dà lèi　吹：吹喇叭。擂：音类，打鼓。原指热热闹闹地奏乐。后比喻大肆吹嘘。

【大醇小疵】dà chún xiǎo cī　大、小：指大的方面和小的方面。醇：音纯，纯正、纯粹。疵：毛病、缺点。唐朝韩愈《读荀子》："荀与扬，大醇而小疵。"意思是，荀子和扬雄，从整体上看很好，但略有些小缺点（"大醇而小疵"）。〔例〕这篇散文立意新颖，文笔流畅，是一篇好作品。至于个别地方遣词不够准确，不过是～，当不妨碍获奖。

【大慈大悲】dà cí dà bēi　大：很，极。慈：慈爱。悲：怜悯。原是佛教用语，指佛慈爱怜悯世人。后形容人心肠慈善。

【大打出手】dà dǎ chū shǒu　打出手：戏剧用语，演武戏开打时，以一个角色为中心，互相投掷、传递武器。比喻逞凶打人或殴斗。

【大刀阔斧】dà dāo kuò fǔ　比喻做事果断而有魄力。〔例〕他办事一向～，雷厉风行。

【大敌当前】dà dí dāng qián　面对着强敌。形容形势严重。〔例〕～，我们必须团结一致，做好战斗准备。

【大动干戈】dà dòng gān gē　干：古代指盾。戈：古代一种像矛的兵器。干戈：泛指武器，比喻战争。旧指大规模地进行战争。后也比喻大张声势地行事。〔例〕就这么一点事，不必～，派几个人去就可以了。〔注意〕"干"不读 gàn。

【大而无当】dà ér wú dàng　当：底。大得没有边际。表示大而不合用。〔例〕订计划要切合实际，不要～。

【大发雷霆】dà fā léi tíng　霆：音停，响雷。雷霆：暴雷，比喻怒气。形容大发脾气，高声斥责。

【大方之家】 dà fāng zhī jiā　大方：大道理。指见多识广、懂得大道理的人。

【大放厥词】 dà fàng jué cí　放：发表。厥：音决，与"其"同义，他的。词：言词，议论。原指铺张词藻，或畅所欲言。后指大发议论。

【大风大浪】 dà fēng dà làng　比喻艰难险阻或社会大动荡。

【大腹便便】 dà fù pián pián　便：音偏阳平。便便：形容肥胖的样子。肚子肥大。〔例〕那些～的财阀都是钱越多越好，决不会适可而止的。〔注意〕"便"不读 biàn。

【大公无私】 dà gōng wú sī　指办事公正，没有私心。现多指从集体利益出发，毫无个人打算。〔例〕他办事～，在群众中有很高威信。

【大功告成】 dà gōng gào chéng　功：事业。告：宣告。指巨大工程或重要任务宣告完成。〔例〕我县化肥厂设备安装～，比原计划提前了 15 天。

【大海捞针】 dà hǎi lāo zhēn　在大海里捞一根针。形容很难找到。〔例〕在这深山密林找人，那可是～。又作"海底捞针"。

【大旱望云霓】 dà hàn wàng yún ní　霓：虹霓，大气中的一种光的现象。云霓：雨前的先兆。《孟子·梁惠王下》："民望之，若大旱之望云霓也。"意思是，老百姓盼望他，就像在大旱时盼望乌云和虹霓一样。形容迫切地盼望。

【大惑不解】 dà huò bù jiě　对某事很怀疑，不理解（含有不满或质问的意思）。

【大家风范】 dà jiā fēng fàn　风范：风度，气派。指有地位或有学识的人家的特有气度。

【大家闺秀】dà jiā guī xiù　旧指出身于名门的优秀女子。

【大惊失色】dà jīng shī sè　色:脸色。非常害怕,脸色都变了。

【大惊小怪】dà jīng xiǎo guài　形容对不足为奇的事过于惊诧。〔例〕他的讲话常常是夸大事实,大家都习惯了,你又何必～呢?

【大块文章】dà kuài wén zhāng　大块:大地。文章:指美好的景色。唐朝李白《春夜宴从弟桃花园序》:"大块假我以文章。"原指大自然美好的景色。后指很有价值的长篇文章。

【大快人心】dà kuài rén xīn　指坏人坏事受到惩罚或打击,使大家非常痛快。又作"人心大快"。

【大名鼎鼎】dà míng dǐng dǐng　鼎鼎:盛大的样子。形容名气很大。〔例〕那位老汉,就是咱省的劳动模范,～的王老九。又作"鼎鼎大名"。

【大谬不然】dà miù bù rán　谬:荒谬,错误。然:如此,这样。大错特错,完全不是这样。

【大逆不道】dà nì bù dào　逆:叛逆。不道:不合正道。旧时统治阶级对破坏封建秩序的人所加的罪名。

【大气磅礴】dà qì páng bó　磅礴:又写作"旁薄",广大无边的样子。形容气势浩大。〔例〕大庆人～,艰苦创业,扔掉了我国石油蕴藏贫乏和生产落后的帽子。参见"气势磅礴"(273页)。

【大器晚成】dà qì wǎn chéng　大器:比喻能担当重任的人。指能担当重任的人物要经过长期的锻炼,所以成就较晚。

【大千世界】 dà qiān shì jiè 佛教用语。世界的一千倍为小千世界,小千世界的一千倍为中千世界,中千世界的一千倍为大千世界。后泛指广大无边的世界。

【大权独揽】 dà quán dú lǎn 揽:把持。指个人把持所有重大权力。

【大杀风景】 dà shā fēng jǐng 损伤美好的景致。比喻败坏兴致。〔例〕游园联欢会正开得热烈,忽然来了一场暴雨,真是～。

【大声疾呼】 dà shēng jí hū 疾:急。大声呼喊,引起人们注意。〔例〕近些年来,人们一直在～防止环境污染。

【大失人望】 dà shī rén wàng 人望:众人的期望。指在群众中严重丧失威望,威信扫地。

【大失所望】 dà shī suǒ wàng 所望:寄与的希望。原来寄与很大希望,结果落空了,非常失望。〔例〕今晚篮球表演赛临时取消,使球迷们～。

【大势所趋】 dà shì suǒ qū 大势:整个局势。趋:向,往。整个局势发展的趋向。〔例〕实现祖国的统一,这是～、人心所向,是任何力量也阻挡不了的。〔注意〕"趋"不能写作"去"。

【大势已去】 dà shì yǐ qù 有利的形势已经丧失,前途已经没有希望。〔例〕球赛最后三分钟,客队比分远远落后。眼看～,但他们仍然奋战到终场。

【大是大非】 dà shì dà fēi 是:对,正确。非:不对,错误。指有关政治原则性的是非问题。

【大书特书】 dà shū tè shū 书:写。大写特写。指对意义重大的事情特别郑重地加以记载。〔例〕李四光同志创建的地质力学打开了地质研究的新领域,应在地质学术史上～。

【大庭广众】 dà tíng guǎng zhòng 庭:旧指厅堂,现指场地。广:多。指人很多的公开场合。〔例〕小李原先在小组会上都怕说话,经过半年锻炼,现在在～中也敢发言了。

【大同小异】 dà tóng xiǎo yì 大体相同,稍有差异。〔例〕这两篇文章内容～,选用一篇即可。

【大喜过望】 dà xǐ guò wàng 过:超过。望:希望。结果比原来希望的还好,因而感到特别高兴。〔例〕昨天下了一场大雨,旱象基本解除,使人们～。

【大显身手】 dà xiǎn shēn shǒu 显:表现。身手:原指武艺,泛指本领。充分显示出本领来。〔例〕春天采茶季节,正是心灵手巧的姑娘们～的时候。

【大显神通】 dà xiǎn shén tōng 神通:原是佛教用语,指无所不能的力量,后指特别高的本事。充分显示出高明的本领。〔例〕排灌站一到雨季就～,多大的水一半天也能排尽。

【大相径庭】 dà xiāng jìng tíng 径庭:径是路,庭是院子,从门外的路到门里的院子有一段距离,比喻有距离。语出《庄子·逍遥游》。相差很远,大不相同。〔例〕他这次发言和上次比较,内容～。又作"大有径庭"。

【大言不惭】 dà yán bù cán 说大话,吹牛皮,一点也不害臊。

【大义凛然】 dà yì lǐn rán 大义:正义,正气,凛:音林上。凛然:严肃使人敬畏的样子。形容极其严肃的正义行为。〔例〕在敌人的铡刀面前,刘胡兰同志～,视死如归,充分表现了共产党员坚贞不屈的英雄气概。

【大义灭亲】 dà yì miè qīn　亲：亲属。为了维护正义，对犯罪的亲人不徇私情，使受到应得的惩罚。

【大有径庭】 dà yǒu jìng tíng　见"大相径庭"（80页）。

【大有作为】 dà yǒu zuò wéi　作为：做出成绩。指能够极大地发挥作用，做出成绩。〔例〕农村是一个广阔的天地，在那里是可以～的。

【大张旗鼓】 dà zhāng qí gǔ　张：展开，铺排。旗鼓：军旗和战鼓，古代作战时发进攻令的用具。原形容进攻的声势和规模很大。后也形容一般群众性活动声势和规模很大。〔例〕要～地开展植树造林运动，防风防沙，美化环境。

【大张挞伐】 dà zhāng tà fá　张：施展。挞：音踏。挞伐：讨伐。大规模的武力征讨。后指猛烈抨击（多含贬义）。〔例〕对于有错误的同志，既应该严肃批评，又应该耐心帮助。～是不利于别人改正错误的。

【大智若愚】 dà zhì ruò yú　指某些有智慧有才能的人不露锋芒，表面看来好像很愚笨。〔例〕这位老先生～，平日不声不响的，其实他是一位全国闻名的半导体专家。

【呆若木鸡】 dāi ruò mù jī　呆：傻，发愣的样子。《庄子·达生》里说，一个人善于驯养斗鸡，已经训练好的鸡，听见别的鸡叫毫不惊慌，乍看起来像木头鸡一样（"望之似木鸡"）。后用"呆若木鸡"形容人因恐惧或惊讶而发愣的样子。

【呆头呆脑】 dāi tóu dāi nǎo　形容人言行迟钝或不机灵、不活泼的样子。

【代人受过】 dài rén shòu guò　代：替。过：过错。替别人承担过错的责任。〔例〕他这样做完全是～，目的是为了缓和矛盾。

【待价而沽】 dài jià ér gū　沽:音姑,卖。等有好价钱才卖。后比喻怀才待用或待时而行。

【待人接物】 dài rén jiē wù　物:人。指与别人交往。〔例〕他热情、开朗,～很有礼貌。

【戴罪立功】 dài zuì lì gōng　戴罪:旧指有罪的官员留职任用。身负罪责,争取立功赎罪。

【单刀直入】 dān dāo zhí rù　单刀:短柄长刀。比喻说话直截了当,不绕弯子。〔例〕韩英不理会那叛徒的花言巧语,～地问:"彭霸天叫你到这里来干什么?"

【单枪匹马】 dān qiāng pǐ mǎ　原指打仗时一人上阵。后比喻行动没人帮助。〔例〕杨子荣～打上威虎山,整个剿匪小分队在暗中配合行动。又作"匹马单枪"。

【殚精竭虑】 dān jīng jié lǜ　见"殚思极虑"(本页)。

【殚思极虑】 dān sī jí lǜ　殚、极:尽。思、虑:心思。用尽心思。又作"殚精竭虑"。

【箪食壶浆】 dān sì hú jiāng　箪:音单,古代盛饭的圆形竹器。浆:汤水。古时候老百姓用箪盛了饭,用壶盛了汤,来欢迎他们所拥护的军队。现用来形容广大人民热情接待自己的队伍。〔例〕红军长征途经云贵时,当地的少数民族人民～,出来迎接自己的救星。〔注意〕"食"不读 shí。

【胆大妄为】 dǎn dà wàng wéi　妄为:乱做,胡搞。指毫无顾忌地干坏事。

【胆小如鼠】 dǎn xiǎo rú shǔ　胆子小得像老鼠。形容非常胆小。

【胆战心惊】dǎn zhàn xīn jīng　战：发抖。形容十分害怕。又作"心惊胆战"。

【淡泊明志】dàn bó míng zhì　淡泊：不热中名利。明志：表明心志。指甘于恬淡寡欲的生活以表明高尚的志趣。〔例〕他一生～，从不追名逐利。

【淡然处之】dàn rán chǔ zhī　淡然：冷淡。处：处理。之：代词，指事情。以冷淡的态度对待它，不拿它当回事〔注意〕"处"不读 chù。

【弹尽粮绝】dàn jìn liáng jué　弹药用完了，粮食也断绝了。指无法继续作战的危险处境。〔例〕敌军在我重重包围之下，～，只好缴械投降。

【弹丸之地】dàn wán zhī dì　弹丸：弹弓用的弹子。像弹丸一样大小的地方。《战国策·赵策三》记载，楼缓诱骗赵王把边境六县割让给秦国，说这六个县只是微不足道的"弹丸之地"。形容地方十分狭小。

【弹无虚发】dàn wú xū fā　指每一颗子弹都能击中目标。〔例〕演练场上，她手使双枪，～。

【当机立断】dāng jī lì duàn　当：面临。机：时机。断：决断。抓住时机，毫不犹豫地做出决断。〔例〕天气预报将有连续阴雨，村长～，动员大家提前两天收割小麦。

【当局者迷，旁观者清】dāng jú zhě mí, páng guān zhě qīng　当局者：当事人。迷：糊涂。当事人被碰到的问题搞糊涂了，旁边观看的人却看得很清楚。

【当仁不让】dāng rén bù ràng　当：面对着。仁：正义，正义的事，引申指应该做的事。遇到有应该做的事情就勇于承当，不谦让，不推托。

【当头棒喝】 dāng tóu bàng hè　棒:指用棒子打。喝:猛地喊一声。佛教禅宗和尚接待初学者的时候,常常用棒当头一击或朝他大喝一声,使他领悟。现比喻给人以严重警告,促使他猛醒。

【当务之急】 dāng wù zhī jí　当前应办的最急切的事。〔例〕春汛在即,防汛器材的准备已成～。

【当之无愧】 dāng zhī wú kuì　当得起某种称号或荣誉,一点不用感到惭愧。

【党同伐异】 dǎng tóng fá yì　党同:偏袒跟自己意见相同的人。伐异:打击排斥跟自己意见不同的人。指结帮分派,偏向同伙,打击不同意见的人。

【荡气回肠】 dàng qì huí cháng　见"回肠荡气"(163页)。

【荡然无存】 dàng rán wú cún　荡然:完全弄光的样子。形容东西完全失去,一点不留下。

【刀光剑影】 dāo guāng jiàn yǐng　隐约显现出刀剑的闪光和影子。形容环境充满了凶险的气氛。

【刀山火海】 dāo shān huǒ hǎi　比喻极其危险的地方。〔例〕为了拿下大油田,我们～也敢上!

【倒海翻江】 dǎo hǎi fān jiāng　见"翻江倒海"(104页)。

【蹈常袭故】 dǎo cháng xí gù　蹈:踩,引申为遵循。常:普通的,平常的。袭:沿袭。故:旧的。按照常规,沿用旧法。指按老规矩办事。〔例〕改革开放是个崭新的课题。要使自己的思想适应新的情况,就得打破～的保守思想,解放思想,重新学习。

【蹈袭覆辙】 dǎo xí fù zhé 见"重蹈覆辙"（61页）。

【倒打一耙】 dào dǎ yī pá 倒：转过身。耙：指钉耙，一种兵器。《西游记》里猪八戒善于用钉耙，战斗中常用倒转身以钉耙击对方的战术取胜。后指犯了错误不接受批评，反而指责对方。〔例〕他在工作中出了差错，不仅不虚心接受别人的批评，反而～，把责任推给了别人。

【倒行逆施】 dào xíng nì shī 倒、逆：违反常理。行、施：做事。语出《史记·伍子胥列传》。形容做事违反常理。后多指干违背时代潮流的事。

【盗憎主人】 dào zēng zhǔ rén 憎：音增，恨。《左传·成公十五年》："伯宗每朝，其妻必戒之曰：'盗憎主人，民恶其上；子好直言，必及于难。'"意思是，伯宗每次上朝，他的妻子必然告诫他说："盗贼憎恨被他盗窃的人，百姓讨厌国君。你喜欢直来直去地发表意见，必然会受难。"比喻邪恶的人憎恨正直的人。〔注意〕"憎"不能读作 zèng。

【道不拾遗】 dào bù shí yí 见"路不拾遗"（229页）。

【道高一尺，魔高一丈】 dào gāo yī chǐ, mó gāo yī zhàng 原是佛家告诫修行的人警惕外界诱惑的话。"道"指"正气"，"魔"指"邪气"，意思是修成一点道行要面对外界更大的邪恶。后比喻取得一定成就以后往往面临新的更大的困难。

【道路以目】 dào lù yǐ mù 路上相遇，只能用眼睛示意，不敢交谈。形容百姓在暴政下敢怒而不敢言。

【道貌岸然】 dào mào àn rán 道貌：正经严肃的外貌。岸然：高傲严肃的样子。形容神态庄重，一本正经（多含讽刺意味）。〔例〕小说《儒林外史》辛辣地讽刺了那些～的正人君子。

【道听途说】 dào tīng tú shuō　道、途：路。路上听来，又在路上传播的话。指没有根据的传闻。〔例〕这消息非常可靠，并不是～。

【得不偿失】 dé bù cháng shī　偿：补偿。所得的利益抵偿不了所受的损失。〔例〕毁了林地种粮食，完全是～。

【得寸进尺】 dé cùn jìn chǐ　得到一寸又想前进一尺。比喻贪心不足，有了小的又要大的。

【得道多助，失道寡助】 dé dào duō zhù, shī dào guǎ zhù　道：指真理，正义。寡：少。指站在正义方面，就会得到多数人的支持和帮助；违背正义，必然陷于孤立。

【得过且过】 dé guò qiě guò　原指过一天算一天，没有长远打算。后也指对工作敷衍了事，不负责任。

【得陇望蜀】 dé Lǒng wàng Shǔ　陇：甘肃。蜀：四川。《后汉书·岑彭传》中说，光武帝刘秀下命令给岑彭："人苦不知足，既平陇，复望蜀。"教他平定陇右以后领兵南下，攻取西蜀。后来用"得陇望蜀"比喻贪得无厌。

【得胜回朝】 dé shèng huí cháo　朝：朝廷，封建帝王听政（接受朝见，处理政事）的地方。旧指打了胜仗回到朝廷去报功。

【得天独厚】 dé tiān dú hòu　天：自然，天然。厚：优越。具有特殊优越的天然条件。多指人的素质或地方的自然条件特别好。〔例〕1. 小林有一副好嗓子，学唱歌是～。　2. 四川气候温和，雨量充沛，农业生产～，素有"天府之国"之称。

【得心应手】 dé xīn yìng shǒu　指技艺纯熟，心里怎么想，手里就能怎么做出来。也形容使用非常顺手。〔例〕1.这位艺术家擅长雕塑，泥塑尤其～，一团黏土到手，片刻之间就捏成一个生动的人物。　2.这支笔很好使，写起来～。

【得意忘形】dé yì wàng xíng　形：形态，样子。形容浅薄的人在得志的时候忘其所以，失去了常态。

【得意洋洋】dé yì yáng yáng　见"洋洋得意"(433页)。

【得鱼忘筌】dé yú wàng quán　筌：捕鱼用的竹器。《庄子·外物》："荃者所以在鱼，得鱼而忘荃。"(荃：同"筌"。)意思是说，筌是用来捕鱼的，鱼已捕得，把筌就忘掉了。比喻事情成功以后就忘了本来依靠的东西。

【德才兼备】dé cái jiān bèi　德：品德，政治思想品质。才：才能。兼备：都具备。既有德，又有才。〔例〕每个青年学生都要不断提高政治觉悟，努力学习科学文化知识，做到～。

【德高望重】dé gāo wàng zhòng　德：品德。望：声望。品德高尚，享有很高的声望。多用于称颂年老有名望的人。〔例〕朱德委员长～，深受人民群众的尊敬和爱戴。

【德厚流光】dé hòu liú guāng　流：影响。光：通"广"。指德泽深厚而影响久远。

【灯红酒绿】dēng hóng jiǔ lǜ　形容奢侈糜烂的生活。〔例〕有些电视剧，不管主题、情节是否需要，总要插入～的场面，实在没有必要。

【灯火辉煌】dēng huǒ huī huáng　灯火光辉灿烂。形容夜晚一片光明热闹的景象。〔例〕节日的夜晚，广场上～，人山人海。

【登峰造极】dēng fēng zào jí　登：攀登。峰：山顶。造：

到达。极：最高点。比喻学问、技能等达到最高的境界或成就。也比喻达到极点。

【登高一呼】dēng gāo yī hū　站在高处呼喊，声音可以传得很远。比喻有影响的人发出号召或倡议。〔例〕在民族面临生死存亡的危急时刻，他～，众人纷纷响应，一支支援前线的队伍很快组成了。

【登山临水】dēng shān lín shuǐ　临：到达。形容游览山水名胜。也指长途跋涉。

【登堂入室】dēng táng rù shì　堂：指堂屋，正房。室：指内室。进了正房又入内室。语出《论语·先进》。比喻学识或技能由浅入深，循序渐进，逐步达到很高的成就。又作"升堂入室"。

【等而下之】děng ér xià zhī　由这一等逐级往下。〔例〕这几种蘑菇的质量不一样，口蘑为上品，香菇次之，鸡头蘑、松蘑～。

【等量齐观】děng liàng qí guān　等：同等。量：衡量，估量。齐：一齐，同样。指对有差别的事物同等看待。〔例〕资产阶级民主和社会主义民主本质不同，不能～。

【等闲视之】děng xián shì zhī　等闲：平常。把它看成平常的事，不予重视。〔例〕用什么思想教育青少年一代，这是一个十分重要的课题，决不能～。

【低三下四】dī sān xià sì　形容态度卑贱低下。也指工作性质卑贱低下。〔例〕认为做服务工作～，那是受旧思想影响的表现。

【低声下气】dī shēng xià qì　形容说话和态度卑下恭顺的样子。

【**羝羊触藩**】dī yáng chù fān　羝:音低,公羊。触:用角顶撞。藩:篱笆。《周易·大壮》:"羝羊触藩,羸其角。"意思是,公羊用角撞篱笆,羊角被篱笆缠住了。比喻进退两难。〔注意〕"羝"不能读作 dǐ。

【**滴水不漏**】dī shuǐ bù lòu　形容说话、办事周密谨慎,毫无漏洞。〔例〕你在小组会上的讲话很好,～,没有毛病。

【**滴水成冰**】dī shuǐ chéng bīng　水滴下去就结成冰。形容天气十分寒冷。〔例〕数九寒天～,但工地上的人们却在热火朝天地劳动着。

【**敌忾同仇**】dí kài tóng chóu　见"同仇敌忾"(360页)。

【**涤瑕荡秽**】dí xiá dàng huì　涤、荡:洗,清除。瑕:美玉上的斑点,比喻缺点。秽:污秽,比喻恶习。指清除缺点和坏习气。

【**抵掌而谈**】dǐ zhǎng ér tán　抵掌:击掌,拍手。形容无拘无束地畅谈。

【**地大物博**】dì dà wù bó　博:多,丰富。指国家疆土辽阔,资源丰富。〔例〕我国～,充分具备建设现代化社会主义强国的物质基础。

【**地广人稀**】dì guǎng rén xī　地方大,人烟少。又作"地旷人稀"。旷:音矿 kuàng,空阔。

【**地久天长**】dì jiǔ tiān cháng　见"天长地久"(355页)。

【**地旷人稀**】dì kuàng rén xī　见"地广人稀"(本页)。

【**地利人和**】dì lì rén hé　地利:地理条件好。人和:得人心,人心齐。《孟子·公孙丑下》:"天时不如地利,地利不如人和。"(天时:指节令和气候。)原意是在战争能够获胜的各种因素中,天时有利不如地形有利重要,地形有利又不如得人心重要。后用"地利人和"表示优越的地理条件和良好的群众基础。〔例〕本村农牧业连年丰收,一靠政策好,二靠本村～。

【颠倒黑白】diān dǎo hēi bái　把黑的说成白的,白的说成黑的。比喻歪曲事实,混淆是非。

【颠倒是非】diān dǎo shì fēi　是:对的。非:错的。把错的说成对的,对的说成错的,把是非弄颠倒了。

【颠来倒去】diān lái dǎo qù　翻过来倒过去。形容来回重复。

【颠沛流离】diān pèi liú lí　沛:音佩。颠沛:生活遭受挫折或困难。流离:到处流浪。〔例〕在旧社会,残酷的剥削和连年不断的军阀混战,使劳动人民受尽了～之苦。

【颠扑不破】diān pū bù pò　颠:跌。扑:拍打。无论怎样摔打都不破。比喻言论或学说符合客观规律,永远不会被推翻。〔例〕马列主义、毛泽东思想、邓小平理论是～的革命真理。

【点石成金】diǎn shí chéng jīn　见"点铁成金"(本页)。

【点铁成金】diǎn tiě chéng jīn　古代神怪故事说,仙人用手指一点就可以使铁变成金子。比喻修改文章时稍稍改动原来的文字,就使它变得很出色。〔例〕潘老师批改文章,有～之妙。又作"点石成金"。

【电光石火】diàn guāng shí huǒ　电光:闪电的光。石火:打火石时的火光。形容事物像闪电和石火一样一瞬间就消逝。〔例〕文艺创作的源泉是生活,而不是像有些人所说的,在于～瞬息即逝的灵感。

【电闪雷鸣】 diàn shǎn léi míng　雷电交加,即将下大雨的样子。比喻声势很大。

【刁钻古怪】 diāo zuān gǔ guài　刁钻:狡诈。古怪:和一般情况不同,使人觉得奇怪。形容为人行事狡猾怪僻,和别人不一样。

【雕虫小技】 diāo chóng xiǎo jì　雕:雕刻。虫:指鸟虫书,我国古代篆字的一种,笔画形状像鸟虫。雕虫:雕刻鸟虫书。比喻小技或微不足道的技能(多指文字技巧)。

【雕梁画栋】 diāo liáng huà dòng　雕:用彩画装饰的。绘彩的栋梁。形容建筑物华美、有气派。又作"画栋雕梁"。

【调兵遣将】 diào bīng qiǎn jiàng　调动兵力,派遣将领。也泛指调动安排人力。〔例〕经过~,周密规划,妥善安排,我们保质保量、提前完成了任务。

【调虎离山】 diào hǔ lí shān　调:调动。设法使老虎离开山头。比喻用计使对方离开原来的地方,以便乘机行事。〔例〕战士们用~的办法,把敌哨兵引开,就隐蔽到岗亭后面去了。

【掉以轻心】 diào yǐ qīng xīn　掉:摇动,摇摆。唐朝柳宗元《答韦中立论师道书》:"故每为文章,未尝敢以轻心掉之。"说他写文章时,特别注意文章所要陈述的道理,从来不敢轻易有所摇摆。现指对事情采取轻率的漫不经心的态度。〔例〕如何教育子女是个大问题,绝不能看成家庭琐事,~。

【跌宕起伏】 diē dàng qǐ fú　跌宕:富于变化。形容事物多变,不稳定。

【喋喋不休】 dié dié bù xiū　喋:音蝶。喋喋:说话多的样子。休:停止。唠唠叨叨,说个没完。

【叠床架屋】 dié chuáng jià wū　叠:重叠起来。床上搁床,屋上架屋。比喻重复,累赘。〔例〕说话写文章应力求简明扼要,切忌～,使人不得要领。

【丁是丁,卯是卯】 dīng shì dīng, mǎo shì mǎo　"丁"同"钉",器物接榫(音笋 sǔn)的凸出部分,也叫榫头;卯是接榫的凹入部分,也叫卯眼。丁和卯一错,榫就安不上。形容对事认真,毫不含糊。〔例〕会计小徐说话做事～,认真负责,深得大家信任。

【顶礼膜拜】 dǐng lǐ mó bài　顶礼:跪下两手按地,头顶碰着佛的脚。膜:音模。膜拜:跪在地上举起两手虔诚地行礼。顶礼和膜拜都是佛教最尊敬的礼节。比喻崇拜到了极点(多含贬义)。

【顶天立地】 dǐng tiān lì dì　形容形象高大,气概豪迈。

【鼎鼎大名】 dǐng dǐng dà míng　见"大名鼎鼎"(78页)。

【鼎力相助】 dǐng lì xiāng zhù　鼎力:大力。大力相助。多用于求人相助时的客气话。

【鼎足之势】 dǐng zú zhī shì　鼎:音顶,古代煮东西用的铜器,下面有三条腿。比喻三方面并立的局势。〔例〕三国时期,魏、蜀、吴各据一方,形成～。

【丢盔弃甲】 diū kuī qì jiǎ　盔:音亏。盔、甲:古代打仗时将士穿戴的护头帽和护身衣。形容吃了败仗狼狈逃跑的情形。〔例〕在我军的猛烈打击下,敌军～,狼狈溃逃。又作"丢盔卸甲"。

【丢盔卸甲】 diū kuī xiè jiǎ　见"丢盔弃甲"(本页)。

【东风化雨】 dōng fēng huà yǔ　见"春风化雨"(69页)。

【东风压倒西风】dōng fēng yā dǎo xī fēng 《红楼梦》第八十二回:"但凡家庭之事,不是东风压了西风,就是西风压了东风。"意思是说,在家庭里,对立的双方,不是这方压倒那方,就是那方压倒这方。后用"东风"比喻进步力量,以"西风"比喻落后势力,以"东风压倒西风"比喻进步力量对于落后势力占压倒的优势。

【东鳞西爪】dōng lín xī zhǎo 原指画龙在云中,东露一鳞,西露一爪,看不到它的全貌。比喻零星片段的事物。〔例〕这篇游记叙述南方各地见闻虽然是～,但却反映了南方人民高昂的进取精神。参见"一鳞半爪"(444页)。

【东拼西凑】dōng pīn xī còu 这儿一点,那儿一点,零零星星地拼凑起来。

【东山再起】dōng shān zài qǐ 再起:再次起来做官。《晋书·谢安传》说,东晋时谢安退职后在东山隐居,以后又出来做了大官。后用"东山再起"指再度出任要职。也比喻失势之后又重新得势。

【东施效颦】dōng shī xiào pín 效:仿照。颦:音贫,皱眉。《庄子·天运》里说,美女西施有心痛病,走路总皱着眉头,抚着胸口。邻居的一个丑女(后人把她叫做"东施")看了,认为很美,便模仿起来,结果更加难看,人家一见她就躲开了。原比喻胡乱模仿,效果很坏。后泛指仿效的人缺乏自知之明,显得愚蠢可笑。

【东张西望】dōng zhāng xī wàng 张:看。向这边看看,又向那边看看。形容到处张望。〔例〕他走的时候,眼睛～,我总觉得他心里有事。

【动魄惊心】dòng pò jīng xīn 见"惊心动魄"(193页)。

【动人心弦】dòng rén xīn xián　见"扣人心弦"(206页)。

【动辄得咎】dòng zhé dé jiù　辄:音折,就,总是。咎:音旧,罪过。动不动就受到指摘或责难。

【动之以情,晓之以理】dòng zhī yǐ qíng, xiǎo zhī yǐ lǐ　指用真情打动对方,用道理说服对方。

【洞察其奸】dòng chá qí jiān　见"洞烛其奸"(本页)。

【洞若观火】dòng ruò guān huǒ　洞:透彻。形容观察事物非常清楚,好像看火一样。〔例〕经过多方取证、调查,案情已～了。

【洞烛其奸】dòng zhú qí jiān　洞:清楚地,透彻地。烛:照见。奸:奸诈。对别人的阴谋诡计看得很清楚。又作"洞察其奸"。

【斗方名士】dǒu fāng míng shì　斗方:一尺见方的册页。名士:旧指以诗文等闻名的人。能在斗方上写一些小篇幅诗文的人。指自命风雅的无聊文人。

【斗转星移】dǒu zhuǎn xīng yí　见"星移斗转"(417页)。

【斗鸡走狗】dòu jī zǒu gǒu　走:跑。使公鸡相斗,使狗赛跑。指旧时有钱人家子弟游手好闲的无聊游戏。又作"斗鸡走犬"。

【斗鸡走犬】dòu jī zǒu quǎn　见"斗鸡走狗"(本页)。

【斗志昂扬】dòu zhì áng yáng　昂扬:情绪高涨。斗争的意志旺盛。

【豆蔻年华】dòu kòu nián huá　豆蔻:一种植物,其花鲜艳,常用来比喻少女。年华:时光。指少女十三、四岁时美好的青春年华。

【独步一时】dú bù yī shí 独步：独一无二，超出一般。形容非常突出，一个时期内没有人能比得上。

【独出心裁】dú chū xīn cái 独：单独。心裁：指个人心中的设计或筹划。原指诗文的构思有独到的地方。后泛指想出的办法与众不同。参见"别出心裁"（21页）。

【独当一面】dú dāng yī miàn 单独负责一个方面的工作。〔例〕他工作能力提高很快，现在已经能～了。

【独断独行】dú duàn dú xíng 见"独断专行"（本页）。

【独断专行】dú duàn zhuān xíng 独断：一个人作决定。专行：凭个人的意思行事。行事专断，不考虑别人的意见。形容作风不民主。又作"独断独行"。

【独夫民贼】dú fū mín zéi 独夫：众叛亲离的暴君。民贼：祸害人民的人。指众叛亲离、残害百姓的统治者。

【独具匠心】dú jù jiàng xīn 匠心：精巧的心思。具有独到的灵巧的心思。指在技巧和艺术方面的创造性。〔例〕工艺展览会上展出了一种水晶瓶，人物花鸟精细地雕在瓶子内壁，显得～。参见"别具匠心"（21页）。

【独具只眼】dú jù zhī yǎn 具有独特的眼力。指目光敏锐，有独到见解。〔注意〕"只"不读 zhǐ。

【独来独往】dú lái dú wǎng 指独自一人来往。形容个性孤僻。也指我行我素，不受外界影响。

【独立自主】dú lì zì zhǔ 独立：不依赖别人而存在。自主：自己作主。多指国家或政党维护主权，不受别人的控制或支配。

【独木不成林】dú mù bù chéng lín 木：树。一棵树成

了森林。比喻个人力量有限,办不成大事。〔例〕单丝不成线,～,只有大家齐心干,我们的水库才能早日建成。

【独木难支】dú mù nán zhī　支:支撑。隋朝王通《文中子·事君》:"大厦将颠,非一木所支也。"意思是大楼将要倒塌,不是一根木头支撑得住的。后用"独木难支"比喻一个人的力量难以胜任艰巨的工作。又作"一木难支"。

【独辟蹊径】dú pì xī jìng　辟:开辟。蹊径:途径。另辟一条新的途径。比喻另创一种新的方法。〔例〕他们不轻信国外权威的结论,群策群力,经过一次又一次的试验,终于～,攻克了这个难关。

【独善其身】dú shàn qí shēn　善:弄好。语出《孟子·尽心上》。原指只顾自己修身养性。后指只顾自己好,而不管他人或全局。

【独树一帜】dú shù yī zhì　树:树立。帜:旗帜。单独树起一面旗帜。比喻独特新奇,自成一家。〔例〕这种唱腔与众不同,在京剧界要算是～。参见"别树一帜"(22页)。

【独一无二】dú yī wú èr　只此一个,别无其他。〔例〕这幢木楼,在这一带是～的。

【独占鳌头】dú zhàn áo tóu　鳌:音傲阳平,传说中海里的大鳌。相传古时中状元后,要站在皇宫石阶前刻有鳌头的地方迎榜。指中状元。后比喻夺取第一名。〔例〕经过20余轮的艰苦比赛,他们终于力克群雄,～,获得了联赛冠军。

【睹物思人】dǔ wù sī rén　睹:看见。看见死去或离别的人留下的东西就想起了这个人。〔例〕～,看到他在过去战争年代使用过的挎包,总是引起我深切的思念。

【妒贤嫉能】dù xián jí néng　指妒嫉品德高尚和有才能

的人。〔例〕～的人，往往是心胸狭隘的人。

【度日如年】 dù rì rú nián　过一天像过一年那样长。形容日子很不好过。〔例〕前些日子，因腿病，生活不能自理，真是～。

【端倪可察】 duān ní kě chá　倪：音泥。端倪：事情的眉目，头绪。察：察看。事情已经可以看出眉目来了。〔例〕该案虽复杂，但几经调查分析，已属～。

【短兵相接】 duǎn bīng xiāng jiē　短兵：短兵器，如刀剑之类。接：交战。《楚辞·九歌·国殇（shāng）》："车错毂兮短兵接。"（毂 gǔ：轮轴。）意思是车轴相撞，刀剑相碰。指作战时近距离厮杀。后也比喻双方面对面进行尖锐的斗争。

【短小精悍】 duǎn xiǎo jīng hàn　精悍：精明强悍。形容人身躯短小，精明强悍。也形容文章或发言简短而有力。

【断简残编】 duàn jiǎn cán biān　断、残：不完整。简、编：指书籍，古代用来写字的竹片木片叫简，竹木简穿联成书叫编。指残缺不全的书籍。〔例〕近年来从汉墓中出土了一些竹简帛书，虽多是～，却提供了考订古史的重要线索。又作"残编断简"。

【断章取义】 duàn zhāng qǔ yì　断：截断，割裂。章：篇章。不顾上下文，孤立地取其中的一段或一句的意思。指引用与原意不符。〔例〕引用别人的著作要注意完整，不要～。

【对答如流】 duì dá rú liú　答话像流水一样顺畅。形容人思维敏捷，口才好。〔例〕答辩会上，他对评委的提问～，得到评委的一致好评。

【对牛弹琴】 duì niú tán qín　南朝梁代僧祐《弘明集》里

说，古代音乐家公明仪善于弹琴，一次他看见一头牛在低头吃草，便为牛弹了一曲，但牛并不理会，照旧低头吃草。后用"对牛弹琴"比喻对蠢人讲深奥的道理，对外行人讲内行话。也用来讽刺人说话不看对象。

【对症下药】duì zhèng xià yào　症：病症。医生针对病情用药。也比喻针对实际情况采取措施解决问题。〔例〕帮助同志解决思想问题，必须找出原因，～。

【顿开茅塞】dùn kāi máo sè　顿开：立刻开通。塞：音色。茅塞：谦称自己知识贫乏，思想闭塞，好像心里被茅草堵塞住了一样。比喻思想忽然开窍，立刻明白了某个道理。〔例〕刚才听李老师讲辩证法，使我～。又作"茅塞顿开"。

【多才多艺】duō cái duō yì　有多方面的才能和技艺。〔例〕青年工人小李～，不仅生产技术全面，而且唱歌跳舞、打球游泳，样样都行。

【多愁善感】duō chóu shàn gǎn　善：容易。经常发愁和伤感。形容人思想空虚，感情脆弱。

【多此一举】duō cǐ yī jǔ　举：举动。指多余的、没有必要的举动。

【多多益善】duō duō yì shàn　益：更加。越多越好。《史记·淮阴侯列传》记载，刘邦问韩信能带多少兵。韩信回答说："臣多多而益善耳。"意思是说，我带兵可是越多越好呢。〔例〕为国家积累资金，～。又作"韩信将兵，多多益善"。

【多谋善断】duō móu shàn duàn　能多方谋划而又善于决断。

【多事之秋】duō shì zhī qiū　事：事变。秋：时期。事变很多的时期。

【多行不义必自毙】 duō xíng bù yì bì zì bì 毙：仆倒。指不义的事干多了，必然会自取灭亡。

【咄咄逼人】 duō duō bī rén 咄：音多。咄咄：使人吃惊的声音。形容气势汹汹，盛气凌人，使人难堪。也指形势发展迅速，给人压力。〔注意〕"咄"不能读作 chū。

【咄咄怪事】 duō duō guài shì 咄咄：表示吃惊的声音。形容不合常理，难以理解的怪事。〔注意〕"咄"不能读作 chū。

E

【阿谀逢迎】 ē yú féng yíng　谀:音于。阿谀:奉承,拍马。逢迎:迎合别人的心意。〔例〕我们有些人总爱听~的话,这很不好,对于个人的成长或开展工作是没有好处的。又作"阿谀奉承"。〔注意〕"阿"不读 ā。

【阿谀奉承】 ē yú fèng chéng　见"阿谀逢迎"(本页)。

【讹言惑众】 é yán huò zhòng　讹言:谣言。指用谣言迷惑众人。

【额手称庆】 é shǒu chēng qìng　称:说。把手放在额上,表示庆幸。

【恶贯满盈】 è guàn mǎn yíng　贯:穿钱的绳。盈:满。《尚书·泰誓》:"商罪贯盈。"意思是说,商纣王罪恶很多,如果用绳索穿成一串,该都穿满了。后用"恶贯满盈"形容罪大恶极,到受惩罚的时刻了。

【恶语中伤】 è yǔ zhòng shāng　中:音众。中伤:说坏话陷害人。用恶毒的话诬蔑陷害人。〔注意〕"中"不读 zhōng。

【饿殍遍野】 è piǎo biàn yě　殍:音漂上,又写作"莩"。饿殍:饿死的人。到处是饿死的人。形容百姓因饥饿而大量死亡的悲惨景象。

【遏恶扬善】 è è yáng shàn　遏:阻止。阻止坏的,发扬好的。

【恩将仇报】ēn jiāng chóu bào　将:拿,把。报:报答。拿仇恨回报所受的恩惠。指忘恩负义。

【恩同再造】ēn tóng zài zào　再造:再生。形容恩惠之深就像使其再生一样。

【恩威并行】ēn wēi bìng xíng　恩:恩惠。威:威力。并:一起。行:施行。《三国志·吴书·周鲂传》:"赏善罚恶,恩威并行。"意思是,奖赏善行,惩罚恶行,恩惠与威力一起施行。又作"恩威并用"。

【恩威并用】ēn wēi bìng yòng　见"恩威并行"(本页)。

【恩重如山】ēn zhòng rú shān　恩情像高山那样重。形容恩情极大。

【尔虞我诈】ěr yú wǒ zhà　尔:你。虞:音于。虞、诈:欺骗。《左传·宣公十五年》记载宋楚两国停战讲和,结盟立誓说:"我无尔诈,尔无我虞。"意思是我不骗你,你也不骗我。后用"尔虞我诈"表示彼此互相欺骗。又作"尔诈我虞"。

【尔诈我虞】ěr zhà wǒ yú　见"尔虞我诈"(本页)。

【耳鬓厮磨】ěr bìn sī mó　鬓:鬓角,耳朵前长头发的地方。厮:互相。磨:摩擦。两人的耳朵和鬓角相互摩擦。形容在一起生活得十分亲密。〔例〕他们从小到大一直在一起,～,从来没有吵过架。

【耳聪目明】ěr cōng mù míng　聪:听觉灵敏。明:视力好。听觉和视觉都好。形容头脑清醒,感觉灵敏。〔例〕她虽然年事已高,但～,还能看报写字。

【耳目一新】ěr mù yī xīn　听到的、看到的跟以前完全不同,使人感到新鲜。形容改变后的情况比以前好。

【耳濡目染】ěr rú mù rǎn 濡:音如,沾湿。染:沾染。耳朵经常听到,眼睛经常看到,不知不觉地受到影响。〔例〕小明父母都是美术工作者,他平时~,从小就很喜爱绘画。

【耳熟能详】ěr shú néng xiáng 耳熟:听熟了,听多了。详:说明,细说。指听得多了,能够说得很清楚,很详细。〔例〕这事我听他说过多遍了,~,现在我也能说给你听。

【耳提面命】ěr tí miàn mìng 《诗经·大雅·抑》:"匪面命之,言提其耳。"(匪:同"非",不仅。言:古汉语助词。)意思是不仅当面指点,而且提着耳朵叮嘱。形容长辈教导热心恳切。〔例〕学习全靠自觉,否则,即使师长成天在旁~,也无济于事。

【耳闻目睹】ěr wén mù dǔ 闻:听见。睹:看见。亲耳听见,亲眼看见。〔例〕这次在农村,~许多农村经济政策改变后的新气象,使人振奋。

F

【发愤图强】 fā fèn tú qiáng　发愤：决心努力。图：谋求。下定决心，努力谋求富强。〔例〕解放以来，中国人民～，把贫穷落后的祖国建成了初步繁荣昌盛的社会主义国家。参见"奋发图强"（112页）。

【发愤忘食】 fā fèn wàng shí　努力学习或工作，连吃饭都忘了。形容十分勤奋。〔例〕青年研究员小陈～，刻苦钻研，决心为祖国攀登科学高峰。

【发号施令】 fā hào shī lìng　号：号令。施：发布。发命令，下指示。〔例〕各级领导都不能满足于坐在机关里～，要深入基层，掌握全局，心中有数。

【发聋振聩】 fā lóng zhèn kuì　见"振聋发聩"（489页）。

【发人深省】 fā rén shēn xǐng　省：音醒，醒悟。能启发人深刻思考而有所醒悟。〔例〕老支书话虽不多，但语重心长，～。又作"发人深醒"。〔注意〕"省"不读 shěng。

【发人深醒】 fā rén shēn xǐng　见"发人深省"（本页）。

【发扬光大】 fā yáng guāng dà　光大：使显赫盛大。使好的作风、传统等得到发展和提高。〔例〕我们党和人民群众紧密地联系在一起的优良作风，应当～。

【罚不当罪】 fá bù dāng zuì　罚：处罚。当：相当。处罚和罪行不相当。（多指处罚过重）〔例〕他既是从犯，如果与主犯同等判刑,就～了。

【罚不责众】 fá bù zé zhòng　罚:惩罚。众:众人。指某些行为虽然该惩罚,但当很多人都有那种行为时,就不好采用惩罚的办法来处理。

【罚一劝百】 fá yī quàn bǎi　劝:劝戒。用惩罚一人来劝戒众人。

【翻江倒海】 fān jiāng dǎo hǎi　形容力量或声势非常壮大。又作"倒海翻江"。

【翻然悔悟】 fān rán huǐ wù　翻:又写作"幡"。翻然:形容转变得很快。指思想完全转变,彻底醒悟。〔例〕犯了严重错误,但从此～,不见得不是好事。

【翻手为云,覆手为雨】 fān shǒu wéi yún, fù shǒu wéi yǔ　翻手:掌心向上。覆手:掌心向下。唐朝杜甫《贫交行》:"翻手作云覆手雨,纷纷轻薄何须数!"(轻薄:指人情不敦厚。)意思是说,一时这样,一时又那样,不厚道的人许许多多,又何必去计算。形容人反复无常或惯于耍手段。又作"翻云覆雨"。

【翻天覆地】 fān tiān fù dì　形容变化巨大而彻底。〔例〕解放后,在中国共产党的领导下,中国发生了～的变化。参见"天翻地覆"(355页)。

【翻箱倒柜】 fān xiāng dǎo guì　柜:音贵。把箱子柜子都翻倒过来。形容彻底翻检。又作"翻箱倒箧"。箧:音怯qiè,箱子。

【翻箱倒箧】 fān xiāng dǎo qiè　见"翻箱倒柜"(本页)。

【翻云覆雨】 fān yún fù yǔ　见"翻手为云,覆手为雨"(本页)。

【凡夫俗子】 fán fū sú zǐ　凡、俗:宗教及民间传说指人世间。夫、子:人。指普通人。

【凡事预则立,不预则废】 fán shì yù zé lì, bù yù zé fèi　预:事先准备。立:成功。废:失败。语出《礼记·中庸》。不论做什么事,事先有准备,就能得到成功,不然就会失败。

【繁花似锦】 fán huā sì jǐn　繁:繁密茂盛。锦:有彩色花纹的丝织品。繁密茂盛的花朵像锦缎一样。形容美丽的景色或美好的事物。〔例〕武夷山下芳草遍地,～。

【繁荣昌盛】 fán róng chāng shèng　繁荣:蓬勃发展。昌盛:兴旺。指国家兴旺发达,欣欣向荣。〔例〕我们伟大的祖国已经建成为初步～社会主义国家。

【繁荣富强】 fán róng fù qiáng　形容蓬勃发展,富足强盛。

【繁文缛节】 fán wén rù jié　文:礼节,仪式。缛:音褥,繁多。节:礼节。烦琐、不必要的仪式或礼节。也比喻琐碎多余的手续。〔例〕1.今天人民觉悟已大大提高,旧时婚丧喜庆的那些～都取消了。 2.办事要讲实效,不要那么多～。

【反败为胜】 fǎn bài wéi shèng　反:翻过来。指由失败变为胜利。

【反唇相讥】 fǎn chún xiāng jī　反唇:回嘴。讥:讽刺。受到指责不服气,反过来讽刺对方。

【反唇相稽】 fǎn chún xiāng jī　稽:计较,查问。受到指责不服气,反过来责问对方。

【反复无常】 fǎn fù wú cháng　反复:颠过来倒过去。无常:没有常态。形容常常变化,一会儿这样,一会儿又那样,变动不定。〔例〕《三国演义》里的吕布是一个～的人,一会儿投降这个，一会儿又投降那个，最后被曹操捉住，绞死在白门楼。

【反戈一击】 fǎn gē yī jī 戈：古代一种像矛一类的兵器。比喻从敌对营垒中起义出来，掉转枪口向敌对营垒进攻。

【反躬自问】 fǎn gōng zì wèn 躬：自身。反过来问问自己怎么样。

【反躬自省】 fǎn gōng zì xǐng 省：音醒，检查。回过头来检查自己的言行得失。〔注意〕"省"不读 shěng。

【反客为主】 fǎn kè wéi zhǔ 客：客人。主：主人。客人反过来变成主人。也比喻变被动为主动。

【反目成仇】 fǎn mù chéng chóu 反目：翻脸。指翻脸成为仇敌。

【反其道而行之】 fǎn qí dào ér xíng zhī 反：相反。道：方法，办法。行：做。之：它，指事情。采取同对方相反的办法行事。

【反求诸己】 fǎn qiú zhū jǐ 求：寻找。诸："之""于"的合音。反过来从自己身上去寻找。指从自身找原因。〔例〕工作没有完成好，不能只强调客观原因，应该～，这才是问题的根本所在。

【返老还童】 fǎn lǎo huán tóng 返：回。童：童年。由衰老恢复青春。

【返朴归真】 fǎn pǔ guī zhēn 朴：朴素。归：回到。真：纯真，自然。指去掉外表的装饰，返回到质朴、纯真的状态。〔例〕城市的喧闹，使人向往～的生活。

【犯上作乱】 fàn shàng zuò luàn 犯上：冒犯尊长。作乱：闹乱子。指冒犯尊长或地位高的人，搞叛逆活动。

【泛泛而谈】fàn fàn ér tán　泛泛:浮浅,不深入。一般地浮泛地谈谈。

【泛滥成灾】fàn làn chéng zāi　江河湖泊的水溢出,造成灾害。也比喻事物出现过多,造成危害。〔例〕1.宏伟的治淮工程完成后,淮河就此结束了一下雨就～的历史。 2.官僚主义是造成会议、报表～的重要原因之一。

【贩夫走卒】fàn fū zǒu zú　贩夫:小商贩。走卒:在衙门中当差的人。泛指社会地位很低的人。

【方枘圆凿】fāng ruì yuán záo　枘:音锐,榫(音笋 sǔn)头。凿:榫眼。方榫头,圆榫眼,两下里合不起来。比喻格格不入。又作“圆凿方枘”。〔注意〕“枘”不能写作“柄”,不能读作 nèi。

【方兴未艾】fāng xīng wèi ài　方:正在。兴:兴起,兴盛。艾:止,完结。指事物正在发展,不会终止。多用来形容形势或事物正在蓬勃发展。〔例〕中国的足球运动～,日益普及。又作“方兴未已”。已:止。

【方兴未已】fāng xīng wèi yǐ　见“方兴未艾”(本页)。

【防不胜防】fáng bù shèng fáng　防:提防,防备。胜:尽。指防备不过来。〔例〕这个乒乓球选手球路多变,使人～。

【防患未然】fáng huàn wèi rán　患:灾祸。未然:未成为事实。指在灾害或事故发生以前就采取预防措施。〔例〕各工矿企业必须加强防火措施,以～。又作“防患于未然”。

【防患于未然】fáng huàn yú wèi rán　见“防患未然”(本页)。

【防微杜渐】fáng wēi dù jiàn　微:微小,指事物的苗头。杜:堵塞。渐:逐渐,指事物的发展。比喻在坏事情坏思想刚露头的时候就加以制止,不让它发展。

【放荡不羁】fàng dàng bù jī　放荡:行为不检点。羁:音机,束缚,拘束。行动随便,不受约束(含贬义)。

【放虎还山】fàng hǔ huán shān　见"纵虎归山"(510页)。

【放浪形骸】fàng làng xíng hái　放浪:旷达而不受拘束。形骸:身体。指言行放纵,不受礼仪的约束。

【放任自流】fàng rèn zì liú　放任:放手不管。指听凭自然地发展,不加领导或过问。〔例〕对中小学生的课外活动要加强引导,不能～。

【放下屠刀,立地成佛】fàng xià tú dāo, lì dì chéng fó　屠刀:宰杀牲畜的刀。立地:立即,立刻。原是佛教劝人改恶从善的话。意思是说,即使像屠夫那样以杀生为行业的人,一旦忏悔改行,放下屠刀,也可以马上成佛。比喻作恶的人一旦认识了自己的罪行,决心改过,仍可以很快变成好人。

【放之四海而皆准】fàng zhī sì hǎi ér jiē zhǔn　放:放置。准:准确,对。四海:指全国各地,也指全世界各地。比喻具有普遍性的真理到处都适用。

【飞短流长】fēi duǎn liú cháng　飞、流:散布。短、长:比喻是非。指无中生有,造谣中伤。

【飞蛾扑火】fēi é pū huǒ　见"飞蛾投火"(本页)。

【飞蛾投火】fēi é tóu huǒ　像蛾子扑火一样。比喻自找死路、自取灭亡。又作"飞蛾扑火"。

【飞黄腾达】fēi huáng téng dá　飞黄:古代传说中跑得快的神马。腾达:上升。唐朝韩愈《符读书城南》诗:"飞黄腾踏去，不能顾蟾蜍。"（腾踏：飞腾。蟾蜍：音谗除 chán chú，癞蛤蟆。）后作"飞黄腾达"，比喻人骤然得志，官职升得很快。

【飞禽走兽】 fēi qín zǒu shòu 飞禽：会飞的鸟类。走兽：奔跑的野兽。泛指鸟类和兽类。〔例〕这个自然保护区是野生动物的乐园，在这里人们可以看到许多～。

【飞沙走石】 fēi shā zǒu shí 沙土飞扬，石子滚动。形容风非常大。

【飞扬跋扈】 fēi yáng bá hù 飞扬：放纵。扈：音户。跋扈：蛮横。形容横暴放肆。

【非分之想】 fēi fèn zhī xiǎng 非分：不安分。指不守本分的想法。

【非驴非马】 fēi lú fēi mǎ 不像驴也不像马。比喻不伦不类，什么也不像。〔例〕写文章不要硬搬外国语法，弄得句子～。

【非亲非故】 fēi qīn fēi gù 亲：亲戚。故：故旧，老朋友。不是亲戚也不是故旧。指彼此之间毫无关系。〔例〕我和他～，只能说是同乡。

【非同小可】 fēi tóng xiǎo kě 小可：微小，轻微。形容事情重要或情况严重，不能轻视。

【肥马轻裘】 féi mǎ qīng qiú 裘：音求，皮衣。《论语·雍也》："赤之适齐也，乘肥马，衣轻裘。"意思是，公西赤到齐国去，乘坐壮的马拉的车，穿轻暖的皮衣。形容奢华的生活。

【匪夷所思】 fěi yí suǒ sī 匪：非，不是。夷：平常。指言谈行动离奇古怪，不是一般人根据常情所能想像的。

【斐然成章】 fěi rán chéng zhāng 斐然：有文采的样子。

章:篇章。形容文章富有文采,很值得看。

【吠形吠声】fèi xíng fèi shēng　吠:狗叫。汉朝王符《潜夫论·贤难》:"谚云:'一犬吠形,百犬吠声。'"意思是一条狗见了人便叫,很多狗听到叫声也跟着叫。比喻跟在别人后头盲目附和。又作"吠影吠声"。

【吠影吠声】fèi yǐng fèi shēng　见"吠形吠声"(本页)。

【肺腑之言】fèi fǔ zhī yán　肺腑:指内心。指发自内心的真实话语。〔例〕你是我最钦佩的学长。刚才这番~,使我深受感动。

【废寝忘餐】fèi qǐn wàng cān　见"废寝忘食"(本页)。

【废寝忘食】fèi qǐn wàng shí　废:停止。寝:睡觉。顾不得睡觉,忘了吃饭。形容非常专心努力。又作"废寝忘餐"。

【沸反盈天】fèi fǎn yíng tiān　反:翻转。盈:充满。指声音像水开了锅似地沸腾翻滚,充满了空间。形容人声喧闹,乱成一片。

【沸沸扬扬】fèi fèi yáng yáng　扬:掀起。像沸腾的水面上的气泡那样翻滚。形容人声喧闹。

【费尽心机】fèi jìn xīn jī　心机:心思,计谋。挖空心思,想尽办法。

【分崩离析】fēn bēng lí xī　崩:山塌。析:分开。形容国家或集团四分五裂。

【分道扬镳】fēn dào yáng biāo　道:路。镳:音标,马嚼子。扬镳:指驱马前进。原指分路而行。后多比喻志趣目的不同,各走各的路。〔例〕他俩因观点不同,最后只能~了。

【分化瓦解】fēn huà wǎ jiě　分化:使分裂。瓦解:使复溃。使敌对的势力或集团分裂或崩溃。

【分门别类】 fēn mén bié lèi　根据事物的一定特征进行分类。〔例〕在他的办公室里,各种书刊、报纸、文件材料~地摆放着,显得井井有条。

【分秒必争】 fēn miǎo bì zhēng　一分一秒也一定要争取。形容抓紧时间。〔例〕他安排时间总是~的,哪怕只有几分钟,也要很好利用。

【分庭抗礼】 fēn tíng kàng lǐ　庭:院子。抗礼:行平等的礼。原指古时宾主相见,分头站在院子东西两边相对行礼,以平等地位相待。后用来比喻平起平坐或互相对立。

【纷至沓来】 fēn zhì tà lái　纷:众多。沓:音踏,多,重复。形容接连不断地到来。〔例〕招待会六时才开始,宾客现在已~了。

【焚林而田】 fén lín ér tián　田:打猎。焚烧林木以便打猎。语出《韩非子·难一》。比喻只顾一时的小利,不考虑长远的利益。又作"焚林而畋"。畋:音田,打猎。

【焚林而畋】 fén lín ér tián　见"焚林而田"(本页)。

【粉墨登场】 fěn mò dēng chǎng　粉、墨:化妆品,这里指化妆。原指化妆后出场演戏。现多比喻坏人经过一番打扮,登上政治舞台。

【粉身碎骨】 fěn shēn suì gǔ　全身粉碎而死。多比喻不惜牺牲生命。〔例〕他刚直不阿,胸怀坦荡,不说假话,敢于直言相陈,不惜~。

【粉饰太平】 fěn shì tài píng　粉饰:粉刷装饰。太平:(社会)平安。把社会黑暗混乱的状况掩饰成太平的景象。

【奋不顾身】 fèn bù gù shēn　奋勇向前,不考虑个人安危。〔例〕黄继光烈士～地用胸膛挡住敌人地堡的枪眼,献出了自己的生命,保证了战斗的胜利。

【奋发图强】fèn fā tú qiáng　奋发:精神振作。振作精神,谋求自强。参见"发愤图强"(103 页)。

【奋发有为】fèn fā yǒu wéi　奋发:振作精神。有为:有作为。指振作精神,有所作为。

【奋袂而起】fèn mèi ér qǐ　奋袂:情绪激动时,把衣袖一甩,准备行动。一甩衣袖站起来。形容感情激动。〔例〕面对这伙人的卑鄙行径,他～,予以猛烈的揭露。

【奋起直追】fèn qǐ zhí zhuī　振作起来,紧紧赶上去。〔例〕化工厂队在比分远远落后的情况下,～,最后竟胜了农机厂队。参见"急起直追"(173 页)。

【愤愤不平】fèn fèn bù píng　愤愤:很生气的样子。形容心中不服,非常生气。

【愤世嫉俗】fèn shì jí sú　愤:愤恨。嫉:憎恶。指有正义感的人对现实社会和不合理的习俗表示愤恨憎恶。

【丰富多彩】fēng fù duō cǎi　品种繁多而且都很出色。〔例〕春节联欢节目～,生动活泼,很受大家欢迎。

【丰功伟绩】fēng gōng wěi jì　丰:多。伟大的功绩。〔例〕中国人民解放军在长期的革命斗争中,为人民立下了～。

【丰取刻与】fēng qǔ kè yǔ　丰:多。刻:苛刻。与:给。从百姓那里搜刮得很多,而给予百姓的却很少。语出《荀子·君道》。形容官吏对百姓刻薄寡恩,残酷剥削。

【丰神绰约】fēng shén chuò yuē　见"丰姿绰约"(113 页)。

【丰衣足食】 fēng yī zú shí 衣:穿的。食:吃的。穿的吃的都很丰富充足。形容生活富裕。

【丰姿绰约】 fēng zī chuò yuē 丰姿:风度姿势。绰约:形容女子身姿柔美。又作"丰神绰约"。

【风餐露宿】 fēng cān lù sù 风里吃饭,露天睡觉。形容旅途或野外工作的辛苦。〔例〕地质勘探队员翻山越岭,～,为祖国寻找地下宝藏。又作"露宿风餐"、"餐风宿露"。

【风尘仆仆】 fēng chén pú pú 风尘:比喻旅途上所受的辛苦。仆仆:行路劳累的样子。形容奔波忙碌,旅途劳累。〔例〕他出差两个月,今天～地刚回到北京。

【风驰电掣】 fēng chí diàn chè 驰:奔跑。掣:音彻,拉,扯。像刮风打闪那样,速度很快。〔例〕火车～般地向前奔驰着。〔注意〕"掣"不能读作 zhì。

【风吹草动】 fēng chuī cǎo dòng 比喻轻微的动荡或变动。〔例〕敌人吃了败仗以后,成了惊弓之鸟,稍有～,就惊慌失措。

【风光旖旎】 fēng guāng yǐ nǐ 风光:风景,景象。旖旎:音倚你,柔媚的样子。形容景色柔和美好。〔例〕南国的春天～,使人陶醉。

【风和日丽】 fēng hé rì lì 和:和暖。丽:明亮。微风和暖,阳光明媚。形容天气晴好。〔例〕在～的假日里,这里总是挤满了观光、度假的游客。

【风和日暖】 fēng hé rì nuǎn 微风和煦,阳光温暖。形容天气晴朗暖和。

【风花雪月】 fēng huā xuě yuè 原指旧时诗文作品里经常描写的四种自然景物。后比喻堆砌词藻、内容贫乏、感情不健康的诗文。〔例〕革命文学同那些精致而苍白的～没有任何共同之处。

【风华正茂】 fēng huá zhèng mào 风:风采。华:才华。茂:旺盛。正是青春焕发、风采动人和才华横溢的时候。形容人年轻有为。〔例〕他那时～,精力很旺盛。

【风卷残云】 fēng juǎn cán yún 大风把残云卷走。比喻一下子把残存的东西一扫而光。〔例〕1949年春,中国人民解放军胜利地渡过长江,以～之势迅速地歼灭了盘踞在江南的国民党反动军队。

【风流倜傥】 fēng liú tì tǎng 风流:潇洒,有才华。倜傥:又写作"俶傥",洒脱。形容人行为洒脱而有才华。〔例〕当年这些～的年轻人,如今都已成长为教学、科研上的主力了。

【风流云散】 fēng liú yún sàn 像风和云那样流动散开。多比喻本来在一起的人分散到四面八方。

【风流蕴藉】 fēng liú yùn jí 风流:潇洒,有才华。蕴藉:含蓄,不显露。形容人风度潇洒,气质含蓄。

【风马牛不相及】 fēng mǎ niú bù xiāng jí 风:指雌雄相诱。及:碰到。《左传·僖公四年》:"君处北海,寡人处南海,唯是风马牛不相及也。"(寡人:国君自称。)意思是说,你住在北边,我住在南边,两国相距很远,即使风马牛互相追逐行走失,也不会跑到对方境内。后用"风马牛不相及"比喻事物彼此毫不相干。〔例〕地震跟气候异常看起来～,其实是有关系的。

【风靡一时】 fēng mǐ yī shí 靡:音米。风靡:顺风倒下。形容事物在一个时期里极其盛行,像风吹倒草木一样。

〔例〕"五四"前后，以描写小资产阶级反抗旧礼教为主题的作品，曾经～。〔注意〕"靡"不能读作 fēi，也不读 mí。

【风平浪静】 fēng píng làng jìng　指没有风浪。比喻平静无事。

【风起云涌】 fēng qǐ yún yǒng　涌：升起，冒出。比喻新事物不断现涌，声势很盛。〔例〕第二次世界大战后，亚非拉民族解放运动～，势不可当。

【风前残烛】 fēng qián cán zhú　残烛：快点完的蜡烛。比喻随时可能死亡的老年人。也比喻随时可能消灭的事物。又作"风中之烛"。

【风清弊绝】 fēng qīng bì jué　见"弊绝风清"（18页）。

【风声鹤唳，草木皆兵】 fēng shēng hè lì，cǎo mù jiē bīng　见"草木皆兵"（48页）。

【风调雨顺】 fēng tiáo yǔ shùn　调：调和，均匀。风雨及时适宜。形容风雨适合农时。〔例〕今年～，看来又是一个丰收年。

【风行一时】 fēng xíng yī shí　风行：像刮风一样流行。一时：一个时期。形容事物在一个时期内非常流行。〔例〕清末严复翻译的《天演论》曾经～，在当时知识阶层中起着进步的影响。

【风言风语】 fēng yán fēng yǔ　指毫无根据或污蔑的话。

【风雨交加】 fēng yǔ jiāo jiā　交加：（两种事物）同时出现。又是刮风，又是下雨。也比喻几种灾难同时袭来。〔例〕1.深秋的夜，～，很有些寒意。　2.在那～的旧社会，劳动人民受尽了千辛万苦。

【风雨飘摇】 fēng yǔ piāo yáo　语出《诗经·豳(bīn)风·鸱

鸱(chī xiāo)》。原指树上的鸟窝被风雨吹打着动摇不定。比喻局势动荡不安,很不稳定。〔例〕"五四"前夜,帝国主义列强加快争夺势力范围的步伐,中国处在～之中。

【风雨如晦】fēng yǔ rú huì　晦:夜晚。刮风下雨,天色暗得像黑夜一样。也形容政治黑暗,社会不安。

【风雨同舟】fēng yǔ tóng zhōu　在狂风暴雨中同乘在一条船上,一起与风雨搏斗。比喻共同经历患难。〔例〕在抗美援朝的战争年代,中朝两国人民是～的战友。参见"同舟共济"(361页)。

【风云变幻】fēng yún biàn huàn　风云:比喻变化动荡的局势。变幻:变化不定。比喻时局变化迅速,动向难以预料。〔例〕四十年代,国际国内都出现了～的局面。

【风云际会】fēng yún jì huì　风云:比喻际遇,好的机会。际会:遇合,适时地相遇。像风和云那样适时相遇。旧时比喻贤臣遇到了明君。后比喻有所作为的人遇到了施展才华的机会。

【风云人物】fēng yún rén wù　指活跃一时,言论行动能影响大局的人物。〔例〕康有为、梁启超因主张变法得到光绪器重,成为"百日维新"中的～。

【风云突变】fēng yún tū biàn　风云:喻指动荡不定的局势。形容局势突然发生了重大变化。

【风中之烛】fēng zhōng zhī zhú　见"风前残烛"(115页)。

【风烛残年】fēng zhú cán nián　风烛:风中飘摇易灭的蜡烛。残年:指晚年。比喻接近死亡的晚年。〔例〕陈大爷辛勤劳动了一生,虽已～,仍然不惯于闲散。又作"风烛之年"。

【风烛之年】fēng zhú zhī nián　见"风烛残年"(本页)。

【风姿绰约】 fēng zī chuò yuē　风姿:风度姿态。绰约:柔美的样子。形容风度姿态柔美动人。

【封官许愿】 fēng guān xǔ yuàn　许愿:事先答应将来给以某种酬谢。指用名利地位引诱别人来帮助自己达到不正当的目的。

【峰回路转】 fēng huí lù zhuǎn　回:曲折环绕。形容山峰、道路曲折环绕。后也比喻事情经过挫折失败后出现新的转机。〔例〕1.走进太行山脉,～,是很容易迷路的。2.他身处逆境,但从不气馁。心想,只要努力工作,总会有～的那一天。

【烽火连天】 fēng huǒ lián tiān　烽火:古代边防报警时点起的烟火,比喻战火。形容战火到处燃烧。〔例〕影片《上甘岭》一开始就把观众带到了当年～的朝鲜战场。

【锋芒逼人】 fēng máng bī rén　锋芒:也作"锋铓",刀剑的刃和尖。比喻言词锋利,使人感到有压力。

【锋芒毕露】 fēng máng bì lù　锋芒:比喻锐气和才华。毕:全。锐气和才华全显露了出来。多指人好表现自己。

【锋芒所向】 fēng máng suǒ xiàng　锋芒:比喻斗争的矛头。所向:指向的地方。指斗争中矛头所指的地方。〔例〕北伐战争中,叶挺同志率领"铁军"冲杀在前,～,无不披靡。

【蜂拥而来】 fēng yōng ér lái　像蜂群似的拥挤着来。〔例〕电影放映员刚在场院上挂起幕布,孩子们就～。

【逢场作戏】 féng chǎng zuò xì　逢:碰到。场:场合。遇到一定的场合,偶尔凑凑热闹。〔例〕我下象棋不过是～,并没有特别爱好。

【讽一劝百】 fěng yī quàn bǎi　讽:含蓄地进行批评。劝:

规劝。用含蓄的语言批评一个人，就能警戒许多人。

【凤毛麟角】 fèng máo lín jiǎo　凤、麟：凤凰、麒麟，传说中的珍异动物。凤凰的羽毛，麒麟的角。比喻珍贵而稀少的人或事物。〔例〕小李考上了国家名牌大学，在我们这个小山村可谓是～了。

【奉公守法】 fèng gōng shǒu fǎ　奉：奉行。公：公事。奉行公事，遵守法令。形容办事守规矩。〔例〕人民的勤务员，就应该积极热情，～。

【奉若圭臬】 fèng ruò guī niè　奉：信奉。圭臬：一种根据日影测定节气和时间的古代天文仪器，比喻准则、法度。指将某些观点、学说作为唯一的准则信奉。

【奉若神明】 fèng ruò shén míng　神明：神。像对神那样信奉。形容极为崇拜（多含贬义）。

【肤受之言】 fū shòu zhī yán　肤：肤浅。受：感受。指使人感受不深的言论。

【敷衍了事】 fū yǎn liǎo shì　敷衍：做事不认真，将就应付。了：了结。指办事马马虎虎，只求应付过去就算完事。

【敷衍塞责】 fū yǎn sè zé　指工作不认真负责，表面应付了事。

【扶老携幼】 fú lǎo xié yòu　扶：搀扶。携：拉着。搀着老人，领着小孩儿。〔例〕车站服务员～，组织旅客有秩序地上下车。

【扶弱抑强】 fú ruò yì qiáng　扶：扶助。抑：压制。扶助弱小，压制强暴。又作"抑强扶弱"。

【扶危济困】 fú wēi jì kùn　扶助有危难的人，救济困苦的人。〔例〕太平天国军从金田出发，千里行军，所到之处，打击豪绅,～,队伍很快就扩大成几十万人。

【扶摇直上】 fú yáo zhí shàng　扶摇:急剧盘旋而上的旋风。《庄子·逍遥游》:"抟扶摇而上者九万里。"(抟:音团 tuán,拍打。)意思是大鹏拍打着旋风直升到九万里的高空。形容直往上升(多指物价、地位等)。〔例〕那时,资本主义国家经济危机日益加剧,通货膨胀有增无已,物价～。

【拂袖而去】 fú xiù ér qù　拂袖:把衣袖一甩,表示生气。形容生了气,一甩袖子就走了。

【浮光掠影】 fú guāng lüè yǐng　浮光:水面上的反光。掠影:一掠而过的影子。像水上的反光和掠过的影子,一晃就过去了。比喻观察不细致,学习不深入,印象不深刻。〔例〕这本小说我曾经看过,～,印象不深。

【浮想联翩】 fú xiǎng lián piān　浮想:飘浮不定的想像。翩:音偏。联翩:鸟飞的样子,比喻连续不断。指许多多多的想像不断涌现出来。

【福至心灵】 fú zhì xīn líng　福:福气,好运气。好运来了,心思也就变得灵巧了。多指人在一定情况下,头脑灵活,处理问题得当。

【抚今追昔】 fǔ jīn zhuī xī　昔:从前。看看今天,想想从前,很有感触。〔例〕这里曾经是荒野一片,现在已是一片兴旺的工业区。～,不禁使人又感慨又兴奋。

【抚心自问】 fǔ xīn zì wèn　抚:按着。按着胸口自己问自己。指自我反省。

【俯拾即是】 fǔ shí jí shì　只要低下头去捡,到处都是。形容多而易得。〔例〕这种药材平原地区很少见,在我们山区却～。又作"俯拾皆是"。

【俯拾皆是】fǔ shí jiē shì　见"俯拾即是"(119页)。

【俯首帖耳】fǔ shǒu tiē ěr　俯首:低着头。帖耳:耷(dā)拉着耳朵。形容人驯顺的样子(含贬义)。

【俯首听命】fǔ shǒu tīng mìng　听:顺从。一切听从别人的命令。形容驯顺从(含贬义)。

【俯仰无愧】fǔ yǎng wú kuì　俯:低头。仰:抬头。《孟子·尽心上》:"仰不愧于天,俯不怍于人。"(怍,惭愧。)意思是仰头对天,低头对人都问心无愧。指襟怀坦白;为人正派。

【釜底抽薪】fǔ dǐ chōu xīn　釜:锅。薪:柴火。北齐魏收《为侯景叛移梁朝文》:"抽薪止沸,剪草除根。"意思是从锅底下拿走柴火以制止水的沸腾,锄草要连根除掉。后比喻从根本上解决问题。

【釜底游鱼】fǔ dǐ yóu yú　在锅里游着的鱼。比喻穷途末路,处境危险,快要完蛋的人。

【辅车相依】fǔ chē xiāng yī　辅:面颊骨。车:牙床。面颊骨与牙床相互依傍。语出《左传·僖公五年》。比喻相互依存,利害关系密切。

【付之东流】fù zhī dōng liú　付:交给。之:它。东流:东流的水。我国江河大多自西向东流,泛指流水。比喻希望落空,成果丧失,前功尽弃,好像随着流水冲走了一样。又作"付诸东流"。

【付之一炬】fù zhī yī jù　一炬:一把火。指一把火给烧了。〔例〕那场大火,使他花费了半生心血搜集的藏书都不幸被～。

【付诸东流】fù zhū dōng liú　见"付之东流"(本页)。

【负荆请罪】 fù jīng qǐng zuì　负：背(bēi)着。荆：荆条，用来鞭打人的东西。《史记·廉颇蔺(lìn)相如列传》记载，赵国大将廉颇与上卿(丞相)蔺相如不和，蔺相如为了国家利益处处退让。后来廉颇知道自己错了，便光着上身，背着荆条到蔺相如家请罪。后用"负荆请罪"表示向人认错赔罪。

【负薪救火】 fù xīn jiù huǒ　负：背着。薪：柴草。背着柴草去救火。比喻用错误的方法去消灭灾害，反而使灾害加剧。

【负隅顽抗】 fù yú wán kàng　负：依靠。隅：原作"嵎"，山势弯曲险要的地方。《孟子·尽心下》："有众逐虎，虎负嵎，莫之敢撄。"(撄：音婴 yīng，触犯。)意思是说，许多人追逐老虎，老虎靠着山弯子，没人敢碰它。后用"负隅顽抗"指坏人依仗某种条件顽固抵抗。

【附庸风雅】 fù yōng fēng yǎ　附庸：依附。指缺乏文化修养的人为了装点门面而结交文人，参加有关文化的活动。

【附赘悬疣】 fù zhuì xuán yóu　赘：音坠。附赘：附生在皮肤表面的小疙瘩。疣：音由。悬疣：皮肤表面突起的瘊子。比喻多余无用的东西。〔例〕写文章应力求简洁，一切～尽量删除。

【赴汤蹈火】 fù tāng dǎo huǒ　汤：开水。蹈：踩。比喻不避艰险，奋勇向前。〔例〕为了祖国的统一大业，我们～，也在所不辞。

【复蹈前辙】 fù dǎo qián zhé　蹈：踏。辙：车轮辗过留下的痕迹。重新走先前车轮辗过的痕迹。比喻不吸取失败的教训，重犯过去的错误。

【富贵不能淫】 fù guì bù néng yín　富贵：旧指有钱有地位。淫：音吟，迷惑。不为金钱和地位所迷惑。〔例〕他在被捕后拒绝了敌人高官厚禄的诱惑，表现了革命者～的品德。

【富贵荣华】 fù guì róng huá 见"荣华富贵"（301页）。

【富国强兵】 fù guó qiáng bīng 指使国家富足，使军力强大。

【腹背受敌】 fù bèi shòu dí 腹：指前面。背：指后面。前后受到敌人的夹攻。〔例〕指挥部派出一个营，迂回到敌人后方发起进攻，使敌人～，迅速垮了下去。

【腹诽心谤】 fù fěi xīn bàng 腹：指内心。诽、谤：说别人的坏话。语出《史记·魏其武安侯列传》。指表面虽不流露出来，但内心深为不满。

【腹心之疾】 fù xīn zhī jí 腹心：比喻要害之处。疾：疾患。比喻致命的祸患。

【覆巢无完卵】 fù cháo wú wán luǎn 覆：翻倒。巢：鸟窝。《世说新语·言语》里说，三国时，曹操派人去抓孔融。当时孔融的儿子大的九岁，小的八岁，正在玩耍，一点也不着急害怕。孔融要求抓他的人只抓自己一个人，把两个孩子留下。他的儿子说："爸爸，难道见过翻了的鸟窝下面还能有不碎的鸟蛋吗？"（"大人，岂见覆巢之下复有完卵乎？"）果然，两个孩子随后也被抓走了。后用"覆巢无完卵"比喻灭门大祸，无一幸免。又比喻整体毁灭，个体也不能幸存。

【覆车之鉴】 fù chē zhī jiàn 见"前车之鉴"（278页）。

【覆水难收】 fù shuǐ nán shōu 覆：倒。倒在地上的水难以收回。比喻事情已成定局，无法挽回。

G

【改朝换代】 gǎi cháo huàn dài　朝、代：朝代，指某个封建王朝，也指某个封建帝王的统治年代。指封建时代，旧的朝代为新的朝代所代替。也泛指政权更替。

【改恶从善】 gǎi è cóng shàn　改掉坏的、错误的行为，向好的、正确的方面转变。〔例〕晋朝周处年少时为害乡里，被乡人称为"三害"之一。后来他幡然悔悟，～，终成为一代名臣。

【改过自新】 gǎi guò zì xīn　改正自己的过错，重新做人。〔例〕对未成年人犯罪从轻处罚，是为了给这些孩子一次～的机会。

【改天换地】 gǎi tiān huàn dì　天、地：比喻自然和社会。指彻底改造社会，改造自然。

【改头换面】 gǎi tóu huàn miàn　表面上改一下，实质上和原来的还是一个样（含贬义）。

【改弦更张】 gǎi xián gēng zhāng　更：更改，改换。张：给乐器上弦。指琴声不和谐，换下琴弦，重新安上。比喻改变方针、计划或方法，以纠正偏差或错误。〔例〕为保证工人的健康，厂党委决心～，撤销原设计方案，按群众建议的无氰电镀工艺新建电镀车间。

【改弦易辙】 gǎi xián yì zhé　易：改变。辙：车轮的痕迹，这里指道路。琴换了弦，车子换了路。比喻改变不适宜的或错误的方法或态度等。〔例〕他接受了同志们的批评,从此～,深入实际,避免主观,半年来工作大有起色。

【改邪归正】 gǎi xié guī zhèng　归:返回。从邪路上回到正路上来,不再做坏事。

【改辕易辙】 gǎi yuán yì zhé　辕:车辕,车前驾牲畜的两根直木。辙:车轮压过的痕迹。改变车辕的方向,走别的路。比喻改变方向、目的或做法等。〔例〕他当年本想从商,但由于社会动荡,战乱频仍,便～做了军人。

【盖棺论定】 gài guān lùn dìng　盖棺:盖上棺材盖,指人死后。论定:定下结论。一个人的是非功过到死后作出结论。〔例〕他生前做过不少好事,也犯过不少错误,～,他是功大于过。

【盖世无双】 gài shì wú shuāng　盖:超过,压倒。盖世:超过当代。指才能或技艺当代第一,没有第二个人比得上。〔例〕他的击剑技术～,多年来没有哪个强手不在比赛中输给他的。参见"举世无双"(199页)。

【概莫能外】 gài mò néng wài　概:一概。莫:不。外:除外。一概不能除外。指都在所指范围之内。

【甘拜下风】 gān bài xià fēng　甘:甘愿,乐意。下风:风向的下方,比喻劣势地位。指真心佩服别人,承认自己不如人。〔例〕你的象棋下得真好,我～,向你学习。

【甘心情愿】 gān xīn qíng yuàn　见"心甘情愿"(412页)。

【肝胆相照】 gān dǎn xiāng zhào　肝胆:比喻真诚的心意。相照:互相照见。比喻以真心相见。〔例〕他们俩从小参加革命,几十年来一直在一起工作,～,从不闹个人意见。

【肝脑涂地】gān nǎo tú dì　涂:抹。肝、脑流了一地。形容惨死。也形容竭尽忠诚,任何牺牲都在所不惜。

【赶尽杀绝】gǎn jìn shā jué　驱除干净,彻底消灭。比喻残忍狠毒,不留余地。

【敢怒而不敢言】gǎn nù ér bù gǎn yán　心里愤怒而嘴上不敢说。〔例〕对思想问题,要以理服人,不要以势压人;以势压人,只能使他～,并没有解决问题。

【感恩戴德】gǎn ēn dài dé　戴:尊敬,推崇。感激别人的恩德(有时含有讽刺意味)。

【感恩图报】gǎn ēn tú bào　图:谋求。感激别人的恩德并设法寻求报答。〔例〕他热心助人可不是为了让人家对他～。

【感激涕零】gǎn jī tì líng　涕:眼泪。零:落。因感激而流泪。形容极度感激(有时含讽刺意味)。

【感今怀昔】gǎn jīn huái xī　感:触动。怀:怀念,思念。为眼前的事物所触动而怀念过去。

【感慨万千】gǎn kǎi wàn qiān　感慨:有所感触而慨叹。万千:形容很多。感触很多而不胜慨叹。〔例〕目睹家乡在几十年中发生的翻天覆地的变化,老人不禁～。

【感慨系之】gǎn kǎi xì zhī　感慨:有所感触而慨叹。系:联系。为某种事物所触动而慨叹。形容感触很深。

【感人肺腑】gǎn rén fèi fǔ　肺腑:肺脏,比喻内心深处。使人内心深深感动。

【感同身受】gǎn tóng shēn shòu　心里很感激,就像自己亲身领受到(恩惠)一样。多用于代替亲友恳请别人帮助时表示谢意。

【刚愎自用】 gāng bì zì yòng　愎：音必。刚愎：固执。自用：自信，自以为是。十分固执自信，不考虑别人的意见。〔例〕做领导工作一定要注意走群众路线，切忌～。〔注意〕"愎"不能读作 fù。

【刚柔相济】 gāng róu xiāng jì　济：补充。刚强与柔和相互配合、补充。〔例〕打太极拳讲究动作连贯圆活，～，虚实相间，有如行云流水，连绵不断。

【刚正不阿】 gāng zhèng bù ē　阿：曲从，迎合。指刚强正直而不阿谀逢迎。〔例〕这位干部～，公正廉洁，为老百姓办了许多好事、实事。

【纲举目张】 gāng jǔ mù zhāng　纲：网上的大绳。目：网眼。汉朝郑玄《诗谱序》："举一纲而万目张。"意思是提起网上的大绳，全部网眼就都张开了。比喻抓住事物的关键，带动其他环节。也比喻文章条理分明。

【高不可攀】 gāo bù kě pān　攀：抓住高处的东西向上去。高得手也攀不到。形容难于达到。〔例〕世界先进水平并非～，只要肯努力，创造条件，坚持下去，就能达到。

【高风亮节】 gāo fēng liàng jié　高：高尚。亮：坚贞。高尚、坚贞的品格、节操。〔例〕他们不为金钱所动，一身正气，一尘不染，展现出共产党员应有的～。

【高歌猛进】 gāo gē měng jìn　高声歌唱，勇猛前进。形容斗志昂扬，勇往直前。

【高官厚禄】 gāo guān hòu lù　高的官职，优厚的俸禄。〔例〕南宋将领文天祥在被俘之后，不为～所诱，从容赴死，其坚贞不屈的品格为后人所传颂。

【高朋满座】 gāo péng mǎn zuò　高朋：高贵的宾客。席

位上坐满了贵宾。语出唐朝王勃《滕王阁序》。形容宾客济济一堂。〔例〕每逢周末的晚上，会议室里的学术沙龙总是～，热闹非凡。

【高山景行】gāo shān jǐng xíng 见"高山仰止，景行行止"（本页）。

【高山流水】gāo shān liú shuǐ 《列子·汤问》上说，伯牙善于弹琴，钟子期善于欣赏。一次，伯牙弹琴弹到描写高山的曲调时，钟子期听了说："善哉（好啊），峨峨兮（峨峨：高高地）若泰山！"弹到描写流水的曲调时，钟子期听了说："善哉，洋洋乎（洋洋：广大）若江河！"后用"高山流水"比喻知己或知音。也比喻乐曲高妙。

【高山仰止，景行行止】gāo shān yǎng zhǐ, jǐng xíng xíng zhǐ 高山：比喻崇高的品德。仰：仰望。止：语气词。景行：大道，比喻正大光明的行为。语出《诗经·小雅·车辖》。原意是，仰望着高山，在大道上行进。后比喻高尚的道德品行。又作"高山景行"。

【高深莫测】gāo shēn mò cè 见"莫测高深"（245页）。

【高视阔步】gāo shì kuò bù 高视：眼睛向上看。阔步：迈大步走路。多形容傲慢看不起人的神气。

【高谈阔论】gāo tán kuò lùn 高：大。阔：广阔。多指不着边际地大发议论（含贬义）。

【高屋建瓴】gāo wū jiàn líng 建：倾倒。瓴：音零，水瓶。《史记·高祖本纪》："（秦中）地势便利，其以下兵于诸侯，譬犹居高屋之上建瓴水也。"意思是说：关中地势好，从那里出征诸侯，就像在高屋上面倾倒水瓶里的水，水往下直流。后用"高屋建瓴"形容居高临下，不可阻挡的形势。

【高瞻远瞩】gāo zhān yuǎn zhǔ　瞻:音沾,看,望。瞩:音嘱,注视。站得高,看得远。比喻眼光远大。

【高枕无忧】gāo zhěn wú yōu　忧:忧虑,发愁。把枕头垫得高高的睡大觉,以为没有什么可以担心的事。形容无所忧虑。〔例〕今年雨水大,不要以为大堤修整过一次,就可以～了。

【高足弟子】gāo zú dì zǐ　高足:高才。指优秀门生。用于对别人优秀门生的敬称。

【膏粱子弟】gāo liáng zǐ dì　膏、粱:肥肉和细粮,泛指美味的饭菜。旧指官僚、地主、有钱人家的子弟。后比喻过惯奢华生活的富家子弟(含贬义)。

【歌功颂德】gē gōng sòng dé　歌、颂:颂扬。功:功绩。德:德行。颂扬功绩和德行(后多用于贬义)。

【歌舞升平】gē wǔ shēng píng　升平:太平。边歌边舞,庆祝太平。有粉饰太平的意思。

【革故鼎新】gé gù dǐng xīn　革:改变,除去。故:旧的。鼎:音顶。鼎新:更新。除去旧的,建立新的。〔例〕太平天国定都南京后,～,颁布《天朝田亩制度》,提出了平分土地、男女平等的主张。

【格格不入】gé gé bù rù　格格:阻碍,隔阂。形容彼此不协调,不相容。〔例〕思想僵化的人,对新的观点、见解、理论,一开头总是会感到～的。

【格杀不论】gé shā bù lùn　见"格杀勿论"(本页)。

【格杀勿论】gé shā wù lùn　格:打。格杀:把人打死。勿论:不论罪。指把拒捕、行凶或违反禁令的人当场打死而不以杀人论罪。又作"格杀不论"。

【格物致知】 gé wù zhì zhī　格：推究，研究。物：事物。致：获得。知：指理性的知识。《礼记·大学》："致知在格物，格物而后知至。"意思是，获得知识在于推究事物的原理法则，推究了事物的原理然后能得到理性知识。〔注意〕"致"不能写作"至"。

【隔岸观火】 gé àn guān huǒ　火：指火灾。隔着河看人家着火。比喻对别人的危难不去救助，采取在一旁看热闹的态度。

【隔墙有耳】 gé qiáng yǒu ěr　墙外有人偷听，秘密容易外泄。〔例〕别说了，小心～，走漏了消息。

【隔世之感】 gé shì zhī gǎn　世：一世，古代以三十年为一世，也指一个时代。指因人事或景物变化大而引起的、像隔了一个时代似的感觉。〔例〕这位老诗人翻阅自己四十年前哀痛民生的诗作，真有～。

【隔靴搔痒】 gé xuē sāo yǎng　搔：挠、抓。隔着靴子挠痒痒。比喻说话写文章没有抓住主题，不中肯，不贴切；或做事没有抓住关键，不解决问题。〔例〕这篇文章洋洋千言，并没有抓住要害，有点～。

【各奔前程】 gè bèn qián chéng　奔：奔向。前程：前途。各走各的路。也比喻各人按不同的志向，寻找自己的前途。

【各持己见】 gè chí jǐ jiàn　见：见解，意见。各人都坚持自己的意见。〔例〕讨论会上，他们～，争执不下。又作"各执己见"。

【各得其所】 gè dé qí suǒ　所：处所，位置。指每个人或事物都得到恰当的位置或安排。

【各个击破】 gè gè jī pò　各个：逐个。把对方逐个攻破。

〔例〕敌人的这支大部队,应予以分割包围,～。

【各抒己见】gè shū jǐ jiàn　抒:抒发,表达。每个人都充分表达自己的意见。〔例〕讨论会上,大家竞相发言,～,使计划制订得十分周详。

【各行其是】gè xíng qí shì　是:对,(自以为)对的。各人按照自己以为正确的一套去做。指思想不统一,行动不一致。〔例〕我们应当按章制度办事,不能～。

【各有千秋】gè yǒu qiān qiū　千秋:千年,指流传久远。指各人都有可以长久流传下去的东西。引申为各人有各人的长处,各人有各人的特色。〔例〕这两篇小说都写得很好,描写手法～。

【各执己见】gè zhí jǐ jiàn　见"各持己见"(129页)。

【各执一词】gè zhí yī cí　双方意见不一,各自坚持一种说法。〔例〕对这起事故,双方～。

【各自为政】gè zì wéi zhèng　为政:主管事务。指各自在职权范围内按照自己的主张行事,不互相配合。比喻不考虑全局,各搞一套。〔例〕批判了本位主义以后,各部门互相协作,互相支援,消除了过去一定程度上存在的～的现象。

【根深柢固】gēn shēn dǐ gù　见"根深蒂固"(本页)。

【根深蒂固】gēn shēn dì gù　蒂:花或瓜果跟枝茎相连的部分。固:牢固,坚固。比喻基础深厚,不容易动摇。〔例〕在某些地区,重男轻女的思想仍～。又作"根深柢固"。柢:音底 dǐ,树木的根。

【根深叶茂】gēn shēn yè mào　树根扎得深,枝叶长得茂盛。比喻事物根基深厚,繁荣兴旺。〔例〕多年以前他种下的一颗石榴树,如今已是～,花果累累。

【亘古未闻】 gèn gǔ wèi wén 亘:音根去,延续不断。亘古:从古以来。从古到今都没有听说过。

【亘古未有】 gèn gǔ wèi yǒu 亘:音根去,延续不断。亘古:从古以来。从古到今都不曾有过。〔注意〕"亘"不能读作 héng。

【更深人静】 gēng shēn rén jìng 见"夜深人静"(437 页)。

【耿耿于怀】 gěng gěng yú huái 耿耿:有心事的样子。指怀着心事,老不痛快。

【绠短汲深】 gěng duǎn jí shēn 绠:音梗,汲水用的绳子。汲:从下往上提水。水桶上的绳子很短,却要在很深的井里打水。比喻能力薄弱,难以担任艰巨的任务(是一种表示谦虚的说法)。

【更上一层楼】 gèng shàng yī céng lóu 更:再,又。唐朝王之涣《登鹳(guàn)雀楼》诗:"欲穷千里目,更上一层楼。"原意是想看得更远,就要站得更高。后多用"更上一层楼"比喻在原来的基础上再提高一步。〔例〕形势发展了,我们的工作也应当～。

【工力悉敌】 gōng lì xī dí 工力:功夫和力量。悉:全。敌:相当。双方用的功夫和力量不分高低。常用来形容两个优秀的艺术作品不分上下。〔例〕这两幅山水画～,很难分出高下。

【公而忘私】 gōng ér wàng sī 为了公事而不考虑私事,为了集体利益而不考虑个人得失。〔例〕他这种～的精神值得我们学习。

【公私兼顾】 gōng sī jiān gù 指同时照顾到公家的利益和个人的利益。

【公诸同好】 gōng zhū tóng hào　公:公开。诸:相当于"之于"。同好:跟自己爱好相同的人。指把自己所收藏的珍爱的东西拿出来,使有相同爱好的人都能欣赏。〔例〕他说他历年收集了不少字画,很愿意～,我们就去看看吧。

【功败垂成】 gōng bài chuí chéng　垂:接近。事情在将要成功的时候遭到了失败(含有惋惜的意思)。〔例〕南宋时岳飞英勇抗金,连战皆捷,克复朱仙镇后,正拟直捣黄龙,却遭秦桧陷害,～。

【功成不居】 gōng chéng bù jū　居:占有。《老子》二章:"功成而弗居。"原意是事业完成了,而不自我炫耀。后用"功成不居"指立了功而不归功于自己。

【功成名就】 gōng chéng míng jiù　就:完成,成功。功业和名声都得到了。〔例〕许多大科学家在～之后,仍念念不忘当初把他们引向成功之路的老师。

【功到自然成】 gōng dào zì rán chéng　功:功夫。功夫下到了,事情自然会成功。〔例〕为自己确立一个切实的合理的目标,不断努力,勇敢地战胜各种困难和挫折,就能～,领略到奋进和成功的喜悦。

【功德无量】 gōng dé wú liàng　功德:佛教用语,指诵经、念佛、行善等事。无量:没有限量。原指功劳恩德非常大。后多用来称赞做了好事(含有诙谐的意思)。

【功德圆满】 gōng dé yuán mǎn　佛教用语。功德:功业与德行,指念经、拜佛等法事。指法事完满结束。后泛指完成某件事情。〔例〕在《西游记》中,唐僧师徒历尽九九八十一难,最终～,取回了真经。

【功亏一篑】 gōng kuī yī kuì　功:所做的事。亏:缺少。

篑：音愧，土筐。《尚书·旅獒(áo)》："为山九仞，功亏一篑。"（仞 rèn：古时一仞合七尺。）意思是堆九仞高的土山，只差一筐土没有完成。比喻做事情只差最后一点没能完成（含有惋惜的意思）。〔例〕李教授在抗战胜利后开始写作《船体结构学》一书，为生活所迫，～，未能完稿。〔注意〕"篑"不能读作 guì。

【攻城略地】gōng chéng lüè dì
略：抢，掠夺。攻打城市，掠夺土地。〔例〕辛亥革命后，大小军阀～，互相争夺势力范围，给人民带来了极大灾难。

【攻其不备】gōng qí bù bèi
见"攻其无备"（本页）。

【攻其无备】gōng qí wú bèi
攻：进攻。备：防备。趁对方没有防备时进攻。〔例〕这个战斗，我们要出其不意，～，在敌人还没来得及组织抵抗时就加以消灭。又作"攻其不备"。

【攻守同盟】gōng shǒu tóng méng
同盟：由缔结盟约而形成的团体或集团。原指国与国之间订立盟约，发生战争时彼此联合进攻或防卫。后也用来指同伙间串通合作。

【攻无不克】gōng wú bù kè
攻：攻打。克：攻占下来。没有攻占不下来的。形容力量无比强大。常与"战无不胜"连用。〔例〕中国人民解放军是一支战无不胜、～的英雄军队。

【供不应求】gōng bù yìng qiú
供：供应，供给。求：需要。供应不能满足需要。〔例〕目前这种商品在市场上～，需要调整计划，增加生产。〔注意〕"供"不读 gòng。

【躬逢其盛】gōng féng qí shèng
躬：亲自。逢：遇到。盛：盛大。指亲身经历了某一盛会或兴盛的时代。〔例〕每一位参加共和国成立的盛典的人，无不为有幸～而激动自豪。

【觥筹交错】gōng chóu jiāo cuò
觥：音工，古代的一种

酒器。筹:酒筹,喝酒时行酒令用的筹子。酒杯和酒筹杂乱地放着。形容许多人聚会喝酒的热闹情景。〔注意〕"觥"不能读作 guāng。

【钩心斗角】gōu xīn dòu jiǎo　钩:又写作"勾"。唐朝杜牧《阿房宫赋》:"各抱地势,钩心斗角。"(心:中心。斗:结合。角:檐角。)原指宫殿建筑的结构交错精致。后用来比喻各用心机,互相排挤。

【苟合取容】gǒu hé qǔ róng　苟合:无原则地附合。取容:取悦于人。无原则地附合以讨好他人。

【苟且偷安】gǒu qiě tōu ān　苟且:得过且过。偷安:只顾目前的安逸,不顾将来。

【苟延残喘】gǒu yán cán chuǎn　苟延:勉强延续。残喘:临死前的喘息。比喻暂时勉强维持生存。

【狗苟蝇营】gǒu gǒu yíng yíng　见"蝇营狗苟"(466页)。

【狗急跳墙】gǒu jí tiào qiáng　比喻坏人在走投无路时不顾一切地采取极端行动。

【狗尾续貂】gǒu wěi xù diāo　续:连接,补充。貂:音雕,一种毛皮珍贵的鼠类动物,古代皇帝的侍从官员用貂尾作帽子上的装饰。《晋书·赵王伦传》引当时谚语说:"貂不足,狗尾续。"原是讽刺封官太滥,貂尾不够,只好用狗尾来代替充数。后用来比喻拿不好的东西补接在好的东西后面,前后两部分非常不相称。

【狗血喷头】gǒu xuè pēn tóu　形容骂得痛快淋漓。

【狗仗人势】gǒu zhàng rén shì　比喻坏人依靠某种势力欺侮人。

【沽名钓誉】 gū míng diào yù　沽:音姑,买。钓:比喻用手段取得。指用不正当的手段骗取名誉。〔例〕～的人,即使能欺人于一时,最后总是要真相毕露的。

【孤芳自赏】 gū fāng zì shǎng　孤:单独。芳:花香,这里指香花。把自己比成仅有的香花而自我欣赏。比喻自命清高。〔例〕他看不到自己的缺点,还在那里～,结果必然是越来越脱离群众。

【孤家寡人】 gū jiā guǎ rén　孤(家)、寡人:封建帝王的自称。后用"孤家寡人"指孤单、孤立无助的人。

【孤苦伶仃】 gū kǔ líng dīng　伶仃:音零丁,孤独无依靠。形容困苦孤单,没有人照顾。

【孤立无援】 gū lì wú yuán　孤单一个,没人援助。〔例〕太平天国北伐部队一度进至天津附近,但因～,归于失败。

【孤陋寡闻】 gū lòu guǎ wén　陋:见闻不广。寡:少。闻:听。形容见闻不广,学识浅薄。

【孤行己见】 gū xíng jǐ jiàn　孤行:独自行事。指不接受别人的意见,只按自己的想法办事。

【孤掌难鸣】 gū zhǎng nán míng　一个巴掌拍不响。比喻力量薄弱,无人相助,难以成事。

【孤注一掷】 gū zhù yī zhì　注:赌注。孤注:把所有的钱都投作赌注。掷:音志,指赌钱时掷色(shǎi)子。赌钱的人输急了,把剩下的钱都押上去,最后决一输赢。比喻在危急时用尽所有的力量作最后一次冒险(含贬义)。〔例〕敌人～,把全部兵力都用了上去,但这也没能挽救他们覆灭的命运。〔注意〕"掷"不能读作 zhèng。

【姑妄听之】 gū wàng tīng zhī　姑:姑且。妄:随便。姑且

随便听听,不一定就相信。〔例〕《聊斋志异》写的多是神鬼狐狸的故事。虽然作者在题词里说这是姑妄言之,要读者～,其实书中有不少篇是有深刻寓意的。

【姑妄言之】gū wàng yán zhī 姑且随便说说,不一定有什么道理(含有客气的意思)。

【姑息养奸】gū xī yǎng jiān 姑息:不该宽容而宽容。养:养成,助长。奸:为非作歹。无原则地宽容,只会助长坏人作恶。

【古色古香】gǔ sè gǔ xiāng 古色:指古器物土锈斑驳的色彩。古香:指古书画的纸绢散发的气味。形容器物、书画等富有古雅的色彩和情调。〔例〕这间屋子布置得很雅致,～。

【古往今来】gǔ wǎng jīn lái 从古到今。〔例〕～,多少大事情往往是"小人物"干出来的。

【古为今用】gǔ wéi jīn yòng 批判地继承文化遗产,使之为今天服务。

【谷贱伤农】gǔ jiàn shāng nóng 谷:指粮食。粮食的收购价格过低,会损害农民的利益。〔例〕虽然今年农业大丰收,但粮食收购价格要与去年基本持平。否则,～,会损伤农民的积极性。

【骨鲠在喉】gǔ gěng zài hóu 鲠:音梗,卡住。鱼骨头卡在喉咙口。比喻心里有话没说出来,非常难受。常与"不吐不快"连用。〔例〕老张性格直爽,有话憋在肚子里,总觉得像～,不吐不快。

【骨肉相连】gǔ ròu xiāng lián 像骨头和肉一样互相连接着。比喻关系非常密切,不可分离。〔例〕中国人民解放军是人民的子弟兵,和人民～。

【骨肉至亲】gǔ ròu zhì qīn 指有直接血缘关系的亲属。

【骨瘦如柴】gǔ shòu rú chái 形容十分消瘦。又作"骨瘦如豺"。

【骨瘦如豺】gǔ shòu rú chái 见"骨瘦如柴"(本页)。

【蛊惑人心】gǔ huò rén xīn 蛊:音古。蛊惑:使人迷惑。指用欺骗、引诱等手段迷惑人,搞乱人的思想。

【固步自封】gù bù zì fēng 见"故步自封"(本页)。

【固若金汤】gù ruò jīn tāng 金:"金城"的简称,指坚固的城墙。汤:"汤池"的简称,指防守严密的护城河。形容工事无比坚固。〔例〕解放战争期间,国民党吹嘘天津城防～,但人民解放军发起进攻仅 29 小时,就全歼了守敌。参见"金城汤池"(188 页)。

【固执己见】gù zhí jǐ jiàn 顽固地坚持自己的意见,不肯改变。

【故步自封】gù bù zì fēng 故步:旧的步法。封:限制在一定范围内。比喻守着老一套,不求进步。〔例〕我们要敢于创造,敢于革新,不要墨守成规,～。又作"固步自封"。

【故伎重演】gù jì chóng yǎn 伎:手段、花招。指老花招又重新施展一次。

【故弄玄虚】gù nòng xuán xū 故:故意。弄:玩弄。玄虚:迷惑人的花招。故意玩弄花招,迷惑人,欺骗人。

【故态复萌】gù tài fù méng 故态:老样子。复:又。萌:萌芽。指旧的习气或毛病等又出现了。〔例〕改正错误如果不能痛下决心,那么过不了多少时候,就可能～。

【顾此失彼】 gù cǐ shī bǐ　顾了这个，丢了那个。〔例〕两个县的游击队配合作战，使敌人～，狼狈不堪。

【顾名思义】 gù míng sī yì　顾：看。义：意义。从名称想到所包含的意义。〔例〕基础科学，～，是科学技术的基础。

【顾盼自雄】 gù pàn zì xióng　顾盼：向两旁或周围看来看去。自雄：自以为了不起。形容得意忘形。

【顾全大局】 gù quán dà jú　照顾整个局面，使不受损害。〔例〕战国时，赵国的蔺相如为～，对廉颇的刁难屡次退让，终使廉颇幡然醒悟，负荆请罪。

【顾影自怜】 gù yǐng zì lián　顾：回头看。怜：爱。回头看看自己的影子，怜惜起自己来。指自我欣赏。

【瓜剖豆分】 guā pōu dòu fēn　剖：破开。比喻国土被人分割。

【瓜熟蒂落】 guā shú dì luò　蒂：瓜果跟枝茎相连的部分。瓜熟了，瓜蒂自然脱落。指时机一旦成熟，事情自然成功。

【瓜田李下】 guā tián lǐ xià　汉朝乐府诗《君子行》："瓜田不纳履，李下不整冠。"意思是说，经过瓜田时不要弯腰提鞋，走过李子树下不要举手整理帽子，免得有偷瓜偷李子的嫌疑。比喻容易引起嫌疑的场合。

【刮目相看】 guā mù xiāng kàn　刮目：擦眼睛，指去掉老的看法。《三国志·吴书·吕蒙传》注引《江表传》："士别三日，即更刮目相待。"意思是跟人离开三天，就应该用新的眼光看待他。指别人已有进步，不能再用老眼光去看他。

【寡不敌众】 guǎ bù dí zhòng　寡：少。敌：抵挡。人少的抵挡不住人多的。

【寡廉鲜耻】guǎ lián xiǎn chǐ　鲜:音显,少。旧指不廉洁,不知耻。后指不知羞耻。〔注意〕"鲜"不读 xiān。

【挂羊头,卖狗肉】guà yáng tóu, mài gǒu ròu　比喻以好的名义做招牌,实际上兜售低劣的货色。

【挂一漏万】guà yī lòu wàn　挂:钩住,这里指说到,提到。漏:遗漏。形容说得不全,遗漏很多。

【拐弯抹角】guǎi wān mò jiǎo　见"转弯抹角"(503页)。

【关怀备至】guān huái bèi zhì　备:完备。至:极,最。指关心、照顾得非常周到。〔例〕大家对这位小患者～,送来了衣物、玩具和各种营养品。

【关门大吉】guān mén dà jí　大吉:非常吉利。套用"开门大吉"的格式造的俏皮话。指企业破产倒闭。

【关山迢递】guān shān tiáo dì　关山:指路途经过的关隘和山岭。迢递:音弟,遥远的样子。指路途遥远。〔例〕成都至昆明,～,但自从成昆铁路通车后,只不过三两天路程而已。

【观过知仁】guān guò zhī rén　过:过错,过失。《论语·里仁》:"人之过也,各于其党。观过,斯知仁矣。"意思是观察一个人所犯的错误,就可以知其为人。

【官逼民反】guān bī mín fǎn　逼:逼迫。指在官府的残酷剥削和压迫下,人民无法生活,被迫奋起反抗。〔例〕～,这是历代农民起义的共同特点。

【官官相护】guān guān xiāng hù　护:庇护。指官吏互相包庇。

【官样文章】 guān yàng wén zhāng　官方的往来公文,有固定的格式和套语。比喻光注意形式,没有实际内容的空话,或照例敷衍的虚文滥调。

【冠冕堂皇】 guān miǎn táng huáng　冕:音免。冠冕:古代帝王或官员戴的帽子。堂皇:很有气派。形容表面上庄严体面实际上并非如此(含讽刺意味)。

【鳏寡孤独】 guān guǎ gū dú　鳏:音官,没有妻子的男人。寡:死了丈夫的女人。孤:死了父亲的孩子。独:没有儿女的老人。泛指没有劳动力而又没有亲属供养的人。〔例〕村干部非常关心村里那几家~,注意及时帮助他们解决生活上的困难。

【管见所及】 guǎn jiàn suǒ jí　管:竹管。管见:从竹管里看到的,比喻狭窄、肤浅的见解。就自己浅薄的见解所看到的。谦虚的说法,表示自己见识不广,意见未必正确。〔例〕关于这个问题,我仅就~,提一些不成熟的看法。

【管窥蠡测】 guǎn kuī lí cè　窥:音亏,从孔隙里看。蠡:音犁,贝壳做的瓢。测:测量。《汉书·东方朔传》:"以筦(管)闚(窥)天,以蠡测海。"意思是从竹管孔里看天,用瓢量海,看到的、量到的不过是很小的一部分。比喻对事物的观察和了解很狭窄,很片面。〔例〕这次调查所得,由于时间短,范围小,不免~,仅供参考。

【管中窥豹】 guǎn zhōng kuī bào　《世说新语·方正》:"此郎亦管中窥豹,时见一斑。"意思是从竹管里看豹,有时也能看见豹身上的一块斑纹。后用"管中窥豹"比喻所见只是事物的一部分。与"略见一斑"或"可见一斑"连用时,也比喻可以从观察到的一部分推测全体如何。〔例〕1.我仅仅在一两个村看了一半天,~,恐怕介绍的不能代表全县的情况。 2.～，可见一斑。看一下广交会上的出口商品，就可以了解到我国经济发展的概貌。

【光彩夺目】 guāng cǎi duó mù 光彩：光泽和颜色。夺目：耀眼。形容鲜艳耀眼。也用来形容某些艺术作品和艺术形象的极高成就。〔例〕陨石以极大速度进入大气层，与空气激烈磨擦，产生极高温度，因而变成一个～的火球。

【光风霁月】 guāng fēng jì yuè 光风：指雨后日出时的风，吹动草木映出水光。霁月：雨过天晴时的月亮。形容雨过天晴时万物明净的景象。也比喻开阔的胸襟和坦白的心地。

【光复旧物】 guāng fù jiù wù 光复：恢复。指收复故土或恢复原有的典章、制度等。

【光怪陆离】 guāng guài lù lí 光怪：光彩奇异。陆离：色彩繁杂。形容奇形怪状，五颜六色。〔例〕这位地质学家的工作室里到处都放着～的石块。

【光辉灿烂】 guāng huī càn làn 形容光亮耀眼。也用来比喻事业、前景等辉煌、美好。〔例〕中华民族拥有～的古代文明。

【光芒万丈】 guāng máng wàn zhàng 光芒：四射的光辉。形容光辉灿烂，照耀到远方。〔例〕革命先烈的丰功伟绩，～，青史留芳。

【光明磊落】 guāng míng lěi luò 光明：坦白。磊：音垒。磊落：正大光明。心怀坦白，正大光明。〔例〕他为人～，对同志和蔼可亲，在群众中有很高的威望。

【光明正大】 guāng míng zhèng dà 心怀坦白，言行正派。又作"正大光明"。

【光天化日】guāng tiān huà rì　光天：日光充满天空，指白天。化日：指太平日子。原形容太平时世。后转用来比喻大白天大家都能看得清清楚楚的场合。

【光阴似箭】guāng yīn sì jiàn　光阴：时间。唐朝韦庄《关河道中》诗："但见时光流似箭。"后用"光阴似箭"比喻时间过得很快。

【光宗耀祖】guāng zōng yào zǔ　光：增光。宗：家族。耀：显耀。祖：祖先。旧指子孙做了官出了名，使祖先和家族都荣耀。

【广开言路】guǎng kāi yán lù　言：进言，提供意见。广泛打开进言的途径。指尽可能地提供发表意见的条件。〔例〕学校领导～，认真听取师生的意见，使学校风气在短时间内焕然一新。

【广土众民】guǎng tǔ zhòng mín　民：人民。土地辽阔，人民众多。

【归根到底】guī gēn dào dǐ　见"归根结蒂"（本页）。

【归根结蒂】guī gēn jié dì　蒂：瓜果和枝茎相连的部分。归结到根本上。〔例〕我们的工作所以能取得巨大的成绩，～是由于调动了群众的积极性。又作"归根到底"。

【归心似箭】guī xīn sì jiàn　归心：回家的念头。想回家的心情像射出的箭一样急速。形容回家心切。〔例〕他听说母亲患病，～，请了假立刻就动身。

【规矩绳墨】guī jǔ shéng mò　规、矩：画圆形、方形的工具。绳墨：木工打直线的工具。《管子·七臣七主》："法律政令者，吏民规矩绳墨也。"意思是，法律、法令是官吏、百姓的行为法度。比喻应当遵守的准则。又作"规矩准绳"。准：

测定水平面的器具。绳:绳墨。

【规矩准绳】 guī jǔ zhǔn shéng 见"规矩绳墨"(142页)。

【规行矩步】 guī xíng jǔ bù 规、矩:法则,规则。步:步行。指严格按照规矩办事,毫不苟且。也指办事死板不灵活。

【诡计多端】 guǐ jì duō duān 诡:狡诈。端:项目。狡猾的主意很多。

【鬼斧神工】 guǐ fǔ shén gōng 《庄子·达生》:"梓庆削木为鐻,鐻成,见者惊犹鬼神。"(梓:音子。庆:人名,鲁国巧匠。鐻:音据,一种像钟的乐器。)意思是梓庆手艺高超,雕成的木鐻,看见的人都惊奇,认为是鬼神做的。后用"鬼斧神工"形容艺术技巧高超,不是人力所能达到的。〔例〕柬埔寨吴哥寺的建筑全部用巨大的石块砌成,中间没有任何黏合物,真是~,人间奇迹。又作"神工鬼斧"。

【鬼鬼祟祟】 guǐ guǐ suì suì 祟:音岁,鬼怪。指行动偷偷摸摸,不光明正大。〔注意〕"祟"不能写作"崇"。

【鬼哭狼嚎】 guǐ kū láng háo 嚎:大声叫。形容大声哭叫,声音凄厉(含贬义)。

【鬼使神差】 guǐ shǐ shén chāi 差:音柴阴平。使、差:支使,派遣。好像有鬼神在支使着一样,不自觉地做了原先没想到要做的事。又作"神差鬼使"。

【鬼蜮伎俩】 guǐ yù jì liǎng 蜮:传说中能暗中含沙射人的怪物。鬼蜮:比喻用心险恶,暗中伤人的坏人。伎俩:花招,手段。指阴险卑劣的手段。

【滚瓜烂熟】 gǔn guā làn shú 形容读书或背书流利纯熟。〔例〕如果不理解文章内容,即使背得~也没什么用。

【国计民生】 guó jì mín shēng 指国家经济和人民生活。

〔例〕农业生产是有关～的大问题,任何时候都不能懈怠。

【国泰民安】 guó tài mín ān　泰:平安。指社会安定,人民生活安乐。

【果不其然】 guǒ bù qí rán　果然是这样。指不出所料。

【裹足不前】 guǒ zú bù qián　裹:包、缠。停步不前,好像脚被缠住了一样(多指有顾虑)。

【过河拆桥】 guò hé chāi qiáo　比喻达到目的后,就把帮助过自己的人一脚踢开。

【过目成诵】 guò mù chéng sòng　过目:过了一下眼。诵:背诵。看过一遍便能背诵下来。形容记忆力强。

【过甚其词】 guò shèn qí cí　过甚:很过分。词:言词,话。指话说得过分,不符合实际情况。〔例〕他介绍的情况完全符合事实,并没有～。

【过眼云烟】 guò yǎn yún yān　云烟:云雾和烟气。从眼前飘过的云烟。比喻很快就消失的事物。

【过犹不及】 guò yóu bù jí　犹:如,同。事情做得过头,就跟做得不够一样,都是不合适的。语出《论语·先进》。

H

【海不扬波】hǎi bù yáng bō　扬：翻腾。大海不起波涛。比喻十分安定。

【海底捞月】hǎi dǐ lāo yuè　见"水中捞月"（343 页）。

【海底捞针】hǎi dǐ lāo zhēn　见"大海捞针"（77 页）。

【海枯石烂】hǎi kū shí làn　枯：枯干。石烂：指石头风化成土。大海枯干，岩石化成土。形容经历极长的时间。多用于誓言，表示意志坚定，永远不变。

【海阔天空】hǎi kuò tiān kōng　形容大自然的广阔。也比喻说话或想像没有拘束或限制，漫无边际。〔例〕他们几个老朋友久别重逢，～地聊了一晚。

【海内存知己，天涯若比邻】hǎi nèi cún zhī jǐ, tiān yá ruò bǐ lín　海内：四海之内，古代传说我国疆土四周有大海环绕，所以称国境以内为海内，现在也指全世界。涯：边际。天涯：天边。这是唐朝诗人王勃的两句诗。意思是四海之内有知己朋友，即使远在天边，也感觉像邻居一样近。〔例〕～，我们不管相距多远，彼此的心总是连在一起的。

【海市蜃楼】hǎi shì shèn lóu　蜃：音慎，大蛤蜊。古人传说蜃能吐气形成楼台城市的景物，叫海市，也叫蜃楼。这实际上是大气中由于光线的折射作用而形成的一种自然现象，多出现在夏天海边或沙漠中。后也用于比喻虚幻的事物。

又作"蜃楼海市"。

【海誓山盟】 hǎi shì shān méng 指男女相爱时立下的誓言,表示爱情要像山和海一样永恒不变。又作"山盟海誓"。

【海外奇谈】 hǎi wài qí tán 海外:指国外。奇谈:使人奇怪的谈论。指有关国外奇闻的谈论。比喻没有根据的荒唐言论或传闻。

【海晏河清】 hǎi yàn hé qīng 见"河清海晏"(151页)。

【骇人听闻】 hài rén tīng wén 骇:惊吓。使人听了非常震惊。

【害群之马】 hài qún zhī mǎ 危害马群的劣马。比喻危害集体的人。〔例〕少数~的弄虚作假,使整个保健品行业都面临严重的信任危机。

【酣畅淋漓】 hān chàng lín lí 酣:音寒阴平。酣畅:酒喝得很畅快,泛指痛快。淋漓:饱满畅快的样子。形容非常畅快。也比喻文艺作品中刻画人物形象或抒发感情很充分。〔例〕1.这盘棋杀得~,非常精彩。 2.《青春之歌》里林虹就义前倾吐革命情怀一节,写得~,给人以深刻教育。

【憨态可掬】 hān tài kě jū 憨:朴实,天真。掬:用两手捧。天真幼稚的神态似可用双手捧起。形容天真幼稚的神态非常鲜明生动,惹人喜爱。〔例〕~的大熊猫,是深受人们喜爱的珍稀动物。

【邯郸学步】 hán dān xué bù 邯郸:音寒单。《庄子·秋水》里说,燕(yān)国有一个人到赵国的首都邯郸去,看到赵国人走路的姿势很好看,就跟着学起来,结果不但没有学好,反而连自己原来的走法也忘掉了,只好爬着回去。比喻模仿人不到家,反把自己原来会的东西忘了。〔注意〕"邯"不能读作 gān。

【含苞待放】 hán bāo dài fàng　含苞:裹着花苞。形容花朵将开而未开的样子。〔例〕清晨阳光洒满了山谷,～的野花在微风中摇曳。

【含垢忍辱】 hán gòu rěn rǔ　垢:音够,耻辱。忍受耻辱。又作"忍辱含垢"。

【含糊其辞】 hán hú qí cí　含糊:不明确,不清晰。辞:言语。话说得不清不楚,含含糊糊。〔例〕事情是怎么样就怎么样,不要～。

【含情脉脉】 hán qíng mò mò　脉脉:用眼神表达情意。形容饱含情意的样子。〔注意〕"脉"不读 mài。

【含沙射影】 hán shā shè yǐng　传说中有一种动物叫蜮(音玉 yù),常在水中含着沙喷射人的影子,使人得病。比喻暗中攻击或陷害人。

【含辛茹苦】 hán xīn rú kǔ　茹:音如,吃。比喻忍受辛苦。〔例〕大娘～,省吃俭用的把两个孩子抚养成人。又作"茹苦含辛"。

【含血喷人】 hán xuè pēn rén　比喻捏造事实诬蔑人。

【含英咀华】 hán yīng jǔ huá　英:花。咀:音举,嚼。华:精华。比喻读书吸取其精华。〔注意〕"咀"不读 zuǐ。

【含冤负屈】 hán yuān fù qū　负:蒙受,遭受。指蒙受冤屈。

【韩信将兵,多多益善】 hán xìn jiàng bīng, duō duō yì shàn　见"多多益善"(98 页)。

【寒花晚节】 hán huā wǎn jié　寒花:耐寒的花,常指菊花。晚节:晚年的节操。比喻晚节坚贞。

【汗流浃背】 hàn liú jiā bèi　浃:音夹,湿透。汗流得满背都是。指出汗很多,背上的衣服湿透了。〔例〕这里又闷又热,坐一会儿就~了。〔注意〕"浃"不能写作"夹"。

【汗马功劳】 hàn mǎ gōng láo　汗马:将士骑马作战,马奔驰出汗。指在战场上建立战功。后也指辛勤工作做出的贡献。〔例〕1.他解放前转战南北,为人民立下了~。　2.今年大旱能获得丰收,打井队也有一份~。

【汗牛充栋】 hàn niú chōng dòng　唐朝柳宗元《陆文通墓表》:"其为书,处则充栋宇,出则汗牛马。"(处:指储藏。栋宇:房屋。出:指搬运。)意思是书籍藏起来可以堆满屋子,搬起来可以让牲口累得出汗。后用"汗牛充栋"形容藏书非常多。

【悍然不顾】 hàn rán bù gù　悍:蛮横。肆意妄为,不顾一切。

【沆瀣一气】 hàng xiè yī qì　沆:音航去。瀣:音谢。宋朝钱易《南部新书》上说,唐朝有个主考官叫崔沆,录取他的门生崔瀣做官,当时有人说俏皮话:"座主门生,沆瀣一气。"(座主:主考官。沆瀣:夜间的水气。)这里"沆瀣"是双关语。比喻臭味相投。

【号寒啼饥】 háo hán tí jī　见"啼饥号寒"(354页)。

【毫厘不爽】 háo lí bù shuǎng　毫、厘:都是很小的计量单位。爽:差失,不合。形容一点不差。〔例〕工件的精密度要求误差不超过一根头发丝的二分之一,胡师傅~地加工了出来。

【毫无二致】 háo wú èr zhì　二致:两样。丝毫没有什么两样。指完全一样。

【毫无疑义】 háo wú yí yì　丝毫没有让人怀疑的地方。〔例〕人类应该关注和保护自己赖以生存的环境资源，这是～的。

【豪放不羁】 háo fàng bù jī　羁：束缚，拘束。形容人性情豪放，不受拘束。

【豪情逸致】 háo qíng yì zhì　豪迈、超脱的情致。

【豪言壮语】 háo yán zhuàng yǔ　豪：豪迈，气魄大。壮：雄壮，有力。形容充满英雄气概的话。

【好景不常】 hǎo jǐng bù cháng　好光景不长在。

【好大喜功】 hào dà xǐ gōng　好：喜爱。原指封建帝王喜欢用兵伸张威力。后多指一心想做大事立大功。〔注意〕"好"不读 hǎo。

【好高务远】 hào gāo wù yuǎn　见"好高骛远"（本页）。

【好高骛远】 hào gāo wù yuǎn　好：喜好。骛：音务，追求。指不切实际地追求过高的目标。〔例〕在学习上应当循序渐进，不能～。又作"好高务远"。务：从事，做。〔注意〕"好"不读 hǎo。"骛"不能写作"鹜"。

【好为人师】 hào wéi rén shī　好：喜欢。《孟子·离娄下》："人之患在好为人师。"意思是人的毛病在于喜欢别人的老师。指不谦虚，喜欢以教育者自居。

【好逸恶劳】 hào yì wù láo　好：喜爱。逸：安乐。恶：讨厌。贪图安逸，厌恶劳动。〔例〕家长过分的娇惯，往往会使孩子养成～的不良习惯。〔注意〕"恶"不读 è。

【浩如烟海】 hào rú yān hǎi　浩：广博。烟海：云海，比喻广阔众多。形容事物(多指书籍、文献等)数量繁多,非常丰富。〔例〕整理并研究~的历代文献,是我国文化工作者一项光荣而又艰巨的任务。

【皓齿蛾眉】 hào chǐ é méi　皓:洁白。洁白的牙齿,弯曲而细长的眉毛。形容女子貌美。也指美女。

【皓首穷经】 hào shǒu qióng jīng　皓首:白头,指年老。穷经:彻底钻研经书。钻研经籍一直到老。

【合情合理】 hé qíng hé lǐ　指合乎情理。

【何乐不为】 hé lè bù wéi　为:做。有什么不乐于去做的呢? 用反问语气表示愿意去做。〔例〕改用新麦种,产量高,抗病力强,又节省管理,种子费用也不大,~! 又作"何乐而不为"。〔注意〕"为"不读 wèi。

【何乐而不为】 hé lè ér bù wéi　见"何乐不为"(本页)。

【何其相似乃尔】 hé qí xiāng sì nǎi ěr　何其:多么。相似:相像。乃:竟。尔:如此。二者多么相像,竟然到了这样的地步。形容十分相像(多用于坏人坏事间的比较)。

【何去何从】 hé qù hé cóng　去:离开。从:跟从。离开哪儿,走向哪儿。多指在重大问题上选择什么方向。

【何足挂齿】 hé zú guà chǐ　足:值得。挂齿:指说话时提起。哪里值得一提。常与"区区小事"连用。(区区:不重要。)多用于表示客气的套语。

【和蔼可亲】 hé ǎi kě qīn　指人态度和气,容易接近。〔例〕他对待小孩子总是那么~,孩子们都很喜欢他。

【和而不同】 hé ér bù tóng　和:和睦相处。同:同流合污。《论语·子路》:"君子和而不同,小人同而不和。"意思是,君子与人和平相处而不同流合污,小人则正相反。指既与别人相处得很好，又能对别人的错误发表不同意见。

【和风细雨】hé fēng xì yǔ　和风：温和的风，多指春天的微风。比喻方式和缓而不粗暴。

【和光同尘】hé guāng tóng chén　和：混和。同：等同。《老子》四章："和其光，同其尘。"意思是，遮挡镜子的光亮，使之如同被尘土遮盖住一样。指不露锋芒，与世无争。

【和睦相处】hé mù xiāng chǔ　睦：音木。和睦：彼此和好。彼此和好地相处。〔例〕邻里之间应该～。

【和盘托出】hé pán tuō chū　和：连带。（端碗时）连盘子也端出来了。比喻把情况全部说出来，一点也不保留。〔例〕他把情况一五一十地～，大家这才恍然大悟。

【和颜悦色】hé yán yuè sè　颜：面容。悦：喜悦。色：脸上的表情。形容脸色和蔼。〔例〕老人拉住那孩子的手，～地问道："小朋友，你多大啦？"

【和衷共济】hé zhōng gòng jì　和：和谐。衷：内心。和衷指同心。济：协助。同心协力，共同合作。〔例〕在那艰苦的岁月，两国人民～，为反对帝国主义的侵略，进行了英勇的斗争。

【河清海晏】hé qīng hǎi yàn　河：指黄河。晏：平静。黄河水澄清了，大海平静了。比喻天下太平。又作"海晏河清"。

【涸泽而渔】hé zé ér yú　涸泽：放干池水。渔：捕鱼。比喻只顾眼前的小利，不考虑长远利益。〔例〕森林资源是人类的宝贵财富，乱砍滥伐是～的行为，是得不偿失的。

【荷枪实弹】hè qiāng shí dàn　荷：扛。扛着枪，子弹上膛。形容全副武装，处于高度戒备状态。〔例〕～的武警战士在边防哨所严密警戒。

【赫赫有名】hè hè yǒu míng　赫赫：非常显著的样子。声名非常显赫。〔例〕他就是当年冀中～的爆破大王陈老虎。

【鹤发童颜】hè fà tóng yán　仙鹤羽毛似的雪白的头发，孩子似的红润的面色。形容老年人气色好。〔例〕李教授年过七旬，～，从事科研教学干劲不减当年。又作"童颜鹤发"。

【鹤立鸡群】hè lì jī qún　鹤：俗称"仙鹤"，颈腿细长。鹤站在鸡群中间显得高出很多。比喻一个人的仪表或才能在周围一群人里显得很突出。

【黑白分明】hēi bái fēn míng　比喻是非界限很清楚。〔例〕经过辩论，事情谁是谁非，已经～。

【恨铁不成钢】hèn tiě bù chéng gāng　恨铁没有变成钢。形容对所期望的人不争气上不进感到不满，急切希望他变好。〔例〕他的话说得重了一些，但那是～，他的心情是很可理解的。

【恒河沙数】héng hé shā shù　恒河：南亚大河，流经印度和孟加拉国。佛教用语，像恒河的沙子一样无法计算。形容数量极多。〔例〕在浩瀚无垠的太空中，星体多如～。

【横冲直撞】héng chōng zhí zhuàng　乱冲乱撞，蛮横无理。

【横眉怒目】héng méi nù mù　瞪眼怒视。形容愤怒、凶恶等表情。〔例〕这座寺院里的四大天王浮雕座像，～，威武有力，非常生动。

【横扫千军】héng sǎo qiān jūn　把大量敌军像扫地似的一阵子扫除掉。形容打仗时不费力气地打败和消灭大量的敌人。

【横生枝节】 héng shēng zhī jié 横生:意外地发生。枝节:树干上长的枝和节,比喻解决问题过程中的麻烦。比喻在解决问题过程中意外地发生了一些麻烦事。

【横行霸道】 héng xíng bà dào 横行:倚仗暴力做坏事。霸道:蛮横不讲道理。依仗权势为非作歹。

【横行无忌】 héng xíng wú jì 忌:顾忌,忌惮。形容到处胡作非为,无所顾忌。

【横征暴敛】 héng zhēng bào liǎn 横:蛮横。征:征收。暴:残暴。敛:搜刮。指向百姓强行征收苛捐杂税,搜刮民财。

【横蛮无理】 hèng mán wú lǐ 见"蛮横无理"(233页)。

【轰轰烈烈】 hōng hōng liè liè 轰轰:象声词,雷电火炮的声音。烈烈:火焰很盛的样子。形容声势浩大,气魄宏伟。〔例〕一场增产节约的群众运动~地开展起来了。

【烘云托月】 hōng yún tuō yuè 烘、托:渲染某一部分,衬托出另一部分来。指画月亮的一种传统手法,渲染周围的云彩,衬托出中间的月亮来。后比喻在文学艺术上不是从正面描绘,而是从侧面衬托出主要事物的一种手法。〔例〕《三国演义》在诸葛亮出场之前先描写了几个隐士,愈显出诸葛亮不同凡响,真有~之妙!

【闳中肆外】 hóng zhōng sì wài 闳:容量大,广博。肆:豪放。形容文章内容博大精深,文辞波澜壮阔。

【宏图大略】 hóng tú dà lüè 指宏伟的设想和远大的谋略。〔例〕西部大开发战略是实现中华民族伟大复兴的~。

【洪水猛兽】 hóng shuǐ měng shòu 洪水:暴涨的大水。猛兽:凶猛的野兽。比喻极大的祸害。

【鸿篇巨制】 hóng piān jù zhì　鸿：大。制：作品。指篇幅长、规模大的作品。〔例〕《红楼梦》是一部达到了中国古典小说之巅峰的～。

【喉清韵雅】 hóu qīng yùn yǎ　歌喉清亮，韵味优雅。形容歌唱艺术很高超。

【后发制人】 hòu fā zhì rén　制：制服。等对方先动手，再抓住有利时机反击，制服对方。〔例〕林冲见洪教头一声"来来来"，举棒盖将过来，便先退一步，～，看准对方破绽一棒扫去，打倒了洪教头。

【后顾之忧】 hòu gù zhī yōu　顾：回头看。忧：忧虑，担心。来自后方的忧患，也指事后的忧患。〔例〕1.村里办起农忙托儿所，解除了妇女参加农忙的～。　2.这个问题彻底解决，就可以避免～了。

【后患无穷】 hòu huàn wú qióng　后患：指遗留下来的祸害。穷：穷尽。以后的祸害没有个完。

【后继无人】 hòu jì wú rén　继：接续，继承。没有后人来继承前人的事业。〔例〕我们有许多具有运动才能的青年，不愁体育事业～。

【后继有人】 hòu jì yǒu rén　有后人继承前人的事业。〔例〕对学生进行科普教育，是全面实施素质教育的需要，是保证我国科技事业～的需要。

【后来居上】 hòu lái jū shàng　居：处在。《史记·汲郑列传》：汲黯对汉武帝说："陛下用群臣，如积薪耳，后来者居上。"意思是皇上用臣子，就像堆柴草一样，后来的放在上面。原指资历浅的人地位反而比资格老的人高。后指后来的人或事物超过先前的，有赞许的意思。〔例〕只要狠抓质量，我们的产品完全可能～,超过已有的同类产品。

【后浪推前浪】 hòu làng tuī qián làng　比喻后面的事物推动前面的事物,像后浪推前浪一样,不断前进。〔例〕～,青少年选手的大批成长,推动了我国体育事业的迅速发展。

【后起之秀】 hòu qǐ zhī xiù　秀:优异的。后出现的或新成长起来的优秀人物。(多指年轻人)〔例〕我国体育事业迅速发展,涌现出了大量～。

【后生可畏】 hòu shēng kě wèi　后生:指青年人。畏:敬服,敬畏。《论语·子罕》:"后生可畏,焉知来者之不如今也。"(焉:怎么。)意思是说,青年人是可敬畏的,怎么知道今后的不如现在的呢。后用"后生可畏"表示对青年一代的重视。

【厚此薄彼】 hòu cǐ bó bǐ　厚:重视,优待。薄:轻视,怠慢。重视或优待一方,轻视或怠慢另一方。〔例〕都是同志,就应当同样看待,而不要～。

【厚古薄今】 hòu gǔ bó jīn　薄:轻视。重视古代的,轻视现代的。

【厚今薄古】 hòu jīn bó gǔ　薄:轻视。重视现代的,轻视古代的。

【厚颜无耻】 hòu yán wú chǐ　颜:脸面。厚着脸皮,不知羞耻。

【呼风唤雨】 hū fēng huàn yǔ　神话小说中形容神仙道士神通广大,能呼唤风雨。后也比喻能够支配自然或社会的力量。

【呼朋引类】 hū péng yǐn lèi　类:同类。指招引气味相投的人聚在一起(多含贬义)。

【呼之即来,挥之即去】 hū zhī jí lái, huī zhī jí qù　呼:

呼唤。之：代词，他。挥：挥手，指命令人走开的手势。叫他来就来，叫他走就走。形容任意使唤。

【呼之欲出】 hū zhī yù chū　形容人像画得逼真，似乎叫他一声就会从画里走出来。也指文学作品中人物的描写十分生动。

【囫囵吞枣】 hú lún tūn zǎo　囫囵：音胡轮，整个的，完整的。把枣儿整个儿吞下去，不加咀嚼，不辨滋味。比喻笼统接受，不加分析，不求充分理解。〔例〕读书要善于思考，不要～，不求甚解。

【狐假虎威】 hú jiǎ hǔ wēi　假：借，凭借。威：威力。《战国策·楚策》上的一个寓言说，老虎捉住狐狸要吃它，狐狸狡猾地说："你不能吃我，天帝命令我做兽类的长官，你吃了我，就是违抗天帝的命令。你如果不信，就跟在我后面走，看看野兽见了我有没有敢不逃跑的。"于是老虎就跟在狐狸后面走，果然许多野兽看见它就都跑了。老虎以为野兽真是怕狐狸，而不知道原来是怕自己。后用"狐假虎威"比喻倚仗别人的势力欺压人。

【狐埋狐搰】 hú mái hú hú　搰：挖出。《国语·吴语》："狐埋之而狐搰之。"意思是，狐狸生性多疑，刚把捕来的猎物埋在地里，又要再挖出来看看。比喻疑心太重，不能成事。

【狐朋狗友】 hú péng gǒu yǒu　比喻不做正经事的朋友。

【狐群狗党】 hú qún gǒu dǎng　比喻勾结在一起的坏人。〔例〕这个黑社会的头子，有一帮～帮助他做坏事。

【狐疑不决】 hú yí bù jué　形容遇事犹豫，不能决断。〔例〕～的性格使他无法成为一个优秀的领导者。

【胡搅蛮缠】 hú jiǎo mán chán　形容蛮不讲理，纠缠不休。

【胡思乱想】hú sī luàn xiǎng　胡：随意乱来。指没有根据、不切实际地瞎想。

【胡言乱语】hú yán luàn yǔ　指没有根据、不符事实地瞎说，或说胡话。

【胡作非为】hú zuò fēi wéi　非：不合理的，不对的。为：做。毫无顾忌地做坏事。

【虎踞龙盘】hǔ jù lóng pán　见"龙盘虎踞"（226页）。

【虎口拔牙】hǔ kǒu bá yá　在老虎口中拔牙。比喻冒极大危险去做某事。

【虎口余生】hǔ kǒu yú shēng　虎口：老虎的嘴。余：留下的。老虎嘴里幸存下来的生命。比喻逃脱极危险的境地侥幸活下来。〔例〕张大哥在被敌人押往刑场的途中乘机逃脱，～，终于盼到了解放。

【虎落平川】hǔ luò píng chuān　平川：地势平坦的地方。老虎离开藏身的深山，落在平地上。比喻有势者一旦失势，便无所作为。

【虎视眈眈】hǔ shì dān dān　眈：音丹。眈眈：注视的样子。像老虎要扑食时那样地注视着。形容恶狠狠地盯着看，等待机会下手。

【虎头蛇尾】hǔ tóu shé wěi　虎的头部很大，蛇的尾部很细。比喻开始声势很大，后来劲头很小；做事有始无终。〔例〕学习不能～，必须持之以恒，始终如一。

【虎尾春冰】hǔ wěi chūn bīng　春冰：春天的冰，薄而易化。《尚书·君牙》："心之忧危，若蹈虎尾，涉于春冰。"意思是心情忧惧，好像踩着虎尾，走在春冰上一样。后用来比喻处境极其危险。

【户限为穿】 hù xiàn wéi chuān　户限：门槛。穿：破。门槛都被踩破了。形容进出的人很多。〔例〕这家诊所的大夫医术很高，经验也十分丰富，开业几个月来，就诊者～。

【怙恶不悛】 hù è bù quān　怙：音户，依靠、仗恃。悛：音全阴平，悔改。坚持作恶，不肯悔改。〔例〕对于～的坏人，必须依法惩办。〔注意〕"怙"不能读作 gǔ。"悛"不能读作 jùn。

【花团锦簇】 huā tuán jǐn cù　锦：有彩色花纹的丝织品。簇：音促，聚集成团。形容五色缤纷、十分鲜艳多彩的景象。

【花言巧语】 huā yán qiǎo yǔ　指用来骗人的虚假而动听的话。也指说骗人的虚假而动听的话。

【花枝招展】 huā zhī zhāo zhǎn　招展：迎风摆动的样子。形容妇女打扮得十分艳丽。

【华而不实】 huá ér bù shí　语出《左传·文公五年》。原意是光开花不结果。（华：同"花"。实：果实。）后来意思转变为表面好看而内容不实在。（华：美好。实：实在。）〔例〕我们做工作要扎扎实实，讲求实效，不要～，夸夸其谈。

【哗众取宠】 huá zhòng qǔ chǒng　哗：喧哗，吵闹。哗众：使众人兴奋激动。宠：喜爱。用言论行动迎合众人，取得大家的称赞和支持。

【化为乌有】 huà wéi wū yǒu　乌有：虚幻，不存在。变得什么都没有。指全部消失或完全落空。〔例〕引线点着了，炸药爆炸了，横在河道上的一块巨石顷刻之间～。

【化险为夷】 huà xiǎn wéi yí　夷：音移，平安。化危险为平安。〔例〕正当渔船遭到暴风雨的袭击，十分危急之时，武警巡逻艇及时赶来抢救，使渔船～。

【化整为零】huà zhěng wéi líng　把一个整体分成许多零散部分。〔例〕战士们把炮拆开，～，硬是用肩扛上了山。

【画饼充饥】huà bǐng chōng jī　充饥：解饿。画个饼来解饿。《三国志·魏书·卢毓传》："选举莫取有名，名如画地作饼，不可啖也。"(啖：音淡 dàn，吃。)意思是说，推荐人不要单凭他有名声，名声不过是在地上画的饼，只中看，并不能吃。后用"画饼充饥"比喻借空想来安慰自己。

【画地为牢】huà dì wéi láo　画地：在地上画个范围。牢：监牢。汉朝司马迁《报任少卿书》："画地为牢，势不可入；削木为吏，议不可对。"意思是，即使在地上画个范围作为监牢，也势必不能进去；即使刻个木头人做狱吏，也决不可去对质。比喻只许在指定的范围内活动。

【画栋雕梁】huà dòng diāo liáng　见"雕梁画栋"(91页)。

【画虎不成反类狗】huà hǔ bù chéng fǎn lèi gǒu　类：好像。比喻模仿得不到家，结果弄得不伦不类。语出《后汉书·马援传》。又作"画虎类狗"、"画龙不成反为狗"。

【画虎类狗】huà hǔ lèi gǒu　见"画虎不成反类狗"(本页)。

【画龙不成反为狗】huà lóng bù chéng fǎn wéi gǒu　见"画虎不成反类狗"(本页)。

【画龙点睛】huà lóng diǎn jīng　点睛：画完眼眶后在中间用墨点一个眼珠子。传说南朝梁代画家张僧繇(音由 yóu)在佛寺墙上画了四条龙，都不点睛，说是点了眼睛龙就会飞去。别人不信，一定要他点上。他刚把其中两条龙的眼睛点上，突然雷电大作，墙壁震破，这两条龙就飞上了天，墙上只剩下还没有点眼睛的两条。(见唐朝张彦远《历代名画记》)比喻作文或说话时在关键地方加一两句话点明中心大意,使全篇内容更加生动有力。〔例〕这篇散文写景状物,栩栩如生,而末了一句"跟困难作斗争,其乐无穷",则～,道出了本文的主题。

【画蛇添足】 huà shé tiān zú 《战国策·齐策》中的一个故事说,楚国几个人得到一杯酒,大家约定,谁先在地上画一条蛇,谁就喝那杯酒。一个人先画成,拿过酒准备喝,另一只手继续为蛇画脚,并说:"我还能给蛇画脚呢!"这时,另一个人也已把蛇画好,说:"蛇本来是没有脚的,你怎能给添上脚呢!"夺过酒一饮而尽。比喻做了多余的事,反而不恰当。〔例〕这篇文章的结构和内容都很完整,如果再加一段,反倒是～了。

【怀才不遇】 huái cái bù yù 指有才学而不受重用。〔例〕这位在旧时代～、穷困潦倒的科学家,在新中国成立后,受到充分信任,为祖国的建设做出了巨大贡献。

【怀瑾握瑜】 huái jǐn wò yú 瑾、瑜:美玉。怀里揣着瑾,手中握着瑜。比喻人有高尚纯洁的品德。

【欢呼雀跃】 huān hū què yuè 雀跃:高兴地像鸟雀一样跳跃。形容欢乐的情景。〔例〕当老师宣布春游的消息时,同学们～。

【欢声雷动】 huān shēng léi dòng 欢呼的声音如同响雷。形容场面非常热烈、欢快。〔例〕在葛洲坝最后合拢的一刻,大坝工地上～。

【欢天喜地】 huān tiān xǐ dì 形容非常高兴。

【欢欣鼓舞】 huān xīn gǔ wǔ 欢欣:喜欢,快乐。鼓舞:兴奋。形容高兴而振奋。〔例〕申奥成功了,全国人民无不～。

【缓兵之计】huǎn bīng zhī jì　延缓对方进攻的计策。指拖延时间,使对方失去进攻的有利时机,然后自己再积极设法应付的一种策略。

【缓急轻重】huǎn jí qīng zhòng　见"轻重缓急"(286页)。

【缓急相济】huǎn jí xiāng jì　缓急:偏指紧急,急迫。济:救助。在遇到困难或情况危急时给予帮助。

【换汤不换药】huàn tāng bù huàn yào　汤:中医指用水煎服的药物。比喻名称或形式虽然变了,内容还是老一套。

【涣然冰释】huàn rán bīng shì　涣然:消散的样子。冰释:像冰一样消融。形容疑虑、误会、隔阂等完全消除。〔例〕实践证明小吴的意见是正确的,我对他长期的误解终于～。

【患得患失】huàn dé huàn shī　患:担忧。担心得不到,得到了又担心失掉。形容对个人得失看得太重。〔例〕～是做不好工作的。

【患难与共】huàn nàn yǔ gòng　共同承担危险和困难。〔例〕抗美援朝战争期间,中朝两国人民生死相依,～,结下了深厚的友谊。〔注意〕"难"不读 nán。

【焕然一新】huàn rán yī xīn　焕然:有光彩的样子。一:全。很有光彩,给人一种全新的感觉。形容呈现出崭新的面貌。〔例〕北京前门城楼经过修整,已经～。

【荒诞不经】huāng dàn bù jīng　诞:音但。荒诞:荒唐离奇。经:正常。极其荒唐,不合情理。

【荒诞无稽】huāng dàn wú jī　稽:音机,考查。无稽:没有根据。十分荒唐,不可凭信。

【荒谬绝伦】 huāng miù jué lún　荒谬:非常不合情理。伦:类。绝伦:没有可以跟它类比的。没有比这更荒唐更不合情理的了。

【荒时暴月】 huāng shí bào yuè　荒:庄稼收成很坏或不收。暴:凶。指荒年或青黄不接的时候。〔例〕在旧社会,广大农民长年生活在穷困之中,遇到~,生活就更加困难。

【荒淫无耻】 huāng yín wú chǐ　淫:音银。荒淫:贪恋酒色。酗酒淫乱,不知羞耻。形容生活糜烂。

【黄花晚节】 huáng huā wǎn jié　黄花:指菊花。因菊花耐寒,常用作人有节操的象征。晚节:晚年的节操。比喻人到晚年能保持坚贞的节操。

【黄粱一梦】 huáng liáng yī mèng　唐朝沈既济《枕中记》说,有个卢生,在邯郸旅店中遇见一个道士,道士给他一个枕头。他枕在上面睡着了。这时店主人刚蒸上一锅黄米饭。卢生梦见自己做了大官,娶妻生子,享尽了荣华富贵。一觉醒来,黄米饭还没有熟。原比喻人生虚幻。后比喻不能实现的梦想。〔例〕贩毒者想用毒品发财,到头来都只是~。又作"一枕黄粱"。

【惶惶不可终日】 huáng huáng bù kě zhōng rì　惶惶:又写作"皇皇",恐惧不安的样子。终:完。惊慌得连一天都过不下去。形容惊恐不安到了极点。

【惶恐不安】 huáng kǒng bù ān　惶恐:惊慌。内心害怕,十分不安。

【恍然大悟】 huǎng rán dà wù　恍:音晃。恍然:突然醒悟的样子。悟:明白。形容一下子明白过来。〔例〕这事经他这么一说,我才~。

【恍如隔世】 huǎng rú gé shì　恍:仿佛。世:古代三十年为一世,也指一个时代。仿佛隔了一个时代。指一种因人事或景物变化很大而引起的感触。〔例〕这位老华侨侨居国外四十年了,回到祖国,～,年轻时熟悉的地方几乎都认不出来了。

【灰心丧气】 huī xīn sàng qì　灰心:遭受失败而气馁。丧气:因受挫折而情绪低落。形容因失败或不顺利而失去信心,意志消沉。〔注意〕"丧"不读 sāng。

【挥汗成雨】 huī hàn chéng yǔ　人们用手抹汗,汗洒下去就像下雨一样。形容人多。

【挥金如土】 huī jīn rú tǔ　挥:挥霍,乱花(钱)。把钱财当成泥土一样挥霍。

【挥洒自如】 huī sǎ zì rú　挥:挥笔。洒:洒墨。自如:不受阻碍。指写作诗文、写字、绘画时,运笔熟练流畅。也指言谈举止从容不迫。〔例〕1.他不过是个小学生,但写起毛笔字来却是～,令人称叹。 2.在西方求学多年,他深知西方人的思维方式,因而在与他们打交道时,～,得心应手。

【回肠荡气】 huí cháng dàng qì　荡:动摇。使肝肠回旋,使心气激荡。形容文章、乐曲等十分婉转动人。〔例〕这首古乐曲描写春夜的景色,感情细腻婉转,旋律优美动人,令人～。又作"荡气回肠"。

【回光返照】 huí guāng fǎn zhào　指日落时天空由于大气反射作用而短时间发亮的现象。比喻人临死前精神的短时间兴奋。也比喻事物衰亡前情况表面上似乎有些好转。〔例〕1.病人昏迷多日,突然清醒过来。怕是～现象吧。 2.敌人这次疯狂进攻,不过是灭亡前的～。

【回头是岸】 huí tóu shì àn　佛经有"苦海无边,回头是岸"的话,意思是说,有罪的人好像掉进了无边无际的苦海里,只要回过头来,决心改悔,就能爬上岸来,获得再生。比喻做坏事的人,只要决心悔改,就有出路。

【回味无穷】 huí wèi wú qióng　回味:从回忆中体会到的意味或趣味。穷:尽。比喻回想某一事物,越想越觉得有意思。〔例〕这篇文章含意深刻,使人~。

【回心转意】 huí xīn zhuǎn yì　回:转过来。重新考虑,改变原来的想法和态度(多指放弃前嫌,恢复感情)。

【悔不当初】 huǐ bù dāng chū　悔:后悔。当初:开头。后悔当初不该这样做。

【悔过自新】 huǐ guò zì xīn　悔过:悔改罪过。自新:重新做人。认识并改正过错,重新做人。

【悔之无及】 huǐ zhī wú jí　后悔也来不及了。

【毁家纾难】 huǐ jiā shū nàn　纾:解除。《左传·庄公三十年》:"鬥穀於菟为令尹,自毁其家以纾楚国之难。"指拿出全部家产以解救国难。〔例〕为了坚持战斗,他决定~,将所有家产悉数变卖,以充军需。

【毁于一旦】 huǐ yú yī dàn　毁:毁灭。一旦:一天之间(形容时间短)。在一天的功夫里被毁灭掉。多指长期劳动的成果或得来不易的东西一下子被毁掉(含有惋惜的意思)。〔例〕虽然数十年的劳动成果~,但有党的领导,我们一定能战胜洪水,重建家园。

【讳疾忌医】 huì jí jì yī　讳:有顾忌而不说,隐瞒。疾:疾病。忌:怕,畏惧。不肯说出自己有病,怕去治疗。比喻掩饰自己的缺点和错误,怕人批评,不愿改正。〔例〕犯了错误,不要～，应当虚心听取他人意见，认真检查，坚决改正。

【讳莫如深】 huì mò rú shēn　莫：没有。隐瞒得再没有比它更深的了。指把事情隐瞒得很严，唯恐别人知道。

【诲人不倦】 huì rén bù juàn　诲：教导。倦：厌倦。教导人特别耐心，从不厌倦。〔例〕他一生中勤勤恳恳，～，培养出很多优秀学生。

【绘声绘色】 huì shēng huì sè　绘：描绘。形容叙述或描写生动逼真。〔例〕他讲起故事来，～，非常吸引人。又作"绘声绘影"。

【绘声绘影】 huì shēng huì yǐng　见"绘声绘色"（本页）。

【昏天黑地】 hūn tiān hēi dì　形容天色昏暗。也比喻社会黑暗混乱。

【浑浑噩噩】 hún hún è è　浑浑：深大的样子。噩：音愕。噩噩：严肃的样子。旧时形容浑朴天真，无机诈。后多形容糊里糊涂，愚昧无知。

【浑金璞玉】 hún jīn pú yù　见"璞玉浑金"（267页）。

【浑然一体】 hún rán yī tǐ　浑然：完整不可分的样子。融合成一个整体，不可分割。〔例〕毛主席纪念堂的花岗石廊柱，双层琉璃瓦檐，洁白无瑕的汉白玉栏板，枣红色花岗石砌成的两层台帮，交相辉映，～。

【浑身是胆】 hún shēn shì dǎn　见"一身是胆"（447页）。

【浑水摸鱼】 hún shuǐ mō yú　浑：又写作"混"。浑水：不清的水。比喻乘混乱的时候捞一把。

【魂不附体】 hún bù fù tǐ　魂：灵魂，魂魄。迷信的人认为人魂魄一离体，就失去知觉，无法行动。形容受到极大的惊吓,恐惧万分。有时也形容受到极大的诱惑,不能自主。

【魂飞魄散】 hún fēi pò sàn　魂、魄:迷信的人指附在人体内的精神灵气。吓得连魂魄都离开人体飞散了。形容惊恐万分,极端害怕。〔例〕李昌一枪撂倒了一个敌人,吓得旁边那敌人～,赶紧举手投降。

【魂牵梦萦】 hún qiān mèng yíng　萦:牵挂。在梦魂中还牵挂着。形容思念深切。〔例〕阔别四十年后,他终于回到了～的故乡。

【混淆黑白】 hùn xiáo hēi bái　混淆:弄混乱。黑、白:比喻是非。故意把黑的说成白的,把白的说成黑的,制造混乱。常与"颠倒是非"连用。

【混淆视听】 hùn xiáo shì tīng　视听:看和听,看到的和听到的。用假象或谎言让旁人分辨不清是非。

【混淆是非】 hùn xiáo shì fēi　故意把正确的说成错误的,把错误的说成正确的。

【活灵活现】 huó líng huó xiàn　见"活龙活现"(本页)。

【活龙活现】 huó lóng huó xiàn　形容描绘得形象、逼真,使人感到好像亲眼看到一样。〔例〕他讲武松打虎的故事讲得～,孩子们都听得入迷了。又作"活灵活现"。

【火急火燎】 huǒ jí huǒ liǎo　形容心情像火烧一样急迫。

【火烧眉毛】 huǒ shāo méi máo　形容情势非常急迫。〔例〕这里的灾情已到了～的地步了,必须抓紧抢修大坝。

【火树银花】 huǒ shù yín huā　火树:挂满灯火的树。银花:银亮的花形灯盏。形容灿烂的灯彩或烟火,多用于节日夜晚。〔例〕国庆节夜晚,天安门前～,人们沉浸在欢乐的气氛之中。

【火中取栗】 huǒ zhōng qǔ lì　十七世纪法国作家拉·封登的寓言诗《猴子和猫》中说，一只狡猾的猴子把栗子放在火里烧熟，然后骗猫替它取出来，猫把脚上的毛烧掉了，却吃不到栗子。比喻被别人利用去干冒险事，付出了代价而得不到好处。〔注意〕"栗"不能写作"粟"(sù)。

【货贿公行】 huò huì gōng xíng　货贿：贿赂，用财物买通别人。公行：公开进行。明目张胆地行贿受贿。又作"货赂公行"。货赂：贿赂。

【货赂公行】 huò lù gōng xíng　见"货贿公行"(本页)。

【货真价实】 huò zhēn jià shí　货物不是冒牌的，价钱也是实在的。商人常通过商品掺假和加价谋取暴利，有的人用"货真价实"的话来表白自己，招揽生意。引申为实实在在，一点不假。

【祸不单行】 huò bù dān xíng　祸：灾难。指不幸的事接二连三地发生。

【祸福相依】 huò fú xiāng yī　见"祸兮福所倚，福兮祸所伏"(本页)。

【祸国殃民】 huò guó yāng mín　祸、殃：为害。使国家受害，人民遭殃。

【祸起萧墙】 huò qǐ xiāo qiáng　萧墙：照壁，比喻内部。指祸乱从内部发生。

【祸兮福所倚，福兮祸所伏】 huò xī fú suǒ yǐ, fú xī huò suǒ fú　兮：古汉语助词。倚：依靠。伏：隐藏。语出《老子》五十八章。意思是祸紧挨着福，福隐藏着祸。比喻坏事可以引出好的结果，好事也可以引出坏的结果。又作"祸福相依"。

【豁达大度】 huò dá dà dù　豁达:性格开朗。大度:气量大。形容人宽宏开通,能容人。

【豁然贯通】 huò rán guàn tōng　豁然:开通的样子。贯:穿通。指一下子弄通了某个道理。〔例〕这个道理我多少天来都想不清楚,经他一启发,便～了。

【豁然开朗】 huò rán kāi lǎng　豁:音霍。豁然:开阔敞亮的样子。形容由狭窄昏暗一变而为开阔敞亮。也比喻对某个道理长期思索不解而后突然明白。

【豁然开悟】 huò rán kāi wù　见"豁然省悟"(本页)。

【豁然省悟】 huò rán xǐng wù　豁:音霍。豁然:开通的样子。省悟:醒悟。一下子彻底明白了某个道理。〔例〕这一道世界数学难题,李先生思考了二三十年,一直没有找到正确的解题方法。但在一次国际学术研讨会上,他受同行学术报告的启发,～,很快解决了这一学术课题。〔注意〕"省"不读shěng。又作"豁然开悟"。开悟:领悟,醒悟。

J

【饥不择食】jī bù zé shí　择:选择。饿急了,不管什么都吃。比喻需要急迫,顾不得选择。

【饥肠辘辘】jī cháng lù lù　辘辘:肠鸣声。腹中无食,辘辘作响。形容极端饥饿。〔例〕他马不停蹄地赶了一天路,到达目的地时已经疲惫不堪,～了。

【饥寒交迫】jī hán jiāo pò　交:一齐,同时。衣食无着,又饿又冷。形容生活极端贫困。

【机变如神】jī biàn rú shén　机变:随机应变。机智权变,神奇莫测。形容人足智多谋,善于应变。

【机不可失,时不再来】jī bù kě shī, shí bù zài lái　机:机会。时:时机。指时机难得,必须抓紧。〔例〕～。我们一定要抓住这历史机遇,进一步解放思想,开拓进取,把经济建设搞上去。

【鸡飞蛋打】jī fēi dàn dǎ　鸡飞走了,蛋打破了。比喻全部落空,一无所得。〔例〕这笔买卖由于他贪心不足,最终落了个～。

【鸡口牛后】jī kǒu niú hòu　见"宁为鸡口,无为牛后"(254 页)。

【鸡零狗碎】jī líng gǒu suì　形容事物零碎细小。

【鸡毛蒜皮】jī máo suàn pí　比喻无关紧要的事。

【鸡鸣狗盗】 jī míng gǒu dào 《史记·孟尝君列传》记载，战国时，齐国的孟尝君到秦国去，被秦王扣留。幸亏他手下有一个门客会装狗，从秦王库房里偷出了一件狐皮袍子，献给秦王宠妃，才得释放。又靠一个门客装鸡叫，骗开了函谷关的城门，才得以逃回齐国。后用"鸡鸣狗盗"指卑微不足道的本领。

【鸡犬不惊】 jī quǎn bù jīng 形容行军纪律严明，连鸡狗都没受到惊动。〔例〕人民解放军纪律严明，所到之处，秋毫无犯，～。

【鸡犬不留】 jī quǎn bù liú 形容屠杀残酷，连鸡狗都不留下。

【鸡犬不宁】 jī quǎn bù níng 形容骚扰得厉害，连鸡狗都不得安宁。

【积不相能】 jī bù xiāng néng 积：久。能：亲善，和睦。指长期不和睦。〔例〕他们两家做了十几年邻居，一向～，势同水火。

【积非成是】 jī fēi chéng shì 是：正确。谬误长期流传，反而会被认为是正确的。

【积劳成疾】 jī láo chéng jí 积劳：长期经受劳累。因长期工作，劳累过度而生了病。

【积年累月】 jī nián lěi yuè 一年又一年，一月又一月。形容时间长久。〔例〕魔术的技法往往是演员～甚至几代人的劳动成果。

【积沙成塔】 jī shā chéng tǎ 见"聚沙成塔"（201页）。

【积微成著】 jī wēi chéng zhù 微：微小。著：显著。《荀子·大略》："夫尽小者大，积微者著。"指细微的事物经过长期积累就会变得显著。

【积习成常】jī xí chéng cháng 习:习惯。常:常规。长期的习惯做法会成为不变的常规。

【积羽沉舟】jī yǔ chén zhōu 积:堆积。羽:羽毛。《战国策·魏策一》:"臣闻积羽沉舟,群轻折轴,众口铄金,故愿大王之熟计之也。"意思是,我听说,羽毛堆积多了可以使船沉,许多轻的东西可以压断车轴,舆论的力量可以熔化金属,所以希望大王周密地谋划这件事。指微小的东西会聚起来,可以产生很大的力量。比喻小的祸害积累多了,也可产生严重后果。

【积重难返】jī zhòng nán fǎn 积:长时期积累下来的。重:程度深。返:返回。指经过长时间形成的不良思想作风或习惯很难改变。

【积铢累寸】jī zhū lěi cùn 铢:音朱,古代很小的重量单位,二十四铢为一两。累:积累。形容一点一滴地积累。〔例〕我们应当坚持勤俭办厂的方针,～地增加资金,改善经营管理,反对浪费。又作"铢积寸累"。

【激昂慷慨】jī áng kāng kǎi 见"慷慨激昂"(203页)。

【激浊扬清】jī zhuó yáng qīng 激:阻遏,清除。浊:比喻坏的。清:比喻好的。指清除坏的,发扬好的。

【及锋而试】jí fēng ér shì 及:趁着。锋:锋利。趁着锋利的时候使用。《汉书·高帝纪上》:"吏卒皆山东之人,日夜企而望归,及其锋而用之,可以有大功。"意思是,小官吏和士卒都是崤山以东的人,日夜思归。趁着他们思归心切而加以利用,可以建立大功。指趁士气正盛的时候使用军队。后比喻乘有利的时机,及时行动。

【吉光片羽】 jí guāng piàn yǔ 吉光:古代传说中的神兽,它的毛皮做成的衣服,能放在水里几天不沉,放在火里不焦。羽:毛。比喻残存的珍贵文物。

【吉人天相】 jí rén tiān xiàng 吉人:有福气的人。相:音向,帮助。旧指好人会得到上天的保佑(多用作安慰语)。〔注意〕"相"不读 xiāng。

【岌岌可危】 jí jí kě wēi 岌:音及。岌岌:危险的样子。形容非常危险。〔例〕辛亥革命失败以后,军阀混战,帝国主义列强阴谋瓜分中国,民族灾难深重,国家~。

【极而言之】 jí ér yán zhī 极:极端。从最极端的情况来说。把话说到头。〔例〕~,即使再有一段时间不下雨,有了今年建成的水库,我们也不怕庄稼受旱。

【即以其人之道,还治其人之身】 jí yǐ qí rén zhī dào, huán zhì qí rén zhī shēn 即:就。以:用。其:那个。道:办法。还:返回来。治:整治。语出宋朝朱熹《中庸集注》。意思是就用那个人对付别人的办法返回来对付那人自己。

【佶屈聱牙】 jí qū áo yá 佶:音吉。佶屈:又写作"诘屈",曲折。聱:音熬阳平。聱牙:不顺口。指文章读起来不顺口。〔例〕这篇文章写得~,读起来很不顺口。

【急不可待】 jí bù kě dài 急得不能再等待。形容非常急迫。〔例〕一拿到高考录取通知书,他立刻~地回家报喜。

【急风暴雨】 jí fēng bào yǔ 形容风雨来势猛。比喻迅猛激烈的斗争。〔例〕土改运动势如~,一举摧毁了中国的封建剥削制度。

【急公好义】 jí gōng hào yì 急:急于。公:公共的利益。好:喜好。义:正义。形容热心公益,乐于助人。〔例〕他是个

～的人，谁碰到麻烦，他都乐于帮助。〔注意〕"好"不读hǎo。

【急功近利】 jí gōng jìn lì 急于求成，贪图眼前的成效和利益。

【急景流年】 jí jǐng liú nián 急：快速。景：日光，指时光。急速而去的时光，流水般消逝的年华。形容光阴易逝。〔例〕日往月来，～，转眼几十年过去，当年的小姑娘如今已白发苍苍了。

【急来抱佛脚】 jí lái bào fó jiǎo 俗话说："闲时不烧香，急来抱佛脚。"比喻事到临头才慌忙准备。〔例〕学习要靠平时的努力，～，应付考试，那是学不好的。

【急流勇退】 jí liú yǒng tuì 比喻做官的人在得意时为了避祸而及时引退。

【急起直追】 jí qǐ zhí zhuī 立即行动起来，努力追赶上去。〔例〕在科学技术飞速发展的今天，我们要～，在一个不长的时期内进入世界先进水平之列。参见"奋起直追"（112页）。

【急如星火】 jí rú xīng huǒ 星火：流星的光。像流星的光从空中急闪而过。形容非常急促紧迫。〔例〕这是前线指挥部来的命令，～，他撂下了也得再把他叫起来！

【急中生智】 jí zhōng shēng zhì 智：智谋。紧急的时候，猛然想出办法。〔例〕潘冬子见敌人在搜查，～，忙把准备带进山去的盐化在水里，再把盐水倒在棉衣上渗进棉花里，混过了哨卡。参见"情急智生"（287页）。

【急转直下】 jí zhuǎn zhí xià 形势或情况突然转变，并很快地顺势发展下去。〔例〕高手对阵，一个疏忽就有可能使形势～，最终痛失好局。

【疾恶如仇】jí è rú chóu　疾:也作"嫉",痛恨。恶:指坏人坏事。憎恨坏人坏事就像憎恨仇人一样。

【疾风暴雨】jí fēng bào yǔ　疾风:大而急的风。指迅而猛烈的风雨。也比喻来势凶猛、激烈的斗争或形势。〔例〕东汉末年,"黄巾起义"如～,席卷中原。

【疾风知劲草】jí fēng zhī jìng cǎo　疾风:大而急的风。劲草:坚韧的草。大风刮来,只有劲草迎风挺立,不被刮倒,这时才显出它的坚强。比喻只有经过严峻的考验,才知道谁真正坚强。〔注意〕"劲"不读 jìn。

【疾首蹙额】jí shǒu cù é　疾首:头痛。蹙:音促。蹙额:皱眉头。形容厌恶痛恨的样子。

【疾言厉色】jí yán lì sè　疾言:言语急躁。厉色:神色严厉。形容对人发怒时说话的神情。〔例〕他对学生总是温和耐心地帮助,从不～。

【集思广益】jí sī guǎng yì　诸葛亮《教与军师长史参军掾(音愿 yuàn)属》:"夫参署者,集众思,广忠益也。"意思是说,参谋部的作用就在于集中众人的智慧,广泛吸收有利于国家的意见。后用"集思广益"指集中众人的智慧,广泛吸收有益的意见。

【集腋成裘】jí yè chéng qiú　腋:音夜,胳肢窝。裘:音求,皮袍。狐狸腋下的皮虽然很少,但是把许多块聚集起来,就能缝成一件又轻又暖的皮袍。比喻积少成多。

【嫉贤妒能】jí xián dù néng　嫉:妒忌。对品德和才能胜过自己的人心怀怨恨。〔例〕领导者要有用人的气度,心胸狭窄,～是要贻害事业的。

【己所不欲,勿施于人】jǐ suǒ bù yù, wù shī yú rén

欲：想，希望。勿：不要。施：加。语出《论语·颜渊》。自己不愿意的，不要加给别人。

【济济一堂】 jǐ jǐ yī táng　济：音挤。济济：人很多的样子。堂：大厅。形容很多人聚集在一起（含褒义）。〔例〕在这次政协会议上，各界代表人物～，畅所欲言，提出了许多有益的建议。〔注意〕"济济"不读 jì jì。

【计出万全】 jì chū wàn quán　万全：非常周到。形容计划极为稳妥，万无一失。〔例〕这个任务事关重大，如果不是～，千万不能轻举妄动。

【计穷力竭】 jì qióng lì jié　计：计谋。竭：尽，完。计谋、力量都已用尽。形容陷入绝境。〔例〕靠一个人的努力总有～的时候，团结的集体才是成功的基础。

【计日程功】 jì rì chéng gōng　程：计量，计算。功：成效。工作进度或成效可以按日计算。形容进展快，有把握如期完成。〔例〕中国经济建设的速度很快，中国的现代化是可以～的。

【记忆犹新】 jì yì yóu xīn　过去的事，至今印象还非常清楚。〔例〕当年他们艰苦创业的情景，人们至今～。

【既成事实】 jì chéng shì shí　既：已。指已经形成的事实。

【既往不咎】 jì wǎng bù jiù　咎：音旧，责备。对以往的过错不再责备。又作"不咎既往"。

【继往开来】 jì wǎng kāi lái　继承前人的事业，开辟未来的道路。〔例〕年青一代～，肩负着人民殷切的期望。

【寄人篱下】 jì rén lí xià　寄：依靠，依附。篱：篱笆。《南史·张融传》："丈夫当删诗书，制礼乐，何至因循寄人篱下?"

原指文章著述因袭他人。后比喻依附别人生活。

【**寂天寞地**】jì tiān mò dì 形容不声不响地。也形容无所作为或无声无息。

【**加官进爵**】jiā guān jìn jué 爵：爵位。提升官职、爵位。泛指官吏升迁。

【**家给民足**】jiā jǐ mín zú 给：充裕。足：富足。家家衣食充裕，人人生活富足。〔例〕我们要在发展生产的基础上逐步提高人民的生活水平，做到～。又作"家给人足"。〔注意〕"给"不读 gěi。

【**家给人足**】jiā jǐ rén zú 见"家给民足"(本页)。

【**家徒四壁**】jiā tú sì bì 徒：仅，只。壁：墙壁。家里只有四面的墙壁。形容十分贫穷，一无所有。〔例〕为了给孩子治病，他们已经～，负债累累。

【**家学渊源**】jiā xué yuān yuán 家学：家族内世代相传的学问。渊源：事物的本源。形容世代相传，学问扎实，功底深厚。

【**家喻户晓**】jiā yù hù xiǎo 喻：明白，了解。家家户户都知道。〔例〕为了巩固和加强社会主义法制，我们要宣传守法的重要，做到～，深入人心。

【**嘉谋善政**】jiā móu shàn zhèng 高明的谋略、计策和好的政绩。

【**嘉言懿行**】jiā yán yì xíng 嘉、懿：美好的。指美好的言论，高尚的行为。

【**假公济私**】jiǎ gōng jì sī 假：借。济：补益。假借公家的名义，谋取私人的利益。

【假仁假义】 jiǎ rén jiǎ yì　伪装仁慈善良。

【价廉物美】 jià lián wù měi　指东西价钱便宜，质量又好。〔例〕这种牌子的洗衣粉～，很受顾客的欢迎。又作"物美价廉"。

【价值连城】 jià zhí lián chéng　价：价格。连城：连成一片的许多城市。《史记·廉颇蔺相如列传》记载，赵国得到了一块美玉叫和氏璧，秦王听说后，派人到赵国去，说要用十五座城去交换这块玉。形容物品十分贵重。〔例〕这支钢笔是我的战友生前所赠送的，所以对我来说是～的珍宝。

【驾轻就熟】 jià qīng jiù shú　轻：轻车。就：走上。熟：熟路。驾着轻车走熟路。比喻曾经做过某事的人再做此事，因为熟悉，费力较少就能做好。〔例〕他这个汽车兵复员来当司机，自然是～。

【嫁祸于人】 jià huò yú rén　嫁：转移（罪名、损失、负担等）。把祸害转移到别人身上。

【坚壁清野】 jiān bì qīng yě　坚壁：加固防御工事。清野：转移人口、牲畜，并将四野的庄稼和其他财物收藏起来。这是对付强敌入侵的一种作战方法，使敌人既攻不下据点，又抢不到物资。〔例〕抗日战争期间，我们采用～的策略，使敌人在广大农村没有立足之地。

【坚不可摧】 jiān bù kě cuī　坚：坚固。摧：摧毁。非常坚固，摧毁不了。

【坚持不懈】 jiān chí bù xiè　懈：松懈。坚持到底，一点不松懈。〔例〕我们只有～地学习，才能提高自己的知识水平。

【坚持不渝】 jiān chí bù yú　渝：变。坚持到底不改变。〔例〕中国人民将～地支持他们反对侵略的正义斗争。

【坚定不移】 jiān dìng bù yí　移：改变，动摇。形容立场、观点、主张等固定专一，毫不动摇。〔例〕惩治腐败的决心～。

【坚甲利兵】 jiān jiǎ lì bīng　甲：盔甲。利：锋利。兵：兵器。坚固的盔甲，锋利的兵器。指精良的武器。也借指装备精良的军队。〔例〕鸦片战争以后，西方列强依仗其先进的物质技术力量和～纷纷入侵，使我国逐渐沦为半封建半殖民地社会。

【坚苦卓绝】 jiān kǔ zhuó jué　卓绝：程度达到极点，无可比拟。形容坚忍刻苦的精神超越寻常。又作"艰苦卓绝"。

【坚强不屈】 jiān qiáng bù qū　形容人坚定刚强，绝不屈服。

【坚忍不拔】 jiān rěn bù bá　见"坚韧不拔"(本页)。

【坚韧不拔】 jiān rèn bù bá　坚韧：坚持而不动摇。拔：除。形容在艰苦困难的情况下意志坚定，毫不动摇。〔例〕革命先烈～的战斗精神值得我们学习。又作"坚忍不拔"。

【坚如磐石】 jiān rú pán shí　坚：坚固。磐石：大石头。像大石头一样坚固。比喻不可动摇(多指友谊、团结等)。

【坚贞不屈】 jiān zhēn bù qū　贞：有气节。坚定而有气节，绝不向恶势力屈服。〔例〕方志敏同志被捕后，～，表现了共产党员的坚强意志和崇高品质。

【间不容发】 jiān bù róng fà　间：中间。中间放不下一根头发。形容极为精密或精确。也形容情势极其危急。〔例〕军火船上一颗炮弹突然发火冒烟，眼看就要爆炸。正当这～之际，一个船工抢过来一把把它抱起，扔进了河里。

【艰苦奋斗】 jiān kǔ fèn dòu　不怕艰难困苦，坚持英勇斗争。〔例〕我国人民～，取得了一个又一个的胜利。

【艰苦朴素】 jiān kǔ pǔ sù　指吃苦耐劳、勤俭节约。〔例〕在物质生活水平逐渐提高的当今社会，我们仍然需要大力提倡～这种传统美德。

【艰苦卓绝】 jiān kǔ zhuó jué　见"坚苦卓绝"（178页）。

【艰难竭蹶】 jiān nán jié jué　竭蹶：音洁掘，枯竭，多指资财缺乏。形容收入少，生活艰难。

【艰难困苦】 jiān nán kùn kǔ　指处境艰苦、困难。

【艰难险阻】 jiān nán xiǎn zǔ　指前进道路上的困难、危险和障碍。〔例〕任何一种创新的工作，在前进中总有许多～，但只要大家团结一致，出主意，想办法，总是可以克服的。

【监守自盗】 jiān shǒu zì dào　监守：看管。盗窃自己负责为公家保管的财物。〔例〕保管公物必须认真负责，那种～的行为，必须严惩。

【兼容并包】 jiān róng bìng bāo　兼、并：同时涉及或具有几个方面。把各个方面全都容纳包括进来。

【兼收并蓄】 jiān shōu bìng xù　把不同内容、不同性质的东西收下来，保存起来（多指不加选择）。〔例〕对古代文化遗产应当批判地继承，而不应当～。

【兼听则明，偏信则暗】 jiān tīng zé míng, piān xìn zé àn　兼听：听取几方面的意见。偏信：听了一方面的话就相信。汉朝王符《潜夫论·明暗》："君之所以明者，兼听也；其所以暗者，偏信也。"唐朝魏微把这个意思概括成上面的八个字。指要听取各方面意见，全面地了解情况，才能明辨是非；如果听了一方面的话就相信，必然造成错误的判断。

【缄口结舌】 jiān kǒu jié shé　缄：封闭。结舌：不敢说话。指闭上嘴巴不敢说话。

【剪草除根】 jiǎn cǎo chú gēn 见"斩草除根"（483 页）。

【简明扼要】 jiǎn míng è yào 扼要：抓住要点。指说话、写文章简单明了，能抓住要点。〔例〕说话写文章，都应该～。

【见多识广】 jiàn duō shí guǎng 见过的多，知道的广。形容阅历深，经验多。

【见风使舵】 jiàn fēng shǐ duò 看风向转动舵柄。比喻看势头或看别人眼色行事（含贬义）。又作"看风使舵"、"相风使帆"。

【见缝插针】 jiàn fèng chā zhēn 缝：缝隙。看到有缝隙就插根针进去。比喻尽可能地利用一切可以利用的时间或空间。〔例〕业余学习要～，长期积累。〔注意〕"缝"不读 féng。

【见机而行】 jiàn jī ér xíng 见"见机行事"（本页）。

【见机而作】 jiàn jī ér zuò 机：时机，机会。作：起来，动作。看到适当时机立即行动。

【见机行事】 jiàn jī xíng shì 行：做，办。指看具体情况灵活办事。〔例〕那里的情况很复杂，你要小心谨慎，～。又作"见机而行"。

【见景生情】 jiàn jǐng shēng qíng 指看到眼前景物而引发某种感情。也指随机应变，看情况行事。〔例〕数来宝讲究～，随性发挥，还要合辙押韵一气呵成，这对演员的基本功要求是很高的。

【见利忘义】 jiàn lì wàng yì 见到有利可图就不顾道义。

【见仁见智】 jiàn rén jiàn zhì 见"仁者见仁，智者见智"（298 页）。

【见兔顾犬】 jiàn tù gù quǎn 顾：回头看。《战国策·楚策

四》:"见兔而顾犬,未为晚也。"意思是看到了野兔便回头唤狗去追捕,还不晚。后用来比喻事情虽紧急,及时采取措施,为时未晚。

【见危授命】 jiàn wēi shòu mìng　授命:献出生命。指在危难的关头,不惜牺牲自己的生命。

【见微知著】 jiàn wēi zhī zhù　微:微小。著:显著。见到事情的苗头,就能知道它的实质和发展趋势。

【见物不见人】 jiàn wù bù jiàn rén　只看见事物,看不见人。指片面强调物质条件,看不到人的主观能动作用。

【见笑大方】 jiàn xiào dà fāng　见"贻笑大方"(454 页)。

【见义勇为】 jiàn yì yǒng wéi　见到合乎正义的事就勇敢地去做。〔例〕十四岁的黄平奋不顾身地把一个掉在河里的孩子救起来,他这种～的行为受到老师和同学的一致称赞。

【见异思迁】 jiàn yì sī qiān　异:不同的。迁:改变。看见另一个事物就想改变原来的主意。指意志不坚定,喜爱不专一。〔例〕工作没有高低贵贱之分,干一行要爱一行,不能～。

【剑拔弩张】 jiàn bá nǔ zhāng　弩:音努,古时一种用扳机射箭的弓。剑拔出来了,弓张开了。形容气势逼人,或形势紧张,一触即发。

【鉴往知来】 jiàn wǎng zhī lái　鉴:音剑,照,看。往:过去。来:未来。根据过去的经验,推测未来的情况。

【箭在弦上】 jiàn zài xián shàng　常跟"势在必发"或"不得不发"连用。比喻为形势所迫,不得不采取某种行动。

【江河日下】 jiāng hé rì xià　江河的水一天天地向下流。比喻情况一天天坏下去。

【江郎才尽】jiāng láng cái jìn 江郎:指江淹,南朝文学家,少有文名,晚年才思渐衰。后用"江郎才尽"比喻才思衰退。〔例〕他年轻时著述颇丰,近几年却鲜有佳作问世,恐怕已是～。

【江山易改,本性难移】jiāng shān yì gǎi, běn xìng nán yí 山河的面貌容易发生变化,人的本性却难以改变。极言人的本性难以改造。

【江心补漏】jiāng xīn bǔ lòu 俗话说"船到江心难补漏",意思是事先不设法补救,临到紧急关头就难办了。"江心补漏"指临到紧急关头才设法补救,为时已晚。

【将错就错】jiāng cuò jiù cuò 将:拿。就:顺着。指事情已经做错了,索性顺着错误继续做下去。〔例〕发现错误要立即改正,如果～,就会把事情搞得更难收拾。

【将功补过】jiāng gōng bǔ guò 将:拿,用。拿功劳弥补过错。

【将功赎罪】jiāng gōng shú zuì 赎:抵销(罪过)。拿功劳抵罪。又作"将功折罪"。折:音 zhé,抵销。

【将功折罪】jiāng gōng zhé zuì 见"将功赎罪"(本页)。

【将计就计】jiāng jì jiù jì 利用对方向自己施展的计策,反过来向对方施计。

【将勤补拙】jiāng qín bǔ zhuō 将:用,拿。拙:愚笨。指用勤奋弥补自己的笨拙。

【将信将疑】jiāng xìn jiāng yí 将:又。有点相信,又有点怀疑。

【将欲取之,必先与之】jiāng yù qǔ zhī, bì xiān yǔ zhī

将:将要。欲:想。与:给予。《老子》三十六章:"将欲夺之,必固与之。"(固:同"姑",暂且。与:给予。)意思是说,要想夺取它些什么,得暂且先给它些什么。指先付出代价以诱使对方放松警惕,然后找机会夺取。又作"欲取姑予"。

【姜太公钓鱼,愿者上钩】 jiāng tài gōng diào yú, yuàn zhě shàng gōu 见"太公钓鱼,愿者上钩"(350页)。

【匠心独运】 jiàng xīn dú yùn 匠心:巧妙的心思。独:独特。运:运用。有独到的精巧的心思。多用于形容独特的艺术构思。

【交口称誉】 jiāo kǒu chēng yù 交:一齐。异口同声地称赞。

【交头接耳】 jiāo tóu jiē ěr 交头:头挨着头。接耳:嘴接近耳朵。形容两个人凑近低声交谈。

【娇生惯养】 jiāo shēng guàn yǎng 娇:宠爱。惯:纵容。从小就被溺爱、娇养。

【骄傲自满】 jiāo ào zì mǎn 指自高自大,满足于自己已有的成绩(含贬义)。〔例〕取得了一点成绩就～,觉得自己了不起,这样就很有可能会固步自封,不思进取。

【骄兵必败】 jiāo bīng bì bài 骄傲的军队必定打败仗。

【骄奢淫逸】 jiāo shē yín yì 骄:骄纵。奢:奢侈。淫:音银,荒淫。逸:放纵。形容生活放纵奢侈,荒淫无度。〔例〕隋炀帝依仗国力富强,一味～,穷兵黩武,最终激起了全国范围的农民大起义。

【胶柱鼓瑟】 jiāo zhù gǔ sè 柱:调弦的短木,可以移动位置。鼓:敲动,拨动。瑟:音色,一种古乐器。用胶把柱粘住以后奏琴,柱不能移动,就无法调弦。比喻固执拘泥,不知变通。〔例〕情况变了,办法也要适应,不能～。

【焦头烂额】jiāo tóu làn é　焦头:烧焦头部。烂额:烧伤额部。比喻非常狼狈窘迫。有时也形容忙得不知如何是好,带有夸张的意思。

【狡兔三窟】jiǎo tù sān kū　窟:窝。狡猾的兔子准备好几个藏身的窝。比喻隐蔽的地方或方法多。

【矫情镇物】jiǎo qíng zhèn wù　矫情:掩盖真情。物:众人。指故意掩饰自己真实的情感,使众人不测。

【矫揉造作】jiǎo róu zào zuò　矫:把弯的变成直的。揉:音柔,把直的变成弯的。比喻故意做作,不自然。〔例〕这位年轻演员第一次登场,心里紧张,表演显得有点～。

【矫枉过正】jiǎo wǎng guò zhèng　矫:纠正。枉:弯曲。过正:过了头,超过了应有的限度。把弯的东西扳正,又歪到了另一边。比喻纠正错误超过了应有的限度。

【脚踏实地】jiǎo tà shí dì　比喻做事踏实,认真。

【叫苦不迭】jiào kǔ bù dié　迭:音叠。不迭:不停止。连连叫苦。

【叫苦连天】jiào kǔ lián tiān　不住地叫苦。〔例〕几个月的大旱,使村民们～。他们决心大兴水利,再不能靠天吃饭了。

【教学相长】jiào xué xiāng zhǎng　教和学两方面互相影响和促进,都得到提高。语出《礼记·学记》。〔注意〕"长"不读 cháng。

【皆大欢喜】jiē dà huān xǐ　皆:都。人人都高兴满意。〔例〕"六一"儿童节,幼儿园阿姨带领小朋友游园,又唱歌,又讲故事,孩子们～。

【接踵而来】 jiē zhǒng ér lái 踵:脚后跟。指人们前脚跟着后脚,接连不断地来。〔例〕试验成功的消息一经传出,了解情况的单位便～。又作"接踵而至"。

【接踵而至】 jiē zhǒng ér zhì 见"接踵而来"(本页)。

【揭竿而起】 jiē gān ér qǐ 揭:举起。竿:竹竿。汉朝贾谊《过秦论》:"斩木为兵,揭竿为旗"(兵:武器。)意思是砍了树杆当武器,举起竹竿当旗帜,进行反抗。指人民起义。〔例〕在中国历史上,农民遭受封建统治者的残酷剥削和压迫,忍无可忍,曾无数次地～,进行起义。

【嗟悔无及】 jiē huǐ wú jí 嗟:音皆,叹气。叹息和后悔已经来不及了。

【嗟来之食】 jiē lái zhī shí 嗟:古汉语叹词。《礼记·檀弓下》记载,春秋时,齐国闹饥荒,有个叫黔(qián)敖的在路上施舍食物,他对一个饥饿的人说:"嗟!来食!"(喂!来吃吧!)那个人听了很生气,瞪着眼睛说:我正是因为不吃"嗟!来!"之食才饿到这个地步的。后用"嗟来之食"指一种带侮辱性的施舍。〔例〕朱自清教授不领美国"救济粮",宁可饿死,也不要这～,表现了中国人民的骨气。

【街谈巷议】 jiē tán xiàng yì 议:议论。大街小巷里人们的议论。

【街头巷尾】 jiē tóu xiàng wěi 指大街小巷。〔例〕百货商店为了方便群众,把流动售货车推到了～。

【节外生枝】 jié wài shēng zhī 节:竹子分枝长叶的地方。本不应该生枝的地方生枝。比喻在原有的问题之外又岔出了新问题。多指故意设置障碍,使问题不能顺利解决。〔例〕这件事已基本上得到解决,谅必不会～。

【节衣缩食】 jié yī suō shí　节、缩：节省。省吃省穿。形容节约。〔例〕解放战争期间，解放区人民努力生产，～，极大地支援了前线。

【劫富济贫】 jié fù jì pín　劫：强取。济：救济。夺取富人的财产，救济穷人。

【劫后余灰】 jié hòu yú huī　劫：灾难。灰：灰烬，灰土。形容经历灾难以后幸存下来的东西。

【劫后余生】 jié hòu yú shēng　经历灾难以后幸存下来的生命。

【洁身自好】 jié shēn zì hào　洁：干净。好：爱。保持自身纯洁，不同流合污。〔注意〕"好"不读 hǎo。

【结党营私】 jié dǎng yíng sī　结党：勾结成一伙。营私：谋求私利。指结成党派或小团体，谋取私利。

【桀骜不驯】 jié ào bù xùn　桀：音杰。骜：同"傲"。桀骜：暴躁倔强。驯：顺服。性情强暴不驯顺。

【捷足先登】 jié zú xiān dēng　捷足：脚步快。先登：先登上去。比喻行动快的人先达到目的。〔例〕在厂际竞赛中，化工二厂～，在年底前一个月首先完成了生产任务。

【截长补短】 jié cháng bǔ duǎn　截：切断。截取长的，补充短的。比喻用长处补短处。〔例〕他们两个人在一起正好～，你帮助他提高文化，他帮助你学习技术。

【竭尽全力】 jié jìn quán lì　竭：音洁。竭尽：用尽。用尽全部力量。

【竭泽而渔】 jié zé ér yú　竭：尽。泽：湖，池。渔：捕鱼。淘干了水塘捉鱼。比喻取之不留余地，只图眼前利益，不作长远打算。

【解甲归田】jiě jiǎ guī tián　解:脱下。甲:古代将士打仗时穿的护身衣。指将士退伍回乡。

【解铃还须系铃人】jiě líng hái xū xì líng rén　明朝瞿汝稷《指月录》记载,法眼和尚问:谁能把系在老虎脖子上的金铃解下来? 一个和尚回答说:原先把铃系上去的人能解。比喻谁惹出来的麻烦,还得由谁去解决。也简作"解铃系铃"。

【解铃系铃】jiě líng xì líng　见"解铃还须系铃人"(本页)。

【解衣推食】jiě yī tuī shí　推:让。把穿着的衣服脱下给人穿,把正在吃的食物让人吃。形容对人热情关怀。

【戒骄戒躁】jiè jiāo jiè zào　戒:警惕,防备。警惕并防止产生骄傲和急躁情绪。

【借刀杀人】jiè dāo shā rén　自己不出面,借别人的手去害人。

【借花献佛】jiè huā xiàn fó　比喻用别人的东西做人情。〔例〕这件礼物不是我自己买的,我只是～,希望你能喜欢。

【借尸还魂】jiè shī huán hún　迷信的人认为,人死以后灵魂不灭,可以附在别人的尸体上复活。比喻已经消灭或没落的事物又以另一种形式出现。

【借题发挥】jiè tí fā huī　借着某件事情为题目来做文章,以表达自己真正的意见或主张。〔例〕蒲松龄在《聊斋志异》中写的许多狐鬼故事,其实是～,意在揭露当时社会的黑暗腐朽。

【借箸代筹】jiè zhù dài chóu　箸:筷子。筹:筹划。《史

记·留侯世家》记载,秦末楚汉相争,郦食其劝刘邦立六国后代,共同攻楚。邦方食,张良入见,邦以前告之,良认为不可,曰:"臣请借前箸为大王筹之。"后用"借箸代筹"指代人出谋划策。

【斤斤计较】jīn jīn jì jiào　斤斤:注意小的利害。指对无关紧要的事过分计较。〔例〕只要人家意见提得对,方式和态度就不要～了。

【今非昔比】jīn fēi xī bǐ　昔:过去。现在不是过去所能比得上的。多指形势、自然面貌等发生了巨大的变化。〔例〕真是～啊,几年不见,穷山沟已经变成米粮川了!

【今是昨非】jīn shì zuó fēi　昨:昨天,指过去。现在是对的,过去是错的。指认识过去的错误。

【金榜题名】jīn bǎng tí míng　金榜:科举制度中最高一级考试公布的榜。题名:写上了名字。指科举得中。

【金碧辉煌】jīn bì huī huáng　金:金黄色。碧:翠绿色。形容建筑物装饰华丽,光彩夺目。〔例〕天安门城楼沐浴着朝阳,更显得～。

【金蝉脱壳】jīn chán tuō qiào　蝉变为成虫时要脱去一层壳。比喻用计脱身,使人不能及时发觉。

【金城汤池】jīn chéng tāng chí　金城:坚固的城墙。汤池:防守严密的城池。比喻坚固无比、防守严密的城市或工事。

【金刚努目】jīn gāng nǔ mù　金刚:佛教称佛的侍从力士,因手拿金刚杵而得名。努目:圆睁着眼睛,鼓出眼珠。形容面目威猛可怕。又作"金刚怒目"。

【金刚怒目】jīn gāng nù mù　见"金刚努目"(本页)。

【金戈铁马】jīn gē tiě mǎ　金戈:金饰的戈。铁马:指骑兵。比喻战争。也形容战士持枪驰马的雄姿。〔例〕他自幼生活在～之中，长大后对于部队仍然怀有一种特别亲切的感情。

【金鼓齐鸣】 jīn gǔ qí míng 金、鼓：金属乐器和战鼓，古代作战时用来发布号令，也用来助军威、壮声势。形容战斗气氛紧张激烈。

【金科玉律】 jīn kē yù lǜ 金、玉：比喻贵重。科、律：法律、条文。原形容法令条文的尽善尽美。后指必须遵守、不能改变的信条（现多含贬义）。〔例〕胆小的小李一向将领导的话奉为～。

【金迷纸醉】 jīn mí zhǐ zuì 见"纸醉金迷"（494页）。

【金相玉质】 jīn xiàng yù zhì 相：表相，外貌。形容人或物的外表和内质都很美。〔注意〕"相"不读 xiāng。

【金玉良言】 jīn yù liáng yán 金、玉：比喻珍贵。良：好。比喻可贵而有价值的劝告。〔例〕大家对你的批评，句句是～，你可要虚心接受。

【金玉其外，败絮其中】 jīn yù qí wài, bài xù qí zhōng 金、玉：比喻华美。絮：音序。败絮：烂棉花。语出明朝刘基《卖柑者言》。比喻外表很华美，而里面一团糟。

【金枝玉叶】 jīn zhī yù yè 原形容美好嫩弱的花木枝叶。后比喻帝王子孙以及出身高贵的人。

【津津乐道】 jīn jīn lè dào 津津：形容有滋味，有趣味。乐道：喜欢谈论。很有兴趣地说个不停。〔例〕游击队当年打日本鬼子的英雄事迹，至今为人们所～。

【津津有味】 jīn jīn yǒu wèi 形容特别有滋味，有兴趣。

【筋疲力竭】 jīn pí lì jié 见"筋疲力尽"（190页）。

【筋疲力尽】jīn pí lì jìn　筋:肌肉,肌肉。疲:疲劳。尽:完。形容非常疲乏,一点力气也没有了。又作"筋疲力竭"。竭:音杰 jié,用尽。参见"精疲力尽"(194页)。

【襟怀坦白】jīn huái tǎn bái　襟怀:胸怀。坦白:开朗,没有隐瞒。形容心地纯洁,光明正大。〔例〕共产党员要～,忠实积极,全心全意为人民服务。

【紧锣密鼓】jǐn luó mì gǔ　锣声紧,鼓点密。戏曲开台前的一阵节奏急促的锣鼓。也比喻事情出台前的紧张准备。

【锦囊妙计】jǐn náng miào jì　锦:有彩色花纹的丝织品。锦囊:用锦做的袋子。旧小说里描写是智多谋的人,把应付可能发生的事变的办法写好放在锦囊里,交给有关的人,叫他在危急时打开看,按预定的办法去对付。比喻能及时解救危难的好计策。〔例〕我们解决这个问题,并不是因为从谁那里得到了什么～,而是因为有广大群众给我们出主意。

【锦上添花】jǐn shàng tiān huā　在锦上再绣花。比喻好上加好。〔例〕村里俱乐部原本有套乐器,这回又买了一台电视机,可真是～了。

【锦绣河山】jǐn xiù hé shān　锦绣:精美鲜艳的丝织品。比喻美丽或美好。河山:指祖国领土。形容美好的祖国山河。〔例〕面对祖国的～,他不禁心潮澎湃,感慨万千。

【锦绣前程】jǐn xiù qián chéng　前程:前途。形容前途十分美好。〔例〕改革、开放的中国为广大青年开辟了～。

【谨小慎微】jǐn xiǎo shèn wēi　谨、慎:小心,慎重。微:小。旧指一举一动都十分小心。后指对于细小的事情过于谨慎,缩手缩脚,不敢放手做事。

【谨言慎行】jǐn yán shèn xíng　言语行动小心谨慎。

【尽力而为】 jìn lì ér wéi 语出《孟子·梁惠王上》："尽心力而为之。"意思是竭尽心思和力量去做。后用"尽力而为"指竭尽全力去做。〔例〕凡事～即可，大可不必奢求完美。

【尽人皆知】 jìn rén jiē zhī 尽：所有的。皆：都。人人都知道。〔例〕吸烟对健康有害，现已～。

【尽如人意】 jìn rú rén yì 完全符合人的心意。〔例〕这次图片展览准备仓促，未能～，请多提宝贵意见。

【尽善尽美】 jìn shàn jìn měi 尽：达到极点。善：完善。指完美到没有一点儿缺点。〔例〕要把我们的服务工作做得～，还需要付出艰巨的努力。

【尽心竭力】 jìn xīn jié lì 竭：音洁，用尽。用尽心思，使出全力。形容做事十分努力。〔例〕他不管干哪一行总是～地要把工作做好。

【尽职尽责】 jìn zhí jìn zé 指努力做好本职工作，负起应负的责任。〔例〕他对待工作一向一丝不苟，～。

【进退失据】 jìn tuì shī jù 前进和后退都失去了依据，以致进退两难。

【进退维谷】 jìn tuì wéi gǔ 维：是。谷：穷尽，指困境。无论是进还是退，都是处在困境之中。形容进退两难。

【近水楼台】 jìn shuǐ lóu tái 比喻能优先得到利益或便利的某种地位或关系。参见"近水楼台先得月"（本页）。

【近水楼台先得月】 jìn shuǐ lóu tái xiān dé yuè 宋朝俞文豹《清夜录》记载，范仲淹镇守杭州时，部下军官都得到保举，只有在外任巡检（官名）的苏麟没有被荐。他于是向范献诗抱怨说："近水楼台先得月，向阳花木易为春。"比喻由于接近某些人或事物而抢先得到某种利益或便利。

【近在咫尺】 jìn zài zhǐ chǐ　咫:音止,古代八寸为咫,合现在市尺六寸二分二厘。形容距离很近。〔例〕同学们,让我们一鼓作气爬上去,山顶就～了!

【近朱者赤,近墨者黑】 jìn zhū zhě chì, jìn mò zhě hēi　朱:银朱,红色颜料。语出晋朝傅玄《太子少傅箴(zhēn)》。比喻接近好人可以使人变好,接近坏人可以使人变坏。指客观环境对人有很大影响。

【嗫若寒蝉】 jìn ruò hán chán　嗫:音进,闭口,不作声。寒蝉:晚秋的蝉,因寒冷一般不再叫。比喻因害怕或有所顾虑而不敢说话。

【泾渭不分】 jīng wèi bù fēn　比喻不分是非或好坏。参见"泾渭分明"(本页)。

【泾渭分明】 jīng wèi fēn míng　泾:泾水。渭:渭水。甘肃、陕西境内的两条河。泾水清,渭水浊,泾水流入渭水时,清浊两股水很分明。比喻两件事明显不同。多指是非或好坏的分别很清楚。

【经久不息】 jīng jiǔ bù xī　多指掌声和欢呼声长时间停息不下来。〔例〕她唱完藏族民歌,台下掌声热烈,～。

【经年累月】 jīng nián lěi yuè　见"长年累月"(51页)。

【经一事,长一智】 jīng yī shì, zhǎng yī zhì　经历一次事情,就可以增长一分智慧。多指从办过的事或犯过的错误中吸取经验教训。〔例〕～,只要能从中吸取教训,积极改正错误,就一定会进步。

【惊弓之鸟】 jīng gōng zhī niǎo　《晋书·王鉴传》:"惊弓之鸟难安。"意思是被弓箭吓怕了的鸟不容易安宁。比喻受过惊吓的人碰到一点动静就非常害怕。〔例〕敌人已成～,这次不等我军进攻，就准备逃跑了。

【惊慌失措】 jīng huāng shī cuò　失措：举动失去常态。由于惊慌，一下子不知怎么办好。〔例〕遇到危险情况，应该沉着应付，不要～。又作"惊惶失措"。惊惶：惊慌。

【惊惶失措】 jīng huáng shī cuò　见"惊慌失措"（本页）。

【惊魂未定】 jīng hún wèi dìng　魂：灵魂。指受惊后心情还没有平静下来。

【惊恐万状】 jīng kǒng wàn zhuàng　万状：许多种样子（表示程度极深，多用于消极事物）。形容害怕到了极点。

【惊世骇俗】 jīng shì hài sú　骇：震惊。俗：世俗。指言行等不同寻常而使世俗震惊。〔例〕哥白尼的"日心说"在当时是～的。

【惊涛骇浪】 jīng tāo hài làng　骇：惊吓。使人惊惧的波涛巨浪。比喻险恶的环境或尖锐激烈的斗争。

【惊天动地】 jīng tiān dòng dì　惊：惊动，震动。动：震撼，摇动。形容某个事件的声势或意义极大。

【惊心动魄】 jīng xīn dòng pò　形容使人十分惊骇紧张，震动很大。〔例〕这部描写第二次世界大战的影片，有不少～的场面。又作"动魄惊心"。

【兢兢业业】 jīng jīng yè yè　兢：音京。兢兢：小心，谨慎。业业：担心害怕的样子。原形容危惧的样子。后用来形容做事谨慎、勤恳。〔例〕老王多年来一直～，在平凡的岗位上做出了优异的成绩。〔注意〕"兢"不能写作"競"。

【精兵简政】 jīng bīng jiǎn zhèng　精简人员，缩减机构。〔例〕凡机构臃肿、人浮于事的单位，都应～，以节约行政开支，提高工作效率。

【精诚团结】 jīng chéng tuán jié　精诚:真诚。一心一意,团结一致。〔例〕1938 年,我陕甘宁边区政府曾指出,全国军民流血牺牲,各党各派～,各界人民协力救亡,是争取抗日战争胜利的道路。

【精打细算】 jīng dǎ xì suàn　精细地计算。指在使用人力物力时计算得很精细。〔例〕每项开支都应该～,尽可能地节约资金。

【精雕细刻】 jīng diāo xì kè　精心细致地雕刻。比喻认真细致地加工(多指文艺作品)。

【精明强干】 jīng míng qiáng gàn　机灵聪明,办事能力强。〔例〕三班风格高,抽出了四个～的小伙子来帮助我们。

【精疲力尽】 jīng pí lì jìn　精神疲乏,气力用尽。形容精神和身体都极度疲劳。参见"筋疲力尽"(190 页)。

【精神抖擞】 jīng shén dǒu sǒu　擞:音叟。抖擞:精神振奋的样子。形容人情绪饱满,精神振作。

【精神焕发】 jīng shén huàn fā　焕发:光彩四射的样子。形容精神振作,神采奕奕。

【精神恍惚】 jīng shén huǎng hū　指神志不清,注意力不集中的样子。〔例〕这段时间他太累了,看上去有些～,萎靡不振。

【精卫填海】 jīng wèi tián hǎi　《山海经·北山经》上的一个神话故事说,上古炎帝的女儿在东海里淹死后,化成一只名叫精卫的鸟,每天从西山把树枝和石块衔来,投进东海,决心要把东海填平。旧时比喻有深仇大恨,立志必报。也比喻不畏艰难,不达目的誓不罢休。〔例〕我们要以～的精神,把这片沼泽地改造成良田。

【精益求精】 jīng yì qiú jīng　精：完美，好。益：更加。已经很好了，还要求更好。〔例〕白求恩同志对工作极端负责，对人民极端热忱，对技术——永远是我们学习的榜样。

【精忠报国】 jīng zhōng bào guó　《说岳全传》上说，岳母在岳飞背上刺下"精忠报国"四字，以激励岳飞抗击金兵，为国尽忠尽力。表示竭尽忠诚，以报效国家。

【井底之蛙】 jǐng dǐ zhī wā　《庄子·秋水》："井蛙不可以语于海者，拘于虚也。"（拘：局限。虚：同"墟"，居住的地方。）意思是井底的青蛙住在狭小的地方，没法对它谈大海。比喻见识狭小的人。

【井井有条】 jǐng jǐng yǒu tiáo　井井：整齐不乱的样子。形容说话办事有条有理。〔例〕这个仓库保管员认真细致，仓库里的东西都放得～。

【井然有序】 jǐng yán yǒu xù　井然：整齐、有条理的样子。指有条理、有秩序的样子。〔例〕由于准备充分，今年春运工作～。

【井水不犯河水】 jǐng shuǐ bù fàn hé shuǐ　比喻各管各的，互不相犯。

【径情直遂】 jìng qíng zhí suì　径：直。径情：任性，随意。遂：音碎，成功。随着意愿，顺利地得到成功。〔例〕从事一项社会工作，往往要克服许多矛盾，很难～。

【径情直行】 jìng qíng zhí xíng　见"直情径行"（493 页）。

【敬而远之】 jìng ér yuǎn zhī　指表示尊敬，但不愿接近。

【敬谢不敏】 jìng xiè bù mǐn　谢：推辞。不敏：没有才能。因为没有能力而推辞。这是表示推辞的客气话。

【迥然不同】 jiǒng rán bù tóng 迥然:形容差得很远。很明显不一样。〔例〕他们两人一起采访,写出来的稿子却~。

【炯炯有神】 jiǒng jiǒng yǒu shén 炯炯:明亮的样子。形容人的眼睛发亮,很有精神。〔例〕他年过七十,仍然精神健旺,双目~。

【鸠占鹊巢】 jiū zhàn què cháo 鸠:斑鸠。鹊:喜鹊。《诗经·召南·鹊巢》:"维鹊有巢,维鸠居之。"斑鸠自己不筑巢,占据喜鹊的成巢。后用"鸠占鹊巢"比喻强占他人的居处或占据别人的位置。

【九牛二虎之力】 jiǔ niú èr hǔ zhī lì 比喻很大的力气。常用于很费力才做成一件事的场合。〔例〕这个典故非常冷僻,费了~,终于找出了它的出处。

【九牛一毛】 jiǔ niú yī máo 九条牛身上的一根毛。比喻极大数量中的极微小的数量,微不足道。

【九死一生】 jiǔ sǐ yī shēng 形容经历极大危险而幸存。也形容情况或环境极端危险。〔例〕1. 休养所里的那些红军老战士都是南征北战,~,为人民的解放事业建立了功勋,周围的人民群众无不敬重他们。2. 那样的地方是~,很难活着回来。

【九霄云外】 jiǔ xiāo yún wài 霄:指天空。九霄:古人说天有九重,指天空的极高处。在九重天的外面。比喻无限远的地方或远得无影无踪。

【久别重逢】 jiǔ bié chóng féng 长时间的分别后再次相遇。〔例〕这两位老同学~,一时都激动得说不出话来。

【久负盛名】 jiǔ fù shèng míng 负:享有。长久以来享有很好的名声。〔例〕长江三峡景色~,被喻为大自然造就的

"天然画廊"、"人间仙境"。

【久经风霜】 jiǔ jīng fēng shuāng 风霜:比喻工作或生活中的艰难困苦。形容长期经历艰难困苦的磨炼。

【久经沙场】 jiǔ jīng shā chǎng 沙场:指战场。形容长期经历战争的锻炼。〔例〕提起当年战争的残酷,这位～的老将军唏嘘不已。

【酒囊饭袋】 jiǔ náng fàn dài 囊:口袋。像盛酒、饭的袋子一样。比喻只会吃喝,毫无用处的人。

【旧仇宿怨】 jiù chóu sù yuàn 宿:素有的,旧有的。结了很久的怨仇。

【旧地重游】 jiù dì chóng yóu 指再次回到过去曾经来过或生活过的地方。

【旧调重弹】 jiù diào chóng tán 旧调:老调子。重:再。比喻把老的一套(主张、理论等)又重新搬出来。又作"老调重弹"。〔注意〕"调"不读 tiáo。

【旧恨新仇】 jiù hèn xīn chóu 见"新仇旧恨"(415页)。

【旧瓶装新酒】 jiù píng zhuāng xīn jiǔ 比喻用旧的形式表现新的内容。

【咎由自取】 jiù yóu zì qǔ 咎:音旧,灾祸,罪过。灾祸或罪过是自己招来的。指自作自受。

【救困扶危】 jiù kùn fú wēi 救助、扶持处于困境和危难中的人。

【救死扶伤】 jiù sǐ fú shāng 扶:扶助,照料。抢救生命垂危的人,照顾受伤的人。后形容医务工作者全心全意为人民服务的精神。〔例〕医生的责任是～,发扬人道主义精神。

【救亡图存】 jiù wáng tú cún　拯救国家的危亡,谋求国家的生存。〔例〕抗日战争时期,革命青年为～,纷纷奔赴抗战前线。

【就地取材】 jiù dì qǔ cái　就地:在原地。在本地找需要的材料。〔例〕建厂所需物资材料,应尽可能～。

【就事论事】 jiù shì lùn shì　按照事情本身的实际情况来谈论,不涉及其他。〔例〕批评教育要～,而且要讲究方式、方法。

【居安思危】 jū ān sī wēi　虽然处在平安的环境里,也想到有出现危险的可能。指随时有应付意外事件的思想准备。〔例〕～,有所准备,就能应付各种复杂的局面。

【居高临下】 jū gāo lín xià　临:对,冲着。占据高处,面向低处。形容占据的地势非常有利。

【居功自傲】 jū gōng zì ào　居功:认为事情得到成功是自己的功劳。傲:骄傲。自以为有功劳,觉得了不起。〔例〕他始终把自己看成普通一员,从不～。

【居心叵测】 jū xīn pǒ cè　居心:存心。叵:音坡上,不可。指存心险恶,不可推测。又作“心怀叵测”。〔注意〕“叵”不能写作“巨”。

【鞠躬尽瘁,死而后已】 jū gōng jìn cuì, sǐ ér hòu yǐ　鞠躬:表示恭敬谨慎。尽瘁:竭尽劳苦。已:完,结束。诸葛亮《后出师表》:“臣鞠躬尽力,死而后已。”意思是说,我一定小心谨慎,为国家大事用尽我的力量,一直到死为止。后来引用多作“鞠躬尽瘁,死而后已”,指勤勤恳恳,竭尽心力。〔例〕敬爱的周总理献身革命,～,我们永远怀念他。

【局促不安】 jú cù bù ān　局促:拘谨不自然。形容拘束的样子。

【举案齐眉】jǔ àn qí méi 案:古代盛食物的有短脚的木托盘。《后汉书·梁鸿传》载,东汉梁鸿的妻子孟光,为丈夫端饭时"不敢于鸿前仰视",将案举到和眉毛一般齐。后用"举案齐眉"形容夫妻相互敬爱。

【举不胜举】jǔ bù shèng jǔ 胜:尽。举也举不完。形容数量很多。〔例〕人民解放军的英雄事迹成千上万,～。

【举步维艰】jǔ bù wéi jiān 迈步行走很艰难。形容行动困难或办事艰难。

【举措失当】jǔ cuò shī dàng 举措:举止,措施。失当:不恰当,不适当。措施不得当。

【举国上下】jǔ guó shàng xià 举:全。指全国上上下下的人。〔例〕我国第一颗人造地球卫星发射成功的消息广播后,～一片欢腾。

【举目无亲】jǔ mù wú qīn 举目:抬起头来张望。抬头观望,见不到一个亲人。形容孤单,无依无靠。

【举棋不定】jǔ qí bù dìng 拿着棋子,不知下哪一着才好。比喻犹豫不决,拿不定主意。〔例〕有了周密的调查研究和果敢的决心,遇事就不至于～,左右为难了。

【举世闻名】jǔ shì wén míng 举世:全世界。全世界都知道。形容非常著名。〔例〕北京的紫禁城是～的皇宫。

【举世无敌】jǔ shì wú dí 世界上没有能胜得过的。

【举世无双】jǔ shì wú shuāng 全世界找不到第二个。比喻珍贵稀有。参见"盖世无双"(124页)。

【举世瞩目】jǔ shì zhǔ mù 瞩:音嘱。瞩目:注视。全世界的人都注视着。

【举贤使能】 jǔ xián shǐ néng　举：推荐。使：使用。《礼记·大传》："三日举贤，四日使能。"后用"举贤使能"指举荐贤才，任用能人。

【举一反三】 jǔ yī fǎn sān　反：类推。《论语·述而》："举一隅不以三隅反，则不复也。"(隅：音余 yú，角。)意思是教人认识四方的东西，举一个角为例，让他类推另外三个角，如果不能类推，就不再教他。后用"举一反三"比喻从一件事情类推而知道其他许多事情。

【举足轻重】 jǔ zú qīng zhòng　《后汉书·窦融传》："举足左右，便有轻重。"意思是说，一个有实力的人，处于两个强者之间，只要稍稍偏向一方，就可以打破均势。现指处于重要地位，一举一动对全局都有重大影响。

【拒谏饰非】 jù jiàn shì fēi　谏：音见，规劝（一般用于下对上）。饰：遮掩。拒绝劝告，掩饰错误。〔例〕领导干部应该虚心听取群众的意见，绝不能～。

【拒人于千里之外】 jù rén yú qiān lǐ zhī wài　语出《孟子·告子下》。形容态度傲慢，坚决拒绝别人，或毫无商量余地。

【具体而微】 jù tǐ ér wēi　具体：大体具备。微：小。《孟子·公孙丑上》："子夏、子游、子张皆有圣人之一体，冉牛、闵子、颜渊则具体而微。"意思是子夏等三人各有孔子的一部分长处，冉牛等三人大体近似孔子，却不如他博大精深。后用"具体而微"指事物的各个组成部分大体有了，不过形状或规模比较小些。

【据理力争】 jù lǐ lì zhēng　指依据道理，竭力维护自己方面的权益、观点等。〔例〕这是原则问题，一定要~。

【聚精会神】jù jīng huì shén　聚、会：聚集。形容精神很集中。〔例〕阅览室里非常安静，学生们都在~地学习。

【聚沙成塔】jù shā chéng tǎ　比喻积少成多。又作"积沙成塔"。

【聚讼纷纭】jù sòng fēn yún　聚：聚集。讼：争辩是非。纷纭：又多又乱。许多人在一起对某一问题(多指学术问题)议论纷纭，不能决定哪种意见是正确的。

【卷土重来】juǎn tǔ chóng lái　卷土：卷起尘土，形容人马奔跑。重：再。比喻失败之后，重新恢复势力(多用于贬义)。

【决一雌雄】jué yī cí xióng　决：决定，判断。雌雄：雌性和雄性，引申为胜败高下。指比试高低，决出胜负。

【绝处逢生】jué chù féng shēng　形容在最危险的时候得到生路。〔例〕敌人从后面追来，眼前是条大江，在这紧急关头，一个渔民从芦苇丛里划出一只小船，把他渡过江去，这真是~。又作"绝路逢生"。

【绝路逢生】jué lù féng shēng　见"绝处逢生"(本页)。

【绝情寡义】jué qíng guǎ yì　寡：少。指不讲人情，缺少情谊。

【绝无仅有】jué wú jǐn yǒu　只有一个，再没有别的。形容非常少有。

【军令如山】jūn lìng rú shān　指军事命令像山一样不可动摇，必须坚决贯彻执行。〔例〕在战场上，~，容不得讨价还价。

K

【开诚布公】 kāi chéng bù gōng 《三国志·蜀书·诸葛亮传评》："开诚心,布公道。"(开:打开。布:宣布。)意思是对人以诚心相待,以正道相告。后用"开诚布公"指以诚心待人,坦白无私。〔例〕他们俩～地谈了一晚,消除了误会。

【开诚相见】 kāi chéng xiāng jiàn 开诚:敞开胸怀,显示诚意。对人坦白直率,真诚相见。〔例〕双方～,就两厂合作的事宜交换了意见。

【开卷有益】 kāi juàn yǒu yì 开卷:打开书本,指读书。读书总有好处。〔例〕古人说～,其实并不尽然,还有一个读什么书和怎样去读的问题。

【开门见山】 kāi mén jiàn shān 比喻说话或写文章直截了当谈本题,不拐弯抹角。

【开门揖盗】 kāi mén yī dào 揖:音一,作揖,拱手行礼。开门请强盗进来。比喻引进坏人,招来祸患。〔注意〕"揖"不能读作 jí。

【开山祖师】 kāi shān zǔ shī 开山:佛教用语,指最先在某座名山创立寺院。祖师:第一代创始人。原指开创寺院的和尚。后借指某一事业的创始人(多用于宗教、学派等方面)。

【开天辟地】 kāi tiān pì dì 辟:开辟。我国古代神话说,盘古开辟天地后才有世界。指有史以来。参见"盘古开天地"(259页)。

【开源节流】 kāi yuán jié liú　源:源泉。节:节制,节省。流:水流。比喻增加收入,节省开支。〔例〕在经济工作中,应该经常注意～。

【开宗明义】 kāi zōng míng yì　开:阐发。宗:宗旨。明:说明。义:意思。原是《孝经》第一章的标题,说明全书的宗旨和意义。后用来指说话写文章一开始就点明主要意思。〔例〕会议一开始,主持人就～地说明了会议目的,提出了讨论题目,征求与会者的意见。

【侃侃而谈】 kǎn kǎn ér tán　侃:音砍。侃侃:说话从容不迫的样子。理直气壮、从容不迫地说话。〔例〕他在讨论会上～,听的人无不频频点头。

【看风使舵】 kàn fēng shǐ duò　见"见风使舵"(180页)。

【看破红尘】 kàn pò hóng chén　红尘:佛家道家指人世间。旧指看透人生,把生死哀乐都不放在心上的消极的生活态度。后也指受挫折后消极回避、无所作为的生活态度。

【看人行事】 kàn rén xíng shì　指根据对方的身份、地位等来处理事情。〔例〕他为人正直,从不～,阿谀奉承。

【康庄大道】 kāng zhuāng dà dào　康庄:四通八达的路。宽阔平坦,四通八达的大路。比喻光明大道。〔例〕中国人民在改革开放方针的指引下,正在社会主义的～上奋勇前进。

【慷慨陈词】 kāng kǎi chén cí　指情绪激昂地陈述自己的意见。〔例〕他在辩论赛上的～,引来了听众们的阵阵掌声。

【慷慨激昂】 kāng kǎi jī áng　慷慨:充满正气的样子。

精神振奋，情绪激昂，充满正气。又作"激昂慷慨"。

【慷慨解囊】 kāng kǎi jiě náng 慷慨：豪爽，不吝啬。解囊：解开钱袋拿出钱。形容极其大方地在经济上帮助别人。〔例〕《水浒》里的鲁智深，路见不平，拔刀相助，遇人急难，～，是一个使人敬重的英雄。

【苛捐杂税】 kē juān zá shuì 苛：音科，苛刻。杂：繁杂。指苛刻繁重的捐税。

【可歌可泣】 kě gē kě qì 泣：流泪。值得歌颂赞美，使人感动流泪。形容英勇悲壮的感人事迹。〔例〕在革命摇篮井冈山，至今还流传着许多～的英雄故事。

【可望而不可即】 kě wàng ér bù kě jí 即：接近。能望见，但不能接近。〔例〕科学顶峰是不易攀登的，但绝不是～的。

【克敌制胜】 kè dí zhì shèng 克：战胜，制服。打败敌人，取得胜利。

【克己奉公】 kè jǐ fèng gōng 克：克制，约束。奉公：以公事为重。严格要求自己，一心为公。

【克勤克俭】 kè qín kè jiǎn 克：能够。既能勤劳，又能节俭。〔例〕他一贯艰苦朴素，～，值得我们学习。

【刻薄寡恩】 kè bó guǎ ēn 指对待别人冷酷无情，过分挑剔。

【刻不容缓】 kè bù róng huǎn 刻：片刻，极短的时间。缓：延缓，拖延。指形势紧迫，一刻也不容许拖延。〔例〕汛期将到，防洪物资的准备工作已是～。

【刻骨镂心】 kè gǔ lòu xīn 见"刻骨铭心"（205 页）。

【刻骨铭心】 kè gǔ míng xīn　铭：在石头或器物上刻字。铭刻在心灵深处。形容记忆深刻，永远不忘（多用于感激别人）。〔例〕周总理对他谈的话，使他～，成为鼓舞他不断前进的一种精神力量。又作"刻骨镂心"。镂：音漏，刻。

【刻舟求剑】 kè zhōu qiú jiàn　《吕氏春秋·察今》上一个寓言说，一个楚国人坐船过江时把剑掉到了水里，他在船帮上剑掉落的地方刻上记号。等船停下，他就按船上的记号下水去找剑，结果自然找不到。比喻死心眼，不懂得变通。

【恪守不渝】 kè shǒu bù yú　恪：音客，谨慎、恭敬。渝：改变。严格遵守，决不改变。〔注意〕"恪"不能读作 gè。

【空洞无物】 kōng dòng wú wù　空空洞洞，没有什么内容。

【空谷足音】 kōng gǔ zú yīn　空谷：空旷的山谷。足音：脚步声。空旷的山谷中传来的脚步声。比喻极难得的音信、言论等。

【空空如也】 kōng kōng rú yě　如：古汉语助词，加在其他词后表示状态。空空的样子。形容什么都没有。

【空口无凭】 kōng kǒu wú píng　凭：依据，根据。指只是口说，没有依据。〔例〕这种～的话，不足为信。

【空前绝后】 kōng qián jué hòu　绝：断绝。从前没有过，今后也不会再有。夸张性地形容独一无二。

【空头支票】 kōng tóu zhī piào　空头：有名无实的。支票：向银行取款或拨款的票据。指不能兑现，即取不到钱的支票。比喻不能实现或不准备实现的诺言。

【空穴来风】 kōng xué lái fēng　穴：音学，孔、洞。有了洞穴才进风。原比喻消息和谣言的传播不是完全没有原因的。

后比喻传言没有根据。

【空中楼阁】 kōng zhōng lóu gé　悬在半空中的楼阁。比喻虚幻的事物或脱离实际的空想。

【口惠而实不至】 kǒu huì ér shí bù zhì　惠：给人以好处。只在口头上答应给别人好处，而实际的利益却到不了别人身上。〔例〕帮助人就要迅速见之于行动，不要～。

【口蜜腹剑】 kǒu mì fù jiàn　《资治通鉴·唐纪》记载，唐朝宰相李林甫对人嘴上说得很甜，肚子里却打着害人的主意，当时人说他是"口有蜜，腹有剑"。形容嘴甜心毒，狡猾阴险。

【口若悬河】 kǒu ruò xuán hé　若：好像。悬河：瀑布。讲起话来滔滔不绝，像瀑布不停地奔流倾泻。形容口才好，会讲话。常和"滔滔不绝"连用。

【口是心非】 kǒu shì xīn fēi　嘴里说得很好，心里想的却另是一套。指心口不一致。

【口中雌黄】 kǒu zhōng cí huáng　雌黄：鸡冠石，黄赤色。古时写字用黄纸，写错了就用雌黄涂了重写。指随意更改说过的话。比喻言语轻率，随便议论。

【口诛笔伐】 kǒu zhū bǐ fá　诛：责罚。伐：讨伐。从口头和书面上进行谴责和声讨。

【扣人心弦】 kòu rén xīn xián　扣弦：拨动或敲打琴弦。把心比作琴，拨动了心中的琴弦。形容事物激动人心。〔例〕《林海雪原》中智取威虎山的故事情节紧张，～。又作"动人心弦"。

【枯木逢春】 kū mù féng chūn　木：树。枯干的树遇到了春天。比喻重新获得生命。〔例〕建国后，我国南方血吸虫病疫区广泛开展防治工作，疫区群众犹如～，终于摆脱了疾病的痛苦。

【枯木朽株】 kū mù xiǔ zhū　干枯的树干,腐朽的树桩。比喻老弱的人或衰微的力量。

【哭笑不得】 kū xiào bù dé　哭也不好,笑也不好。形容处境尴尬。〔例〕孩子的任性行为,常常令大人～。

【苦尽甘来】 kǔ jìn gān lái　甘:甜,美好。艰难的日子过完,美好的日子来到了。〔例〕经过几年的努力,这个小山村终于～,脱贫致富。又作"苦尽甜来"。

【苦尽甜来】 kǔ jìn tián lái　见"苦尽甘来"(本页)。

【苦口婆心】 kǔ kǒu pó xīn　苦口:不辞辛苦地反复劝说。婆心:老婆婆的心肠,指善意。善意而诚恳地再三劝说。〔例〕对于犯了错误而又一时不能认识错误的人,大家总是～地帮助,使他尽快觉悟过来。

【苦心孤诣】 kǔ xīn gū yì　苦心:费尽心思。诣:音议,到。孤诣:别人所达不到的。指苦心钻研,到了别人所达不到的地步。〔例〕他一直在～地研究小麦变异单株,力求在培养新品种方面做出贡献。

【苦心经营】 kǔ xīn jīng yíng　经营:泛指筹划和组织。用尽心思去筹划安排。〔例〕这家小饭馆在她的～下生意越做越红火。

【夸大其词】 kuā dà qí cí　指言语夸张、超过事实。〔例〕不切实际、～的广告往往会误导消费者。

【夸夸其谈】 kuā kuā qí tán　夸:夸大,说大话。形容说话或写文章浮夸不切实际。〔例〕要脚踏实地干工作,不要～。

【快刀斩乱麻】 kuài dāo zhǎn luàn má　比喻做事果断,

能采取坚决有效的措施,很快解决复杂的问题。〔例〕老张一到仓库这个全厂后进单位,立即~,采取坚决有效的措施,进行了一系列的整顿工作。

【快马加鞭】 kuài mǎ jiā biān　跑得很快的马再加上一鞭子,使马跑得更快。比喻快上加快,加速前进。〔例〕在一季度超额完成任务后,轧钢厂~,四月份又创高产新纪录。

【快人快语】 kuài rén kuài yǔ　快:爽快,直率。直率的人说直爽话。

【脍炙人口】 kuài zhì rén kǒu　脍:音快,切得很细的肉。炙:音至,烤肉。脍和炙都是人们爱吃的可口食物。指美味人人爱吃。比喻好的诗文受到人们的称赞和传诵。〔注意〕"脍"不能读作 huì。"炙"不能写作"灸"。

【宽大为怀】 kuān dà wéi huái　宽大:对人宽宏大量。怀:胸怀。对人抱着宽大的胸怀。

【宽宏大量】 kuān hóng dà liàng　宽宏:气量大。形容心胸开阔,度量大。又作"宽洪大量"。〔注意〕"量"不读 liáng。

【宽洪大量】 kuān hóng dà liàng　见"宽宏大量"(本页)。

【狂奴故态】 kuáng nú gù tài　奴:本指仆人,也用为昵称。故态:老样子,老脾气。指放荡不羁的人的老脾气。

【狂犬吠日】 kuáng quǎn fèi rì　吠:音费,狗叫。疯狗对着太阳汪汪叫。比喻不自量力地叫嚣(含有蔑视的意味)。

【旷古未闻】 kuàng gǔ wèi wén　旷古:空前,自古以来。自古以来就没有听到过。

【旷日持久】 kuàng rì chí jiǔ　旷:耽误,荒废。荒废时间,拖得很久。

【**岿然不动**】 kuī rán bù dòng　岿：音亏。岿然：高大挺立的样子。形容高大坚固，不能动摇。

【**溃不成军**】 kuì bù chéng jūn　溃：散乱。被打得七零八落，不成队伍。形容惨败。

【**困兽犹斗**】 kùn shòu yóu dòu　困兽：被围困的野兽。犹：还要。《左传·定公四年》："困兽犹斗，况人乎？"意思是说被围困的野兽还要作最后的挣扎，何况人呢？比喻在绝境中还要挣扎抵抗（多含贬义）。

L

【拉帮结伙】 lā bāng jié huǒ 指组织帮派，搞小集团活动。

【来龙去脉】 lái lóng qù mài 龙、脉：迷信风水的人把山势比成龙，把山脉的起伏绵延叫做龙脉，认为从头到尾都像血脉似地连贯着。现比喻一件事情的前因后果。〔例〕李老师把当时在场的几个同学都找来，问清了事情的～，才下了判断。

【来日方长】 lái rì fāng cháng 将来的日子还长着呢。表示事有可为。

【来者不拒】 lái zhě bù jù 来者：来的。《孟子·尽心下》："夫子之设科也，往者不追，来者不拒。"意思是，孟子对学生的态度是去的不追问，来的不拒绝。后用"来者不拒"指对于有所求而来的人或送上门来的东西概不拒绝。

【来之不易】 lái zhī bù yì 易：轻易，容易。指事情的成功或财物的取得极不容易。〔例〕粮食～，岂能随意糟蹋！

【来踪去迹】 lái zōng qù jì 踪、迹：脚印。指人的来去行踪。

【滥竽充数】 làn yú chōng shù 竽：音于，一种乐器。充数：凑数。《韩非子·内储说上》载，齐宣王爱听吹竽，每次由三百人组成的乐队一齐吹奏。不会吹竽的南郭先生混在里面凑数，照样得到赏赐。宣王死后，湣(音敏)王继位，要每个人单独吹给他听，南郭先生就逃跑了。比喻没有真才实学的人混在行家里面充数，或拿不好的东西混在好的里面充数。有时也用来表示自谦。〔注意〕"竽"不能写作"竿"。

【郎才女貌】 láng cái nǚ mào　男子有才，女子貌美。指结合的男女双方十分般配，姻缘美满。

【狼狈不堪】 láng bèi bù kān　狼狈：困苦窘迫的样子(参见下条)。不堪：受不了，用在消极意义的词后面，表示程度深。形容非常窘迫的样子。〔例〕他的揭露使那个说谎的人～。

【狼狈为奸】 láng bèi wéi jiān　狈：传说中一种与狼相似的野兽，前腿短，后腿长，要趴在狼身上才能行动。比喻互相勾结干坏事。

【狼奔豕突】 láng bēn shǐ tū　豕：音史，猪。突：冲撞。像狼那样奔跑，像猪那样冲撞。形容成群的坏人乱冲乱闯到处骚扰或仓皇奔逃的情景。

【狼吞虎咽】 láng tūn hǔ yàn　形容吃东西又猛又急的样子。

【狼心狗肺】 láng xīn gǒu fèi　形容心肠像狼和狗一样凶恶狠毒。

【狼烟四起】 láng yān sì qǐ　狼烟：古代边防报警时烧狼粪起的烟。四处都是报警的烟火。比喻战争或社会动荡不安。

【狼子野心】 láng zǐ yě xīn　狼子：狼崽子。野心：野兽凶残的本性。比喻凶暴的人习性难改。

【浪迹萍踪】 làng jì píng zōng　形容踪迹漂泊不定，就像流水和浮萍一样。〔例〕他在珠江上行船，～数十年。又作

"萍踪浪迹"。

【浪迹天涯】 làng jì tiān yá　形容到处漂泊,足迹遍及天涯海角。〔例〕为了实现儿时的梦想,他不惜远离故土,～。

【劳而无功】 láo ér wú gōng　劳:劳累,劳苦。花费了力气,却没有收到成效。

【劳苦功高】 láo kǔ gōng gāo　出了很多力,吃了很多苦,立下了很大的功劳。〔例〕在此次森林大火的扑救工作中,消防队员可谓～。

【劳民伤财】 láo mín shāng cái　既使人民劳苦,又耗费钱财。后也指滥用人力物力。

【劳师动众】 láo shī dòng zhòng　原指出动大批军队打仗。后也指动用大批人力,含有小题大作的意思。参见"兴师动众"(417页)。

【牢不可破】 láo bù kě pò　牢:坚固。破:打碎。异常坚固,不可摧毁。〔例〕中朝两国人民的友谊是～的。

【老成持重】 lǎo chéng chí zhòng　老成:老练成熟,做事有经验。持重:办事稳重,不轻举妄动。形容人老练成熟,办事谨慎稳重。〔例〕他虽然年轻,却～,搞保管工作是合适的。

【老当益壮】 lǎo dāng yì zhuàng　当:应该。益:更加。壮:豪壮。《后汉书·马援传》:"丈夫为志,穷当益坚,老当益壮。"(丈夫:指有抱负、有作为的男子。)意思是说,有抱负的人立下志向,越是窘困越要坚强,越是年老越要有雄心壮志。后用"老当益壮"表示年纪虽老而志气更旺盛,干劲更足。

【老调重弹】 lǎo diào chóng tán　见"旧调重弹"(197页)。

【老骥伏枥】 lǎo jì fú lì　骥:音寄,良马。枥:音历,马槽。

伏枥:俯向马槽,指关在马圈里。曹操《步出夏门行》诗:"老骥伏枥,志在千里。"意思是说老了的良马,虽然关在马圈里,仍旧想着去跑千里的远路。比喻有志向的人虽然年老,仍有雄心壮志。〔例〕他虽然七十高龄,对研究工作还是十分抓紧,要为人民多做贡献,真是~,志在千里。

【老奸巨猾】 lǎo jiān jù huá 老:有经验的,老练的。巨:大,引申为非常。猾:狡猾。形容世故深而手段极其奸诈狡猾的人。

【老马识途】 lǎo mǎ shí tú 老:原来的,旧有的。《韩非子·说林上》说,管仲跟随齐桓公攻打孤竹(古地名),春天去,冬天回来,迷了路。管仲说:"老马之智可用也。"就让原先从齐国带来的马在前面走,果然找到了路。比喻有经验的人对事情比较熟悉。

【老迈年高】 lǎo mài nián gāo 形容年老体衰。

【老谋深算】 lǎo móu shēn suàn 周密的筹划,深远的打算。形容人精明老练。

【老牛舐犊】 lǎo niú shì dú 舐:音试,舔。犊:音读,小牛。老牛舔小牛。比喻父母疼爱孩子。〔例〕老李晚年得子,~之情,是很可以理解的。参见"舐犊情深"(336 页)。

【老气横秋】 lǎo qì héng qiū 老气:原指老年的意气。横:充溢。宋朝黄庭坚有"老来忠义气横秋"的诗句,意思是年纪虽老,但满腔忠义之气,充满秋季寥廓的天空。后用"老气横秋"形容老练而自负的神态。现形容自高自大,摆老资格。也形容缺乏朝气。

【老生常谈】 lǎo shēng cháng tán 老生:旧指年老的书生。常:经常。老书生经常讲的话。比喻人们听惯了的没有新鲜意思的话。

【老鼠过街，人人喊打】 lǎo shǔ guò jiē, rén rén hǎn dǎ　比喻害人的东西，大家一致痛恨。

【老态龙钟】 lǎo tài lóng zhōng　龙钟：因衰老而行动不灵便的样子。形容年老体衰，行动不灵便。〔例〕祖父多年来身体不好，近半年更显得～了。

【老羞成怒】 lǎo xiū chéng nù　老：很，极。由于羞愧到了极点，下不了台而发怒。又作"恼羞成怒"。恼：生气。

【乐不可支】 lè bù kě zhī　支：支撑。形容快乐到了极点。

【乐不思蜀】 lè bù sī shǔ　蜀：古地名，相当于现四川东部中部。《三国志·蜀书·后主传》注引《汉晋春秋》说，三国时，蜀汉被司马昭灭亡后，后主刘禅被安置在魏国首都洛阳，过着豪华的生活。一天司马昭问他想不想蜀地，他回答说："此间乐，不思蜀。"后泛指在新环境中得到乐趣，不再想回到原有环境中去。

【乐道安贫】 lè dào ān pín　见"安贫乐道"（2页）。

【乐极生悲】 lè jí shēng bēi　高兴到极点时，发生使人悲伤的事。

【乐善好施】 lè shàn hào shī　乐：乐意，乐于做。好：喜好，喜爱。乐于做好事，喜欢施舍。形容慷慨解囊，乐于助人。〔例〕张老汉～，赢得村里人的敬重。〔注意〕"好"不读hǎo。

【雷打不动】 léi dǎ bù dòng　形容稳固坚定，不可动摇。也形容做事严守规矩、制度或习惯，决不更改。〔例〕每天晚饭后半个小时的散步，是我多年来～的习惯。

【雷厉风行】 léi lì fēng xíng　像雷那样猛烈，像风那样快。比喻执行政策法令严厉迅速。也形容办事声势猛烈，行动迅速。〔例〕他仍然像在部队时那样，早起晚睡，处处以身作则，工作起来～。

【**雷声大，雨点小**】léi shēng dà, yǔ diǎn xiǎo 比喻做起事来声势造得很大，实际行动却很少。

【**雷霆万钧**】léi tíng wàn jūn 霆：音停，暴雷，霹雷。钧：古代重量单位，一钧合三十斤。《汉书·贾山传》："雷霆之所击，无不摧折者；万钧之所压，无不糜灭者。"（糜：音迷，碎烂。）形容威力极大，无法阻挡。〔例〕1949 年 4 月，我解放大军百万雄师下江南，以～之势横扫残敌，很快解放了中国大陆。

【**累教不改**】lěi jiào bù gǎi 见"屡教不改"（229 页）。

【**累卵之危**】lěi luǎn zhī wēi 累卵：一层层堆起来的蛋。比喻形势极为危险。

【**冷嘲热讽**】lěng cháo rè fěng 嘲：讥笑。用尖刻辛辣的语言进行讥笑和讽刺。〔例〕我们应该热心帮助那些有困难的同学，而不是在一旁～，幸灾乐祸。

【**冷若冰霜**】lěng ruò bīng shuāng 若：像。比喻待人接物毫无感情，像冰霜一样冷。也比喻态度严正，不可接近。

【**冷眼旁观**】lěng yǎn páng guān 冷眼：冷静的眼光。指不参与其事，站在一旁看事情的发展。

【**离经叛道**】lí jīng pàn dào 离：背离，不遵守。经：指儒家的经书。道：道德规范。原指违反儒家的经典和道德规范。后泛指背离占主导地位的理论或学说。

【**离情别绪**】lí qíng bié xù 绪：情绪。指离别时惆怅、伤感的心情。

【离群索居】 lí qún suǒ jū　索：孤单。离开群体或同伴，过孤独的生活。

【离题万里】 lí tí wàn lǐ　形容写文章或说话同要讲的主题距离很远，毫不相干。常和"下笔千言"连用。〔例〕写文章要抓住中心，决不能下笔千言，～。

【离乡背井】 lí xiāng bèi jǐng　乡、井：家乡。背：离开。离开家乡到外地。又作"背井离乡"。

【离心离德】 lí xīn lí dé　心：思想。德：心意，心中的想法。指不一条心。跟"同心同德"、"一心一德"相反。〔例〕一个集体，只有同心同德，拧成一股绳，才能干好工作。～，各想各的，就什么也干不成。

【礼尚往来】 lǐ shàng wǎng lái　尚：注重。《礼记·曲礼上》："礼尚往来，往而不来，非礼也；来而不往，亦非礼也。"指礼节上应该有来有往。后也指以同样的态度或做法回答对方。〔例〕1. 新年时，小李送给我一个日记本，～，我送他一本《林海雪原》。　2. 上次我们去参观，人家那么热情，这次他们来这里商量技术合作，～，咱也要热情接待。

【礼贤下士】 lǐ xián xià shì　贤：有德有才的人。下：降低身份与人交往。士：旧指知识分子。对有德有才的人以礼相待，对一般有才能的人不计自己的身份去结交。

【李代桃僵】 lǐ dài táo jiāng　僵：音江，枯干。古乐府诗《鸡鸣》："桃生露井上，李树生桃旁。虫来啮桃根，李树代桃僵。树木身相代，兄弟还相忘。"（啮：音聂niè，咬。）意思是说李患难相共，虫咬了桃树，李树代桃树而枯死。原比喻兄弟互相爱护互相帮助。后转用来比喻互相顶替或代人受过。

【里应外合】 lǐ yìng wài hé　应：呼应。合：合围。外面攻打,里面接应。〔例〕杨子荣与小分队的同志们～,一举消灭了座山雕匪帮。〔注意〕"应"不读 yīng。

【理屈词穷】 lǐ qū cí qióng 理屈:理亏。穷:尽。理由站不住脚,被驳得没话可说。

【理所当然】 lǐ suǒ dāng rán 当然:应当这样。按道理应当这样。〔例〕多劳多得、按劳取酬是～的事,这是社会分配制度进步的表现。

【理直气壮】 lǐ zhí qì zhuàng 直:正确,合理。理由充分,说话气势就壮。

【力不从心】 lì bù cóng xīn 从:顺从。心里想做,可是力量够不上。

【力不胜任】 lì bù shèng rèn 胜任:担当得起或承受得住。能力担负不了。

【力排众议】 lì pái zhòng yì 力:竭力。排:排除。众议:各种议论。竭力排除各种议论,使自己的意见占上风。〔例〕有些干部怕修渠费工费钱,主张暂时不搞。村长～,让大家从长远利益出发考虑问题,决定冬季就开工。

【力穷势孤】 lì qióng shì gū 穷:尽。力量耗尽,势力孤单。形容孤立无援的困难处境。〔例〕楚汉之争,以项羽～、自刎于乌江而告终。

【力所能及】 lì suǒ néng jí 力:体力,能力。及:达到。在自己力量的限度内所能做到的。〔例〕年老体弱的同志,可以根据具体情况,做一点～的工作。

【力透纸背】 lì tòu zhǐ bèi 形容书法刚劲有力,笔锋简直要透到纸张背面。也形容诗文立意深刻,词语精练。〔例〕这篇文章简短深刻,～。

【力挽狂澜】lì wǎn kuáng lán　力：尽力，努力。挽：音碗，拉。澜：大浪。比喻尽力挽回危险的局势。

【力争上游】lì zhēng shàng yóu　上游：河的上流，比喻先进。努力争取先进。〔例〕我们班的同学个个～，形成了好学上进的浓厚风气。

【历尽沧桑】lì jìn cāng sāng　沧桑：沧海桑田，指沧海变成农田，农田变成沧海，比喻世事变化很大。形容经历了各种世事变化。〔例〕在过去的一百多年间，中国人民～，在奋起斗争的过程中进行了伟大的历史变革，取得了令世人瞩目的成就。

【历历可数】lì lì kě shǔ　历历：一个个清楚分明。形容事物真切分明，可一一数清楚。〔注意〕"数"不读 shù。

【历历在目】lì lì zài mù　指远方的景物看得清清楚楚，或过去的事清清楚楚地重现在眼前。

【厉兵秣马】lì bīng mò mǎ　厉：磨。兵：兵器。秣：音末，喂。《左传·僖公三十三年》："郑穆公使视客馆，则束载厉兵秣马矣。"（客：宾客。束：捆。载：装车。）磨好兵器，喂好马。形容准备战斗。又作"秣马厉兵"。

【厉行节约】lì xíng jié yuē　厉：严格，切实。严格地实行节约。〔例〕必须～，反对浪费。

【立竿见影】lì gān jiàn yǐng　立：树立。在阳光下把竿子竖起来，立刻就看到影子。比喻立刻见到功效。〔例〕用这种农药灭虫，～，很快就消灭了病虫害。

【立功赎罪】lì gōng shú zuì　赎罪：用行动来抵消罪过。以立功来抵偿罪过。又作"立功自赎"。

【立功自赎】lì gōng zì shú　见"立功赎罪"（本页）。

【立身处世】 lì shēn chǔ shì　立身:做人。处世:指在社会上活动,与人往来。指立足于社会,与人交往相处。〔注意〕"处"不读 chù。

【立足之地】 lì zú zhī dì　站脚的地方。也比喻容身的处所。

【励精图治】 lì jīng tú zhì　励:音利,振作,振奋。图:谋求。振奋精神,想办法治理好国家。

【利害攸关】 lì hài yōu guān　攸:音优,所。利害所关。指有密切的利害关系。〔例〕解决环境污染问题,是与人民健康～的一件大事。

【利令智昏】 lì lìng zhì hūn　智:理智,聪明。因贪图私利而失去理智,把什么都忘了。

【利欲熏心】 lì yù xūn xīn　欲:欲望。熏:熏染。贪财图利的欲望迷住了心窍。〔例〕对于那些～的投机倒把分子必须予以打击。

【例行公事】 lì xíng gōng shì　旧指按照惯例处理公务。现多指工作走形式,办事刻板,不求实效。

【连绵不断】 lián mián bù duàn　指连续不间断。〔例〕～的小雨缓解了这里的旱情。

【连篇累牍】 lián piān lěi dú　连篇:一篇接着一篇。累:积累,重重叠叠。牍:音独,古代写字用的木片。形容文辞长,篇幅多。

【联翩而至】 lián piān ér zhì　翩:音偏。联翩:连续不断。至:到。形容人接连来到(多用于大的集会)。〔例〕参加联欢会的客人～,会场里越来越热闹。

【廉洁奉公】 lián jié fèng gōng　指做官不损公肥私,不

贪污，奉行公事。

【恋恋不舍】 liàn liàn bù shě　非常留恋，舍不得离开。〔例〕同学们到部队军训几个月，和战士们建立了感情，分手时大家都～。〔注意〕"舍"不读 shè。

【良辰美景】 liáng chén měi jǐng　良：良好，美好。辰：时辰，时光。美好的时光和景色。

【良师益友】 liáng shī yì yǒu　良：好。使人得到教益和帮助的好老师和好朋友。〔例〕一位读者来信说，这本词典是我生活中的～。

【良药苦口】 liáng yào kǔ kǒu　《孔子家语·六本》："良药苦于口而利于病，忠言逆于耳而利于行。"比喻衷心的劝告，尖锐的批评，听起来觉得不舒服，但对改正缺点错误很有益处。〔例〕大家的批评是尖锐了些，但～，对你是会有帮助的。

【良莠不齐】 liáng yǒu bù qí　良：善良，比喻好人。莠：音友，狗尾草，是一种混在禾苗中的野草，样子很像谷子，常用来比喻坏人。好人坏人都有，夹杂在一起。〔注意〕"莠"不能读作 xiù。

【梁上君子】 liáng shàng jūn zǐ　《后汉书·陈寔传》上说，有一个窃贼夜间到陈寔家里去偷东西，躲在屋梁上，陈寔把他叫做梁上君子。后用作窃贼的代称。

【两败俱伤】 liǎng bài jù shāng　败：失利。俱：都，全。斗争双方都受到损伤，谁也没得到好处。

【两面三刀】 liǎng miàn sān dāo　比喻耍两面派手法，当面一套，背后一套。〔例〕～，口是心非，说假话，吹牛皮，这些都是官场上某些人惯用的伎俩。

【两全其美】 liǎng quán qí měi　全：顾全。美：好。指做

一件事顾全到两方面，使彼此都能得到好处。

【两相情愿】 liǎng xiāng qíng yuàn 指双方都愿意。

【两小无猜】 liǎng xiǎo wú cāi 猜：猜疑。唐朝李白《长干行》诗："郎骑竹马来，绕床弄青梅。同居长干里，两小无嫌猜。"指男女小时候在一起玩耍，没有猜疑。

【两袖清风】 liǎng xiù qīng fēng 比喻做官廉洁。

【量才录用】 liàng cái lù yòng 量：音亮，衡量(liáng)。录用：录取使用。根据才能大小分配一定工作。〔注意〕"量"不读 liáng。

【量力而为】 liàng lì ér wéi 见"量力而行"(本页)。

【量力而行】 liàng lì ér xíng 量：估量。行：做，办事。按照自己力量的大小去做，不要勉强。〔例〕这次劳动比较重，身体不好的人可以～。又作"量力而为"。为：做。

【量入为出】 liàng rù wéi chū 量：估计，衡量。根据收入的多少来定开支的限度。

【量体裁衣】 liàng tǐ cái yī 量：估量。按照身材裁剪衣服。比喻按照实际情况办事。〔例〕俗话说："看菜吃饭，～"，我们无论做什么事，都要实事求是，根据情况来确定处理的办法。〔注意〕"量"不读 liáng。

【聊胜于无】 liáo shèng yú wú 聊：音疗，稍，略微。比完全没有稍好一些。

【聊以自慰】 liáo yǐ zì wèi 聊：姑且。姑且用来安慰自己。

【聊以卒岁】 liáo yǐ zú suì 聊：姑且，勉强。卒：终结。勉强地度过一年。〔例〕他解放前当公务员时，不得不终日奔波,额外找些工作补贴家用,～。

【寥寥无几】 liáo liáo wú jǐ　寥:音疗。寥寥:稀少。非常稀少,没有几个。〔例〕从前,我们县的学校～,现在可是每个村都有了学校。

【寥若晨星】 liáo ruò chén xīng　寥:稀少。稀少得好像早晨的星星。形容数量很少。

【了如指掌】 liǎo rú zhǐ zhǎng　了:明了,明白。指掌:指着手掌。形容对事物了解得非常清楚,像把东西放在手掌里指给人家看一样。〔例〕他是这儿的老牧民,对这一带的地形～。

【料事如神】 liào shì rú shén　料:预料。形容预料事情非常准确。〔例〕1. 我们虽然不能～,但掌握了事物的发展规律,掌握了辩证法,我们就可以正确地预见未来。2. 诸葛亮～,巧借东风,在赤壁用火攻打败了曹军,创造了战争史上以少胜多的奇迹。

【劣迹昭著】 liè jì zhāo zhù　劣迹:恶劣的行迹,罪行。昭著:明显,显著。恶劣的事迹非常明显。

【烈火见真金】 liè huǒ jiàn zhēn jīn　见:显现出。真金是不怕烈火烧的,所以只有在烈火中才能鉴别出是不是真金。比喻在关键时刻最能考验人。〔例〕～,在革命斗争的艰苦岁月里,成千上万的共产党员出生入死,许多人英勇牺牲,显示了他们坚贞不屈的高贵品质。

【林林总总】 lín lín zǒng zǒng　形容众多纷纭的样子。〔例〕《红楼梦》描绘了～的众多人物,而且刻画得那样鲜明、深刻。

【临机应变】 lín jī yìng biàn　临机:掌握时机。遇到情况时,灵活机动地应付突然发生的情况。〔注意〕"应"不读yīng。

【临渴掘井】 lín kě jué jǐng　临:临到。到口渴才掘井。比喻事先没有准备,临时才想办法。〔例〕汛期到来之前就应作准备,不要～。

【临时抱佛脚】 lín shí bào fó jiǎo　指平时不行善事,有急难时才向佛求救。比喻平时不做准备,事到临头才匆忙应付。〔例〕学习要靠平时努力,不能到考试前才～。

【临危不惧】 lín wēi bù jù　临:碰到,遭遇。惧:害怕。遇到危难的时候,一点也不怕。

【临危授命】 lín wēi shòu mìng　授命:献出生命。指遇到危难时勇于献出自己的生命。

【临渊羡鱼】 lín yuān xiàn yú　渊:深潭。羡:羡慕。面对着深潭羡慕那里面的鱼。比喻空有愿望,却不采取实际行动。

【临阵磨枪】 lín zhèn mó qiāng　到了快要上阵打仗的时候才磨刀擦枪。比喻事到临头才匆忙准备。〔例〕学习要靠平时努力,不要～,到考试前才用功。

【临阵脱逃】 lín zhèn tuō táo　脱:离开。临要打仗时逃跑了。也比喻到了紧要关头退避逃避。

【淋漓尽致】 lín lí jìn zhì　淋漓:尽情,畅快。尽致:达到极点。形容文章或说话表达得非常充分、透彻,或非常痛快。〔例〕《儒林外史》对封建社会文人的丑态作了～的描写。

【琳琅满目】 lín láng mǎn mù　琳琅:美玉,比喻珍贵的东西。满眼都是珍贵的东西。形容美好的事物很多。〔例〕展览会展出的工艺美术品～,美不胜收。

【鳞次栉比】 lín cì zhì bǐ　栉:音质,梳子,篦子。像鱼鳞和梳子齿一样有次序地排比着。多用来形容房屋或船只等排列得很密很整齐。〔例〕湘江两岸,新建的工厂～。〔注意〕"栉"不能读作 jié。

【麟凤龟龙】 lín fèng guī lóng　麟:麒麟。凤:凤凰。龟:乌龟,古人因龟长寿,甲可用于占卜,看成是灵物。《礼记·礼运》:"麟凤龟龙,谓之四灵。"(灵:神物。)比喻稀有珍贵的东西。也比喻品格高尚、受人敬仰的人。

【凛然正气】 lǐn rán zhèng qì　凛然:令人敬畏的样子。令人敬畏的刚正气节。

【伶牙俐齿】 líng yá lì chǐ　伶、俐:聪明,灵活。形容人机灵,很会说话。

【灵丹妙药】 líng dān miào yào　灵丹:灵验的药。迷信的人认为灵丹妙药能医治百病。后比喻幻想中的某种能解决一切问题的有效方法。〔例〕做人的思想工作并没有什么～,有效的方法是耐心细致地说理。又作"灵丹圣药"。

【灵丹圣药】 líng dān shèng yào　见"灵丹妙药"(本页)。

【玲珑剔透】 líng lóng tī tòu　多形容器物精致通明,结构细巧(多指镂空的手工艺品和供玩赏的太湖石等)。也形容诗文作品精巧优美或人聪明伶俐。〔例〕工艺展览会上展出了一种镂空的象牙球,九层叠套在一起,每层都能自由转动,真是～,精巧之至。

【零敲碎打】 líng qiāo suì dǎ　以零零碎碎、断断续续的方式进行工作或处理事情。〔例〕他没有时间系统地学习这门专业,全靠平时～。

【另辟蹊径】 lìng pì xī jìng　辟:开辟。蹊径:途径。指另外开辟一条路。比喻另创一种新的方法或风格。〔例〕他勇于不拘成法，～，取得了事业上的成功。

【另起炉灶】 lìng qǐ lú zào 比喻放弃原来的，另外从头做起。〔例〕这本书初版很早，内容已经陈旧，这次修订，差不多等于～，重写一遍。

【另眼相看】 lìng yǎn xiāng kàn 用另一种眼光看待。指看待某个人不同于一般。也指不被重视的人得到重视。

【令人发指】 lìng rén fà zhǐ 发指：头发竖了起来。形容使人极度愤怒。〔例〕纳粹法西斯的种种暴行，一提起来，就～。

【令人神往】 lìng rén shén wǎng 神往：心里向往。使人很向往。〔例〕他从黄山归来，讲起云海胜景，听了真～。

【令人作呕】 lìng rén zuò ǒu 呕：吐。叫人恶(ě)心。比喻使人极端厌恶(wù)。

【令行禁止】 lìng xíng jìn zhǐ 下令行动就立即行动，下令停止就立即停止。形容法令严正，雷厉风行。

【流芳百世】 liú fāng bǎi shì 流：流传。芳：香，比喻好名声。百世：古人以三十年为一世，百世比喻时间极其久远。好的名声永远流传下去。〔例〕"巴黎公社"是世界上第一个无产阶级的革命政权，它将永垂史册，～。

【流离失所】 liú lí shī suǒ 流离：指为生活所迫，离开本乡本土，到处流浪。失所：失掉安身的地方。无处安身，到处流浪。〔例〕全球目前有上千万儿童因战乱～。

【流离转徙】 liú lí zhuǎn xǐ 徙：音洗，迁移。辗转迁移，无处安身。〔注意〕"徙"不能写作"徒"。

【流连忘返】 liú lián wàng fǎn 流连：也写作"留连"，玩乐时留恋不愿离开。留恋得忘记了回去。〔例〕西湖景色秀丽,使人～。

【流水不腐,户枢不蠹】 liú shuǐ bù fǔ, hù shū bù dù
腐:臭。枢:音书。户枢:门的转轴。蠹:音度,虫蛀。《吕氏
春秋·尽数》:"流水不腐,户枢不蝼,动也。"(蝼:音楼,腐臭。)
意思是流动的水不会发臭,经常转动的门轴不会腐烂,原因
就在于它们经常在动。通常写作"流水不腐,户枢不蠹",比
喻经常运动的东西不易受侵蚀。

【流言蜚语】 liú yán fēi yǔ　蜚:同"飞"。流言、蜚语:毫
无根据的话。指背后散布的诽谤性的坏话。

【柳暗花明】 liǔ àn huā míng　垂柳浓密,鲜花夺目。形
容柳树成荫、繁花似锦的春天景象。也比喻经过一番曲折
后,出现新的局面。多指由逆境转变为充满希望,前途光明
的顺境。

【柳绿桃红】 liǔ lù táo hóng　见"桃红柳绿"(354 页)。

【六亲不认】 liù qīn bù rèn　六亲:父、母、兄、弟、妻、子,
也泛指所有的亲属。对所有的亲属,一概不理睬。形容人没
有情义或不讲情面。

【六神无主】 liù shén wú zhǔ　六神:道家指主宰人心、
肺、肝、肾、脾、胆的神。形容惊慌着急,没了主意,不知如何
才好。

【龙飞凤舞】 lóng fēi fèng wǔ　形容书法笔势有力,灵活
舒展。〔例〕这条横幅写得真是～。

【龙马精神】 lóng mǎ jīng shén　龙马:骏马。形容精神
健旺,像骏马一样。

【龙盘虎踞】 lóng pán hǔ jù　盘:盘曲,回旋环绕。踞:音
巨,蹲。形容地势雄伟险要(特指南京)。〔例〕南京背负钟

山,面临大江,形势险要,自古被称为～之地。又作"虎踞龙盘"。

【龙潭虎穴】 lóng tán hǔ xué 潭:深水坑。穴:地洞。龙潭、虎穴:指龙虎藏身的地方。比喻极险恶的地方。〔例〕为了消灭座山雕匪帮,杨子荣决心深入～,只身打进威虎山。

【龙腾虎跃】 lóng téng hǔ yuè 像龙在飞腾,虎在跳跃。形容动作矫健有力,场面热烈而有生气。也比喻奋起行动,有所作为。〔例〕两支队伍～地展开了一场热火朝天的竞赛。

【龙骧虎步】 lóng xiāng hǔ bù 骧:音襄,马昂头,引申为抬头上举。如龙昂头,如虎迈步。形容人昂首阔步、威武雄壮的样子。

【龙吟虎啸】 lóng yín hǔ xiào 如龙吟唱,如虎咆啸。比喻声音洪亮。也比喻气势宏大。〔例〕1. 山风吹来,松林里发出一阵阵～般的响声。2. 看到这昔日的战场,老将军沉默良久,仿佛又回到金戈铁马、～的年代。

【龙争虎斗】 lóng zhēng hǔ dòu 形容斗争或竞赛很激烈。〔例〕场上两个摔跤运动员～,赢得了观众一阵阵热烈的掌声。

【镂骨铭心】 lòu gǔ míng xīn 镂:雕刻。铭:铭刻。形容牢记于心,不能忘怀。

【漏洞百出】 lòu dòng bǎi chū 形容说话、做事等不周密,破绽很多。〔例〕这部电影制作粗糙,情节～,公映以来一直反响不佳。

【漏网之鱼】 lòu wǎng zhī yú 比喻侥幸逃脱的人。今多指罪犯。

【庐山真面目】 lú shān zhēn miàn mù 庐山:我国名山,

在江西省。宋朝苏轼《题西林壁》诗:"不识庐山真面目,只缘身在此山中。"(缘:由于。)意思是说不认识庐山的真面目,只因为自己在这个山中。后用"庐山真面目"比喻事物的真相或人的本来面目。

【炉火纯青】lú huǒ chún qīng　道教炼丹,认为炼到炉里的火发出纯青色的火焰时就算成功了。后用来比喻功夫达到了纯熟完美的境界。〔例〕这位作家后期的散文生动活泼,明确简洁,已经到了～的地步。

【鲁莽灭裂】lǔ mǎng miè liè　鲁莽:也写作"卤莽"。灭裂:草率。形容行动粗鲁莽撞,做事草率。〔例〕战争中的攻守进退,要作慎重周密的考虑。不顾形势,全然不讲退却,实在是一种～的做法。

【鲁鱼帝虎】lǔ yú dì hǔ　见"鲁鱼亥豕"(本页)。

【鲁鱼亥豕】lǔ yú hài shǐ　豕:音史,猪。把"鲁"字错成"鱼"字,"亥"字错成"豕"字。古代篆书"鲁"和"鱼"、"亥"和"豕"字形相似,容易写错。指书籍在传写或刻印过程中的文字错误。又作"鲁鱼帝虎"。

【鹿死谁手】lù sǐ shuí shǒu　鹿:比喻政权,也比喻追逐争夺的对象。原比喻不知政权会落在谁的手里。现在也泛指在竞赛中不知谁会取得最后的胜利。〔例〕这两个球队的实力不相上下,这次比赛～尚难预料。

【绿林好汉】lù lín hǎo hàn　绿:音录。绿林:古代山名,在今湖北省,西汉末年农民起义军聚集的地方。指聚集山林反抗统治者的武装。旧时也指聚众行动的群盗股匪。〔注意〕"绿"不读lǜ。

【碌碌无为】lù lù wú wéi　碌碌:平庸的样子。平庸无能,无所作为。

【路不拾遗】 lù bù shí yí　遗:丢失的东西。路上没有人把别人丢失的东西捡走。形容社会风气好。又作"道不拾遗"。

【路遥知马力,日久见人心】 lù yáo zhī mǎ lì, rì jiǔ jiàn rén xīn　遥:远。路途遥远才能知道马的耐力大小,日子长了才能看出人心的好坏。又作"路遥知马力,事久见人心"。

【路遥知马力,事久见人心】 lù yáo zhī mǎ lì, shì jiǔ jiàn rén xīn　见"路遥知马力,日久见人心"(本页)。

【戮力同心】 lù lì tóng xīn　戮:音录。戮力:合力。同心:齐心。齐心合力。〔例〕汛期将至,长江流域上下正～,扎实备汛。

【露宿风餐】 lù sù fēng cān　见"风餐露宿"(113页)。

【驴唇不对马嘴】 lǘ chún bù duì mǎ zuǐ　比喻答非所问或两下不相合。〔例〕这个比方打得不恰当,简直是～。又作"牛头不对马嘴"。

【旅进旅退】 lǚ jìn lǚ tuì　旅:众人,引申为共同。与众人一起进退。也形容跟着大家走,自己没有什么主张。

【屡次三番】 lǚ cì sān fān　屡次:不止一次。三番:许多次。形容反复多次。〔例〕他～来说,我都没有同意。

【屡见不鲜】 lǚ jiàn bù xiān　屡:屡次,常常。鲜:新鲜,新奇。常常见到,并不新奇。又作"数见不鲜"。数:音硕shuò,屡次。

【屡教不改】 lǚ jiào bù gǎi　屡:屡次,多次。多次教育,仍不改正。〔例〕对于～的坏人,必须给予严厉惩处。又作

"累教不改"。累：音垒，屡次。

【屡试不爽】 lǚ shì bù shuǎng　爽：差错。屡次试验都不错。〔例〕科研小组研制的新仪器灵敏可靠，～，不久就可以批量生产了。

【绿草如茵】 lù cǎo rú yīn　茵：垫子，褥子。绿油油的草地，就像地上铺的褥子。〔例〕这里群山环抱，～，景色十分优美。

【乱七八糟】 luàn qī bā zāo　形容非常杂乱，毫无条理和秩序，不像个样子。

【略见一斑】 lüè jiàn yī bān　略：大致。斑：斑纹。《世说新语·方正》："此郎亦管中窥豹，时见一斑。"从竹管中看豹，有时也能看到豹身上的一个斑纹。后用"略见一斑"比喻从看到的一部分可以推知全体。〔例〕我国工业的发展，从广州交易会的各种展品中，便可～。参见"管中窥豹"（140页）。

【略胜一筹】 lüè shèng yī chóu　略：稍微。胜：超过。筹：筹码，计数的用具。比较起来，稍微好一些。〔例〕这场篮球虽然打平了，但从两队的技术水平看，客队还是～。又作"稍胜一筹"。

【沦肌浃髓】 lún jī jiā suǐ　沦：浸没在水中。浃：音加，湿透。透入肌肉和骨髓。比喻感受深刻。

【论功行赏】 lùn gōng xíng shǎng　论：衡量。行：施行。《管子·地图》："论功劳，行赏罚。"指衡量功劳的大小，分别给以奖赏。

【罗雀掘鼠】 luó què jué shǔ　罗：张网。《新唐书·张巡传》中说，张巡守睢阳，被围数月，粮食断绝，只好张网捕捉麻雀、掘洞捕捉老鼠来充饥。比喻想尽办法筹措财物。

【荦荦大端】 luò luò dà duān 荦:音落。荦荦:明显。端:项目。指主要的项目,明显的要点。〔例〕今年我省建设项目达数十项之多,其~者则有氮肥厂、化纤厂、合成橡胶厂、电视机厂等七项。

【络绎不绝】 luò yì bù jué 络绎:音落易,连续不断。形容行人车马来来往往,接连不断。〔例〕大街上车辆行人~。

【落花流水】 luò huā liú shuǐ 五代南唐李煜词《浪淘沙》:"落花流水春去也。"原形容暮春春色衰败。后常用来比喻被打得大败。〔例〕敌人被打得~,四散奔逃。

【落荒而逃】 luò huāng ér táo 落荒:离开大路,走向荒野。形容吃了败仗慌张逃跑。

【落井下石】 luò jǐng xià shí 井:指陷阱。唐朝韩愈《柳子厚墓志铭》:"……落陷穽,不一引手救,反挤之,又下石焉者,皆是也。"("穽"同"阱"。)意思是看见人要掉进陷阱里,不伸手救他,反而推他下去,又扔下石头。比喻乘人有危难时加以陷害。

【落落大方】 luò luò dà fāng 落落:坦率,开朗。形容言谈举止自然大方。

【落落寡合】 luò luò guǎ hé 落落:孤独的样子。寡:少。形容跟别人合不来。〔例〕小陈性情孤僻,~,跟他童年的不幸遭遇有关。

M

【麻痹大意】má bì dà yì　麻痹:肢体失去知觉。比喻疏忽大意,失去警惕性。〔例〕敌人很狡猾,你们千万不可~,应当找个隐蔽的地方。

【麻木不仁】má mù bù rén　不仁:丧失知觉。肢体麻痹,失去知觉。比喻对外界事物反应迟钝或漠不关心。〔例〕这种事情听的见的多了,就不再激愤,而是变得~了。

【马齿徒增】mǎ chǐ tú zēng　徒:徒然,白白地。马的牙齿随着年龄的增长而添换,所以根据马齿的多少可判定马的年龄。比喻年岁增长,但学问没有长进或事业没有成就。常用作自谦。

【马到成功】mǎ dào chéng gōng　常与“旗开得胜”连用。古时打仗,将领骑马冲杀在前,故以“旗开得胜,马到成功”祝愿迅速取得战事的胜利。后形容事情顺利,刚开始就取得成功。

【马革裹尸】mǎ gé guǒ shī　革:皮革。用马皮把尸体裹起来。《后汉书·马援传》:“男儿要当死于边野,以马革裹尸还葬耳。”(要当:应当。)指英勇牺牲在战场。

【马首是瞻】mǎ shǒu shì zhān　是:复指代词,这里指代前面的名词“马首”。瞻:看。《左传·襄公十四年》:“唯余马首是瞻。”原意是只看着我马头的方向,决定进退。后用“马首是瞻”比喻追随某人行动。

【埋头苦干】 mái tóu kǔ gàn　专心一意地刻苦工作。

【买椟还珠】 mǎi dú huán zhū　椟：音读，木匣子。《韩非子·外储说左上》里说，一个楚国人把珍珠放在一个装潢华丽的木匣子里到郑国去卖。郑国人不识货，买下匣子，退还了珍珠。后用"买椟还珠"比喻没有眼力，取舍不当。

【买空卖空】 mǎi kōng mài kōng　一种商业投机活动。投机者预料某种股票、债券或外币等要涨价时就买进来，等价格上涨后再卖出去；或预料要跌价时就卖出去，等价格下跌后再买进来。买卖双方都没有货款出入，只就进出之间的差价结算盈亏。也用来比喻在学术、政治或社会活动中招摇撞骗的投机行为。

【卖儿鬻女】 mài ér yù nǚ　鬻：音玉，卖。指因生活所迫，出卖自己的儿女。〔注意〕"鬻"不能读作 zhōu。

【卖官鬻爵】 mài guān yù jué　爵：爵位。收取贿赂，出卖官爵。形容有权势的人靠出卖官职来聚敛财富的丑恶行为。

【卖国求荣】 mài guó qiú róng　出卖国家利益，谋求个人的荣华富贵。〔例〕汪精卫投靠日本帝国主义，～，被永远钉在历史的耻辱柱上。

【卖身投靠】 mài shēn tóu kào　出卖自己，投靠有权势的人。多指丧失人格，充当权贵或恶势力的工具或帮凶。

【蛮横无理】 mán hèng wú lǐ　态度粗暴，不讲道理。又作"横蛮无理"。〔注意〕"横"不读 héng。

【瞒上欺下】 mán shàng qī xià　瞒骗上级，欺压下属。

【瞒天过海】 mán tiān guò hǎi　比喻背着当事人，做他不同意做的事。

【满城风雨】mǎn chéng fēng yǔ 宋朝潘大临《题壁》诗："满城风雨近重阳。"意思是重阳将近的时候,满城秋风秋雨(见惠洪《冷斋夜话》)。后用"满城风雨"比喻某一事件传播很广,到处议论纷纷(多指不好的事)。

【满腹狐疑】mǎn fù hú yí 狐疑:狐狸性多疑,所以称多疑为狐疑。一肚子疑惑。形容疑虑重重,犹豫不决。

【满腹经纶】mǎn fù jīng lún 经纶:指才学。用来称人饱学,有才能。

【满面春风】mǎn miàn chūn fēng 春风:春天时温暖的风,比喻人喜悦舒畅的表情。形容和蔼愉快的面容。又作"春风满面"。

【满目疮痍】mǎn mù chuāng yí 见"疮痍满目"(68页)。

【满腔热忱】mǎn qiāng rè chén 热忱:热情。心里充满热烈真挚的感情。〔例〕他总是~地帮助别人。

【满园春色】mǎn yuán chūn sè 整个园子里一片春天的景色。比喻欣欣向荣的景象。〔例〕改革开放以来,艺坛上出现了~、百花盛开的新局面。

【满载而归】mǎn zài ér guī 满:满满地。载:装载。装得满满地回来。比喻收获很大。

【满招损,谦受益】mǎn zhāo sǔn,qiān shòu yì 语出《尚书·大禹谟》。意思是说,自满会招致损失,谦虚可以得到益处。〔例〕~,我们要牢牢记住这句话,切不可因取得了一点成绩就骄傲自满。

【漫不经心】màn bù jīng xīn 漫:随便。随随便便,不放在心上。

【漫山遍野】 màn shān biàn yě　漫:满。遍:到处。山上和田野里到处都是。形容很多。〔例〕十月的香山,～的红叶,就像是一片片的火焰。

【漫无边际】 màn wú biān jì　形容非常广阔,一眼望不到边。也比喻说话、写文章空泛无物,离题太远。〔例〕1. 来到郊区,展现在眼前的是～的麦田。　2. 这篇文章写得～,中心不突出。

【慢条斯理】 màn tiáo sī lǐ　原指说话做事不慌不忙,有条有理。后也形容说话做事慢腾腾的。

【芒刺在背】 máng cì zài bèi　芒:谷类种子壳上的细刺。像有芒和刺扎在背上一样。形容坐立不安。

【忙里偷闲】 máng lǐ tōu xián　在繁忙中抽出一点空闲时间。〔例〕每年一到年底,工作就忙得不可开交。～地去逛逛书店,就成了很奢侈的事。

【盲人摸象】 máng rén mō xiàng　盲人:瞎子。佛经中一个寓言说,几个瞎子摸一只大象,摸到腿的说大象像一根柱子,摸到身躯的说大象像一堵墙,摸到尾巴的说大象像一条蛇,大家争论不休。比喻对事物只凭片面的了解或局部的经验,就乱加猜测,想作出全面的判断。〔例〕如果我们仅仅根据一个乡、镇的特殊情况就作出适用于全县的普遍性结论,将难免被讥笑为～。

【盲人瞎马】 máng rén xiā mǎ　《世说新语·排调》:"盲人骑瞎马,夜半临深池。"比喻盲目行动,后果十分危险。

【茫然若失】 máng rán ruò shī　茫然:失意的样子。形容心中迷惘,如有所失。〔例〕忧伤压住了他的心,使他感到一种没着落的空虚,他站在那里,～。

【猫鼠同眠】 māo shǔ tóng mián 猫同老鼠睡在一起。用来比喻上司失职，包庇下属干坏事。

【毛骨悚然】 máo gǔ sǒng rán 悚：音耸。悚然：恐惧的样子。形容十分恐惧。〔例〕这本书记载了法西斯党卫军的种种暴行，读来使人～。〔注意〕"悚"不能读作 shù。

【毛遂自荐】 máo suì zì jiàn 毛遂：战国时赵国平原君的门客。荐：推荐，介绍。《史记·平原君列传》上说，秦兵进攻赵国，平原君要到楚国去求援，毛遂自我推荐跟随前去。平原君和楚王谈判没有结果，毛遂挺身而出，陈述利害，楚王才答应派兵去救赵国。后用"毛遂自荐"比喻自告奋勇，自己推荐自己去担任某项工作。〔例〕我们施工队缺一个管账的，他就～了。

【茅塞顿开】 máo sè dùn kāi 见"顿开茅塞"（98 页）。

【冒名顶替】 mào míng dǐng tì 假冒别人的姓名，窃取他的权利、地位，或代他去做某事。

【冒天下之大不韪】 mào tiān xià zhī dà bù wěi 冒：冒犯。韪：音伟，是，对（常和否定词连用）。大不韪：最大的不是。去干普天下的人都认为不对的事情。指不顾舆论的谴责而去干坏事。

【貌合神离】 mào hé shén lí 貌：外表。神：精神。表面上关系很密切，实际上是两条心。

【没精打采】 méi jīng dǎ cǎi 见"无精打采"（391 页）。

【眉飞色舞】 méi fēi sè wǔ 色：脸色。形容人得意兴奋的样子。

【眉开眼笑】 méi kāi yǎn xiào 形容十分高兴的样子。〔例〕看你～的，一定是遇上什么喜事了。

【眉来眼去】 méi lái yǎn qù 用眉眼来传递情意。多指男女间相互传情。

【每况愈下】 měi kuàng yù xià 语出《庄子·知北游》。原作"每下愈况"，意思是越往下越明显。（况：明显。）后多作"每况愈下"，表示情况越来越坏。〔例〕由于管理不善，这家饭店的经营～，眼看就要破产了。

【美不胜收】 měi bù shèng shōu 胜：尽，完。收：接受。形容好的东西很多，一时看不过来。〔例〕展览馆大厅陈列着许多新产品，丰富多彩，～。

【美中不足】 měi zhōng bù zú 不足：不够。大体很好，但还有缺点。〔例〕这种汽车性能很好，～的是价钱贵了些。

【门当户对】 mén dāng hù duì 门、户：旧时指家族的门第等级。当：相当，相等。指结亲的男女双方家庭的社会地位和经济状况相当。

【门户之见】 mén hù zhī jiàn 门户：比喻宗派。见：成见。因派别不同而产生的成见（多用于学术上或艺术上）。

【门可罗雀】 mén kě luó què 罗：网。大门前面可以张起网来捕捉雀。形容十分冷落。

【门庭若市】 mén tíng ruò shì 庭：院子。若：好像。市：集市。门前和院子里人很多，像市场一样。形容来的人很多，非常热闹。〔例〕这个区中心医院用中药医治老年性气管炎非常有效，门诊部每天～。

【扪心无愧】 mén xīn wú kuì 扪：按，摸。摸着胸口自问没有愧疚。指心平坦荡、光明磊落，没有什么愧疚的地方。

【扪心自问】 mén xīn zì wèn 扪：按，摸。摸着胸口，自己问自己怎么样。指自我反省。

【蒙混过关】méng hùn guò guān　蒙混:用欺骗的手段使人相信虚假的事物。关:关口,比喻审查询问。指隐瞒真实的身份或情况,骗取通过。

【蒙昧无知】méng mèi wú zhī　蒙昧:不明事理。无知:缺乏知识。指糊涂不懂事理。〔例〕教唆犯就是利用一些青少年的～,来诱骗他们走上了犯罪的道路。

【梦幻泡影】mèng huàn pào yǐng　原为佛教用语,指梦境、幻觉、水泡和影子。后比喻空虚而容易破灭的幻想。

【梦寐以求】mèng mèi yǐ qiú　寐:音昧,睡着了。做梦的时候都在追求。形容迫切地期望着。〔例〕1949年新中国成立,实现了中国人民近百年来～的理想。

【弥天大谎】mí tiān dà huǎng　弥:音迷,满。弥天:满天,形容极大。天大的谎话。

【弥天大罪】mí tiān dà zuì　弥天:满天。形容极大的罪过。

【迷途知返】mí tú zhī fǎn　迷途:迷失道路。返:又写作"反",回。比喻发觉自己犯了错误,知道改正。

【米珠薪桂】mǐ zhū xīn guì　珠:珍珠。薪:柴火。米贵得像珍珠,柴贵得像桂木。形容物价极其昂贵。〔例〕旧社会～,物价有时一天连涨几次,劳动人民很难得到温饱。

【密云不雨】mì yún bù yǔ　满天乌云不下雨。比喻事情正在酝酿,一时还没有发作。

【绵里藏针】mián lǐ cáng zhēn　丝绵里藏着针刺。比喻柔中有刚。

【绵延起伏】mián yán qǐ fú　绵延:延续不断。形容山势高低起伏,连绵不绝。〔例〕五百里井冈~,巍峨壮丽,让人流连忘返,思绪万千。

【勉为其难】 miǎn wéi qí nán　勉:勉强。为:做。勉强去做感到困难的事。

【面黄肌瘦】 miàn huáng jī shòu　肌:肌肉。形容消瘦有病的样子。

【面面俱到】 miàn miàn jù dào　俱:都。各方面都照顾到,没有遗漏疏忽。也指虽然照顾到各方面,但一般化。〔例〕1. 旅行社~的服务让大家很满意。　2. 总结应当突出一两个主要问题,不一定要~。

【面面相觑】 miàn miàn xiāng qù　觑:音去,看。你看我,我看你,不知道如何是好。形容人们因惊惧或无可奈何而互相望着,都不说话。〔注意〕"觑"不能读作 xū。

【面目全非】 miàn mù quán fēi　样子完全不同了。形容完全变了样子(多含贬义)。

【面目一新】 miàn mù yī xīn　样子完全改变,有了崭新的面貌。

【面授机宜】 miàn shòu jī yí　机宜:根据当前的情势所采取的对策。当面向人传授布置应对眼前局面的办法。

【苗而不秀】 miáo ér bù xiù　秀:出穗。指庄稼出了苗而没有抽穗。比喻人有好的资质,却没有成就。〔例〕那年代多少人才被埋没,老王的叔叔~,不过是其中一例。

【渺无音讯】 miǎo wú yīn xùn　渺:渺茫。形容没有一点消息。〔例〕那次聚会以后,他便到了海外,从此~。

【妙趣横生】 miào qù héng shēng　美妙的意趣层出不穷。多用于对文学艺术作品或讲话的赞美。〔例〕灯谜涉及的知识面广，应当构思巧妙、简洁明快、～。

【妙手回春】 miào shǒu huí chūn　妙手：指有高明技术的人。回春：冬去春来，比喻把垂危的病人治好，使他恢复健康。指医生医术高明。〔例〕孙大夫～，治好了许多垂危的病人。

【妙语连珠】 miào yǔ lián zhū　连珠：连接成串的珠子，比喻连续不断的声音。赞美人讲话精彩，妙语不断。〔例〕他口才极好，讲起话来～，很吸引人。

【灭此朝食】 miè cǐ zhāo shí　朝食：吃早饭。语出《左传·成公二年》。春秋时，齐晋两国打仗，两军刚接战时，齐顷公说："余姑翦灭此而朝食。"(翦：同"剪"。)意思是让我先把敌人消灭掉再吃早饭吧。形容急于消灭敌人的心情和必胜的信心。〔注意〕"朝"不读 cháo。

【灭顶之灾】 miè dǐng zhī zāi　灭顶：掉在水里，淹没头顶。指被水淹死。比喻毁灭性的灾难。〔例〕森林大火吞噬了他辛勤一生建起的家园，对他来说无异于～。

【灭绝人性】 miè jué rén xìng　完全丧失人所具有的理性。形容极端残忍，像野兽一样。

【民不聊生】 mín bù liáo shēng　聊：音疗，依赖，凭借。指老百姓无以为生，活不下去。

【民和年丰】 mín hé nián fēng　年：年景，收成。百姓和乐，农业丰收。

【民穷财尽】 mín qióng cái jìn　人民穷困，国家财富也消耗完了。又作"民穷财匮"。匮：音愧，乏。

【民穷财匮】 mín qióng cái kuì　见"民穷财尽"(本页)。

【民生凋敝】 mín shēng diāo bì　民生：人民生计。凋敝困苦,衰败。社会穷困,经济衰败,人民生活极端困苦。

【民怨沸腾】 mín yuàn fèi téng　沸腾:像开水那样翻腾。形容人民的怨恨达到了极点。

【民脂民膏】 mín zhī mín gāo　脂、膏:油脂。比喻人民用血汗换来的财富。〔例〕在旧社会,贪官污吏用～养肥了自己。

【名不副实】 míng bù fù shí　副:相配,相称(chèn)。名声或名义和实际不相符。指空有虚名。

【名不虚传】 míng bù xū chuán　传出的名声不是虚假的。指实在很好,不是空有虚名。〔例〕人们都说"桂林山水甲天下",到桂林一看,果然～。

【名垂青史】 míng chuí qīng shǐ　青史:史书,古代把史记在竹简上,所以称青史。名声流传在史书上。形容功劳或成就巨大,令后人缅怀不忘。

【名存实亡】 míng cún shí wáng　名义上还存在,实际上已消亡。

【名副其实】 míng fù qí shí　副:相配,相称(chèn)。名声或名义和实际相符。〔例〕这家百年老店生产的点心可是～,一点儿水分都没有。

【名缰利锁】 míng jiāng lì suǒ　缰:音姜,缰绳。锁:锁链。比喻名利束缚人就像缰绳和锁链一样。

【名列前茅】 míng liè qián máo　前茅:春秋时楚国用茅草做报警用的旌旗,行军时拿着走在队伍前头,故称"前茅"。比喻名次列在前头。〔例〕勘探查明,我国不少矿藏的储量在世界上～。

【名落孙山】 míng luò sūn shān　宋朝范公偁(chēng)《过

庭录》记载，宋朝人孙山考取了最后一名举人，回乡以后，有人向他打听自己的儿子考中没有。孙山回答说："解名尽处是孙山，贤郎更在孙山外。"意思是说，榜上最后一名是我，你儿子还在我名字之后。指考试或选拔没有被录取。

【名正言顺】míng zhèng yán shùn 《论语·子路》："名不正则言不顺，言不顺则事不成。"意思是说，名分不正，说话就不顺当合理，说话不顺当合理，事情就办不好。后用"名正言顺"指做某事名义正当，道理也说得通。

【明辨是非】míng biàn shì fēi 把谁是谁非辨别清楚。〔例〕长期的生活历练，养成他举止老练、～，遇事果决的工作作风。

【明察暗访】míng chá àn fǎng 察：仔细地看。访：询问，了解。从明里细心察看，从暗里询问了解。〔例〕公安人员～，分析研究，终于把这个疑案弄清楚了。

【明察秋毫】míng chá qiū háo 察：看出。秋毫：秋天鸟兽身上新长的细毛，比喻极细小的东西。语出《孟子·梁惠王上》。形容人目光敏锐，任何细小的事物都能看得清楚。

【明火执仗】míng huǒ zhí zhàng 明火：点着火把。执仗：拿着武器。原指公开抢劫。后比喻公开地、毫不隐蔽地干坏事。

【明目张胆】míng mù zhāng dǎn 形容公开放肆地干坏事。〔例〕竟敢在公共场所欺负人，你也太～了！

【明枪暗箭】míng qiāng àn jiàn 比喻种种公开的和隐蔽的攻击。

【明日黄花】míng rì huáng huā 黄花：菊花。宋朝苏轼《九日次韵王巩》诗："明日黄花蝶也愁。"原意是（今天重阳节不赏菊)明天菊花便要凋谢,连蝴蝶也发愁了。后用"明日黄花"比喻过时的事物或消息。〔例〕这篇通讯虽然写得不错,但报道不及时,已是～了。

【明效大验】 míng xiào dà yàn 效、验:预期的效果。很显著的效验。〔例〕新的杀虫剂比旧的好得多,其～就是水稻一季只需施用一次,比往年大大节约了开支。

【明哲保身】 míng zhé bǎo shēn 明哲:聪明有智慧。《诗经·大雅·烝民》:"既明且哲,以保其身。"原指明智的人善于保全自己。后指因怕连累自己而回避矛盾的处世态度。〔例〕遇到坏人坏事就应该挺身而出,而不能～,视而不见。

【明争暗斗】 míng zhēng àn dòu 明里暗里都在进行争斗。

【明知故犯】 míng zhī gù fàn 故:故意。犯:违犯。明明知道不能做,却故意违犯。

【明知故问】 míng zhī gù wèn 明明知道,还故意问人。

【明珠暗投】 míng zhū àn tóu 明珠:闪闪发光的珍珠。语出《史记·邹阳列传》。原意是把闪闪发光的珍珠偷偷地投到路上行人面前,行人看到这颗珍珠都愣住了,谁也不敢随便上前去拿。后来意思变为把闪闪发光的珍珠投到暗处,比喻有才能的人得不到重视,或好人失足落入坏人的集团,同流合污。也比喻珍贵的东西落到了不识货的人手里。

【鸣锣喝道】 míng luó hè dào 见"鸣锣开道"(本页)。

【鸣锣开道】 míng luó kāi dào 旧时官吏出门时,车马前面有人敲锣要别人让路。后常用来指为某种事物的出现制造舆论,开辟道路。又作"鸣锣喝道"。喝:音贺,大声喊叫。

【冥思苦索】 míng sī kǔ suǒ 见"冥思苦想"(244页)。

【冥思苦想】 míng sī kǔ xiǎng　冥：音明。冥思：深沉地思考。绞尽脑汁，苦思苦想。〔例〕脱离了生活，关在书房里～写出来的作品，必定是苍白无力的。又作"冥思苦索"。索：寻求。

【冥顽不灵】 míng wán bù líng　冥顽：愚蠢顽固。灵：聪明。形容愚昧无知。

【铭记不忘】 míng jì bù wàng　铭：在金石器物上刻字。比喻牢记在心，永远不忘。〔例〕乡亲们临别时的嘱咐，我将～。

【酩酊大醉】 mǐng dǐng dà zuì　酩酊：大醉的样子。形容饮酒过多，醉得厉害。〔注意〕"酩酊"不能读作 míngdīng。

【谬种流传】 miù zhǒng liú chuán　《宋史·选举志》："所取之士既不精，数年之后，复俾之主文，是非颠倒逾甚，时谓之缪种流传。"（俾：音比，使。缪：同"谬"。）意思是说，考试制度腐败，录取的人大多没有真才实学，以后又让这些人去当主考官，结果更糟，当时的人把这种现象称为"谬种流传"。后泛指荒谬的东西一代代传下去。

【模棱两可】 mó léng liǎng kě　模棱：意见或态度不明确，不肯定，又写作"摸棱"。两可：这样也可以，那样也可以。指不表示明确的态度，或没有明确的主张。〔例〕在原则问题上，我们必须态度鲜明，而不能～。

【摩顶放踵】 mó dǐng fàng zhǒng　摩：磨擦。顶：头顶。放：音纺，到。踵：音肿，脚跟。从头顶到脚跟都擦伤了。形容不辞劳苦，不顾身体。〔注意〕"放"不读 fàng。

【摩肩接踵】 mó jiān jiē zhǒng　摩：擦，接触。踵：音肿，脚跟。肩碰着肩，脚碰着脚。形容人多拥挤。〔例〕五月的颐和园,游人～,分外拥挤。

【摩拳擦掌】 mó quán cā zhǎng　形容战斗或劳动之前,人们精神振奋,跃跃欲试的样子。〔例〕战士们一听有了新的战斗任务,个个～,准备再打一个漂亮仗。

【磨杵成针】 mó chǔ chéng zhēn　杵:音础,短棒。把一根铁棒磨成针。俗话说:"只要功夫深,铁杵磨成针。"比喻不管做多么艰难的工作,只要有毅力,下苦功,就能够克服困难,做出成绩。〔例〕没有～的毅力,学问上就不会有很深的造诣。

【没齿不忘】 mò chǐ bù wàng　没:终,尽。齿:年龄。没齿:没世,终身。一辈子也忘不了(旧时表示感激的话)。〔注意〕"没"不读 méi。

【莫测高深】 mò cè gāo shēn　莫:不,不能。测:揣测。高深的程度无法揣测(含有讽刺意味)。又作"高深莫测"。

【莫此为甚】 mò cǐ wéi shèn　莫:没有。甚:极,超过。没有能超过这个的了。多指不良倾向或严重的形势。

【莫可名状】 mò kě míng zhuàng　莫可:不能。名:说出,描摹。状:形状,状况。指没有办法用语言来描绘或形容。〔例〕听了他的一番话,她心里涌出一种异样的情绪,～,难以形容。

【莫名其妙】 mò míng qí miào　名:说出。说不出其中的奥妙。指事情很奇怪,不明白怎么回事。

【莫明其妙】 mò míng qí miào　明:明白。不能明白、了解其中的奥妙。指事情很奇怪,使人无法理解。

【莫逆之交】 mò nì zhī jiāo　莫逆:没有抵触,指彼此思想感情完全一致。交:交往,指朋友。《庄子·大宗师》:"三人相视而笑,莫逆于心,遂相与为友。"(遂:于是。相与:相结交。)意思是说,三个人互相看着笑了起来,觉得彼此思想感情完全一致,就结交做了朋友。指非常要好的朋友。〔例〕他们自从在联谊会上认识以后,很快就成了～。

【莫为已甚】 mò wéi yǐ shèn 见"不为已甚"(38页)。

【莫须有】 mò xū yǒu 莫须:恐怕,也许。《宋史·岳飞传》上说,秦桧诬陷岳飞谋反,韩世忠不服气,去质问秦桧有什么证据。秦桧回答说:"莫须有。"意思是"也许有"。后用"莫须有"指凭空捏造(的罪名)。

【莫予毒也】 mò yú dú yě 予:音wǒ,我。毒:危害,侵害。表示目空一切,认为谁也不能伤害我。参见"人莫予毒"(297页)。

【莫衷一是】 mò zhōng yī shì 衷:折中。莫衷:不能作出适中的决断。是:对的,正确的。不能决定哪个是对的。形容意见分歧,没有一致的看法。〔例〕人们议论纷纷,～。

【秣马厉兵】 mò mǎ lì bīng 见"厉兵秣马"(218页)。

【漠不关心】 mò bù guān xīn 漠:冷淡。态度冷淡,毫不关心。〔例〕他性格孤僻,对集体的事一向～。

【漠然置之】 mò rán zhì zhī 漠然:冷淡。置之:把它放在一边。指对人对事态度冷淡,放在一边不理。〔例〕对群众合理的要求～,是脱离群众的表现。

【墨守成规】 mò shǒu chéng guī 墨守:战国时墨翟(dí)善于守城,后称善守为"墨守"。成规:现成的规则、方法。指思想保守,守着老规矩不肯改变。〔例〕他学术上从不～,经常提出一些新的见解。

【默默无闻】 mò mò wú wén 默默:无声无息。指不出名,没有人知道。〔例〕巡路工长年日晒雨淋,～地工作在铁路线上,保证了经济大动脉的畅通无阻,他们是当之无愧的无名英雄!

【谋财害命】 móu cái hài mìng　谋取钱财,害人性命。

【木已成舟】 mù yǐ chéng zhōu　树木已经做成了船。比喻事情已成定局,无法改变。

【目不窥园】 mù bù kuī yuán　《史记·董仲舒传》上说,董仲舒埋头做学问,三年的时间都没观望过窗外的园子。后用"目不窥园"形容专心治学的精神。

【目不忍睹】 mù bù rěn dǔ　睹:看。不忍心看。形容景象十分悲惨。〔例〕飞机失事现场一片狼藉,让人～。

【目不识丁】 mù bù shí dīng　《旧唐书·张弘靖传》:(挽弓)"不如识一丁字"。"丁"为"个"字之误,意思是能拉弓不如能认一个字。后用"目不识丁"形容一个字也不认得。又作"不识一丁"。

【目不暇给】 mù bù xiá jǐ　见"目不暇接"(本页)。

【目不暇接】 mù bù xiá jiē　暇:音霞,空闲。指东西很多,眼睛都看不过来。〔例〕展销会上的新产品丰富多彩,令人～。又作"目不暇给"。给:音己,供应,接应。

【目不转睛】 mù bù zhuǎn jīng　睛:眼珠。形容注意力集中,眼珠子一动不动地盯着看。〔例〕孩子们～地看着阿姨,听她讲故事。

【目瞪口呆】 mù dèng kǒu dāi　目瞪:睁大眼睛直盯着不动。口呆:说不出话来。形容因吃惊或害怕而发愣的样子。〔例〕精彩的魔术表演,使全场观众都看得～。

【目光短浅】 mù guāng duǎn qiǎn　眼光不远,见识不深。

形容人缺乏远见。〔例〕你这么想就太～了,凡事还是应该看得远些。

【目光炯炯】 mù guāng jiǒng jiǒng　炯炯:明亮的样子。形容眼睛明亮有神。

【目光如豆】 mù guāng rú dòu　眼光像豆子那么小。形容目光短浅,缺乏远见。

【目光如炬】 mù guāng rú jù　炬:火炬。目光发亮像火炬。形容见识远大。

【目光远大】 mù guāng yuǎn dà　形容人具有远见卓识。

【目空一切】 mù kōng yī qiè　什么都不放在眼里。形容极端骄傲自大。

【目迷五色】 mù mí wǔ sè　五色:指各种颜色。《老子》十二章:"五色令人目盲。"意思是,色彩纷呈,使人眼花缭乱,看不清楚。后比喻事物错综复杂,让人分辨不清。

【目无全牛】 mù wú quán niú　《庄子·养生主》载,庖丁开始宰牛的时候,所看见的是牛的整个身体,几年以后,因已熟知牛体结构,宰牛时所见到的只有骨骼间隙,不再是整个的牛。后用"目无全牛"比喻技艺纯熟高超。也比喻洞察事理,办事精熟。

【目指气使】 mù zhǐ qì shǐ　用目光和神色来指使、差遣别人。形容人骄横傲慢之态。

【目中无人】 mù zhōng wú rén　眼里没有别人。形容骄傲自大,看不起人。

【沐猴而冠】 mù hóu ér guàn　沐猴:猕猴。冠:戴帽。猴子戴帽子。常用来讥讽依附权势,窃据名位的无耻小人。〔注意〕"冠"不读 guān。

【沐雨栉风】 mù yǔ zhì fēng　见"栉风沐雨"（496页）。

【幕天席地】 mù tiān xí dì　见"席地幕天"（400页）。

【暮气沉沉】 mù qì chén chén　暮气：指不振作的精神状态或不求上进的作风。形容精神萎靡不振作，缺乏朝气。〔例〕有的人虽然年纪轻轻，却～，一点儿青年人的朝气也没有。

N

【拿手好戏】ná shǒu hǎo xì　拿手:擅长。原指演员擅长的剧目。泛指最擅长的本领。〔例〕他是个老架线工,爬几十米高的钢架,在高压线上作业,是他的～。

【耐人寻味】nài rén xún wèi　耐:经得起。寻味:仔细体味。意味深长,值得人仔细体会琢磨。〔例〕这篇文章含义深刻,～。

【男盗女娼】nán dào nǚ chāng　男的做强盗,女的做娼妓。形容人都做坏事,没有一个好东西。

【南柯一梦】nán kē yī mèng　唐朝李公佐的小说《南柯太守传》中说,淳于棼(音焚 fén)做梦到大槐安国当了南柯郡的太守,享尽荣华富贵,醒来才知道是一场大梦。原来大槐安国就是住宅南边大槐树下的蚁穴。后用"南柯一梦"形容一场大梦,或比喻一场空欢喜。

【南腔北调】nán qiāng běi diào　南、北:指我国南方、北方。腔、调:声腔,语调。形容说话口音不纯,搀杂着方音。

【南辕北辙】nán yuán běi zhé　辕:车辕,车前驾牲口的部分。辙:车轮走过的痕迹,指道路。《战国策·魏策》上说,有个人要到南方楚国去,却驾着车往北走,别人说他走错了,他硬说能走到。比喻行动和目的正好相反。〔例〕用压制的办法使人心服,岂不是～!

【南征北战】nán zhēng běi zhàn 形容转战南北,经历了许多战斗。〔例〕他年轻时~,立下了赫赫战功。

【难分难解】nán fēn nán jiě 见"难解难分"(本页)。

【难乎为继】nán hū wéi jì 乎:于。继:继续,接下去。难于继续下去。〔例〕我八岁那年家乡闹旱灾,一家人每天吃糠咽菜也~,只好辍学了。又作"难以为继"。

【难解难分】nán jiě nán fēn 指双方争吵、斗争、比赛等相持不下,难以分开。有时也形容双方关系十分亲密,分不开。〔例〕1. 舞台上两员武将杀得~,观众都被他们的精彩表演吸引住了。2. 她跟她表姐特别好,两人一见面就~。又作"难分难解"。

【难能可贵】nán néng kě guì 难能:不容易做到。可贵:值得珍视。指不容易做到的事居然能做到,很值得重视。〔例〕这次儿童画展中的许多幅画,都出于八九岁孩子的手笔,真是~。

【难兄难弟】nán xiōng nán dì 南朝宋刘义庆的《世说新语·德行》上说,汉代陈元方和陈季方两兄弟的儿子互相夸耀自己的父亲好,相争不下,就去问祖父陈寔。陈寔说:"元方难为兄,季方难为弟"。意思是说季方好得元方难以做他的哥哥,元方好得季方难以做他的弟弟,彼此分不出高低。后用"难兄难弟"形容兄弟才德都好,难分高下。今多反用为讥讽两人同样低劣。也指彼此共过患难或同处困境的人。〔注意〕当指彼此共过患难或同处困境的人时,"难"读nàn。

【难言之隐】nán yán zhī yǐn 隐:隐情,藏在内心深处的事。难于说出口的事情或原因。

【难以为继】nán yǐ wéi jì 见"难乎为继"(本页)。

【囊空如洗】 náng kōng rú xǐ　囊:口袋。口袋里空空,像水洗过一样。形容一个钱也没有。

【恼羞成怒】 nǎo xiū chéng nù　见"老羞成怒"(214页)。

【脑满肠肥】 nǎo mǎn cháng féi　大腹便便、肥头大耳的形象。形容养尊处优,饱食终日,无所用心。〔例〕在旧社会,有钱人吃得~,贫苦农民辛勤劳动,却得不到温饱。

【内外交困】 nèi wài jiāo kùn　交:同时,一齐。指在国内国外都处于困难的境地。

【内忧外患】 nèi yōu wài huàn　内部不安定,外部有祸患。多指国内的动荡不安和外国的侵扰一齐发生,局势危迫。

【能屈能伸】 néng qū néng shēn　屈:弯曲。能弯曲也能伸直。指人在失意时能忍耐,在得志时能施展抱负。

【能言善辩】 néng yán shàn biàn　善于言谈和辩论。形容口才好。〔例〕清代著名学者纪晓岚机智过人,~,留下了许多饶有趣味的故事。

【能者多劳】 néng zhě duō láo　能:能干。劳:劳苦,劳累。能干的人多劳累一些。

【泥牛入海】 ní niú rù hǎi　泥塑的牛掉到海里。比喻一去不再回来。

【泥沙俱下】 ní shā jù xià　俱:都。指在江河的急流中泥土和沙子随着水一起冲下。比喻人或事物好坏混杂在一起。常与"鱼龙混杂"连用。

【泥塑木雕】 ní sù mù diāo　塑:塑造。指泥做的和木头刻的偶像。比喻人的表情和举动呆板。〔注意〕"塑"不能读作 suò。

【逆来顺受】nì lái shùn shòu　指对恶劣的环境或无礼的待遇采取顺从和忍受的态度。〔例〕他生性怯懦,对别人的欺侮从来是～。

【逆水行舟】nì shuǐ xíng zhōu　逆水:跟水流的方向相反。舟:船。逆着水流的方向行船。比喻不努力就要后退。常与"不进则退"连用。〔例〕学习如同～,不进则退。

【匿影藏形】nì yǐng cáng xíng　匿:隐藏。隐藏形迹,不露真相。

【拈轻怕重】niān qīng pà zhòng　拈:用手指拿东西。指做事挑拣容易的,害怕繁重的。

【年富力强】nián fù lì qiáng　年富:未来的年岁多,指年纪轻。年纪轻,精力旺盛。〔例〕小王,一定大有作为。

【年深日久】nián shēn rì jiǔ　深:久,时间长。形容时间长久。〔例〕这株松树由于～,树身布满了厚厚的苍苔,显得老态龙钟。

【鸟尽弓藏】niǎo jìn gōng cáng　鸟没有了,弓也就藏起来不用了。比喻事情成功以后,把曾经出过力的人一脚踢开。参见"兔死狗烹"(367页)。

【鸟枪换炮】niǎo qiāng huàn pào　比喻条件有了很大改善或情况有了很大好转。〔例〕这家公司刚创办时只有几台电脑,如今～,已实现智能化办公了。

【鸟语花香】niǎo yǔ huā xiāng　鸟语:鸟叫着像说话似的。鸟叫得好听,花开得飘香。形容春天的美好景象。〔例〕春天一到,村子里～,孩子们也格外活跃起来。

【宁缺毋滥】nìng quē wú làn　宁:宁可。毋:不要。滥:过多。指选拔人才或挑选事物,宁可少一些,也不要不顾质量贪多凑数。〔例〕这一期稿子虽然不多，咱们还是要严格挑选，～。〔注意〕"宁"不读 níng。"毋"不能写作"母"。

【宁死不屈】 nìng sǐ bù qū　宁：宁可，宁愿。屈：屈服。宁愿死也不屈服。〔例〕方志敏同志在敌人面前～，表现了共产党员的崇高品质。

【宁为鸡口，无为牛后】 nìng wéi jī kǒu, wú wéi niú hòu　宁做小而进食的鸡口，不做大而出粪的牛后(牛肛门)。比喻宁愿在局面小的地方自主，不愿在局面大的地方听人支配。也简作"鸡口牛后"。

【宁为玉碎，不为瓦全】 nìng wéi yù suì, bù wéi wǎ quán　宁：宁可。宁可做玉被打碎，也不做瓦而得以保全。比喻宁愿为正义事业牺牲，不愿丧失气节，苟且偷生。

【牛刀小试】 niú dāo xiǎo shì　比喻有很大的才干，先在小事上施展一下。

【牛鬼蛇神】 niú guǐ shé shén　牛鬼：佛教指地狱中的牛头鬼。蛇神：指蛇精。语出唐朝杜牧《李贺集序》。原比喻李贺写的诗虚幻怪诞。后用来比喻形形色色的坏人。

【牛郎织女】 niú láng zhī nǚ　古代神话传说织女是天帝的孙女，织造云锦。嫁给牛郎后，不再给天帝织锦。天帝大怒，强使他们俩分开，只准每年农历七月七日相会一次。后用"牛郎织女"比喻分居两地的夫妻。

【牛头不对马嘴】 niú tóu bù duì mǎ zuǐ　见"驴唇不对马嘴"(229 页)。

【牛头马面】 niú tóu mǎ miàn　面：脸。佛教指地狱里的鬼卒，一个头像牛，一个脸像马。后用来形容面目丑陋凶恶的坏人。〔例〕鬼子、汉奸进了村，一个个凶神恶煞，狂吼乱叫,活像阴间的～闯进了人世。

【扭转乾坤】 niǔ zhuǎn qián kūn　见"旋转乾坤"(424页)。

【浓墨重彩】 nóng mò zhòng cǎi　彩:色彩。用浓重的墨汁和颜色来描绘。形容着力描写。〔例〕这部电影对女主人公的形象作了～的渲染,给观众留下了深刻的印象。

【弄假成真】 nòng jiǎ chéng zhēn　弄:耍弄。本来是假装的,结果却弄成了真的。

【弄巧成拙】 nòng qiǎo chéng zhuō　巧:聪明。拙:愚蠢。本想耍弄聪明,结果做了蠢事。

【弄虚作假】 nòng xū zuò jiǎ　指用虚假的一套来蒙骗人。〔例〕要做老实人,干老实事,决不能～!

【奴颜婢膝】 nú yán bì xī　奴、婢:奴才(男称奴,女称婢)。颜:面容。膝:膝盖。唐朝陆龟蒙《江湖散人歌》:"奴颜婢膝真乞丐。"指表情和动作奴才相十足。形容对人拍马讨好卑躬屈膝的样子。

【奴颜媚骨】 nú yán mèi gǔ　颜:面容。媚:谄媚,逢迎。奴才相,贱骨头。形容卑躬屈膝、谄媚讨好的奴才相。

【怒不可遏】 nù bù kě è　遏:止住。愤怒得难以抑制。形容十分愤怒。〔注意〕"遏"不能读作 jiē。

【怒发冲冠】 nù fà chōng guān　冠:帽子。《史记·廉颇蔺相如列传》:"(相如)……怒发上冲冠。"指愤怒得头发直竖,顶着帽子。形容极端愤怒。

【怒火中烧】 nù huǒ zhōng shāo　怒气像火一样在心中燃烧。形容怀着极大的愤怒。〔例〕林冲一看陆虞侯,仇人见面,分外眼红,不禁～。

【怒目而视】nù mù ér shì　指瞪眼怒视对方。〔例〕这个年轻人对老人的无礼态度引得路人都对他～。

【怒形于色】nù xíng yú sè　形：显露。色：脸色。内心的愤怒在脸上显露出来。

O

【呕心沥血】 ǒu xīn lì xuè　呕:吐。沥:滴。比喻用尽心思(多用于写作)。〔例〕他～二十年,才完成了这部长篇小说。

【偶一为之】 ǒu yī wéi zhī　偶:偶尔。为:做。指平常很少这样做,偶尔才做一次。

【藕断丝连】 ǒu duàn sī lián　藕已折断,但还有许多丝连接着未断开。比喻没有彻底断绝关系。

P

【爬罗剔抉】 pá luó tī jué 爬罗:发掘搜罗。剔:音梯。剔抉:挑选。多用于著述时对文献材料的收集整理。

【拍案叫绝】 pāi àn jiào jué 案:桌子。手拍着桌子叫好。形容非常赞赏。

【拍手称快】 pāi shǒu chēng kuài 拍着手喊痛快。多用来形容因事情有称心如意的结局而高兴的样子。〔例〕这伙儿无恶不作的歹徒被绳之以法,全村人无不~。

【排斥异己】 pái chì yì jǐ 见"排除异己"(本页)。

【排除万难】 pái chú wàn nán 扫除重重障碍,克服种种困难。

【排除异己】 pái chú yì jǐ 排挤、清除和自己意见不同或不属于自己集团派系的人。又作"排斥异己"。

【排难解纷】 pái nàn jiě fēn 难:危难。纷:纠纷。原指为人排除危难,解决纠纷。今指调停双方争执。〔例〕他热心为人~,办事又公正,大伙有事都乐意找他。

【排沙简金】 pái shā jiǎn jīn 见"披沙拣金"(262页)。

【排山倒海】 pái shān dǎo hǎi 排:推开。倒:翻倒。形容声势巨大,不可阻挡。〔例〕中国人民正在党的领导下以~之势向四个现代化进军。

【排忧解难】 pái yōu jiě nán 排除忧虑,解决困难。〔例〕

房修组的师傅们随叫随到，为群众～，获得了管区居民的一致好评。

【攀龙附凤】 pān lóng fù fèng　攀：用手抓住东西向上爬。龙、凤：旧时比喻有权势的人。附：依附。比喻巴结或投靠有势力的人。

【盘根错节】 pán gēn cuò jié　盘：屈曲，盘旋。错：交错。《后汉书·虞诩（音许）传》："不遇槃根错节，何以别利器乎？"（槃）同"盘"。别：鉴别。利器：锋利的刀斧。）意思是说，不碰到屈曲的树根和交错的木节，怎能鉴别刀斧是不是锋利呢？后用"盘根错节"比喻事情十分复杂困难。

【盘根问底】 pán gēn wèn dǐ　盘：盘问。盘问追究事情的根源、底细。

【盘古开天地】 pán gǔ kāi tiān dì　我国古代神话说，世界原来浑成一气，经盘古氏开辟而分成天和地，才出现人类。指人类开始有了历史。参见"开天辟地"（202 页）。

【盘马弯弓】 pán mǎ wān gōng　盘马：骑着马绕圈子。弯弓：拉开弓要射箭。唐朝韩愈《雉带箭》诗："将军欲以巧伏人，盘马弯弓惜不发。"意思是说，将军想以技巧使人心服，故意盘着马弯着弓，似乎不舍得就把箭射出去。比喻先做出惊人的架势，但并不马上行动。

【盘石之固】 pán shí zhī gù　见"磐石之固"（本页）。

【磐石之固】 pán shí zhī gù　磐石：大石头。固：坚固。比喻坚固不可动摇。〔例〕中国人民实现四个现代化的决心有如～，任何力量也动摇不了。又作"盘石之固"。

【判若两人】 pàn ruò liǎng rén　判：显然的区别。指一个人的言行前后不一，就像两个人似的。

【判若云泥】 pàn ruò yún ní 高低差别就像天上的云彩和地下的泥土那样悬殊。〔例〕长篇小说《红楼梦》问世后，接着出现了一批《续红楼梦》之类的续作，但同前者相比，无论在思想上和艺术上都～。

【庞然大物】 páng rán dà wù 庞然：高大的样子。语出唐朝柳宗元《三戒·黔之驴》。指高大笨重的东西。后也用来形容表面上很强大但实际很虚弱的事物。〔例〕1. 这一万吨的货轮别看在码头边上是个～，一到大洋里可就像一片树叶了。2. 帝国主义看起来是个～，其实不过是只纸老虎，并不可怕。

【旁观者清】 páng guān zhě qīng 见"当局者迷，旁观者清"（83页）。

【旁门左道】 páng mén zuǒ dào 见"左道旁门"（511页）。

【旁敲侧击】 páng qiāo cè jī 侧：旁边。击：打。比喻说话、写文章不从正面直接点明，而从侧面曲折地加以讽刺或抨击。

【旁若无人】 páng ruò wú rén 旁：旁边。若：好像。指说话行事好像旁边没有人一样。形容态度高傲。

【旁征博引】 páng zhēng bó yǐn 征：寻求、搜集。旁征：多方面引证。博引：大量引证。指说话、写文章广泛大量地引用材料作为依据或例证。〔例〕说明这样简单的一个问题，不需要～，把道理说清楚就行了。〔注意〕"征"不能写作"证"。

【抛头露面】 pāo tóu lù miàn 抛：暴露。原指妇女出现在大庭广众之中（封建道德认为是丢脸的事）。后指公开露面(含贬义)。

【抛砖引玉】 pāo zhuān yǐn yù 比喻自己先发表的意见或作品很粗浅,目的是在引出别人发表更好的意见或作品。是一种自谦的说法。〔例〕我先谈这些,就算~吧。

【袍笏登场】 páo hù dēng chǎng 袍:古代的官服。笏:音户,古代大臣上朝手里拿的手板。原指官员打扮,上场演戏。比喻坏人上台做官。

【炮火连天】 pào huǒ lián tiān 炮火充满天空。形容激烈的战斗场面。

【赔了夫人又折兵】 péi le fū rén yòu zhé bīng 《三国演义》中说,东吴孙权要向蜀汉刘备索回荆州,都督周瑜定计:谎说将孙权的妹妹嫁给刘备,吴蜀联姻共同对付曹操,把刘备骗到东吴,然后将他扣留作为人质,索回荆州。刘备按诸葛亮的对策行事,到东吴后居然得以成婚,并连同夫人逃出东吴。周瑜带兵追赶,又被诸葛亮的伏兵打败。蜀军兵士嘲笑说:"周郎妙计安天下,赔了夫人又折兵。"比喻想占便宜,反而受到双重损失。

【喷薄欲出】 pēn bó yù chū 喷薄:有力地向上涌的样子。形容水涌起或太阳初升时涌上地平线的样子。〔例〕武警队伍迎着~的朝阳,雄赳赳地走向练兵场。

【朋比为奸】 péng bǐ wéi jiān 朋比:互相勾结。为:做。奸:邪恶。坏人勾结在一起干坏事。〔例〕这些人在一起相互勾结,~,无恶不作,十里八村的人都恨死他们了。

【蓬荜生辉】 péng bì shēng huī 荜:音毕。蓬荜:蓬门荜户的略语,指用蓬草、荆条树枝编成门户的简陋房屋。使简陋的房屋增添了光辉。多用为谦词,表示对客人的来访或得到他人赠的字画而感到非常荣耀。

【蓬首垢面】 péng shǒu gòu miàn　蓬：蓬松。垢：音够，肮脏。头发很乱，脸上很脏。

【鹏程万里】 péng chéng wàn lǐ　鹏：传说中的一种大鸟。相传鹏鸟能飞万里路程。比喻前程远大。

【披肝沥胆】 pī gān lì dǎn　披：揭开。沥：往下滴。比喻真心相见，倾吐心里话。〔例〕他们俩～地谈了一晚。

【披坚执锐】 pī jiān zhí ruì　披：穿着。坚：指铁甲，古代军人的护身衣。执：拿着。锐：指兵器。穿着铁甲，拿着武器。

【披荆斩棘】 pī jīng zhǎn jí　披：拨开。荆、棘：指山野中丛生的多刺植物。比喻在创业过程中或前进道路上清除障碍，克服重重困难。〔例〕中国共产党领导中国人民，～，艰苦奋斗，终于推翻了三座大山，在 1949 年建立了新中国。〔注意〕"棘"不能读作 là。

【披沙拣金】 pī shā jiǎn jīn　拣：挑选。拨开沙子来挑选金子。比喻从大量的东西中选取精华。〔例〕这个唐诗选本做到了～，使读者能用很少时间领略唐代诗歌的精华。又作"排沙简金"。排：排除。简：选择。

【披星戴月】 pī xīng dài yuè　身披星星，头戴月亮。形容早出晚归，或连夜赶路，极端辛劳。〔例〕小王为了把邮件及时送到村民手里，常常～，忘我地工作。

【劈头盖脸】 pī tóu gài liǎn　劈：冲着，正对着。正对着头和脸盖下来。形容（打击、冲击、批评等）来势很猛。〔例〕雨来得很猛，没走出几步，就～地下起来了。

【皮开肉绽】 pí kāi ròu zhàn　绽：音战，裂开。皮肉都裂开了。形容伤势惨重。多指受残酷拷打。〔注意〕"绽"不能读作 dìng。

【皮里春秋】 pí lǐ chūn qiū　见"皮里阳秋"（本页）。

【皮里阳秋】 pí lǐ yáng qiū　皮里：指内心。阳秋：即《春秋》，晋朝时避讳改"春"为"阳"，这里用来代表"批评"，因为相传孔子修《春秋》，目的是为了对某些历史人物和事件表示肯定或否定。指藏在心里不说出来的评论。又作"皮里春秋"。

【皮之不存，毛将焉附】 pí zhī bù cún, máo jiāng yān fù　存：存留。焉：哪儿。附：依附。《左传·僖公十四年》："皮之不存，毛将安傅？"（安：哪儿。傅：同"附"。）意思是说皮都没有了，毛往哪儿依附呢？比喻事物失去了借以生存的基础，就不能存在。

【虮蜉撼树】 pí fú hàn shù　虮蜉：音皮浮，一种大蚂蚁。撼：音汉，摇动。蚂蚁想摇动大树。唐朝韩愈《调张籍》诗："虮蜉撼大树，可笑不自量。"比喻不自量力。

【疲于奔命】 pí yú bēn mìng　疲：疲乏，累。命：命令。奔命：奉命奔走。《左传·成公七年》："余必使尔罢于奔命以死。"（罢：同"疲"。）意思是说我要到处造成事故，让你奉命到处奔走而精疲力尽地死去。"疲于奔命"原指因受命奔走而搞得很累。后也指忙于奔走应付，弄得非常疲乏。〔例〕近几年，他一直在外地经商，进货发货，～，从未安心休息过。

【匹夫有责】 pǐ fū yǒu zé　匹夫：原指平民中的男子，后泛指一般个人。过去常说："天下兴亡，匹夫有责。"意思是说，国家大事每个人都有责任。

【匹夫之勇】 pǐ fū zhī yǒng　指不用智谋，只凭个人蛮干的勇气。

【匹马单枪】pǐ mǎ dān qiāng　见"单枪匹马"(82页)。

【否极泰来】pǐ jí tài lái　否:音批上。否、泰:指六十四卦中的卦名,否表示凶,泰表示吉(这是迷信的说法)。极:尽。指坏运到了尽头好运来了。形容情况从极坏转好。〔注意〕"否"不读 fǒu。

【偏听偏信】piān tīng piān xìn　指只片面听信某一方面的意见。

【胼手胝足】pián shǒu zhī zú　胼、胝:手掌、脚掌上生的茧子。手脚都长出老茧。形容长期辛苦劳作。

【片甲不留】piàn jiǎ bù liú　甲:铠甲,代指将士。一个战士也没有留下。形容全军覆灭。

【片言只语】piàn yán zhī yǔ　零零碎碎的话语。

【片言只字】piàn yán zhī zì　不多的几句话,很少的几个字。指零碎的文字材料。又作"片纸只字"。

【片纸只字】piàn zhǐ zhī zì　见"片言只字"(本页)。

【贫病交迫】pín bìng jiāo pò　交:一齐,同时。迫:逼迫。贫穷和疾病一齐压在身上。

【品学兼优】pǐn xué jiān yōu　品:品行。学:学业。指人品和学业都十分优秀。〔例〕她一直是～的好学生。

【平白无故】píng bái wú gù　平白:凭空。指无缘无故。

【平步登天】píng bù dēng tiān　平步:在平地上走路。比喻一下子就达到很高的地位或境界。〔例〕学习上的提高总得有个过程,不可能～。

【平步青云】píng bù qīng yún　青云:青天,比喻很高的地位。指人一下子升到很高的地位上去(含贬义)。〔例〕那种倚仗权势～的人,最终会落得身败名裂的下场。参见"青云直上"(285页)。

【平地风波】píng dì fēng bō　风波:比喻纠纷或乱子。平地上起风浪。比喻突然发生意料不到的纠纷或事故。〔例〕这真是～,小李高高兴兴去打排球,想不到扭伤了腰!

【平地一声雷】píng dì yī shēng léi　比喻突然发生的重大变动(一般指可喜的大事)。〔例〕1948年,正当我们农民在困苦中挣扎的时候,～,咱村解放了!

【平分秋色】píng fēn qiū sè　比喻双方各得一半。又作"秋色平分"。

【平铺直叙】píng pū zhí xù　说话或写文章不加修饰,没有起伏,重点不突出(多含贬义)。

【平起平坐】píng qǐ píng zuò　比喻彼此地位或权力平等。

【平心静气】píng xīn jìng qì　心平气和,不感情用事。

【平易近人】píng yì jìn rén　平易:态度平和,容易相处。对人和蔼可亲,没有架子,使人容易接近。也指文字浅显,容易了解。〔例〕～,密切联系群众,与群众心连心,是党的最可贵的优良传统之一。

【评头论足】píng tóu lùn zú　见"评头品足"(本页)。

【评头品足】píng tóu pǐn zú　品:评论。原指一些无聊的人评论妇女的容貌。现泛指对人对事多方挑剔。〔例〕新生的事物,在苗芽初出的时候,往往受到一些人的～,但如果它有生命力,最后就会得到人们的接受。又作"评头论足"。

【凭空捏造】píng kōng niē zào　指毫无根据地虚构。〔例〕这条消息,一定是敌对势力～的谎言,我们不能上当。

【萍水相逢】píng shuǐ xiāng féng 萍:浮萍。浮萍随水飘泊,聚散不定。比喻向来不认识的人偶然相遇。〔例〕火车上,旅客们虽然～,却像早就熟识似地亲切交谈,热情互助。

【萍踪浪迹】píng zōng làng jì 见"浪迹萍踪"(211页)。

【迫不得已】pò bù dé yǐ 迫:逼迫。指出于逼迫,不得不如此。

【迫不及待】pò bù jí dài 急迫得不能等待。

【迫在眉睫】pò zài méi jié 迫:接近,迫近。眉睫:指眼前。比喻事情已到眼前,非常紧迫。

【破釜沉舟】pò fǔ chén zhōu 釜:锅。舟:船。《史记·项羽本纪》说,项羽跟秦兵打仗,过河后就把锅打破,把船凿沉,激励士兵拼死作战,不打胜仗决不生还。比喻下决心不顾一切地干到底。

【破罐破摔】pò guàn pò shuāi 把已经破了的罐子再往破里摔。比喻犯了错误或遇到挫折以后自暴自弃。

【破镜重圆】pò jìng chóng yuán 唐朝孟棨(音启 qǐ)《本事诗》说,南朝陈代灭亡的时候,有个叫徐德言的人在战乱中和妻子分离时,把一面铜镜打破,各拿一半,作为将来重新见面时相认的凭证。以后他就靠这半边镜子找到了妻子,重新团聚。比喻夫妻失散或离婚后重新团聚。〔例〕他找到了失散多年的妻子,～,亲友们都替他们高兴。

【破旧立新】pò jiù lì xīn 破除旧的,树立新的。

【破门而出】pò mén ér chū 砸破门冲出来。形容冲破束缚或限制。也形容坏人迫不急待地跳出来。

【破涕为笑】pò tì wéi xiào 涕:眼泪,指哭。一下子停止了哭泣,露出笑容。形容转悲为喜。

【破天荒】pò tiān huāng 语出宋朝孙光宪《北梦琐言》。相传唐代荆州每年送考进士,都考不上,当时称为"天荒",意思是从古以来没有开化的状态。后来有个叫刘蜕的考中了,打破了这种状态,就称为"破天荒"。后用来指从来没有出现过的事。

【破绽百出】pò zhàn bǎi chū 绽:音战,裂开。破绽:衣服等的裂口。比喻说话做事漏洞非常多。〔例〕这篇小说情节不合理,～,需要大加修改。〔注意〕"绽"不能读作 dìng。

【扑朔迷离】pū shuò mí lí 北朝乐府《木兰诗》:"雄兔脚扑朔,雌兔眼迷离,两兔傍地走,安能辨我是雄雌。"(扑朔:跳跃的样子。迷离:模糊不清的样子。安:哪。)原意是说把兔子捏住耳朵提起来,雄的脚乱踢,雌的眼半闭,但在地上跑时就分不出雌雄了。后用"扑朔迷离"形容事情错综复杂,难以辨别清楚。〔例〕公安人员深入群众,很快从这个～的案件里清理出头绪,找到了破案的线索。

【铺天盖地】pū tiān gài dì 一下子到处都是。形容来势很猛。

【铺张浪费】pū zhāng làng fèi 铺张:讲究排场,追求形式上的好看。为了场面好看而浪费人力物力。〔例〕要本着节约的精神办一切事业,严禁～。

【璞玉浑金】pú yù hún jīn 璞:音葡。璞玉:未经琢磨的玉。浑金:未经冶炼的金子。比喻天然美质,未加修饰。多用来形容人的品质淳朴善良。又作"浑金璞玉"。

【朴实无华】pǔ shí wú huá 质朴诚实而不浮华。〔例〕老厂长的一番话,～,感动了到会的每一个人。

【普天同庆】pǔ tiān tóng qìng　普：全面，普遍。天：天下，指全国或全世界。普天下共同庆祝。

Q

【七零八落】qī líng bā luò　形容零散稀疏的样子。也指原来整齐的东西现在零散了。〔例〕1. 会场里椅子～，还没收拾好。2. 一阵狂风暴雨，院子里的花被吹打得～。

【七拼八凑】qī pīn bā còu　指把零碎的东西拼凑起来。引申为胡乱凑合。

【七上八下】qī shàng bā xià　形容心里慌乱不安。

【七嘴八舌】qī zuǐ bā shé　形容人多语杂，你一句我一句讲个不停。〔例〕快高考了，小林还没考虑好报考哪所学校，亲戚们都～地帮他出主意。

【妻离子散】qī lí zǐ sàn　一家人被迫分离四散。

【凄风苦雨】qī fēng kǔ yǔ　凄风：寒风。苦雨：久下成灾的雨。形容天气恶劣。后用来比喻境遇悲惨凄凉。

【欺人太甚】qī rén tài shèn　甚：过分。欺负人太过分了，令人不能容忍。

【欺软怕硬】qī ruǎn pà yìng　欺侮软弱的，害怕强硬的。

【欺世盗名】qī shì dào míng　欺：欺骗。盗：窃取。名：名誉。欺骗世人，窃取名誉。

【漆黑一团】qī hēi yī tuán　形容一片黑暗，没有一点光明。也形容对事情一无所知或认为一无是处。〔例〕1. 过去，这儿连路灯也没有，一到夜里便～。2. 这儿的工作还是有成绩的,不能说得～。3.他对这事心里～,闹不清谁对谁错。又作"一团漆黑"。

【齐头并进】 qí tóu bìng jìn　指几方面同时前进。〔例〕这所大学合理分配师资力量,使得教学、科研～,在两方面都取得了很好的成绩。

【齐心合力】 qí xīn hé lì　见"齐心协力"(本页)。

【齐心协力】 qí xīn xié lì　协力:共同合作。形容认识一致,共同努力。又作"齐心合力"。参见"同心协力"(361页)。

【其乐无穷】 qí lè wú qióng　其中的乐趣没有穷尽。

【其貌不扬】 qí mào bù yáng　不扬:不好看。形容人容貌平常或难看。

【其势汹汹】 qí shì xiōng xiōng　势:气势。汹汹:声势很盛的样子。形容来势凶猛(含贬义)。参见"气势汹汹"(273页)。

【其味无穷】 qí wèi wú qióng　味:意味。穷:尽。形容含义深刻,使人回味不尽。〔例〕想起当年在南泥湾开荒的战斗生活,真是～。

【奇耻大辱】 qí chǐ dà rǔ　奇:少有的。极大的耻辱。〔例〕1901年英法等十一个帝国主义国家强迫清政府签订了辛丑条约,是我国历史上的～。

【奇光异彩】 qí guāng yì cǎi　奇:奇妙。指奇特美妙的光亮和色彩。

【奇花异草】 qí huā yì cǎo　异:奇异,特别。珍奇少见的花草。

【奇货可居】 qí huò kě jū　居:积存。指商人把市面上稀少的货物囤积起来,等待高价卖出去。也比喻自己的某种技能或成就作为换取名利地位的资本。

【奇谈怪论】 qí tán guài lùn　荒诞古怪不合事理的言论。

【奇文共赏】 qí wén gòng shǎng　奇妙的文章大家一起欣赏。

【奇珍异宝】 qí zhēn yì bǎo　珍异难得的宝物。〔例〕故宫博物院的珍宝馆,收藏着许多古代的～。

【歧路亡羊】 qí lù wáng yáng　《列子·说符》载,杨子的邻人丢了羊,带着很多人去找也没有找到。杨子问他,为什么没找到。邻人说,岔路很多,岔路中又有岔路,不知道羊往哪儿去了。后用"歧路亡羊"比喻情况复杂多变,易迷失方向而误入歧途。

【骑虎难下】 qí hǔ nán xià　《晋书·温峤传》:"今之事势,义无旋踵,骑猛兽安可中下哉!"(唐人避祖先李虎讳,改"虎"为"兽"。)后用"骑虎难下"比喻做一件事进行下去有困难,但情况又不允许中途停止,陷于进退两难的境地。

【骑驴觅驴】 qí lú mì lú　见"骑马找马"(本页)。

【骑马找马】 qí mǎ zhǎo mǎ　骑着马去找别的马。原比喻一面占着一个位置,一面去另找更称心的。后多比喻东西就在自己这里,还到处去找。又作"骑驴觅驴"。

【棋逢敌手】 qí féng dí shǒu　逢:遇到。敌手:竞赛中本领不相上下的对方。比喻能手碰上能手。〔例〕这两个球队竞赛真是～,最后还是打了个平局。

【旗鼓相当】 qí gǔ xiāng dāng　旗鼓:古时作战以摇旗击鼓指挥进退。比喻双方力量不相上下。〔例〕这两个车间开展竞赛,可说是～。

【旗开得胜】 qí kāi dé shèng　旗:军队用的旗帜。开:展开,打开。刚一打开旗帜进入战斗,就取得了胜利。比喻事情刚一开始,就取得好成绩。〔例〕篮球赛一开始,客队就～,连得 10 分。

【旗帜鲜明】 qí zhì xiān míng　原指旗子色彩明亮醒目。后多用来比喻人态度明确,立场坚定。

【乞哀告怜】 qǐ āi gào lián　乞:哀求,乞讨。哀:怜悯。告:请求。乞求别人的怜悯。

【杞人忧天】 qǐ rén yōu tiān　杞:音起。《列子·天瑞》里的一个寓言说,杞国有个人老是担心天会塌下来,使自己无处安身,愁得甚至吃不下饭,睡不好觉。比喻不必要的或缺乏根据的忧虑和担心。

【起承转合】 qǐ chéng zhuǎn hé　旧时诗文写作结构章法方面常用的程式。“起”是开端,“承”是承接上文加以申述,“转”是转折,“合”是结束全文。泛指文章的做法。

【起死回生】 qǐ sǐ huí shēng　把快要死的人救活。形容医术高明。也比喻把已经没有希望的事物挽救过来。〔例〕老中医王大夫真有～的本领,经过抢救和细心治疗终于把病人救过来了。

【起早贪黑】 qǐ zǎo tān hēi　起得早,睡得晚。形容辛勤劳碌。〔例〕为了早日脱贫致富,他每天～,辛勤劳作。

【气冲牛斗】 qì chōng niú dǒu　牛、斗:牵牛星和北斗星,泛指天空。气势上冲天空。形容怒气很大或气势豪迈,情绪高昂。

【气贯长虹】 qì guàn cháng hóng　气:气概,精神。贯:贯穿,贯通。虹:彩虹。豪气直上高空,穿过彩虹。形容气概极其豪壮。

【气急败坏】 qì jí bài huài 上气不接下气,狼狈不堪。形容十分慌张或极为愤怒。

【气势磅礴】 qì shì páng bó 磅礴:广大无边的样子。形容气势雄伟。〔例〕《黄河大合唱》~,表现了中国人民的英雄气概。参见"大气磅礴"(78页)。

【气势汹汹】 qì shì xiōng xiōng 汹:音兄。汹汹:声势很盛的样子。形容气势凶猛(含贬义)。

【气吞山河】 qì tūn shān hé 吞:吞没。气势可以吞没山河。形容气魄很大。

【气味相投】 qì wèi xiāng tóu 投:合得来。指人脾气、志趣等相同,彼此很合得来。参见"臭味相投"(63页)。

【气息奄奄】 qì xī yǎn yǎn 气息:呼吸时进出的气。奄奄:呼吸微弱的样子。形容呼吸微弱,快要断气的样子。也比喻事物衰败没落,即将灭亡。

【气象万千】 qì xiàng wàn qiān 气象:景象。形容景象或事物壮丽而多变化。〔例〕一轮红日和茫茫雪原相互映照,真是~。

【气宇轩昂】 qì yǔ xuān áng 气宇:风度、仪表。轩昂:精神饱满的样子。形容精神昂扬,风度不凡。

【气壮山河】 qì zhuàng shān hé 气:气概。壮:壮丽,这里是"使壮丽"的意思。山河:指祖国大地。形容气概豪迈,使祖国山河因而更加壮丽。〔例〕董存瑞舍身炸碉堡,谱写了一曲~的凯歌。

【弃暗投明】 qì àn tóu míng 离开黑暗,投向光明。比喻脱离非正义的、黑暗的势力,选择光明正确的道路。

【弃甲曳兵】qì jiǎ yè bīng 甲：古代作战时穿的护身衣。曳：音夜，拖着。兵：武器。形容打败仗狼狈逃跑的样子。〔例〕我们猛追猛打，直杀得敌军～，狼狈而逃。〔注意〕"曳"不能读作 xiè。

【弃旧图新】qì jiù tú xīn 弃：舍去，扔掉。图：谋求。抛弃旧的，谋求新的。多指由坏的转向好的，离开错误的道路走向正确的道路。

【弃之如敝屣】qì zhī rú bì xǐ 弃：抛弃。屣：音洗。敝屣：破鞋。像扔破鞋一样把它扔掉。比喻毫不可惜地抛弃掉。〔例〕许多过去～的废物，经过科学的处理，又成了有用的工业原料。

【泣不成声】qì bù chéng shēng 泣：低声哭。哭得哽噎，出不来声音。形容十分悲伤。〔例〕说起日本鬼子在南京的血腥暴行，使他失去了几个亲人时，老人～。

【恰到好处】qià dào hǎo chù 恰：正巧，刚刚。指说话做事恰好到了最合适的地步。〔例〕他对这个问题处理得～，大家都很满意。

【恰如其分】qià rú qí fèn 恰：恰好。分：分寸，合适的界限。指办事或说话正合分寸。〔例〕对同志无论是表扬还是批评，都要实事求是，～。〔注意〕"分"不读 fēn。

【千变万化】qiān biàn wàn huà 形容变化极多。〔例〕世界上各种事物的发展，虽然～，但都有它自己的规律，都可以被认识的。

【千疮百孔】qiān chuāng bǎi kǒng 见"百孔千疮"（9页）。

【千锤百炼】qiān chuí bǎi liàn 锤：锤打。炼：烧炼。比

喻经历多次艰苦斗争的锻炼和考验。也指对文章和作品进行多次精心的修改。〔例〕中国人民解放军是经过～的英雄的人民军队。

【千刀万剐】 qiān dāo wàn guǎ 剐：古代一种残酷的死刑，将人的肢体割成碎片。一刀刀切割成碎片。多用于骂人，指不得好死。

【千方百计】 qiān fāng bǎi jì 方：方法。计：计策，办法。想尽或用尽一切办法。〔例〕为了积累资金，扩大生产规模，工人们～地增产节约。

【千夫所指】 qiān fū suǒ zhǐ 千夫：许多人，众人。指：指斥，指责。为众人所指责。形容触犯众怒。〔例〕宋朝的秦桧是个陷害忠良、～、万人唾骂的大奸臣。

【千金市骨】 qiān jīn shì gǔ 市：购买。《战国策·燕策一》载，燕昭王想招纳贤士，郭隗以马为喻，说古代有个君王以千金求千里马，三年不能得，后用五百金买了一副千里马的马骨，结果不到一年，就得到了三匹千里马。后用"千金市骨"比喻诚心而迫切地招揽人才。

【千军万马】 qiān jūn wàn mǎ 形容雄壮的队伍或浩大的声势。〔例〕这位琵琶名手演奏古曲《十面埋伏》时，一片风雨金铁之声，听起来真像是～在那里厮杀。

【千钧一发】 qiān jūn yī fà 见"一发千钧"（440页）。

【千钧重负】 qiān jūn zhòng fù 钧：古代的重量单位，一钧合三十斤。千钧：指很大的重量。比喻很沉重的负担。也比喻非常重大的责任。〔例〕他接受了组织交给的这个任务，觉得身上有～，一点也不敢松懈。

【千里送鹅毛】 qiān lǐ sòng é máo 俗语："千里送鹅毛，

礼轻情意重。"比喻礼物虽然微薄，却含有深厚的情意。〔例〕一个广东的孩子把平时积攒的钱寄给了地震灾区，虽说只是很少几块钱，却是～，礼轻情意重呀！

【千里迢迢】 qiān lǐ tiáo tiáo 迢：音条。迢迢：遥远。形容路途遥远。〔注意〕"迢"不能读作 zhāo。

【千里之堤，溃于蚁穴】 qiān lǐ zhī dī, kuì yú yǐ xué 溃：音愧，溃决，被大水冲开口子。蚁穴：蚂蚁洞。一个小小的蚂蚁洞，可以使千里长堤溃决。比喻小事不注意会造成大乱子。

【千虑一得】 qiān lù yī dé 虑：考虑。得：得当的，正确的。《史记·淮阴侯列传》："愚者千虑，必有一得。"意思是说，即使是愚笨的人，在很多次考虑中也总会有些可取的地方。多用来表示自谦。〔例〕我的意见很不成熟，但～，也许对你们的工作有点帮助吧。又作"千虑之一得"。

【千虑之一得】 qiān lù zhī yī dé 见"千虑一得"（本页）。

【千难万险】 qiān nán wàn xiǎn 形容非常多的困难和危险。〔例〕探险队历经～，终于成功穿越了死亡沙漠。

【千篇一律】 qiān piān yī lù 一千篇文章都一个样。指文章公式化。也比喻办事按一个格式，非常机械。〔例〕1. 文章可长可短，但不能～。2. 处理问题，要根据具体情况作具体分析，不能～。

【千奇百怪】 qiān qí bǎi guài 形容事物或现象多种多样，希奇古怪。〔例〕他对～的昆虫世界充满好奇。

【千秋万代】 qiān qiū wàn dài 千秋：千年。指世世代代。〔例〕保护自然资源，这是造福于～的大事。

【千山万水】 qiān shān wàn shuǐ 见"万水千山"（375页）。

【千丝万缕】 qiān sī wàn lǚ 缕:线。千条丝,万条线。形容相互之间种种密切而复杂的联系。〔例〕在自然界中,各个生物种群之间都有着~的联系。

【千头万绪】 qiān tóu wàn xù 绪:丝的头,比喻事情的开端。头绪非常多。形容事情复杂纷乱。〔例〕工作~,首先要调查研究,抓好重点。

【千辛万苦】 qiān xīn wàn kǔ 各种各样的艰难困苦。〔例〕这个地质勘探队的同志长年累月爬山越岭,历尽~,终于找到了一种急需的金属矿藏。

【千载难逢】 qiān zǎi nán féng 载:年。逢:遇。一千年里也难碰到一次。形容机会极其难得。〔注意〕"载"不读 zài。

【千载一时】 qiān zǎi yī shí 载:年。一千年才有这么一个时机。形容机会极其难得。〔例〕能看到 1976 年吉林上空的陨石雨,可说是~。〔注意〕"载"不读 zài。

【千真万确】 qiān zhēn wàn què 确:真实。形容情况非常确实。

【千姿百态】 qiān zī bǎi tài 形容姿态多种多样,丰富多彩。〔例〕桂林山水秀丽天成,~,有"山水甲天下"之美誉。

【牵肠挂肚】 qiān cháng guà dù 牵:拉。形容十分惦念,放不下心。

【牵强附会】 qiān qiǎng fù huì 牵强:把没有关系或关系很远的事物勉强扯在一起。附会:把没有关连的事物扯在一起,说成有关连。生拉硬扯,强作解释。〔例〕这个理由有点

～。参见"穿凿附会"(67 页)。

【牵一发而动全身】 qiān yī fà ér dòng quán shēn 比喻动一个极小的部分就影响到全局。〔例〕这个小部件，要改变位置，就会～。

【铅刀一割】 qiān dāo yī gē 铅刀：钝刀。铅质的刀虽钝，需要时仍可用一用。比喻才能不足，但仍可尽点力。常用于自谦。〔例〕既然看得起我，让我跑一趟，我也就～吧。

【谦虚谨慎】 qiān xū jǐn shèn 指虚心且小心慎重。〔例〕在工作中，我们应该～，戒骄戒躁。

【前车之鉴】 qián chē zhī jiàn 前车：前边的车子。鉴：镜子，引申为教训。古话说："前车之覆，后车之鉴。"(覆：翻车。)比喻先前的失败，可以作为以后的教训。又作"覆车之鉴"。

【前赴后继】 qián fù hòu jì 赴：去。继：接着，继续。前面的冲上去了，后面的紧跟上来。形容无所畏惧地英勇前进。〔例〕在孟良崮战斗中，我军战士～，奋勇冲杀，最后击毙了敌师长张灵甫，全歼了这支所谓的"王牌军"。

【前功尽弃】 qián gōng jìn qì 功：成绩。弃：失掉。以前的努力完全白费。〔例〕学习外语一定要坚持到底，如果半途而废，就会～。

【前呼后拥】 qián hū hòu yōng 前面的吆喝着开道，后面的簇拥着保护。旧时常用来形容达官贵人出行时随从多、排场大。也形容随者众多。

【前倨后恭】 qián jù hòu gōng 倨：音据，傲慢。原先傲慢，后来恭敬。指势利小人待人的态度前后不一样。〔注意〕"倨"不能读作 jū。

【前怕狼，后怕虎】 qián pà láng, hòu pà hǔ 比喻胆小怕事，顾虑太多。〔例〕在工作中要勇于实践，敢于创新，不要～。又作"前怕龙，后怕虎"。

【前怕龙，后怕虎】 qián pà lóng, hòu pà hǔ 见"前怕狼，后怕虎"(本页)。

【前仆后继】 qián pū hòu jì 仆：音扑，倒下。前面的倒下了，后面的紧跟上去。形容斗争的英勇壮烈。〔例〕无数革命先烈～，奋斗牺牲，他们的革命精神万古长青。〔注意〕"仆"不读 pú。

【前人栽树，后人乘凉】 qián rén zāi shù, hòu rén chéng liáng 比喻前人为后人造福。

【前事不忘，后事之师】 qián shì bù wàng, hòu shì zhī shī 师：师表，榜样。语出《战国策·赵策一》。记取从前的经验教训，作为以后工作的借鉴。〔例〕常言说：～，我们如果善于从过去的工作中吸取经验教训，就可以把今后的工作做得更好些。

【前思后想】 qián sī hòu xiǎng 形容反复考虑。〔例〕经过～，他最终放弃了这项计划。

【前所未闻】 qián suǒ wèi wén 闻：听见。从来没有听说过。〔例〕南极探险队员在回来后所作的报告中，详细介绍了这个地区的实况，许多都是我们～的。

【前所未有】 qián suǒ wèi yǒu 从来没有过。

【前无古人】 qián wú gǔ rén 以前的人从来没有做过的。也指空前的。〔例〕1. 鲁迅先生的杂文，在中国文学史上是～的。2. 解放了的人民能创造出～的奇迹。

【前因后果】 qián yīn hòu guǒ 起因和结果。泛指事情的整个过程。〔例〕经过周密的调查,这件事情的~已经很清楚了。

【钳口结舌】 qián kǒu jié shé　钳口:嘴张不开。结舌:舌头转动不了。闭着嘴不说话。形容不敢说话。

【潜移默化】 qián yí mò huà　潜:暗地里。默:无声。指人的思想或性格不知不觉受到感染、影响而发生变化。〔例〕文艺作品的艺术性越高,对读者~的力量也越大。

【黔驴技穷】 qián lǘ jì qióng　黔:音前,今四川东南部及贵州一小部分地区。穷:完了。唐朝柳宗元《三戒·黔之驴》上说,贵州本地不产驴,有人从外地带了一头驴去,放牧在山脚下。老虎见它是个庞然大物,以为是神,吓得躲在树林里。开始时,驴一叫,老虎非常害怕,以为要吃自己。后来,觉得驴并没有什么特别的本领,就走近戏弄它。驴大怒,用蹄子踢虎。老虎一看驴的本领不过如此,上去一口把驴咬死了。后用"黔驴技穷"比喻有限的一点本领也已经用完了。

【黔驴之技】 qián lǘ zhī jì　比喻虚有其表,本领有限。参见"黔驴技穷"(本页)。

【浅尝辄止】 qiǎn cháng zhé zhǐ　辄:音哲,就。略微尝试一下就停下来。指不深入钻研。〔例〕我们提倡刻苦学习,深入钻研,~是学不到什么东西的。

【浅见寡闻】 qiǎn jiàn guǎ wén　指见闻不广,知识浅薄。

【枪林弹雨】 qiāng lín dàn yǔ　枪杆像树林,子弹像下雨。形容战斗激烈。〔例〕担架队冒着~往返于阵地和野战医院之间。

【强奸民意】 qiáng jiān mín yì　指统治者把自己的意志强加在人民头上,却硬说是人民自己的意愿。

【强将手下无弱兵】 qiáng jiàng shǒu xià wú ruò bīng 比喻好的领导能带出一支好的队伍。〔例〕～，由老将当指导的球队夺得冠军，这也是意料中的事。

【强弩之末】 qiáng nǔ zhī mò 弩：音努，古时一种用扳机射箭的弓，力量比一般的弓大。《汉书·韩安国传》："强弩之末，力不能入鲁缟。"（缟：音搞 gǎo。鲁缟：山东出产的一种质地轻细的薄绸子。）意思是说，即使是强弩射出的箭，到最后，力量也会减弱到连薄绸子也穿不透。比喻强大的力量已经衰微，起不了什么作用。

【墙倒众人推】 qiáng dǎo zhòng rén tuī 比喻在一个人失势或受挫折的时候，周围的人乘机嘲讽、打击他。

【强词夺理】 qiǎng cí duó lǐ 强：音抢，勉强，硬要。夺：夺取，争夺。指无理强辩，明明没理硬说有理。〔注意〕"强"不读 qiáng。

【强人所难】 qiǎng rén suǒ nán 勉强人家去做他不能做或不愿做的事情。〔注意〕"强"不读 qiáng。

【敲骨吸髓】 qiāo gǔ xī suǐ 髓：骨髓。比喻剥削压榨极端残酷。〔例〕封建社会中，广大农民无法忍受统治者～的剥削，不断进行反抗。

【敲诈勒索】 qiāo zhà lè suǒ 敲诈：依仗势力或抓住把柄进行恐吓，索取钱财。勒索：用威胁手段索取财物。

【乔迁之喜】 qiáo qiān zhī xǐ 《诗经·小雅·伐木》："鸟鸣嘤嘤，出自幽谷，迁于乔木。"意思是说鸟儿鸣叫着，飞离幽深的山谷，迁移到高大的树木上。后用"乔迁之喜"祝贺人迁入新居或官职提升。

【乔装打扮】 qiáo zhuāng dǎ bàn 乔：假。乔装：改变服

装、面貌。打扮：这里指化装。指伪装隐蔽身分。〔例〕这个特务～，打算长期潜伏下来，但还是被我公安人员抓获。

【巧夺天工】 qiǎo duó tiān gōng　夺：胜过。元朝赵孟頫(fǔ)《赠放烟火者》诗：“人间巧艺夺天工。”意思是人工的精巧胜过天然。形容技艺极其巧妙（多指工艺美术）。〔例〕我国的湘绣、苏绣～，驰名世界。

【巧妇难为无米之炊】 qiǎo fù nán wéi wú mǐ zhī chuī　炊：做饭。即使是聪明能干的妇女，没米也做不出饭来。比喻做事缺少必要条件，很难做成。

【巧立名目】 qiǎo lì míng mù　名目：名称。变着法儿定出一些名目来达到某种不正当的目的。

【巧取豪夺】 qiǎo qǔ háo duó　巧取：耍弄各种花招骗取。豪夺：用强力抢夺。指用欺诈或强力夺取他人的财物。

【巧舌如簧】 qiǎo shé rú huáng　巧舌：舌头灵巧。簧：乐器里用铜或其他材料制成的发声薄片。舌头灵巧，像簧片一样能发出动听的乐音。形容花言巧语，能说会道。〔例〕缺乏实干精神与能力的人，纵然～，也只能以失败告终。

【巧言令色】 qiǎo yán lìng sè　巧言：虚假的动听的话。令色：假装的和善的面貌。形容花言巧语，虚伪讨好。

【切磋琢磨】 qiē cuō zhuó mó　古代把雕刻骨头、象牙、玉石、石头，使成器物，分别叫切、磋、琢、磨。《诗经·卫风·淇奥》：“如切如磋，如琢如磨。”比喻学习和研究问题时彼此商讨，互相吸取长处，改正缺点。〔例〕科学讨论会上，大家～，对宣读的论文提出了很宝贵的意见。

【切肤之痛】 qiè fū zhī tòng　切：密切，贴近。切肤：身，指与自身关系密切。亲身经受的痛苦。比喻感受深切。

〔例〕中国人民多年遭受帝国主义的侵略和压迫,这种～是永远不会忘记的。

【切中时弊】 qiè zhòng shí bì　切中:正好击中。指批评时事,能切合当时的社会弊病。〔注意〕"中"不读 zhōng。

【窃据要津】 qiè jù yào jīn　窃据:用不正当的手段占据。要津:重要的渡口。比喻用不正当的手段占据显要的职位。

【窃窃私议】 qiè qiè sī yì　窃窃:形容声音细小。私议:私下议论。背地里小声议论。

【窃窃私语】 qiè qiè sī yǔ　背地里小声说话。〔例〕他们躲在角落里～,像是在商量什么事。

【窃位素餐】 qiè wèi sù cān　窃:不应占有而占有。素餐:白吃饭。指徒在其位而无所作为。

【锲而不舍】 qiè ér bù shě　锲:音怯,刻。舍:放弃。《荀子·劝学》:"锲而不舍,金石可镂。"(镂:音漏 lòu,雕刻。)意思是不停手地刻下去,金石也可以雕空。比喻有恒心,有毅力。〔注意〕"舍"不读 shè。

【钦差大臣】 qīn chāi dà chén　明清时由皇帝派遣并代表皇帝外出办理重大事件的官员。后多用来讽刺从上级机关派到下面去的,不了解情况、也不进行调查研究就指手画脚发号施令的人。

【亲密无间】 qīn mì wú jiàn　间:缝隙。形容非常亲密,没有任何隔阂。〔例〕她们俩～,像亲姐妹一样。〔注意〕"间"不读 jiān。

【亲痛仇快】 qīn tòng chóu kuài　亲:指自己人。仇:指敌人。东汉朱浮《与彭宠书》:"凡举事无为亲厚者所痛,而为见雠者所快。"(雠:同"仇"。)意思是做事不要使自己人痛心,使敌人高兴。"亲痛仇快"指某种举动只利于敌人,不利于自己。〔例〕大家一定要分清敌友,千万不能做那种~的事。

【勤能补拙】 qín néng bǔ zhuō　拙:笨,不灵巧。勤奋可以弥补笨拙。

【勤学苦练】 qín xué kǔ liàn　勤奋好学,刻苦练习。〔例〕小明进厂后,~,很快就掌握了机器的操作方法。

【擒贼先擒王】 qín zéi xiān qín wáng　唐朝杜甫《前出塞》诗:"射人先射马,擒贼先擒王。"指作战要先抓主要敌手。也比喻做事首先要抓关键。

【寝不安席】 qǐn bù ān xí　寝:睡。睡觉不能安于枕席。形容心事重重,睡不好觉。

【寝食不安】 qǐn shí bù ān　寝:睡。睡不好觉,吃不好饭,十分忧虑担心的样子。

【沁人心脾】 qìn rén xīn pí　沁:音侵去,渗入。原指芳香凉爽的空气或饮料使人感到舒适。也形容诗歌和文章优美动人,给人清新爽朗的感觉。〔例〕1. 晚风送来荷花的清香,~。2. 这个短篇小说描写水乡人民的生活,生动亲切,明快自然,读起来~。

【青出于蓝】 qīng chū yú lán　青:靛(音电 diàn)青。蓝:蓼(音了 liǎo)蓝,草名,可以做蓝色染料。《荀子·劝学》:"青,取之于蓝,而青于蓝。"意思是靛青是从蓼蓝提炼而成的,但是颜色比蓼蓝更深。比喻学生超过老师或后人胜过前人。〔例〕~而胜于蓝,十五年来,他的成就已经超过了老师。

【青黄不接】 qīng huáng bù jiē　青:指田里的青苗。黄:指黄熟的庄稼。旧粮已经吃完,新粮尚未接上。也比喻人才或物力前后接不上。

【青梅竹马】 qīng méi zhú mǎ　唐朝李白诗《长干行》："郎骑竹马来，绕床弄青梅。"(弄：玩耍)骑竹马、弄青梅都是孩子的游戏。后用"青梅竹马"形容小儿女天真无邪玩耍游戏的样子。现指男女幼年时亲密无间。〔例〕他们夫妻俩原是～，感情一直很好。

【青面獠牙】 qīng miàn liáo yá　青面：蓝色的脸。獠牙：露在嘴外面的长牙。旧时神怪故事中形容凶神恶鬼的面貌。后形容人相貌极其凶恶。

【青天霹雳】 qīng tiān pī lì　见"晴天霹雳"(288 页)。

【青云直上】 qīng yún zhí shàng　青云：青天，比喻很高的地位。指迅速升到很高的地位。参见"平步青云"(264 页)。

【轻车简从】 qīng chē jiǎn cóng　轻车：车上的负载不重。指官员外出时行装简单，随从不多。

【轻车熟路】 qīng chē shú lù　赶着装载很轻的车子走熟悉的路。比喻事情又容易又熟悉。

【轻而易举】 qīng ér yì jǔ　举：向上托。形容事情容易做，不费力气。〔例〕对于一个当过 30 年会计的人来说，算这笔账可是～。

【轻歌曼舞】 qīng gē màn wǔ　轻：轻快。曼：柔和。音乐轻快，舞姿柔美。〔例〕在旺通大爹的竹楼外面，傣族青年～，到深夜还不愿离去。

【轻举妄动】 qīng jǔ wàng dòng　轻：轻率，不慎重。妄：胡乱，任意。指不经慎重考虑，轻率地采取行动。

【轻描淡写】 qīng miáo dàn xiě　原指描绘时用浅淡的颜色轻轻地着笔。后多指说话写文章把重要问题轻轻带过。

【轻诺寡信】 qīng nuò guǎ xìn　诺:答应。寡:少。《老子》六十三章:"夫轻诺必寡信。"意思是轻易答应人家要求的,一定很少守信用。〔例〕他不是~的人,答应了你,就一定能办到。

【轻于鸿毛】 qīng yú hóng máo　鸿毛:大雁的毛,很轻。比大雁的毛还轻。比喻毫无价值或毫无意义。常与"重于泰山"对比着用。〔例〕为个人利益而死,~。参见"重于泰山"(500页)。

【轻重倒置】 qīng zhòng dào zhì　置:放,摆。把重要的和不重要的两者的地位摆颠倒了。〔例〕要善于抓住事物的主要矛盾,这样就不会在工作中~,主次不分了。

【轻重缓急】 qīng zhòng huǎn jí　指各种事情中有主要和次要的,有急于要办的和可以慢一点办的。〔例〕做工作必须善于区别~,抓住重点。又作"缓急轻重"。

【轻装上阵】 qīng zhuāng shàng zhèn　原指古代战士不披铁甲作战。后多用来比喻放下思想包袱从事工作。

【倾巢而出】 qīng cháo ér chū　巢:鸟窝。倾巢:整窝的鸟儿全出来。比喻出动全部兵力或人力(多含贬义)。

【倾城倾国】 qīng chéng qīng guó　倾:倾覆。《汉书·孝武李夫人传》:"延年侍上起舞,歌曰:'北方有佳人,绝世而独立,一顾倾人城,再顾倾人国。宁不知倾城与倾国,佳人难再得!'"意思是说李延年且歌且舞,用夸张的言辞,向汉武帝暗示自己妹妹的美貌,说她回头看一眼可倾覆一座城,再回头看一眼可倾覆一个国家。后来他妹妹成了汉武帝的爱妃。后用"倾城倾国"形容女子美貌非凡。

【倾家荡产】 qīng jiā dàng chǎn　倾:倒出。荡:弄光。全

部家产都给弄光了。

【倾心吐胆】qīng xīn tǔ dǎn　见"吐胆倾心"（366页）。

【清茶淡饭】qīng chá dàn fàn　清茶：指未配有糖果、点心的茶水。指饮食简朴、粗陋。

【清规戒律】qīng guī jiè lǜ　原指佛教徒所遵守的规则和戒条。后泛指束缚人的繁琐不合理的规章制度。

【清心寡欲】qīng xīn guǎ yù　清除杂念，减少欲念。指保持心地的纯净，不贪图世俗的利益。

【清夜扪心】qīng yè mén xīn　清夜：夜深人静的时候。扪：按，摸。扪心：摸着胸口，表示反省（xǐng）。指深夜不眠，进行反省。

【蜻蜓点水】qīng tíng diǎn shuǐ　指蜻蜓在水面飞行时尾端轻轻接触水面的动作。比喻做事肤浅不深入。

【情不自禁】qíng bù zì jīn　禁：抑制。感情激动得不能控制。〔例〕读到这样精辟的论辩文章，他～地拍案叫好。

【情急智生】qíng jí zhì shēng　情况紧急时，突然想出应变的好办法。参见"急中生智"（173页）。

【情景交融】qíng jǐng jiāo róng　交融：融合在一起。指文艺作品中环境的描写、气氛的渲染跟人物思想感情的抒发结合得很紧密。

【情理难容】qíng lǐ nán róng　无论从感情还是道理上都难以容忍。〔例〕他做出这样忘恩负义的事，真是～。

【情随事迁】qíng suí shì qiān　迁：变迁，变化。情况变了，思想感情也随着起了变化。

【情同手足】qíng tóng shǒu zú　情：交情。手足：比喻兄弟。交情很深，如同兄弟一样。〔例〕他们两个人从小就是好朋友，～。

【情投意合】qíng tóu yì hé　投：相合。形容双方思想感情融洽，合得来。

【情至义尽】qíng zhì yì jìn　指对人尽心尽意，情意已经达到顶点。〔例〕大家对他的帮助已经是～了。

【晴天霹雳】qíng tiān pī lì　霹雳：霹雷。宋朝陆游《四日夜鸡未鸣起作》诗："青天飞霹雳。"比喻突然发生意外的令人震惊的事件。又作"青天霹雳"。

【请君入瓮】qǐng jūn rù wèng　瓮：大坛子。《资治通鉴·唐纪》上说，武则天时，有人告发周兴谋反，武则天派来俊臣去审问。来俊臣假意和周兴喝酒，请教说：有个犯人不肯认罪，怎么办？惯用酷刑的周兴回答说：这容易，拿个大坛子，周围用炭火烤，把犯人装进去，什么事他还不招呢？来俊臣就按周兴的办法准备好瓮，周围加上火，然后对周兴说：我奉命来审问老兄，就请你进瓮吧。周兴吓得连忙认罪。后用"请君入瓮"比喻拿某人整别人的方法来整他自己。

【庆父不死，鲁难未已】qìng fù bù sǐ, lǔ nàn wèi yǐ　庆父：春秋时鲁国的公子，为篡权曾先后杀死两个国君，一再制造鲁国内乱。已：完结。《左传·闵公元年》："不去庆父，鲁难未已。"意思是说，不把庆父去掉，鲁国的灾难不会完的。后用"庆父不死，鲁难未已"比喻不清除制造内乱的罪魁祸首，就得不到安宁。

【罄竹难书】qìng zhú nán shū　罄：音庆，用尽。竹：竹简，古时用以书写文字的竹片。书：写。《旧唐书·李密传》记载，李密在宣布隋炀帝的十大罪状时说："罄南山之竹，书罪未穷；决东海之波，流恶难尽。"意思是说，用尽南山的竹子做竹简,也写不完他的罪行;决开东海的水,也洗不尽他的罪恶。后用"罄竹难书"形容罪行多得写不完。〔注意〕"罄"不能写作"馨"。

【穷兵黩武】qióng bīng dú wǔ　穷兵:用尽全部兵力。黩:音独,贪。黩武:滥用武力,任意发动战争。形容好战。

【穷极思变】qióng jí sī biàn　见"穷则思变"(290页)。

【穷极无聊】qióng jí wú liáo　穷极:极端。无聊:无所依靠。原形容生活极端困窘,无所依托。后也形容精神空虚,极端无聊。

【穷家富路】qióng jiā fù lù　指在家时手头拮据些无妨,出外时应多带些盘缠,以应付不时之需。

【穷寇勿追】qióng kòu wù zhuī　穷寇:走投无路的敌人。《孙子·军争》:"穷寇勿追。"意思是追击残敌要讲究策略,过于急迫反而会达不到消灭敌人的目的。后来引用多作"穷寇勿追"。意思是不追无路可走的敌人,以避免敌人情急反扑,造成自己的损失。

【穷困潦倒】qióng kùn liáo dǎo　潦倒:衰颓,失意。形容生活贫困、颓丧失意。〔例〕塞万提斯一生～,却写出了《堂吉诃德》这部不朽名著。

【穷年累月】qióng nián lěi yuè　见"长年累月"(51页)。

【穷山恶水】qióng shān è shuǐ　形容自然条件非常坏。〔例〕过去一些被认为是～的地方,现在已经出现了稳产高产田。

【穷奢极欲】qióng shē jí yù　穷、极:极端。奢:奢侈。欲:欲望。奢侈和贪欲到了极点。〔例〕无论物质条件多么丰富,如果一味地~,也只会坐吃山空。

【穷途末路】 qióng tú mò lù　穷途:绝路。末路:路的尽头。形容到了无路可走的地步。

【穷乡僻壤】 qióng xiāng pì rǎng　穷:尽头,指边远。僻:偏僻。壤:地。荒远偏僻的地方。〔例〕这个以前被人看作是~的地方,现在已经办起了工厂,呈现出一片欣欣向荣的景象。

【穷凶极恶】 qióng xiōng jí è　穷、极:极端。极端凶恶。

【穷原竟委】 qióng yuán jìng wěi　穷、竟:追究,追问到底。原:即"源",水源,引申为事情的开端。委:水流到末尾,引申为事情的结尾。指彻底搞清事情的始末。〔例〕对这一次事故要~,查明原因,总结教训。

【穷则思变】 qióng zé sī biàn　指事物发展到极点时就要发生变化。后多指在穷困艰难的时候,就要想办法改变现状。〔例〕~,经过几年的苦干,这个穷得叮当响的小山村终于变成了远近闻名的富裕村。又作"穷极思变"。极:到了极点。

【茕茕孑立,形影相吊】 qióng qióng jié lì, xíng yǐng xiāng diào　茕:音琼。茕茕:孤单单无依无靠的样子。孑:音洁。孑立:孤单地立着。形:身体。吊:慰问。语出晋朝李密《陈情表》。孤身一人,只有和自己的身影相互慰问。形容无依无靠,非常孤单。

【琼浆玉液】 qióng jiāng yù yè　琼:美玉。色泽如美玉一般晶莹透明的浆汁。旧指仙水、美酒等。后多比喻美酒。

【秋风扫落叶】 qiū fēng sǎo luò yè　秋天的大风把落叶一扫而光。比喻强大的力量迅速而轻易地把腐朽衰败的事物扫除光。〔例〕1949 年 4 月,中国人民解放军百万雄师下江南,以～之势消灭了国民党的残余部队。

【秋高气爽】 qiū gāo qì shuǎng　形容秋季晴空明净高朗,气候凉爽宜人。〔例〕十月的北京～,是旅游的好时节。

【秋毫无犯】 qiū háo wú fàn　秋毫:鸟兽在秋天新长的细毛,比喻很微小。《后汉书·岑彭传》:"持军整齐,秋毫无犯。"指军纪严明,丝毫不侵犯老百姓的利益。

【秋色平分】 qiū sè píng fēn　见"平分秋色"(265 页)。

【求大同,存小异】 qiú dà tóng, cún xiǎo yì　求:寻求。存:保留。在大的、主要的方面取得一致,而对某些小的、次要的问题可以各自保留不同的意见。

【求全责备】 qiú quán zé bèi　责:要求。备:齐备。对人对事要求十全十美,毫无缺点。〔例〕对人要看本质,看主流,不要～,过于苛刻。

【求同存异】 qiú tóng cún yì　求:寻求。存:保留。找出共同点,保留不同意见。

【求贤若渴】 qiú xián ruò kě　贤:有才德的人。求取人才,就像口渴时想喝水一样迫切。形容求才心切。

【曲尽其妙】 qū jìn qí miào　曲:委婉细致地。尽:尽量表达出来。妙:微妙的地方。把其中微妙之处委婉细致地充分表达出来。形容表达能力很强。

【曲径通幽】 qū jìng tōng yōu　弯弯曲曲的小路,通向幽深静美的地方。多形容景色的幽雅。

【曲意逢迎】 qū yì féng yíng　曲意:违背自己的本意去顺从别人。逢迎:奉承迎合。指想方设法奉承讨好别人。

【屈打成招】 qū dǎ chéng zhāo　屈:冤枉。招:招认。指无罪的人冤枉受刑,被迫招认有罪。

【屈指可数】 qū zhǐ kě shǔ　扳着手指头就可以数过来。形容数目很少。〔例〕掌握这项技术的人很多,但称得上专家的却~。

【趋利避害】 qū lì bì hài　趋向有利的,避开有害的。

【趋炎附势】 qū yán fù shì　趋:趋向。炎:比喻有权势的人。附:依附。奉承和依附有权有势的人。

【趋之若鹜】 qū zhī ruò wù　趋:奔赴,归附。鹜:鸭。像鸭子一样成群跑过去。比喻很多人争着赶去(含贬义)。

【曲高和寡】 qǔ gāo hè guǎ　曲:曲调。和:音贺,跟着别人唱。寡:少。曲调高深,能跟着唱的人就少。旧指知音难得。后比喻言论或作品不通俗,能了解的人很少(多含有讽刺意味)。〔注意〕"和"不读 hé。

【取长补短】 qǔ cháng bǔ duǎn　"取人之长,补己之短"的缩语。吸取别人的长处,来弥补自己的不足之处。也泛指在同类事物中吸取这个的长处来弥补那个的短处。〔例〕新老同志要互相帮助,互相学习,~,共同进步。

【取而代之】 qǔ ér dài zhī　《史记·项羽本纪》记载,秦始皇巡视南方到会稽(今绍兴),项羽看到以后说:"彼可取而代也。"意思是那人的地位可以夺过来,由我来代替。指夺取别人的地位而由自己代替他。后也指以某一事物代替另一事物。

【取之不尽】 qǔ zhī bù jìn　拿不完,用不尽。形容非常丰富。常与"用之不竭"连用。〔例〕现实生活是文艺创作~、用之不竭的源泉。

【去粗取精】 qù cū qǔ jīng 去掉粗陋的部分,保留精华。

【去伪存真】 qù wěi cún zhēn 伪:假的。存:留下。除掉虚假的,留下真实的。〔例〕历史材料往往互相矛盾,需要认真地进行～的鉴别工作。

【权宜之计】 quán yí zhī jì 权:暂且,姑且。宜:适宜。计:办法。指为了应付某种情况而暂时采取的办法。

【全军覆灭】 quán jūn fù miè 见"全军覆没"(本页)。

【全军覆没】 quán jūn fù mò 覆没:指(军队)全部被消灭。整个军队全部被消灭。又作"全军覆灭"。

【全力以赴】 quán lì yǐ fù 赴:往。把全部力量都投进去。

【全神贯注】 quán shén guàn zhù 神:精神,精力。贯注:集中在一点。全部精神集中在一点上。形容注意力高度集中。〔例〕上计算机课,他～地听讲。

【全心全意】 quán xīn quán yì 投入全部精力,一点没有保留。

【全知全能】 quán zhī quán néng 见"全智全能"(本页)。

【全智全能】 quán zhì quán néng 无所不知,无所不能。〔例〕任何个人都不可能是～的。又作"全知全能"。

【犬马之劳】 quǎn mǎ zhī láo 犬马:古时臣子对君主常自比为替主子奔走的犬马,以表示忠诚。后用"犬马之劳"表示心甘情愿受人驱使,为人效劳。

【犬牙交错】 quǎn yá jiāo cuò 错:杂,交叉。比喻交界线很曲折,像狗牙那样参差不齐。也比喻情况复杂,双方有多种因素参差交错。又作"犬牙相错"。

【犬牙相错】 quǎn yá xiāng cuò　见"犬牙交错"（293页）。

【却之不恭】 què zhī bù gōng　却：推辞，拒绝。指对别人的邀请、赠与等，如果拒绝接受，就显得不恭敬。

【确凿不移】 què záo bù yí　确凿：确实。不移：不能变动。确实可靠，不容怀疑。〔例〕虚心使人进步，骄傲使人落后，这是～的真理。

【鹊巢鸠居】 què cháo jiū jū　《诗经·召南·鹊巢》："维鹊有巢，维鸠居之。"意思是说喜鹊筑成的巢，由斑鸠来居住。比喻女子出嫁，以夫家为家。后比喻占据别人的居处、位置等。

【群策群力】 qún cè qún lì　策：计策，主意。指发挥集体的作用，大家一起来想办法，贡献力量。〔例〕全厂工人～，苦干加巧干，提前完成了今年的生产任务。

【群龙无首】 qún lóng wú shǒu　无首：没有领头的。一群龙没有领头的。比喻没有领头的，无从统一行动。

【群魔乱舞】 qún mó luàn wǔ　成群的魔鬼乱跳乱蹦。比喻众多坏人猖狂活动，为非作歹。也比喻一群人丑态百出。

【群起而攻之】 qún qǐ ér gōng zhī　群：众人，大家。攻：攻击，反对。大家都起来攻击它，反对它。

【群威群胆】 qún wēi qún dǎn　形容大家团结一致英勇战斗时表现出来的力量和勇敢精神。〔例〕少剑波率小分队和民兵，紧密配合，～，迅速扫平了威虎山。

【群蚁附膻】 qún yǐ fù shān　见"如蚁附膻"（304页）。

R

【燃眉之急】 rán méi zhī jí　燃:烧。火烧眉毛那样地紧急。比喻事情非常急迫。〔例〕汛期即将到来,赶在洪水前面修好大堤,已是～。

【饶有风趣】 ráo yǒu fēng qù　饶有:富有。风趣:幽默或诙谐的趣味。很有风趣。〔例〕他谈吐幽默,～。

【惹是生非】 rě shì shēng fēi　是、非:口舌,事端。招惹是非,引起争端。又作"寻事生非"。

【热火朝天】 rè huǒ cháo tiān　形容群众性的活动情绪热烈,气氛高涨,就像炽热的火焰朝天燃烧一样。〔例〕既有～的干劲,又有切切实实的引导,才能产生真正的实效。

【热血沸腾】 rè xuè fèi téng　身上的热血都沸腾起来了。形容人情绪非常激动。〔注意〕"血"不能读作 xuě,"沸"不能读作 fú。

【人才辈出】 rén cái bèi chū　辈出:成批地连续出现。形容人才一批接一批不断涌现。

【人才济济】 rén cái jǐ jǐ　济济:众多的样子。形容有才能的人很多。〔注意〕"济济"不读 jì jì。

【人稠物穰】 rén chóu wù ráng　稠:多,密。穰:兴盛,众多。人口稠密,物产丰盛。形容十分兴盛繁荣。

【人地生疏】 rén dì shēng shū　指初到一地,对人事和周

围的环境都不熟悉。〔例〕林黛玉初入贾府,～,时时处处都
留心在意。

【人定胜天】 rén dìng shèng tiān　人定:人谋,指人的主
观能动作用。天:自然。指人力能够战胜自然。〔例〕淮河两
岸人民以～的英雄气概顽强战斗,制服了千年为害的淮河。

【人多势众】 rén duō shì zhòng　指人多势力大。

【人而无信,不知其可】 rén ér wú xìn, bù zhī qí kě
信:信用。语出《论语·为政》。一个人不讲信用,真不知道
怎么能行。意思是说,人不讲信用是不行的。

【人浮于事】 rén fú yú shì　浮:超过。指工作中人员过多
或人多事少。〔例〕要精简机构,消除～的现象。

【人各有志】 rén gè yǒu zhì　人有各自不同的志向。多指
志向不一,不能勉为其难。

【人迹罕至】 rén jì hǎn zhì　罕:少。指很少有人来到。形
容地方荒凉偏僻。〔例〕这些曾经是～的地方,如今却引来了
大量的中外游客。

【人间地狱】 rén jiān dì yù　地狱:宗教指人死后灵魂受苦
的地方。比喻黑暗悲惨的处境。〔例〕1937 年底,日军攻陷
南京,使一座和平宁静的城市变成了～,30 万中国人民惨遭
屠杀。

【人尽其才】 rén jìn qí cái　尽:全部用出。每个人都能充
分发挥他的才能。〔例〕这个单位的领导根据～的原则,对用
非所学的人作了妥善的安排。

【人困马乏】 rén kùn mǎ fá　人马都很疲乏。形容旅途劳
累。〔例〕地质勘探队员在高原上走了一天,虽然～,但为祖
国寻找宝藏的决心鼓舞着他们继续前进。

【人面兽心】 rén miàn shòu xīn 面貌虽然是人，但心肠像野兽一样凶狠。

【人命危浅】 rén mìng wēi qiǎn 危：危险。浅：不久，时间短。形容寿命不长，即将死亡。

【人莫予毒】 rén mò yú dú 莫：没有。予：音余，我。毒：危害，伤害。《左传·僖公二十八年》记载，春秋时代，晋楚两国打仗，楚国被打败，楚国名将子玉因而自杀。晋文公听了很高兴地说："莫予毒也已。"意思是说，从此以后，再也没有人能危害我了。后用"人莫予毒"表示洋洋自得，认为没有人能伤害自己，可以为所欲为。

【人怕出名猪怕壮】 rén pà chū míng zhū pà zhuàng 指人怕出了名招致麻烦，就像猪长肥了就要被宰掉一样。

【人人自危】 rén rén zì wēi 人人都感到自己有危险。形容恐怖不安的气氛。

【人山人海】 rén shān rén hǎi 形容人聚集得非常多。〔例〕国庆节的晚上，天安门前～，载歌载舞，一片欢乐的景象。

【人声鼎沸】 rén shēng dǐng fèi 鼎：音顶，古代烹煮东西用的三条腿的器具。鼎沸：煮开了锅。形容人群的声音吵吵嚷嚷，就像煮开了锅一样。

【人寿年丰】 rén shòu nián fēng 人长寿，年成也好。形容太平兴旺的景象。

【人亡物在】 rén wáng wù zài 人死了，东西还在。指因看见遗物而引起的对死者的怀念，或因此而引起的感慨。〔例〕这块怀表是我老战友留下的。～，他牺牲已经整整两年了。

【人微言轻】 rén wēi yán qīng 微：小，这里指地位低。

轻:不重要。地位低,说话不受人重视。

【人心不古】 rén xīn bù gǔ　今人的心地不如古人淳厚。多用于感叹世风不正。

【人心大快】 rén xīn dà kuài　见"大快人心"(78页)。

【人心归向】 rén xīn guī xiàng　见"人心所向"(本页)。

【人心叵测】 rén xīn pǒ cè　叵测:不可推测。指人心险恶,不可推测。〔注意〕"叵"不能写作"巨"。

【人心所向】 rén xīn suǒ xiàng　向:对着,朝着。指人民群众所拥护的,向往的。〔例〕早日实现祖国统一是～。又作"人心归向"。

【人心向背】 rén xīn xiàng bèi　向:归向,拥护。背:背离,反对。指人民大众的拥护或反对。

【人仰马翻】 rén yǎng mǎ fān　形容被打得惨败。也比喻乱ója一塌糊涂,不可收拾。〔例〕1. 我军一个伏击,打得敌人～,狼狈而逃。 2. 今天突击清理仓库,一个组的人忙得个～,大半天才算安顿了下来。

【人云亦云】 rén yún yì yún　云:说。亦:也。人家怎么说,自己也跟着怎么说。指没有主见。〔例〕写文章,要言之有物,不要～。

【人之常情】 rén zhī cháng qíng　一般人通常有的感情。

【仁人志士】 rén rén zhì shì　指品德高尚,志向远大,勇于为理想而献身的人。〔例〕在中国近、现代史上,有多少～,为了中国的独立和富强,献出了毕生的精力。

【仁者见仁,智者见智】 rén zhě jiàn rén, zhì zhě jiàn zhì　《周易·系辞上》:"仁者见之谓之仁,智者见之谓之

（谓：称做，叫做。）意思是说对同一个问题，不同的人从不同的立场或角度有不同的看法。也简作"见仁见智"。

【仁至义尽】rén zhì yì jìn　仁：友爱。义：情谊。至、尽：到底的意思。人的善意和帮助已经做到了最大的限度。〔例〕大家对他已经～了。

【忍俊不禁】rěn jùn bù jīn　忍俊：含笑。指忍不住要发笑。〔例〕看着这些五、六岁的孩子装上胡子跳起新疆舞《亚克西》，人们都～。

【忍气吞声】rěn qì tūn shēng　忍气：受了气勉强忍耐。吞声：不敢出声。指受了气勉强忍耐，有话不敢说出来。

【忍辱负重】rěn rǔ fù zhòng　为了完成艰巨的任务，忍受暂时的屈辱。

【忍辱含垢】rěn rǔ hán gòu　见"含垢忍辱"（147页）。

【忍无可忍】rěn wú kě rěn　再也忍受不下去了。〔例〕对于敌人多次的武装挑衅，我边防战士～，被迫进行了自卫还击。

【认贼作父】rèn zéi zuò fù　把仇敌当作父亲。比喻甘心卖身投靠敌人。

【任劳任怨】rèn láo rèn yuàn　任：承受。不怕吃苦，也不怕招怨。〔例〕老王工作勤勤恳恳，～，大家都夸他是"人民的老黄牛"。

【任人唯亲】rèn rén wéi qīn　任：任用。唯：单，只。亲：关系密切，感情好。指用人不问人的德才，只选跟自己关系亲密的人。

【任人唯贤】rèn rén wéi xián　《尚书·咸有一德》："任官惟贤才。"（惟：同"唯"。贤：有德的人。）意思是只任用有德有才的人做官吏。后即以"任人唯贤"指用人只选有德有才的人。〔例〕选拔干部应当是～。

【任贤使能】 rèn xián shǐ néng　指任用有德行有能力的人。

【任重道远】 rèn zhòng dào yuǎn　担子很重,路程很远。比喻责任重大,要经历长期的奋斗。〔例〕作为我国社会主义经济支柱的国有大中型企业,其改革～。

【日薄西山】 rì bó xī shān　薄:迫近。太阳快落山了。比喻人已经衰老或事物衰败腐朽,临近死亡。

【日不暇给】 rì bù xiá jǐ　暇:空闲,空暇。给:充足。《史记·封禅书》:"洽矣而日有不暇给。"意思是,每天都没有空闲,时间仍不够用。后用来形容非常繁忙,时间不够用。

【日积月累】 rì jī yuè lěi　一天一天、一月一月地不断积累。指长时间不断地积累。〔例〕丰富的知识是靠努力学习,～得来的。

【日久天长】 rì jiǔ tiān cháng　见"天长日久"(355页)。

【日理万机】 rì lǐ wàn jī　理:处理。万机:纷繁的政务。每天要处理成千上万的事情。形容执政者政务繁忙。

【日暮途穷】 rì mù tú qióng　日暮:天快黑。途穷:路走到了尽头。比喻接近灭亡。

【日上三竿】 rì shàng sān gān　太阳升起有三根竹竿那样高。形容太阳升得很高,时间不早了。

【日新月异】 rì xīn yuè yì　新:更新。异:不同。指发展或进步迅速,不断出现新事物、新气象。

【日以继夜】 rì yǐ jì yè　见"夜以继日"(437页)。

【日月经天,江河行地】 rì yuè jīng tiān, jiāng hé xíng dì　太阳和月亮每天经过天空,江河永远流经大地。比喻人或事物的永恒、伟大。

【戎马倥偬】 róng mǎ kǒng zǒng　戎马:战马,借指战事。倥偬:急迫匆忙。形容军务繁忙紧张。〔注意〕"戎"不能写作"戌"。"倥偬"不能读作 kōng cōng。

【荣华富贵】 róng huá fù guì　荣华:兴旺显耀。旧时形容有钱有势。又作"富贵荣华"。

【容光焕发】 róng guāng huàn fā　容光:脸上的光彩。焕发:光彩四射的样子。形容身体好,精神饱满。

【融会贯通】 róng huì guàn tōng　融会:融合领会。贯通:透彻理解。指把各方面的知识和道理融合贯穿在一起,从而取得对事理全面、透彻的理解。

【冗词赘句】 rǒng cí zhuì jù　冗:音容上。赘:音坠。冗、赘:多余的,无用的。指诗文中多余无用的话。〔例〕这篇文章思想明确,语言简练,没有～。

【柔情蜜意】 róu qíng mì yì　温柔亲密的情意。多指男女间缠绵缠绵的恋情。

【如出一辙】 rú chū yī zhé　辙:音哲,车辙,车轮压出的痕迹。像出自同一个车辙。比喻两件事情(多指言行)非常相似。〔注意〕"辙"不能读作 chè。

【如堕五里雾中】 rú duò wǔ lǐ wù zhōng　堕:落,掉。五里雾:大片浓密的雾。好像掉在一片大雾里。比喻陷入迷离恍惚,莫名其妙的境地。

【如堕烟海】 rú duò yān hǎi　堕:落,掉。烟海:茫茫无边的烟雾。好像掉在茫茫无边的烟雾里。比喻迷失方向,找不到头绪,抓不住要领。〔例〕要在浩瀚的古籍里搜集有用的材料,必须有正确的方法,不然,就会~,茫无头绪。

【如法炮制】 rú fǎ páo zhì　如:依照。炮:音袍。炮制:把中药原料制成药物。本指依照一定的方法制作中药。现比喻照着现成的样子做。〔注意〕"炮"不读 pào,不能写作"泡"。

【如虎添翼】 rú hǔ tiān yì　好像老虎长上了翅膀。比喻强有力的人得到帮助,变得更加强有力。

【如花似锦】 rú huā sì jǐn　像鲜花、锦缎似的。形容服饰华丽。也形容景色或前程十分美好。

【如火如荼】 rú huǒ rú tú　荼:音图,一种开白花的茅草。《国语·吴语》上说,吴王把军队排列成几个万人的方阵,其中一个方阵的旗帜、穿戴都是白的,"望之如荼"(望去像一片荼草);另一个方阵的旗帜、穿戴都是红的,"望之如火"(望去像一片火海)。"如火如荼"原比喻军容之盛。后用来形容大规模的行动气势旺盛,气氛热烈。〔注意〕"荼"不能写作"茶",不能读作 chá。

【如获至宝】 rú huò zhì bǎo　获:得到。至宝:最珍贵的东西。形容对于所得到的东西非常珍视喜爱。

【如饥似渴】 rú jī sì kě　形容要求很迫切,好像饿了急着要吃饭,渴了急着要喝水一样。〔例〕人们~地学习科学技术,决心为祖国的四个现代化贡献力量。

【如胶似漆】 rú jiāo sì qī　像胶和漆那样黏结。形容感情炽烈,难舍难分。

【如狼似虎】 rú láng sì hǔ　像狼、虎一样。比喻非常凶暴。

【如雷贯耳】 rú léi guàn ěr　贯:穿透,贯通。响亮得像雷声传进耳朵里。形容人的名声大。

【如临大敌】rú lín dà dí 临：面对着。好像面对着强大的敌人。形容把本来不是很紧迫的形势看得十分严重。

【如履薄冰】rú lǚ bó bīng 履：踩，走过。《诗经·大雅·小旻》："战战兢兢，如临深渊，如履薄冰。"意思是好像走在薄冰上。后形容极为小心谨慎。

【如芒在背】rú máng zài bèi 芒：某些植物茎叶、果实外表长的刺。好像有芒刺扎在背上。形容心神不宁、忐忑不安的样子。

【如梦初醒】rú mèng chū xǐng 像刚从梦中醒来。比喻过去一直糊涂，在别人或事实的启发下，刚刚明白过来。〔例〕听了大会的揭发，他才～，发现自己原来是受了这个坏人的欺骗。

【如鸟兽散】rú niǎo shòu sàn 像一群飞鸟走兽一样逃散。形容溃败逃散。

【如泣如诉】rú qì rú sù 好像在哭泣，又好像在诉说。形容声音悲切凄凉。〔例〕音乐厅里，演奏家用二胡拉起了《二泉映月》，那～的旋律，使听众深深地沉浸在哀婉动人的艺术境界中。

【如日方中】rú rì fāng zhōng 中：指中天，天顶。好像太阳正在天顶。比喻事物正发展到十分兴盛的阶段。又作"如日中天"。

【如日中天】rú rì zhōng tiān 见"如日方中"（本页）。

【如丧考妣】rú sàng kǎo bǐ 妣：音比。考妣：旧时对父母死后的称呼，父亲死后叫考，母亲死后叫妣。好像死了父母一样地伤心和着急（现多含贬义）。

【如释重负】 rú shì zhòng fù　释：放下。重负：重担。像放下重担那样。形容紧张心情过去以后的轻松愉快。

【如数家珍】 rú shǔ jiā zhēn　家珍：家藏的珍宝。好像数自己家藏的珍宝那样清楚。比喻对所讲的事情十分熟悉。〔例〕展览会里讲解员给参观者介绍展品，讲解详细，～。

【如闻其声，如见其人】 rú wén qí shēng，rú jiàn qí rén　像听到他的声音，像见到他本人一样。形容对人物的刻画和描写非常生动逼真。〔例〕这部小说生动地描写了几个英雄人物的性格、思想和感情，读来使人～。

【如蚁附膻】 rú yǐ fù shān　膻：羊臊气。《庄子·徐无鬼》上说："蚁慕羊肉，羊肉膻也。"意思是说，蚂蚁喜爱羊肉，是因为羊肉有膻味儿。后用"如蚁附膻"（像蚂蚁附着在有膻味的东西上）比喻许多臭味相投的人追求不好的事物。也比喻许多人依附有钱有势的人。又作"群蚁附膻"。

【如意算盘】 rú yì suàn pán　比喻考虑问题时从主观愿望出发、只从好的方面着想的打算。〔例〕那种只看有利方面不看不利方面的～的设想，一定成不了事实。

【如影随形】 rú yǐng suí xíng　好像影子老是跟着身体一样。比喻两个人关系亲密，常在一起。

【如鱼得水】 rú yú dé shuǐ　好像鱼得到水一样。比喻得到跟自己十分投合的人或对自己很适合的环境。〔例〕1. 连长自从来了新指导员，～，两人合作得可好啦。2. 青纱帐一起来，游击队～，活动更加方便了。

【如愿以偿】 rú yuàn yǐ cháng　如：依照。偿：满足。按所希望的那样得到满足。指愿望实现。〔例〕他好不容易得到了这本书，总算～。

【如坐针毡】 rú zuò zhēn zhān　像坐在插着针的毡子上。形容心神不定,坐立不安。

【茹苦含辛】 rú kǔ hán xīn　见"含辛茹苦"(147页)。

【茹毛饮血】 rú máo yǐn xuè　茹:音如,吃。用来描写原始人不会用火,连毛带血地生吃禽兽的生活。〔例〕从~到熟食,是人类发展史上的一个重要阶段。

【乳臭未干】 rǔ xiù wèi gān　臭:音嗅,气味。乳臭:奶腥气。干:尽。身上的奶腥气还没有退尽。对年幼人表示轻蔑的说法。〔例〕就是这些被人说成是~的青年人,在老农指导下,搞起了高产试验田。

【入不敷出】 rù bù fū chū　敷:音肤,足够。收入不够支出。

【入木三分】 rù mù sān fēn　晋朝王羲之写的字非常有力,相传一次他在木板上写字,刻字的人发现墨汁渗入木板有三分深。形容书法极有笔力。现多比喻分析问题很深刻。〔例〕吴敬梓在《儒林外史》里,对封建社会一些文人的丑态刻画得淋漓尽致,~。

【入情入理】 rù qíng rù lǐ　入:合乎。合乎情理。〔例〕他这番话说得~,大家听了都点头称是。

【入乡随俗】 rù xiāng suí sú　到一个地方,就顺从当地的习俗。〔例〕长征队伍经过彝族地区时,红军指战员~,处处尊重他们的风俗习惯,受到热烈的欢迎。

【软硬兼施】 ruǎn yìng jiān shī　兼:同时涉及或具有几个方面。施:施展,用。软的和硬的手段都用上了。〔例〕不管敌人怎样威胁利诱,~,方志敏同志始终不屈,表现了一个共产党员大无畏的英雄气概。

【枘圆凿方】 ruì yuán záo fāng　枘:榫子;榫头。凿:卯

眼。圆榫头,方卯眼。比喻两不相合,格格不入。

【锐不可当】 ruì bù kě dāng 锐:锐利,比喻锐气。当:抵挡。形容勇往直前的气势,不可抵挡。〔例〕辽沈、平津、淮海三大战役胜利结束后,人民解放军直指江南,千里长驱,～。

【若即若离】 ruò jí ruò lí 若:好像。即:凑近。好像接近,又好像不接近。形容对人保持一定距离。

【若明若暗】 ruò míng ruò àn 好像明亮,又好像昏暗。比喻对情况的了解或对问题的认识不清楚。〔例〕我到这里时间不久,接触不多,对情况还～的。

【若无其事】 ruò wú qí shì 像没有那回事一样。形容遇事沉着镇定或不把事放在心上。

【若要人不知,除非己莫为】 ruò yào rén bù zhī, chú fēi jǐ mò wéi 若:如果。莫:不。为:干,做。要想人家不知道,除非自己不去做。指干了坏事终究要暴露。

【若隐若显】 ruò yǐn ruò xiǎn 见“若隐若现”(本页)。

【若隐若现】 ruò yǐn ruò xiàn 形容隐隐约约的样子。〔例〕每当我看见乡间的马车,童年的生活就～地在我的脑海里浮动。又作“若隐若显”。

【若有所失】 ruò yǒu suǒ shī 好像丢了什么似的。形容心神不定的样子。也形容心里感到空虚。

【若有所思】 ruò yǒu suǒ sī 好像在思考什么似的。形容沉思不语的样子。

【弱不禁风】 ruò bù jīn fēng 禁:经受,承受。形容身体娇弱,连风吹都经受不起。〔例〕看到小郑现在肤色黝黑、健壮活泼的模样,谁也不会想到她来农村时竟是个～的姑娘。〔注意〕“禁”不读 jìn。

【弱不胜衣】ruò bù shèng yī　胜：承受。弱得连身上穿的衣服也承受不起。形容人身体十分瘦弱。

【弱肉强食】ruò ròu qiáng shí　原指动物中弱者被强者吞食。比喻弱的被强的吞并。

S

【飒爽英姿】 sà shuǎng yīng zī　见"英姿飒爽"（465页）。

【塞翁失马】 sài wēng shī mǎ　塞：边塞。翁：老人。常和"安知非福"（怎么知道不是好事呢）连用。《淮南子·人间训》里说，古时候边塞上有个老人丢了一匹马，人家来安慰他，他却说："怎么知道这就不是好事呢？"果然，后来这匹马自己跑了回来，还引回来一匹好马。比喻虽然一时受到损失，也许反而能因此得到好处。

【三长两短】 sān cháng liǎng duǎn　指意外的灾祸或事故。特指人的死亡。

【三朝元老】 sān cháo yuán lǎo　元老：年老而有声望的大臣。指历事三代皇帝的重臣。后指经历多、资格老的人。也指连续为几个政权效力的人（含贬义）。〔注意〕"朝"不读zhāo。

【三番两次】 sān fān liǎng cì　见"三番五次"（本页）。

【三番五次】 sān fān wǔ cì　形容多次。〔例〕老师～地强调，上课要注意听讲，不能有小动作。又作"三番两次"。

【三坟五典】 sān fén wǔ diǎn　三坟：相传伏羲（音西）、神农、黄帝的书称为三坟。五典：相传少昊（音浩）、颛顼（音专须）、高辛、唐、虞（音于）的书称为五典。泛指中国最古老的书籍。

【三顾茅庐】 sān gù máo lú 顾：看望。茅庐：茅草房。三国时，刘备为了要诸葛亮帮助自己打天下，三次亲自到诸葛亮居住的茅庐去邀请他，最后一次才见到。比喻真心诚意一再邀请。

【三教九流】 sān jiào jiǔ liú 三教：指儒教、佛教、道教。九流：指儒家、道家、阴阳家、法家、名家、墨家、纵横家、杂家、农家。旧指宗教或学术上的各种流派。也指社会上各行各业的人（含贬义）。〔例〕他这个人交游甚广，～，什么人都能成为他的朋友。

【三令五申】 sān lìng wǔ shēn 三、五：表示次数多。令：命令。申：申明，说明。多次命令和告诫（多指上级对下级）。〔例〕学校～不得穿奇装异服，我们要严格遵守规定。

【三生有幸】 sān shēng yǒu xìng 三生：佛教指前生、今生、来生。三生都感到幸运。形容极其难得的幸运。多用于初次见面时的客套话。

【三十而立】 sān shí ér lì 三十岁开始能自立于社会。语出《论语·为政》。后指人到三十岁上下开始成熟，有所成就。

【三十六策，走为上策】 sān shí liù cè, zǒu wéi shàng cè 见"三十六计，走为上计"（本页）。

【三十六计，走为上计】 sān shí liù jì, zǒu wéi shàng jì 走：走开。《南齐书·王敬则传》："檀公（指檀道济）三十六策，走是上计。"指事情已经到了无可奈何的地步，没有别的好办法，只能出走。又作"三十六策，走为上策"。

【三思而后行】 sān sī ér hòu xíng 见"三思而行"（310

页）。

【三思而行】 sān sī ér xíng　三：再三，表示多次。思：考虑。行：做。《论语·公冶长》："季文子三思而后行。"指经过反复考虑，然后再去做。〔例〕这件事关系重大，望你～。又作"三思而后行"。

【三天打鱼，两天晒网】 sān tiān dǎ yú, liǎng tiān shài wǎng　比喻没有恒心，经常中断。〔例〕体育锻炼要每天坚持，不能～。

【三头六臂】 sān tóu liù bì　三个脑袋，六条胳膊。比喻神奇的本领。〔例〕他纵然有～，在此穷乡僻壤也施展不开。

【三位一体】 sān wèi yī tǐ　基督教称耶和华为圣父，耶稣为圣子，圣父圣子共有的神的性质为圣灵，他们神的性质融合为一。所以把圣父、圣子、圣灵称为三位一体。常用来比喻三个人、三件事或三个方面联成的一个紧密不可分的整体。

【三五成群】 sān wǔ chéng qún　三个一群、五个一伙地聚在一起。〔例〕一到周末，姑娘们就～地涌向热闹繁华的市中心，逛街购物，妆扮自己。

【三心二意】 sān xīn èr yì　又想这样又想那样，犹豫不定。常指不安心，不专一。〔例〕他干一行爱一行，从不～。

【三言两语】 sān yán liǎng yǔ　形容言辞不多。〔例〕小林是个闷葫芦，即使问他什么事，他也只是～就闭上了嘴。

【三纸无驴】 sān zhǐ wú lǘ　见"博士买驴"(25页)。

【散兵游勇】 sǎn bīng yóu yǒng　散：分散(sàn)的。游：不固定的，游荡的。勇：兵士。原指没有统率的逃散士兵。现也指没有组织到集体队伍里独自行动的人。

【桑榆暮景】 sāng yú mù jǐng　桑榆：桑树和榆树，指日落时余辉残留的地方。暮景：黄昏的景象。比喻人的晚年。

【丧魂落魄】 sàng hún luò pò　形容心神不定、十分惊慌的样子。

【丧家之犬】 sàng jiā zhī quǎn　语出《史记·孔子世家》。原作"丧家之狗"，指有丧事的人家的狗，因主人忙于丧事而得不到喂养。比喻沦落不遇的人。后作"丧家之犬"（丧：音sàng），转指无家可归的狗。比喻无处投奔，到处乱窜的人（含贬义）。〔注意〕"丧"不读 sāng。

【丧尽天良】 sàng jìn tiān liáng　天良：良心。形容坏人恶毒到了极点。

【丧权辱国】 sàng quán rǔ guó　丧失主权，使国家蒙受耻辱。〔例〕19世纪中叶以来，帝国主义列强强迫腐朽的清政府签订了许多～的条约，激起了广大人民的义愤。

【丧心病狂】 sàng xīn bìng kuáng　丧失理智，像发了疯一样。

【搔首踟蹰】 sāo shǒu chí chú　搔首：挠头。踟蹰：徘徊，来回走动。形容心情焦虑、惶惑、犹豫的样子。

【扫地出门】 sǎo dì chū mén　指没收全部财产并赶出家门。

【扫地以尽】 sǎo dì yǐ jìn　完全丢光了（指脸面、威风、名声、信誉等）。〔例〕他的丑事败露以后，往常那副颐指气使的威风～。

【色厉内荏】 sè lì nèi rěn　色：神色。厉：凶猛。荏：音忍，软弱。外表强硬，内心虚弱。

【森罗万象】sēn luó wàn xiàng　森:众多。罗:罗列。指宇宙间各种事物展现出的万千气象。

【森严壁垒】sēn yán bì lěi　见"壁垒森严"(19页)。

【僧多粥少】sēng duō zhōu shǎo　和尚多,而供和尚喝的粥少。比喻物少人多,不够分配。〔例〕这几年人才市场的就业岗位出现了～、供过于求的局面。

【杀敌致果】shā dí zhì guǒ　致:做到。果:取得战绩。指勇猛杀敌以立功。〔例〕只有严格的训练才能保证我们在实战中～。

【杀鸡儆猴】shā jī jǐng hóu　儆:音井,警戒。杀鸡给猴子看。比喻用惩罚一个人的办法来警告别的人。

【杀鸡取卵】shā jī qǔ luǎn　卵:蛋。为了要得到鸡蛋,不惜把鸡杀了。比喻贪图眼前的好处而不顾长远利益。〔例〕开发森林应当伐育结合,不可用那种采尽砍光～的做法。

【杀气腾腾】shā qì téng téng　杀气:凶狠的气势。腾腾:气直往上冒的样子,引申为气势很盛。充满了凶狠的气势。

【杀人不见血】shā rén bù jiàn xiě　杀了人不露一点痕迹。形容害人的手段非常阴险毒辣。

【杀人不眨眼】shā rén bù zhǎ yǎn　形容极其凶狠残暴。〔注意〕"眨"不能读作 biǎn。

【杀人如麻】shā rén rú má　杀死的人多得像乱麻。形容杀的人多得数不清。

【杀人越货】shā rén yuè huò　越:抢劫。害人性命,抢人

东西。〔例〕建国初期，解放军剿匪部队曾在这里消灭过一股
～、无恶不作的匪徒。

【杀身成仁】 shā shēn chéng rén　成：成全。仁：正义。
语出《论语·卫灵公》。指为正义而牺牲生命。

【杀一儆百】 shā yī jǐng bǎi　儆：又写作"警"，警戒。
处死一个人，借以警戒许多人。又作"惩一儆百"。惩：惩
罚。

【沙里淘金】 shā lǐ táo jīn　淘金：用水选的方法从沙子
里选出沙金。比喻做事费力大而收效少。〔例〕从浩瀚的古
籍中搜集有关地层情况的记载，有如～。

【煞费苦心】 shà fèi kǔ xīn　煞：很。费尽心思。

【煞有介事】 shà yǒu jiè shì　见"像煞有介事"（409 页）。

【山崩地裂】 shān bēng dì liè　高山崩塌，大地开裂。常
形容巨大的声响。〔例〕只听空中响一声炸雷，如同～一
般，好不吓人！

【山高水低】 shān gāo shuǐ dī　比喻不幸的事情。多指
人的死亡。

【山光水色】 shān guāng shuǐ sè　光：风光，风景。山水
的景色。形容优美的自然风光。

【山呼海啸】 shān hū hǎi xiào　啸：咆哮。形容声势浩
大。〔例〕数万人的游行队伍喊着口号，～地从窗前走过。

【山盟海誓】 shān méng hǎi shì　见"海誓山盟"（146 页）。

【山明水秀】 shān míng shuǐ xiù　见"山清水秀"（本页）。

【山清水秀】 shān qīng shuǐ xiù　形容风景优美。〔例〕～
的江南，今年又是一个大丰收的年景。又作"山明水秀"。

【山穷水尽】shān qióng shuǐ jìn　穷：尽。山和水都到了尽头。比喻无路可走，陷入绝境。〔例〕话虽如此，不是到了～的地步，谁也不会做出如此无奈的选择。

【山水相连】shān shuǐ xiāng lián　指边界连接在一起。〔例〕缅甸和我国是～的邻邦。

【山雨欲来风满楼】shān yǔ yù lái fēng mǎn lóu　欲：将要。语出唐朝许浑《咸阳城东楼》诗。比喻局势将有重大变化前夕的迹象和气氛。

【山珍海味】shān zhēn hǎi wèi　山间海中出产的珍奇食品。泛指珍美丰盛的菜肴。〔例〕即使是～，天天吃也有腻的时候。

【删繁就简】shān fán jiù jiǎn　删：除去。就：趋向。去掉繁杂部分，使它趋于简明。

【姗姗来迟】shān shān lái chí　姗：音山。姗姗：形容走路迟缓从容的样子。形容慢腾腾地来晚了。

【煽风点火】shān fēng diǎn huǒ　比喻煽动别人闹事。

【潸然泪下】shān rán lèi xià　潸然：流泪的样子。形容因有所触动而流下眼泪。〔例〕写到动情处，他不禁～，眼泪把字迹都模糊了。

【闪烁其辞】shǎn shuò qí cí　烁：音朔。闪烁：光一闪一闪的样子，比喻说话躲躲闪闪。指说话吞吞吐吐，不肯透露真相或回避害问题。

【善罢甘休】shàn bà gān xiū　善、甘：好好地，引申为轻易。轻易罢手（多用于否定）。〔例〕敌人是不会～的，我们还得准备他们再次来犯。

【善男信女】 shàn nán xìn nǚ 指信奉佛教的男男女女。

【善始善终】 shàn shǐ shàn zhōng 做事情有好的开头,也有好的结束。〔例〕做任何工作都要～,不能虎头蛇尾,更不能有头无尾。

【善自为谋】 shàn zì wéi móu 善:妥善地。谋:谋划,安排。自己好好地想办法。

【擅离职守】 shàn lí zhí shǒu 擅:擅自,独断独行。不守纪律,随随便便就离开自己的工作岗位。〔例〕像你这种不打招呼～的行为,在任何单位都会受到批评的。

【伤风败俗】 shāng fēng bài sú 伤:损伤。败坏风俗。

【伤天害理】 shāng tiān hài lǐ 指做事凶恶残忍,丧尽天良。

【赏罚分明】 shǎng fá fēn míng 赏罚得当,公正清楚。〔例〕我们公司的政策,历来是奖励先进、批评落后、～的。

【赏功罚罪】 shǎng gōng fá zuì 奖赏有功的人,惩罚犯罪的人。

【赏心乐事】 shǎng xīn lè shì 赏心:使心情欢畅。乐事:快乐的事情。指遇到高兴的事情而心情欢畅。

【赏心悦目】 shǎng xīn yuè mù 赏心:使心情欢畅。悦目:看了舒服。指看到美好的景色而心情愉快。〔例〕从游船上纵目四望,西子湖春风送暖,碧波荡漾,长堤缀绿,群山围翠,真是～。

【上蹿下跳】 shàng cuān xià tiào 蹿:乱钻。比喻坏人上下奔走,四处活动。

【上方宝剑】 shàng fāng bǎo jiàn 上方:古代制作和储

藏皇帝所用器物的官署。皇帝御用的宝剑。皇帝赐予大臣上方宝剑，表示授予先斩后奏的权力。后用来比喻上级的指示。又作"尚方宝剑"。

【上勤下顺】 shàng qín xià shùn　领导者勤奋努力，下属就会服从指挥。〔例〕如果各级领导在工作中处处走在前面，～，工作就很容易开展了。

【上天无路，入地无门】 shàng tiān wú lù, rù dì wú mén　形容无路可走的窘迫处境。

【上无片瓦，下无插针之地】 shàng wú piàn wǎ, xià wú chā zhēn zhī dì　形容一无所有，贫困到了极点。〔例〕解放前，张大爷一家～，过着牛马不如的生活。又作"上无片瓦，下无立锥之地"。锥：音追。立锥：插住锥子。

【上无片瓦，下无立锥之地】 shàng wú piàn wǎ, xià wú lì zhuī zhī dì　见"上无片瓦，下无插针之地"（本页）。

【上下其手】 shàng xià qí shǒu　《左传·襄公二十六年》上说，楚国进攻郑国时，穿封戌俘虏了一个郑将，王子围出来争功。伯州犁裁决时，向郑将举起手（上其手）介绍王子围，放下手（下其手）介绍穿封戌。郑将得到暗示，就说自己是被王子围俘获的。后用"上下其手"比喻玩弄手法，串通作弊。

【上行下效】 shàng xíng xià xiào　行：做。效：效法，模仿。上面的人怎么做，下面的人就跟着怎么干（多含贬义）。

【尚方宝剑】 shàng fāng bǎo jiàn　见"上方宝剑"（315页）。

【稍胜一筹】 shāo shèng yī chóu　见"略胜一筹"（230页）。

【稍纵即逝】 shāo zòng jí shì　纵：放。逝：过去，消失。

稍微一放松就消失了。形容时间或机会等很容易过去。〔例〕时间～，我们必须分秒必争。

【少安毋躁】 shǎo ān wú zào　少：稍微，暂时。毋：不要。躁：急躁。暂且安心等一会儿，不要急躁。〔注意〕"躁"不能写作"燥"。

【少见多怪】 shǎo jiàn duō guài　见识少，遇到不常见的事物便感到奇怪。常用来嘲讽别人见闻浅陋。

【少不更事】 shào bù gēng shì　少：年轻。更：经历。年纪轻，没有经历过什么事情。指经验不多。〔注意〕"少"不读 shǎo。"更"不读 gèng。又作"少不经事"。

【少不经事】 shào bù jīng shì　见"少不更事"（本页）。

【少年老成】 shào nián lǎo chéng　老成：经历多，老练成熟。指年纪轻，却举止稳重，办事老练。有时也指年轻人缺乏朝气。

【少壮不努力，老大徒伤悲】 shào zhuàng bù nǔ lì, lǎo dà tú shāng bēi　徒：空，白白地。语出《文选·古诗十九首》。年轻力壮的时候不奋发图强，到了老年，悲伤也没用了。

【舌敝唇焦】 shé bì chún jiāo　敝：破。焦：干。说话说得舌头都破了，嘴唇都干了。形容费尽了唇舌。

【蛇蝎心肠】 shé xiē xīn cháng　形容人的心肠凶狠毒辣。〔例〕这个土匪头子是个～，杀人越货，抢男霸女，不知干了多少坏事！

【舍本求末】 shě běn qiú mò　见"舍本逐末"（本页）。

【舍本逐末】 shě běn zhú mò　舍：放弃。本：根本。逐：追求。末：枝节。抛弃根本的、主要的，而去追求枝节的、次要的。比喻不抓根本环节，而只在枝节问题上下功夫。〔例〕写文章只追求形式而不注重内容，那是～。又作"舍本求末"。

【舍得一身剐，敢把皇帝拉下马】 shě dé yī shēn guǎ, gǎn bǎ huáng dì lā xià mǎ　剐：古代一种残酷的死刑，把人身上的肉一片一片割下来。《红楼梦》第六十八回："拼着一身剐，敢把皇帝拉下马。"比喻再难的事，拼着一死也敢干下去。

【舍己救人】 shě jǐ jiù rén　舍：舍弃。不惜牺牲自己去拯救别人。〔例〕罗盛教烈士～的高贵品质永远值得人们学习。

【舍己为公】 shě jǐ wèi gōng　为了集体的利益而牺牲自己的利益。〔例〕在个人利益与集体利益发生冲突的时候，能否～考验着一个人品格的高下。

【舍己为人】 shě jǐ wèi rén　为：帮助。舍弃自己的利益而去帮助别人。〔例〕共产党员要有～的崇高品德。

【舍近求远】 shě jìn qiú yuǎn　舍去近的，追求远处的。形容做事走弯路。〔例〕这种东西我们本地也出产，无需～到外地去采购。

【舍生取义】 shě shēng qǔ yì　生：生命。义：正义。《孟子·告子上》："生，亦我所欲也；义，亦我所欲也。二者不可得兼，舍生而取义者也。"原意是说，生命也是我所要的，正义也是我所要的，二者不能同时都得到，就选择正义而舍弃生命。指为正义而牺牲生命。〔例〕无数革命先烈为着人民利益而牺牲了他们的生命，他们这种～的崇高品质永远值得我们学习。

【舍生忘死】 shě shēng wàng sǐ　不把个人的生死放在心上。

【设身处地】 shè shēn chǔ dì　处：音础。设想自己处在别人的那种境地。指替别人的处境着想。

【社鼠城狐】 shè shǔ chéng hú　见"城狐社鼠"（57页）。

【涉笔成趣】 shè bǐ chéng qù　涉笔：动笔，指写文章或作画。一动笔便趣味盎然。形容有很高的艺术功力。

【身败名裂】 shēn bài míng liè　败：败坏，毁坏。裂：破裂。地位丧失，名誉扫地。指做坏事而遭到彻底失败。

【身不由己】 shēn bù yóu jǐ　身体不由自己作主。又作"身不由主"。

【身不由主】 shēn bù yóu zhǔ　见"身不由己"（本页）。

【身价百倍】 shēn jià bǎi bèi　身价：一个人的社会地位。指名誉地位一下子大大提高（多含贬义）。

【身经百战】 shēn jīng bǎi zhàn　身：亲身。百：指很多。亲身经历过多次战斗。形容富于实战经验，或比喻具有丰富的实践经验。〔例〕李团长～，赫赫有名，军中上下无人不喜欢他。

【身临其境】 shēn lín qí jìng　临：到。境：地方，境地。亲自到了那个境地。〔例〕这篇报道写得具体生动，使人看了有～的感觉。

【身体力行】 shēn tǐ lì xíng　身：亲身。体：体验。力：努力。亲身体验，努力实行。〔例〕身教重于言教，领导要求群众做到什么，首先自己要～。

【身无长物】 shēn wú cháng wù　见"别无长物"（22

页）。

【身先士卒】 shēn xiān shì zú　作战时将帅奋勇当先，冲在士兵的前面。后也比喻领导者做群众的表率。

【身心交病】 shēn xīn jiāo bìng　交：一齐，同时。身体和精神都有病。

【身心交瘁】 shēn xīn jiāo cuì　瘁：劳累。身体精神都过度劳累。

【深闭固拒】 shēn bì gù jù　固：坚决。紧紧闭关，坚决抵制。后多指固执地不接受新事物或他人的意见。〔例〕对于西方文化的传入，采取～的态度自然不正确，那种不加甄别、全盘接受的做法也是错误的。

【深不可测】 shēn bù kě cè　深得没法测量。形容很深。

【深藏若虚】 shēn cáng ruò xū　虚：虚无，没有。把宝贵的东西深深地隐藏起来，好像什么都没有一样。比喻有真才实学的人隐而不露。〔例〕越是饱学之士，越是～，那种半斤八两的人，反而爱在人前卖弄，唯恐别人忽视自己。

【深更半夜】 shēn gēng bàn yè　泛指深夜。〔例〕这么晚了你还不睡，～的折腾什么呢？

【深居简出】 shēn jū jiǎn chū　简：少。指人呆在家里，不常出门。

【深谋远虑】 shēn móu yuǎn lǜ　谋：策划，计划。指计划得很周密，考虑得很长远。

【深情厚谊】 shēn qíng hòu yì　谊：交情。深厚的感情与友谊。〔例〕红军长征时途经凉山地区，与当地彝族人民结下了～。〔注意〕"谊"不能读作 yí。

【深入浅出】shēn rù qiǎn chū　指讲话或文章的内容深刻，语言文字却浅显易懂。

【深入人心】shēn rù rén xīn　深深地进入人们的心里。形容思想、理论、方针、政策广泛地得到人们的理解和拥护。〔例〕我们欣喜地看到，科教兴国的思想已～，尊师重教已蔚然成风。

【深思熟虑】shēn sī shú lǜ　熟：指程度深。虑：考虑。反复深入地思考。

【深文周纳】shēn wén zhōu nà　深文：法律条文苛刻。周纳：想方设法使人陷入。指苛刻地或歪曲地引用法律条文，把无罪的人定成有罪。也指不根据事实，牵强附会地给人硬加罪名。

【深恶痛疾】shēn wù tòng jí　见"深恶痛绝"（本页）。

【深恶痛绝】shēn wù tòng jué　深恶：非常厌恶。痛绝：极其痛恨。指对某人或某事物极端厌恶痛恨。〔例〕他对社会上的不正之风～，决心从我做起，做一个堂堂正正的人。又作"深恶痛疾"。〔注意〕"恶"不读è。

【深信不疑】shēn xìn bù yí　非常相信，毫不怀疑。〔例〕他说这件事的时候表情十分严肃，让在场的人没法儿不～。

【深知灼见】shēn zhī zhuó jiàn　灼：明白透彻。深邃的知识，透彻的见解。〔例〕这篇评论文章的确不乏～，让人读后颇受启发。

【深中肯綮】shēn zhòng kěn qìng　綮：音庆。肯綮：筋骨结合的地方，比喻最重要的关键。比喻分析深刻，能击中要害，或能说到点子上。〔例〕这篇文章不长，但是论点明确，～，有很强的说服力。〔注意〕"中"不读zhōng。"綮"不能读作 qǐ。

【神不守舍】shén bù shǒu shè　舍：房舍，这里指人的躯体。形容心神极不安定。〔例〕我刚离开家的时候，母亲整天盯着电话，～，坐也不是站也不是。

【神采奕奕】shén cǎi yì yì　神采：指人面部的神情和光采。奕：音亦。奕奕：精神焕发的样子。形容精神旺盛，容光焕发。

【神差鬼使】shén chāi guǐ shǐ　见"鬼使神差"（143页）。

【神出鬼没】shén chū guǐ mò　出：出现。没：隐没。《淮南子·兵略训》："善者之动也，神出而鬼行。"意思是说，善于指挥作战的人，能使军队的活动变化莫测，使敌人无从捉摸。后用"神出鬼没"形容出没无常，不可捉摸。〔例〕抗日战争时期，我游击健儿利用这一带山林湖泊的复杂地形，～地打击敌人。

【神工鬼斧】shén gōng guǐ fǔ　见"鬼斧神工"（143页）。

【神乎其神】shén hū qí shén　神：神妙，神秘。乎：古汉语助词。形容非常奇妙神秘。〔例〕小赵真会说话，平平常常一件事，他都能说得～。

【神魂颠倒】shén hún diān dǎo　神魂：精神，神志（多用于不正常时）。精神恍惚，颠三倒四，失去常态（多形容入了迷）。

【神机妙算】shén jī miào suàn　机：指心思灵巧。神机：心思灵巧到了神奇的地步。算：指策划计谋。形容预料准确，善于估计形势，决定策略。〔例〕敌人再狡猾，也逃不过我军指挥人员的～。

【神气活现】shén qì huó xiàn　活现：逼真地显现。形容十分得意傲慢的样子。有时也形容孩童活泼无忌的表情动作。

【神清气爽】 shén qīng qì shuǎng　神、气：指人的精神状态。形容人精神爽快，心情舒畅。也形容人长得神态清明，气质爽朗。〔例〕1.走到豁然开朗处，一阵阵山风扑面而来，夹杂着草木的清香，让人～，如入仙境。2.只见一位长髯老叟，须鬓皆白，～，貌若神仙，坐在岩石之上。

【神思恍惚】 shén sī huǎng hū　神思：精神，心思。恍惚：精神不集中。指心神不定，精神不集中。

【神通广大】 shén tōng guǎng dà　神通：原为佛教用语，指无所不能的力量，今指特别高明的本领。形容本领高超，无所不能（含风趣或讽刺意味）。

【审己度人】 shěn jǐ duó rén　审：审视，详察。度：揣度。先衡量自己，再推想别人。〔注意〕"度"不读dù。

【审时度势】 shěn shí duó shì　度：音夺。审、度：分析，考察，推究。时：时机。势：形势。观察分析时势，估计情况的变化。〔注意〕"度"不读dù。

【甚嚣尘上】 shèn xiāo chén shàng　甚：很。嚣：喧闹。尘上：尘土飞扬。《左传·成公十六年》记载，晋楚交战，楚王登车观察敌情，对部下说："甚嚣，且尘上矣。"意思是晋军中人声喧闹，尘土飞扬。原形容军中正忙于准备的状态。后来形容议论纷纷（多含贬义）。

【蜃楼海市】 shèn lóu hǎi shì　见"海市蜃楼"(145 页)。

【慎始慎终】 shèn shǐ shèn zhōng　谨慎地开始，谨慎地结束。〔例〕小刘是个小心本分的人，做什么事都是～。

【升堂入室】 shēng táng rù shì　见"登堂入室"(88 页)。

【生搬硬套】 shēng bān yìng tào 指不顾实际情况,机械地运用别人的经验,照抄别人的办法。〔例〕学习别人的先进经验,要同本地区本单位的具体情况相结合,不能～。

【生花妙笔】 shēng huā miào bǐ 传说唐朝诗人李白少年时梦见笔头生花,从此才华横溢(见五代王仁裕《开元天宝遗事》)。比喻杰出的写作才能。

【生机勃勃】 shēng jī bó bó 生机:生命力。勃勃:精神旺盛的样子。形容自然界充满生命力,或社会生活活跃。参见"生气勃勃"(本页)。

【生离死别】 shēng lí sǐ bié 指很难再见的离别或永久的离别。

【生灵涂炭】 shēng líng tú tàn 生灵:指百姓。涂炭:烂泥和炭火,比喻困苦。百姓陷身在泥塘和火坑里。形容百姓处于极端困苦的境地。

【生龙活虎】 shēng lóng huó hǔ 形容活泼矫健,富有生气。〔例〕来了一群～的年轻人,走廊里顿时就充满了欢声笑语。

【生气勃勃】 shēng qì bó bó 生气:活力。勃勃:精神旺盛的样子。形容人或社会富有朝气,充满活力。〔例〕来到这群～的年轻人中间,我们老年人也变得年轻了。参见"生机勃勃"(本页)。

【生杀予夺】 shēng shā yǔ duó 生:让人活。杀:把人处死。予:音与,给人财物。夺:把财物夺走。形容掌握生死、赏罚大权。〔例〕历代封建王朝,皇帝对老百姓有～的大权,老百姓则没有一点起码的政治权利。

【生死存亡】 shēng sǐ cún wáng 生存或者死亡。形容局势或斗争的发展已到最后关头。〔例〕"七七"事变以后，中华民族面临～的紧急关头，中国共产党毅然率领人民武装走上了抗日战争的最前线。

【生死相依】 shēng sǐ xiāng yī 在生死问题上互相依靠。形容同命运，共存亡。

【生死攸关】 shēng sǐ yōu guān 攸：所。关系到生和死。指生死存亡的关键。

【生死与共】 shēng sǐ yǔ gòng 生死都在一起。形容感情或友谊极其深厚。〔例〕共同经历了战火的洗礼，他们结成了～的友谊。

【生吞活剥】 shēng tūn huó bō 唐朝刘肃《大唐新语·谐谑》："有枣强尉张怀庆，好偷名士文章，人为之谚曰：'活剥王昌龄，生吞郭正一。'"（尉：官名。王昌龄、郭正一：唐朝著名的文人。）原指生硬搬用别人诗文的词句。现比喻生硬地接受或机械地搬用经验、理论等。

【声东击西】 shēng dōng jī xī 声：扬言，宣称。唐朝杜佑《通典·兵六》说："声言击东，其实击西。"指造成要攻打东边的声势，实际上却攻打西边。是使对方产生错觉以出奇制胜的一种战术。〔例〕长征途中，红军～，以一部分兵力在贵阳附近活动，诱敌向贵州集中，然后以主力直插云南，甩开了敌人。

【声泪俱下】 shēng lèi jù xià 俱：都。指边说边哭。形容极其悲恸。

【声名狼藉】 shēng míng láng jí 声名：名誉，名声。藉：音集。狼藉：乱七八糟。名声败坏到了极点。

【声名鹊起】 shēng míng què qǐ 鹊起：如鹊惊起，比喻名

声大作。形容名声迅速提高。〔例〕那部小说一炮打响,使他～,开始受到文坛瞩目。

【声气相求】 shēng qì xiāng qiú　声:声音。气:气味。求:投合。《周易·乾》:"同声相应,同气相求。"意思是,同样声音可以相互应和,同样的气味可以相互感应。后用"声气相求"指志同道合或情投意合。〔例〕他们虽然交往不多,但今天听了他一席知心话,她马上把他引为～的朋友。

【声情并茂】 shēng qíng bìng mào　茂:草木茂盛,引申为美盛。形容演唱时音色优美,感情丰富,有很强的艺术感染力。

【声色俱厉】 shēng sè jù lì　俱:全,都。厉:严厉。说话时声音和脸色都很严厉。〔例〕孩子做错了事,应该对他讲明道理,耐心教育,不要～地责骂。

【声色犬马】 shēng sè quǎn mǎ　声色:指不健康的音乐和女色。犬马:指养狗和骑马。形容寻欢作乐、荒淫无耻的生活方式。〔例〕隋朝末年,隋炀帝纵情于～,残酷剥削百姓,终于激起了全国范围的农民起义。

【声势浩大】 shēng shì hào dà　声势:威力和气势。浩:广大。声威和气势非常壮大。

【声嘶力竭】 shēng sī lì jié　嘶:哑。竭:尽。嗓子喊哑,力气用尽。形容竭力呼喊。

【声威大震】 shēng wēi dà zhèn　声威:声势和威望。震:使人震动。声势威望急速增长,使人非常震动。〔例〕1947年3月,我军在青化砭首战告捷,打击了敌人的气焰,我军～。

【胜不骄,败不馁】 shèng bù jiāo, bài bù něi　馁:气

馁,丧气。胜利了不骄傲,失败了不气馁。〔例〕作为国家队的队员,必须有～的精神和勇于拼搏的毅力,才能不断为国家争得荣誉。

【胜任愉快】 shèng rèn yú kuài　胜任:有能力担当。指有能力担当某项任务或工作,而且能很好地完成。

【盛极一时】 shèng jí yī shí　形容一时特别兴盛或流行。

【盛名难副】 shèng míng nán fù　见"盛名之下,其实难副"(本页)。

【盛名之下,其实难副】 shèng míng zhī xià, qí shí nán fù　实:实际,事实。副:符合。语出《后汉书·黄琼传》。意思是说,名望很大的人,实际的才德常常很难跟名声相符。指名声常常可能大于实际。用来表示谦虚或自我警戒。也简作"盛名难副"。

【盛气凌人】 shèng qì líng rén　盛气:态度傲慢。凌:欺压。以骄横的气势压人。形容傲慢自大,气势逼人。〔例〕我们应该谦虚谨慎,戒骄戒躁,决不可自以为是,～。

【盛情难却】 shèng qíng nán què　却:推辞,拒绝。深厚的情意让人难以拒绝。〔例〕本来准备谈完工作就走的,无奈主人一再挽留,～,只好留下吃了晚饭。

【盛衰荣辱】 shèng shuāi róng rǔ　盛:兴盛。衰:衰败。荣:荣耀。辱:耻辱。指人事变化发展的各种情况。

【尸位素餐】 shī wèi sù cān　尸位:占据着职位而不做事。素餐:不做事而白吃饭。空占着职位而不做事,白吃饭。〔例〕在旧时的官场里,～,不办事只拿钱是普遍的现象。

【失败为成功之母】 shī bài wéi chéng gōng zhī mǔ　失败往往是成功的先导。指从失败中吸取教训,最后取得胜利。〔例〕～，只要好好吸取教训，以后就一定能成功。

【失魂落魄】shī hún luò pò　形容惊慌忧虑、心神不定、行动失常的样子。

【失之毫厘，差以千里】shī zhī háo lí, chā yǐ qiān lǐ　见"差之毫厘，谬以千里"(50页)。

【失之交臂】shī zhī jiāo bì　交臂：胳膊碰胳膊，指一路走，擦肩而过。形容当面错过。

【师出无名】shī chū wú míng　师：军队。名：名义。出兵没有正当理由。也引申为做某事没有正当理由。〔例〕侵略军士气低落有种种原因，最主要的还是～，不得人心。

【师心自用】shī xīn zì yòng　师心：以自己的心意为师，即自己相信自己。自用：自以为是。指固执己见，自以为是。〔例〕那种闭门读书、～的人，难免会在实践中失之偏颇，出现偏差。

【师直为壮】shī zhí wéi zhuàng　直：有理。壮：气壮，有力量。《左传·僖公二十八年》："师直为壮，曲为老。"(曲：没有理。老：衰老。)意思是出兵有正当理由，军队就气壮，有战斗力；出兵没有正当理由，士气就不振。现指为正义而战的军队斗志旺盛，所向无敌。

【诗情画意】shī qíng huà yì　像诗、画那样优美动人的情趣、意境。〔例〕朱自清的散文《荷塘月色》，语言生动，风格清新，充满了～，叫人百读不厌。

【十恶不赦】shí è bù shè　十恶：旧刑律中规定的十种重罪，都在不赦之列。赦：音射，免除刑罚，饶恕。指罪恶极大，不可饶恕。

【十目所视，十手所指】shí mù suǒ shì, shí shǒu suǒ

zhǐ 语出《礼记·大学》。指个人的言论行动总是在众人的监督之下,不允许做坏事,做了也不可能隐瞒。

【十年寒窗】 shí nián hán chuāng 寒窗:冬天在寒冷的窗前读书。形容长年刻苦读书。

【十年树木,百年树人】 shí nián shù mù, bǎi nián shù rén 树:种植。《管子·权修》里说:"一年之计,莫如树谷;十年之计,莫如树木;终身之计,莫如树人。"意思是种粮食是为当年打算的,种树是为十年后打算的,培养人才是为长远的将来打算的。比喻培养人才是长久之计。也比喻培养人才很不容易。

【十全十美】 shí quán shí měi 十分完美,毫无欠缺。〔例〕新生事物在它刚出现的时候常常不是～的,但它有发展前途,能战胜并代替旧事物。

【十室九空】 shí shì jiǔ kōng 室:房屋,人家。形容人民大量死亡或逃亡后的荒凉景象。〔例〕老人谈起当年血吸虫病最猖獗的时候,不少村庄～,心里还很难受。

【十万火急】 shí wàn huǒ jí 形容事情紧急到了极点(多用于公文、电报等)。

【十羊九牧】 shí yáng jiǔ mù 十只羊,九个人放牧。比喻民少官多。

【十字街头】 shí zì jiē tóu 指纵横交叉、繁华热闹的街道。也借指人世间,现实社会。

【石沉大海】 shí chén dà hǎi 石头沉到海底。比喻从此没有消息。

【石破天惊】 shí pò tiān jīng 唐朝李贺诗《李凭箜篌引》:"女娲炼石补天处,石破天惊逗秋雨。"原形容箜篌(古乐器)

的声音,忽而高亢,忽而低沉,出人意外,有难以形容的奇境。后多比喻文章议论新奇惊人。

【时不我待】 shí bù wǒ dài　待:等待。时间不会等待我们。指要抓紧时间。

【时乖命蹇】 shí guāi mìng jiǎn　时:时运。命:命运。蹇:音简。乖、蹇:不顺利。时运不好,命运不佳。指处境不顺利。〔注意〕"乖"不能写作"乘"。

【时和年丰】 shí hé nián fēng　时:时世。年:年景。丰:丰收。时世安宁,农业丰收。形容太平盛世。〔例〕这几年农村政策好,又赶上风调雨顺,真是～,一派喜人景象。

【时来运转】 shí lái yùn zhuǎn　时机来临,命运好转。指处境由不利变为有利。

【时移俗易】 shí yí sú yì　移:变动。俗:习俗。易:改换。时代变了,社会风气也变了。

【识时务者为俊杰】 shí shí wù zhě wéi jùn jié　识:认识。时务:世事,指当前形势或时代潮流。俊杰:聪明能干的人。《三国志·蜀书·诸葛亮传》注引《襄阳记》:"识时务者,在乎俊杰。"乎:于。意思是能认清时代潮流的,是聪明能干的人。认清时代潮流和形势,才能成为出色的人物。

【实事求是】 shí shì qiú shì　本指根据实证,求得正确的结论。后通常指按照事物的实际情况,客观地处理问题。〔例〕对自己的错误,要～,认真吸取教训,不能大事化小,小事化了。

【实心实意】 shí xīn shí yì　真诚老实的心意。指说话办事诚恳实在。〔例〕他那么～地帮忙,你还不肯相信吗?

【实与有力】 shí yù yǒu lì　与:参与,在里边。确实在里边出了力。

【实至名归】 shí zhì míng guī 指有了实际成绩,相应的声誉就会伴随而来。

【拾金不昧】 shí jīn bù mèi 昧:隐藏。金:原指金钱,现泛指贵重物品。拾到东西并不隐瞒下来。〔例〕少先队员～的行为,受到大家的赞扬。

【拾人牙慧】 shí rén yá huì 《世说新语·文学》记载:"殷中军云:'康伯未得我牙后慧。'"(殷中军:即殷浩,东晋时人。康伯:韩康伯,殷浩的外甥。牙后:言外。)意思是殷浩说韩康伯聪明俊拔,(我一开口,他便懂得,)不须等我叙说以后才理解。后用"拾人牙慧"比喻拾取别人的一言半语当作自己的话。

【拾遗补阙】 shí yí bǔ quē 遗:遗漏。阙:通"缺",缺失。拾取遗漏,弥补缺失。〔例〕为人与为学一样,有些人不求建树,但求能够～,做些力所能及的事情,其实也是一种人生态度。

【食不果腹】 shí bù guǒ fù 果:饱。指吃不饱肚子。形容生活贫困。〔例〕经历过60年代三年困难时期的人,都知道～是什么滋味。

【食而不化】 shí ér bù huà 吃了没有消化。比喻对所学知识理解得不深不透,没有吸收成为自己的东西。〔例〕死啃书本,不结合实际,就会～,解决不了实际问题。

【食古不化】 shí gǔ bù huà 指对所学的古代知识理解得不深不透,不善于按现在的情况来运用。

【食肉寝皮】 shí ròu qǐn pí 《左传·襄公二十一年》:"然二子者,譬於禽兽,臣食其肉而寝处其皮。"意思是说,那两个人，就像禽兽一样，我要吃他们的肉，剥下他们的皮当褥子垫。形容对敌人的深仇大恨。

【食言而肥】 shí yán ér féi　食言：把话吃下去，比喻说话不算数。肥：肥胖。《左传·哀公二十五年》记载，鲁国当时掌权的孟武伯经常说话不算数，鲁哀公很有意见。有一次哀公请吃饭，席上孟武伯对哀公的宠臣郭重说："你怎么长得这么胖？"哀公讽刺地插话说："是食言多矣，能无肥乎？"意思是说，这个人经常吃下自己的诺言，怎么能不胖呢？后用"食言而肥"指不守信用，只图自己占便宜。

【史无前例】 shǐ wú qián lì　历史上从来没有过的事。〔例〕1935 年，中国工农红军完成了～的二万五千里长征，揭开了中国革命的新的一页。

【矢口抵赖】 shǐ kǒu dǐ lài　矢：发誓。一口咬定，死不承认。

【矢志不移】 shǐ zhì bù yí　矢：发誓。移：改变。立下志愿决不改变。〔例〕治沙工作无论多么艰难困苦，相信他们都会～地坚持下去。

【始料不及】 shǐ liào bù jí　料：料想，估计。及：到。指当初没有料到。〔例〕文章发表后，舆论一片哗然，其反响之热烈是他所～的。

【始终不懈】 shǐ zhōng bù xiè　懈：松懈，懈怠。自始至终一直不松懈。

【始终不渝】 shǐ zhōng bù yú　渝：变。自始至终一直不变。指守信用。〔例〕她～地坚持自己的人生志向——要为山区教育贡献出自己的全部力量。

【始终如一】 shǐ zhōng rú yī　自始至终一个样子。指能坚持，不间断。

【始作俑者】 shǐ zuò yǒng zhě　俑：古代用来殉葬的木制或陶制的偶人。开始用偶葬的人。比喻最先做某种坏事或首开某种恶劣风气之先的人。

【世上无难事，只怕有心人】 shì shàng wú nán shì, zhǐ pà yǒu xīn rén　有心人：有某种志愿，能下决心，肯动脑筋的人。指只要肯下决心去做，任何困难都能克服。

【世态炎凉】 shì tài yán liáng　世态：指社会上的人情世故。炎：热，比喻亲热。凉：比喻冷淡。指人在得势时受奉承、失势时被疏远的世俗态度。

【世外桃源】 shì wài táo yuán　世：人世。晋朝陶渊明《桃花源记》中描写了一个坐落在桃花溪发源处的山村，这是一个与世隔绝，没有战乱，没有赋税，人人自得其乐的理想社会。借指一种空想的脱离现实的美好世界。

【势不可当】 shì bù kě dāng　当：抵挡。来势迅猛，不可抵挡。〔例〕解放战争时期，人民解放军百万雄师～，很快就摧毁了国民党军队的长江防线。

【势不两立】 shì bù liǎng lì　势：状况，情势。两立：并存。指敌对的双方不能同时存在。比喻矛盾不可调和。

【势均力敌】 shì jūn lì dí　敌：相等，相当。双方力量相等。〔例〕这场足球赛双方～，最后以二比二结束。

【势如破竹】 shì rú pò zhú　形势就像劈竹子，头上几节破开以后，下面各节顺着刀势就分开了。比喻节节胜利，毫无阻碍。〔例〕三大战役胜利结束后，人民解放军横渡长江，横扫残敌，～，迅速解放了中国大陆。

【势在必行】 shì zài bì xíng　势：形势。客观形势决定必

须这样做。〔例〕连续几个月的干旱已经严重影响了北方的
农业收成,适时地进行人工降雨已经～。

【事半功倍】 shì bàn gōng bèi　事:措施。功:功效。
《孟子·公孙丑上》:"故事半古之人,功必倍之。"意思是措施
只有古人的一半,而收到加倍的功效。指做事得法,因而费
力小,收效大。〔例〕厂里通过革新,产量迅速上升,收到了～
的效果。

【事倍功半】 shì bèi gōng bàn　指工作费力大,收效小。

【事必躬亲】 shì bì gōng qīn　躬亲:亲自。事情都亲自
去做。形容办事认真,毫不懈怠。〔例〕他是个～的人,有时
候甚至让人觉得不够信任别人的能力。

【事不宜迟】 shì bù yí chí　事情要抓紧时机快做,不宜拖
延。

【事出有因】 shì chū yǒu yīn　事情的发生是有原因的。
旧公文中常和"查无实据"连用,含有开脱的意思。

【事过境迁】 shì guò jìng qiān　境:环境,情况。迁:变
动,改变。事情已经过去,情况也变了。

【事与愿违】 shì yǔ yuàn wéi　事实与愿望相反。指原来
打算做的事没能做到。

【事在人为】 shì zài rén wéi　在:在于。指事情要靠人
去做。在一定的条件下,事情能否做成要看人的主观努力如
何。〔例〕～,只要尽职尽责,按客观规律办事,工作就一定能
做好。

【视而不见】 shì ér bù jiàn　指不注意,不重视,睁着眼却
没看见。也指不理睬,看见了当作没看见。常与"听而不闻"
连用。

【视如敝屣】shì rú bì xǐ　敝屣:破鞋。看做像破烂鞋子一样。比喻非常轻视。

【视如草芥】shì rú cǎo jiè　草芥:小草。看做像小草一样。比喻非常轻视。

【视如寇仇】shì rú kòu chóu　寇仇:仇敌。看做像仇人一样。

【视若无睹】shì ruò wú dǔ　睹:看见。虽然看见了,却像没有看见一样。指对眼前事物漠不关心。〔例〕对浪费现象不能~。

【视死如归】shì sǐ rú guī　视:看待。归:回家。把死看得好像回家一样平常。形容为了正义事业,不怕牺牲生命。

【视同儿戏】shì tóng ér xì　把事情当成小孩儿玩耍一样来对待。比喻不当一回事,极不重视。

【视同路人】shì tóng lù rén　看做路上遇到的陌生人。指与亲人或熟人非常疏远。

【视为畏途】shì wéi wèi tú　看成可怕的、危险的道路。也比喻看成困难的、可怕的事情。

【视为知己】shì wéi zhī jǐ　知己:彼此了解,情谊很深的人。看成好朋友。

【拭目以待】shì mù yǐ dài　拭:擦。待:等待。擦亮眼睛等着瞧。形容期望很迫切。也表示确信某件事情一定会出现。

【是非分明】shì fēi fēn míng　是:正确。非:错误。正确与错误分辨得很清楚。〔例〕那孩子从小就热心公益,~,对破坏环境的人和事深恶痛绝。

【是非曲直】 shì fēi qū zhí　是：正确。非：错误。曲：无理。直：有理。正确与错误，有理与无理。指对事物的评判。〔例〕对于这件事的～，我相信是一定可以搞清楚的。

【是古非今】 shì gǔ fēi jīn　是：认为对。非：认为不对。指不加分析地肯定古代的，否定现代的。

【是可忍，孰不可忍】 shì kě rěn, shú bù kě rěn　是：这个。孰：什么。《论语·八佾》："是可忍也，孰不可忍！"如果这个都可以容忍，还有什么不可以容忍的呢？意思是绝不能容忍。

【适得其反】 shì dé qí fǎn　适：恰恰。恰恰得到相反的结果。〔例〕想以强力使人心服，结果总是～。

【适可而止】 shì kě ér zhǐ　到适当的程度就停下来，不要过头。

【恃才傲物】 shì cái ào wù　恃：音事，依仗。物：指"我"以外的人。仗着自己有才能，看不起人。〔注意〕"恃"不能读作 chí。

【恃才矜己】 shì cái jīn jǐ　恃：倚仗。矜：自尊自大。倚仗自己有才而自高自大。

【恃强凌弱】 shì qiáng líng ruò　恃：倚仗。凌：欺凌。倚仗自己强大而欺压弱小。〔例〕人类应该把动物看作与自己平等的生灵，而不能～，任意虐杀它们。

【舐犊情深】 shì dú qíng shēn　舐：音士，用舌头舔。犊：音独，小牛。老牛用舌舔小牛，以示爱抚。比喻人疼爱儿女的深情。参见"老牛舐犊"（213 页）。

【嗜杀成性】 shì shā chéng xìng　嗜：爱好。好杀人成了习性。形容极端凶残。

【誓死不二】 shì sǐ bù èr 誓死：立下至死不变的誓愿。不二：没有二心。至死也不变心。

【噬脐何及】 shì qí hé jí 见"噬脐莫及"(本页)。

【噬脐莫及】 shì qí mò jí 噬：音誓，咬。莫：不。及：到。像咬自己肚脐似的，够不着。比喻后悔也来不及。又作"噬脐何及"。何：怎么。

【收视反听】 shōu shì fǎn tīng 收：收回。反：返还。收回视线，返还听觉。指排除外界干扰，集中注意力去思考。

【手不释卷】 shǒu bù shì juàn 释：放开。卷：书本。书本不离手。形容勤奋好学。

【手到病除】 shǒu dào bìng chú 刚动手治疗，病就除去了。形容医术高明。也比喻工作做得好，解决问题迅速。

【手急眼快】 shǒu jí yǎn kuài 形容机灵敏捷。

【手无寸铁】 shǒu wú cùn tiě 寸铁：指短小的武器。手里没有任何武器。〔例〕"一二·九"运动中，～的青年学生和拿着水龙大刀的国民党军警进行了英勇的搏斗。

【手舞足蹈】 shǒu wǔ zú dǎo 舞：舞动，挥动。蹈：跳动。两手舞动，两只脚也跳了起来。形容高兴到了极点。〔例〕节日之夜，当天空升起五彩缤纷的焰火时，孩子们高兴得～起来。

【手足无措】 shǒu zú wú cuò 措：安放。手脚不知放到哪儿好。形容举止慌张，或无法应付。〔例〕1. 大伙儿一阵夸奖，竟把他这个老实人弄得～。2. 平日做好准备工作，到发生意外时就能从容应付，而不致～。

【守口如瓶】 shǒu kǒu rú píng 守口：闭住嘴不说。指说话谨慎，严守秘密。

【守身如玉】shǒu shēn rú yù　守身：保持自身节操。指保持自己品行清白，就像无瑕的美玉。

【守正不阿】shǒu zhèng bù ē　正：正道。阿：迎合，偏袒。坚守正道，不阿谀逢迎。形容人公正无私。〔例〕作为人民的检查官，必须秉公执法，～。〔注意〕"阿"不读 ā。

【守株待兔】shǒu zhū dài tù　株：树桩子。《韩非子·五蠹》上说，宋国有一个农夫看见一只兔子撞在树桩子上死了，便捡回家去。以后他就不再干活，每天守在树旁等待，希望再捡到兔子。原比喻希图不经过努力而得到成功的侥幸心理。后也比喻死守狭隘经验，不知变通。

【首当其冲】shǒu dāng qí chōng　首：最先，最早。冲：交通要道。比喻最先受到攻击或遭到灾难。〔注意〕"冲"不读 chòng。

【首屈一指】shǒu qū yī zhǐ　屈：弯。扳指头计数，首先弯下大拇指，表示第一。指居第一位。引申为最好的。〔例〕这个厂生产的手表在国内是～的。

【首鼠两端】shǒu shǔ liǎng duān　首鼠：踌躇不决。两端：两头。在两者之间犹豫不决或动摇不定。

【寿比南山】shòu bǐ nán shān　南山：指秦岭终南山。比喻长寿（多用于祝贺）。

【寿终正寝】shòu zhōng zhèng qǐn　寿终：活到老死。正寝：旧式住房的正屋。原指老死在家里。后也比喻事物的灭亡（含讽刺意味）。

【受宠若惊】shòu chǒng ruò jīng　宠：宠爱，赏识。惊：惊喜。因为得到宠爱或赏识而又高兴，又不安（含贬义）。

【瘦骨嶙峋】shòu gǔ lín xún　嶙峋:形容人消瘦得要露骨。形容人瘦得皮包骨头的样子。〔例〕一场大病把他折磨得～,好像一阵风都能把他刮倒似的。

【书香门第】shū xiāng mén dì　指世代都有读书好学传统的人家。

【殊深轸念】shū shēn zhěn niàn　殊:非常。轸:音疹,悲痛。非常悲痛地怀念。

【殊途同归】shū tú tóng guī　殊:不同的。途:道路,途径。归:趋向。通过不同的途径,到达同一个目的地。比喻采取不同的方法而得到相同的结果。

【熟能生巧】shú néng shēng qiǎo　巧:技巧。熟练了,就能找到窍门。

【熟视无睹】shú shì wú dǔ　熟视:细看,看惯。睹:看见。看惯了就像没看见一样。也指看到某种现象,但不关心,只当没有看见。

【蜀犬吠日】shǔ quǎn fèi rì　蜀:四川的别称。吠:狗叫。唐朝柳宗元《答韦中立论师道书》中说,四川地方多雾,那里的狗不常见到日光,每逢雾消日出,就叫唤起来。比喻少见多怪。

【鼠目寸光】shǔ mù cùn guāng　形容目光短浅。

【鼠窃狗盗】shǔ qiè gǒu dào　窃:偷。像老鼠小量窃取,像狗钻洞偷盗。指小偷小摸。又作“鼠窃狗偷”。

【鼠窃狗偷】shǔ qiè gǒu tōu　见“鼠窃狗盗”(本页)。

【数典忘祖】shǔ diǎn wàng zǔ　数:数着说。典:典籍,指礼制和史实的文字记载。《左传·昭公十五年》记载,春秋

时，晋国大夫籍谈出使周朝。宴席间，周王问籍谈晋国为什
么没有器物进贡，籍谈回答说，晋国从来没有受过王室的赏
赐，哪里有器物来进贡。周王一一举出晋国历次受赏的事
实，讥讽他"数典而忘其祖"，意思是籍谈说起国家的礼制掌
故却把自己祖先的职务（掌管国家的史册）都忘了。后用"数
典忘祖"比喻忘本。现也用来比喻对于本国历史的无知。
〔注意〕"数"不读 shù。

【数米而炊】 shǔ mǐ ér chuī　炊：烧火做饭。数完了米粒
再做饭。比喻过分计较琐细的事情，吃力不讨好。后也形容
为人吝啬或生活困窘。

【束手待毙】 shù shǒu dài bì　束：捆。毙：死。捆起手
来等死。比喻遇到困难不积极想办法，坐以失败。

【束手就擒】 shù shǒu jiù qín　捆起手来让人捉住。指毫
不抵抗，乖乖地让人捉住。

【束手无策】 shù shǒu wú cè　策：办法。就像手被捆住
一样，一点办法也没有。

【束之高阁】 shù zhī gāo gé　捆起来以后放在高高的架
子上。比喻放着不用。〔例〕如果学了一点理论知识，只是～，
不去实践，这样的理论再好也是没有用的。又作"置诸高阁"。

【述而不作】 shù ér bù zuò　述：阐述。作：创作。只阐述
前人的成说，不发表自己的创见。〔例〕～固然是一种治学态
度，能够在前人的理论基础上有所创建更是学术发展的需
要。

【树碑立传】 shù bēi lì zhuàn　树：建立。碑：指纪念或
歌颂某人事迹的刻石。立传：写传记。原指把某人生平事
迹刻在石碑上或写成传记，使他的名声世代流传下去。后比

喻树立个人威信,抬高个人声望(含贬义)。

【树大招风】 shù dà zhāo fēng　树长高了,容易招致大风的袭击。比喻名气大了,容易遭人嫉恨。

【树倒猢狲散】 shù dǎo hú sūn sàn　猢狲:即猴子。树倒了,树上的猴子就散去。比喻靠山一旦垮台,随从的人也就一哄而散(含贬义)。

【树欲静而风不止】 shù yù jìng ér fēng bù zhǐ　欲:要。树想要静下来,风却不停地刮着。语出《韩诗外传》。原比喻事情不能如人的心愿。后也比喻与敌对势力之间的斗争不以人们的意志为转移。

【率尔操觚】 shuài ěr cāo gū　率尔:贸然,随意地。操:持、拿。觚:音孤,古代用来书写的木简。拿起木简就写。原指文思敏捷,挥笔成章。后用以形容写文章马马虎虎,下笔草率。〔注意〕“觚”不能读作 guǎ。

【率由旧章】 shuài yóu jiù zhāng　率由:遵循。一律按老规矩办事。〔例〕新局长是个谨小慎微的人,上任几个月来,诸事~,不敢轻易改变什么。

【双管齐下】 shuāng guǎn qí xià　管:指笔管。张彦远《历代名画记》中说,唐朝画家张璪(音早)画松树,能两手拿笔同时作画,一手画生枝,一手画枯干。后用“双管齐下”比喻做一件事两个方面同时进行或两种方法同时使用。〔例〕一方面加强体能训练,一方面提高攻防技术,~,很快球队的整体水平上来了。

【水到渠成】 shuǐ dào qú chéng　渠:水道。水流到的地方自然形成一条水道。比喻条件成熟,事情自然就会成功。

【水滴石穿】 shuǐ dī shí chuān　水不停地滴,石头也能被滴穿。比喻只要有恒心,不断努力,事情就一定能成功。

【水火不相容】 shuǐ huǒ bù xiāng róng 容:容纳。比喻二者对立,绝不相容。〔例〕你们俩有点小隔阂,就闹得～,这样彼此都没有好处。

【水火无情】 shuǐ huǒ wú qíng 指水灾、火灾来了无情面可讲,对人的生命或财产危害极大。〔例〕一定要对孩子们进行防火知识的教育,要知道～啊!

【水落石出】 shuǐ luò shí chū 水落下去,水底的石头就露出来。比喻事情的真相完全显露出来。

【水清无鱼】 shuǐ qīng wú yú 《汉书·东方朔传》:“水至清则无鱼,人至察则无徒。”(至:极,最。徒:同伴。)意思是说,水太清,鱼就存不住身,对人要求太苛刻,就没人能当他的伙伴。后比喻过分计较人的小缺点,就不能团结人。

【水乳交融】 shuǐ rǔ jiāo róng 交融:融合在一起。像水和乳汁融合在一起。比喻感情很融洽。

【水深火热】 shuǐ shēn huǒ rè 《孟子·梁惠王下》:“如水益深,如火益热。”意思是老百姓所受的灾难,像水那样越来越深,像火那样越来越热。比喻人民生活极端痛苦。〔例〕在旧社会,我们工人过着牛马不如的生活,是共产党把我们从～之中拯救了出来。

【水泄不通】 shuǐ xiè bù tōng 泄:排出,泄漏。像是连水都流不出去。形容拥挤或包围得非常严密。〔例〕参观展览会的人非常多,挤得～。

【水性杨花】 shuǐ xìng yáng huā 像流水那样易变,像杨花那样轻飘。比喻妇女在感情上不专一。

【水涨船高】 shuǐ zhǎng chuán gāo 涨:也写作“长”。

比喻事物随着它所凭借的基础的提高而增长提高。〔例〕～，随着经济的发展，人民生活也就能跟着逐步改善。

【水中捞月】 shuǐ zhōng lāo yuè 到水中去捞月亮。比喻去做根本做不到的事，只能白费力气。又作"海底捞月"。

【吮痈舐痔】 shǔn yōng shì zhì 吮：音顺上，用嘴嘬吸。痈：一种毒疮。舐：音氏，舔。指为人舔吸疮痔上的脓血。比喻卑劣地奉承人。

【顺理成章】 shùn lǐ chéng zhāng 理：条理。章：篇章。指写文章或做事顺着条理就能做好。也比喻某种情况自然产生某种结果。

【顺手牵羊】 shùn shǒu qiān yáng 比喻乘机拿走人家的东西。

【顺水人情】 shùn shuǐ rén qíng 顺便做的人情。指只是借着机会，不用费力就给人带来的好处。

【顺水推舟】 shùn shuǐ tuī zhōu 舟：船。顺着水流的方向推船。比喻顺着某个趋势或某种方便说话办事。

【顺藤摸瓜】 shùn téng mō guā 摸：用手探取，寻找。比喻按照某个线索查究事情。

【顺我者昌，逆我者亡】 shùn wǒ zhě chāng，nì wǒ zhě wáng 顺：依顺。昌：昌盛。逆：违背。亡：灭亡。顺从我的就可以存在和发展，违抗我的就叫你灭亡。形容有权势的人横行霸道的行为。

【瞬息万变】 shùn xī wàn biàn 瞬：眨眼。息：呼吸。在极短时间内就有很多变化。形容变化很多很快。〔例〕这个高山气象站的同志对当地～的气候进行了长期的观测，逐步掌握了它的变化规律。

【铄石流金】 shuò shí liú jīn　铄：音朔，熔化。金：金属。石头被熔化，金属变成了水。形容天气极热。

【硕大无朋】 shuò dà wú péng　硕：大。朋：比。大得没有可以与它相比的。形容极大。〔例〕我亲自去观看了最近捕获的那只海龟，果然～，据说足足有五百斤！

【硕果仅存】 shuò guǒ jǐn cún　硕：大。树上唯一留存下来的大果子。比喻由于时间的推移，留存下来的仅有的人或事物。

【数见不鲜】 shuò jiàn bù xiān　见"屡见不鲜"（229页）。〔注意〕"数"不读 shù。

【司空见惯】 sī kōng jiàn guàn　司空：古代官名。唐朝孟棨《本事诗·情感》记载，唐朝诗人刘禹锡卸任和州刺史后回京，司空李绅设宴相邀，出歌伎劝酒。刘在席上赋诗道："司空见惯浑闲事，断尽江南刺史肠。"（浑：完全。断肠：形容极其伤感。）意思是这种场面你看惯了觉得平常，我却因此伤感。后用"司空见惯"指某事常见，不足为奇。

【司马昭之心，路人皆知】 sī mǎ zhāo zhī xīn, lù rén jiē zhī　《三国志·魏书·高贵乡公传》注引《汉晋春秋》说，魏帝曹髦在位时，大将军司马昭专权，一心要篡位。有一次曹髦气愤地说："司马昭之心，路人所知也。"后比喻人所共知的野心。

【丝丝入扣】 sī sī rù kòu　扣：同"筘"，织布机上的一种机件。织布时每条经线都要从筘齿间穿过。比喻做得十分细致，有条不紊，一一合拍（多指文章或艺术表演）。

【私心杂念】 sī xīn zá niàn　指为自己着想的念头。〔例〕她是个难得的好干部，一点～都没有，整个心思都用在了工作上。

【思绪万千】 sī xù wàn qiān　思绪:思想的头绪。思想的头绪很多。形容心情很不平静。〔例〕当她站在生活过多年的那片土地上,睹物思人,不由得心潮起伏,～。

【斯文扫地】 sī wén sǎo dì　斯文:指文化或文人。扫地:比喻完全丧失。指文化或文人不受尊重或文人自甘堕落。

【死不瞑目】 sǐ bù míng mù　瞑目:闭眼。死了也不闭眼。原指人死的时候心里还有放不下的事。现常用来形容极不甘心。〔例〕焦裕禄临终前还对前去看望他的同志说:"不改变兰考的面貌,我～。"

【死得其所】 sǐ dé qí suǒ　所:处所,地方。得其所:得到合适的地方。指死得有价值,有意义。〔例〕为人民利益而死,就是～。

【死灰复燃】 sǐ huī fù rán　死灰:冷了的灰。燃:烧。冷灰重新烧了起来。原比喻失势的人重新得势。后常比喻已经消失了的恶势力又重新活动起来。

【死里逃生】 sǐ lǐ táo shēng　从极危险的境地中逃脱,幸免于死。

【死气沉沉】 sǐ qì chén chén　沉沉:寂静无声的样子。形容气氛沉闷,毫无生气。

【死去活来】 sǐ qù huó lái　晕过去,又醒过来。形容极度疼痛或悲哀。

【死心塌地】 sǐ xīn tā dì　打定了主意,决不改变(后多用于贬义)。

【死有余辜】 sǐ yǒu yú gū　余:剩余,多余。辜:音姑,罪恶。形容罪大恶极,就是死了也抵偿不了他的罪恶。

【死于非命】 sǐ yú fēi mìng 指遭受意外的灾祸而死亡。〔例〕一场车祸,使他～。

【四分五裂】 sì fēn wǔ liè 形容不完整,不集中,不团结,不统一。〔例〕辛亥革命以后,军阀混战,弄得国家～,一片混乱。

【四海为家】 sì hǎi wéi jiā 四海:指全国或全世界。什么地方都可以当作自己的家。指志在四方,不留恋家乡或个人小天地。〔例〕好男儿应该～,到外面去闯一闯,见见世面。

【四海之内皆兄弟】 sì hǎi zhī nèi jiē xiōng dì 四海:全中国,全世界。皆:全,都。指天下的人都像兄弟一样亲。

【四面楚歌】 sì miàn chǔ gē 《史记·项羽本纪》中说,楚霸王项羽被刘邦的军队包围在垓下,一天夜里,项羽听见四面的汉军里都是楚人的歌声,疑心楚国的地方全被刘邦占领了。比喻陷入四面受敌、孤立无援的困境。

【四平八稳】 sì píng bā wěn 原形容说话做事稳当。后多含有做事只求不出差错,缺乏积极创新精神的意思。

【四体不勤,五谷不分】 sì tǐ bù qín, wǔ gǔ bù fēn 四体:四肢。不勤:指脱离生产,不劳动。五谷:指稻、麦、黍、稷(谷子)、菽(豆)等粮食作物。语出《论语·微子》后形容脱离生产劳动,缺乏生产知识。

【四通八达】 sì tōng bā dá 通:通到。达:达到。四面八方都有路可通。形容交通便利。〔例〕武汉是中南地区交通枢纽,铁道、公路、航线、水道,～,交通极为便利。

【似是而非】 sì shì ér fēi 似:像。非:不是,不对。好像是对的,实际上不对。

【似水流年】 sì shuǐ liú nián 年华像流水一样逝去。形容青春易逝。

【肆无忌惮】 sì wú jì dàn 肆：放肆。忌：顾忌。惮：音但，害怕。非常放肆，一点没有顾忌。

【耸人听闻】 sǒng rén tīng wén 耸：惊动。夸大或捏造事实，使人听了感到惊异或震动。〔例〕有些国家的报纸为了扩大销路，经常刊登一些～的消息，吸引读者。

【耸入云霄】 sǒng rù yún xiāo 耸：高而直立。云霄：极高的天空。形容山或建筑物等很高，都进了云端。〔例〕在钱塘江边望去，六和塔巍然屹立，～。

【送旧迎新】 sòng jiù yíng xīn 送走旧的，迎来新的。原指送旧官迎新官。后多指送旧岁，迎新年。〔例〕不知不觉就到了年底，大街上披红挂绿，万象更新，一片～的欢乐景象。

【送往迎来】 sòng wǎng yíng lái 往：指离去的。送走离去的，迎接到来的。多指人际交往中的应酬接待。〔例〕那时候他被借到会议筹备组，每天～，忙忙碌碌。

【颂古非今】 sòng gǔ fēi jīn 颂：歌颂，颂扬。非：否定。指不加分析地颂扬古代的，否定现代的。

【搜索枯肠】 sōu suǒ kū cháng 搜索：仔细寻找。枯肠：比喻构思时脑子里很空。形容写作时苦思苦想。〔例〕不深入现实生活，只坐在屋子里～，怎么能写得出好作品来呢？

【俗不可耐】 sú bù kě nài 俗：庸俗。耐：忍受。庸俗得使人受不了。

【夙兴夜寐】 sù xīng yè mèi 夙：音速，早。兴：起来。寐：音妹，睡觉。早起晚睡。形容勤劳。〔例〕参加全国科学大会以后，他更是～，加倍努力地工作。〔注意〕"兴"不读 xìng。

【肃然起敬】 sù rán qǐ jìng　肃然:恭敬的样子。起敬:产生尊敬的心情。形容产生严肃敬仰的感情。〔例〕我们走到人民英雄纪念碑前,缅怀革命先烈的英雄事迹,不禁～。

【素不相识】 sù bù xiāng shí　素:一向。指向来不认识。〔例〕你和他～,没见过面,没说过话,怎么知道他可不可靠呢?

【素昧平生】 sù mèi píng shēng　素:从来。昧:不明白,不了解。平生:一生。一向不了解。指与某人从来不认识。〔例〕火车上,旅客们虽然～,却像熟人般地互相照应。

【速战速决】 sù zhàn sù jué　速:快,迅速。用快速的战术结束战局。也比喻迅速完成任务。

【溯本求源】 sù běn qiú yuán　溯:追寻。追寻根本,探求源头。比喻寻根究底。〔例〕如果～的话,这一观点恐怕始于清末民初。〔注意〕"溯"不能读作 shuò。

【随波逐流】 suí bō zhú liú　逐:追逐,追赶。随着波浪起伏,跟着流水漂荡。比喻没有坚定的立场,缺乏判断是非的能力,只是随着别人走。〔例〕真正的艺术家应该敢于坚持真理,而不是人云亦云,～。

【随行就市】 suí háng jiù shì　行:行情。市:市场。指商品价格随着市场的行情进行调整。

【随机应变】 suí jī yìng biàn　随着情况的变化灵活机动地应付。〔例〕这个乒乓球运动员能针对对手的特点,～,巧妙运用各种战术去赢得胜利。

【随声附和】 suí shēng fù hè　随:追随。和:音贺。附和:跟着别人说。自己没有主见,别人怎么说,就跟着怎么说。(含贬义)〔例〕他对每一个问题都认真进行思考,从不人云亦云,~。〔注意〕"和"不读 hé。

【随心所欲】 suí xīn suǒ yù 欲:想要,希望。随着自己的意思,想要干什么就干什么。〔例〕要遵守各项规章制度,不能自己~,那样会惹出乱子来的。

【随遇而安】 suí yù ér ān 随:顺应。安:满足。指能顺应环境,在任何境遇中都能满足。〔例〕他个人生活非常朴素,能~,到野外工作,从不计较条件好坏。

【损兵折将】 sǔn bīng zhé jiàng 折:损失。兵和将都有损失。形容作战惨败。〔例〕台儿庄一战,打得不可一世的日寇~,狼狈不堪。

【损公肥私】 sǔn gōng féi sī 损害公家的利益而使私人获得好处。〔例〕有些人借着手中的权利,~,中饱私囊,甚至不惜祸国害民,成为企业的蛀虫。

【损人利己】 sǔn rén lì jǐ 损:损害。利:使得到好处。损害别人,使自己得到好处。

【缩手缩脚】 suō shǒu suō jiǎo 形容做事胆小,顾虑多,不敢放手。〔例〕我们组长工作很有魄力,做事从不~的。

【所向披靡】 suǒ xiàng pī mǐ 所向:指风所吹到的地方。靡:音米。披靡:草木被吹倒。比喻力量所达到的地方,一切障碍全被扫除。〔例〕渡江战役以后,人民解放军势如破竹,~,迅速解放了中国大陆。

【所向无敌】 suǒ xiàng wú dí 所向:指力量达到的地方。无敌:没有能敌得住的对手。指谁也抵挡不住。

【索然无味】 suǒ rán wú wèi 索然:没有意味的样子。形容呆板枯燥,毫无趣味。

T

【他山之石】 tā shān zhī shí　他山:别的山。《诗经·小雅·鹤鸣》:"它山之石,可以攻玉。"意思是,他山的石头可以用来磨治玉器。后用来比喻能帮助自己改正缺点、错误或提高认识的外力。

【太仓一粟】 tài cāng yī sù　太仓:古代京城储粮的大仓。粟:小米。太仓里的一粒小米。比喻极其渺小,微不足道。

【太公钓鱼,愿者上钩】 tài gōng diào yú, yuàn zhě shàng gōu　太公:指周朝初年的姜尚,字子牙。《武王伐纣平话》里说,姜太公曾在渭水边上用无饵的直钩悬在离水面三尺的半空中钓鱼,说:"负命者上钩来!"(负命者:负有天命的人,指帝王。)意思是当王的来上钩。姜太公意在招引周文王找上门来聘用自己。后用"太公钓鱼,愿者上钩"比喻心甘情愿地上当。又作"姜太公钓鱼,愿者上钩"。

【太平盛世】 tài píng shèng shì　社会安定昌盛的时代。

【太岁头上动土】 tài suì tóu shàng dòng tǔ　太岁:指岁星。动土:指因建筑、安葬等挖土刨地。旧时迷信的说法,岁星运行时,地下的凶神太岁也相应而行,所在方位不能动土,否则就会招引灾祸。比喻触犯强暴有力的人。

【泰然处之】 tài rán chǔ zhī　见"处之泰然"(66页)。

【泰然自若】 tài rán zì ruò　泰然:镇定的样子。自若:

不变常态。形容在严重紧急情况下沉着镇定,不慌不乱。〔例〕面对敌人的屠刀,刘胡兰烈士～,从容就义。

【贪得无厌】 tān dé wú yàn　厌:满足。贪心永远没有满足的时候。

【贪贿无艺】 tān huì wú yì　贿:财物。艺:限度。贪求财物没有限度。

【贪天之功】 tān tiān zhī gōng　贪:贪图。天:古时以为天是万物的主宰。《左传·僖公二十四年》:"贪天之功,以为己力。"意思是把天所成就的功绩说成是自己的力量。现指抹煞他人的作用,把功劳归于自己。

【贪污腐化】 tān wū fǔ huà　利用职权非法谋取财物,过着糜烂堕落的生活。〔例〕对～之人必须严惩不贷。

【贪小失大】 tān xiǎo shī dà　因为贪图小便宜而失掉大的利益。

【贪心不足】 tān xīn bù zú　贪欲之心永不满足。〔例〕这笔买卖由于他～最终落了个鸡飞蛋打。

【贪赃枉法】 tān zāng wǎng fǎ　赃:盗窃或贪污得来的财物。枉:歪曲、破坏。贪污受贿,违犯法纪。

【昙花一现】 tán huā yī xiàn　昙花:梵语"优昙钵花"的简称,花很美,但开放后很快就凋谢。比喻美好的事物或景象出现了一下,很快就消失。

【谈虎色变】 tán hǔ sè biàn　色:脸色。《二程全书·遗书二上》:"真知与常知异。尝见一田夫曾被虎伤,有人说虎伤人,众莫不惊,独田夫色动异于众。"(独:只有。田夫:农民。色动:脸色变了。)原意是说必须通过亲身经历才有真知。后用"谈虎色变"比喻一提到自己害怕的事就情绪紧张起来。〔例〕在抗日战争的年代里，铁道游击队来无踪，去无影，侵略军困守据点，一筹莫展，～。

【谈笑风生】 tán xiào fēng shēng　有说有笑，兴致高。形容谈话谈得高兴而有风趣。

【谈笑自若】 tán xiào zì ruò　自若：不变常态。指能平静地对待所发生的情况，说说笑笑，不改常态。〔例〕面对危急情况，他仍能～，指挥有方，可见其胆识过人。又作"言笑自若"。

【弹冠相庆】 tán guān xiāng qìng　冠：帽子。《汉书·王吉传》记载，汉朝王吉同贡禹是同乡，又是志同道合的朋友。当时人说："王阳在位，贡禹弹冠。"（王阳：王吉字子阳。）意思是说，王吉做了官，贡禹知道将受推荐，就把帽子掸干净，准备上路。后用"弹冠相庆"指因即将做官而互相庆贺（多含贬义）。

【忐忑不安】 tǎn tè bù ān　忐忑：音坦特，心神不定。心里七上八下，不能安定。〔例〕这次参军，小王高高兴兴地报了名，但体检时发现有轻度近视，又～起来。

【叹为观止】 tàn wéi guān zhǐ　叹：赞叹。为：以为。观：看。《左传·襄公二十九年》记载，吴国的季札出使鲁国，观看各种音乐舞蹈，看到舜时的乐舞，赞叹说："观止矣"，意思是看到这里就够了，不必再看别的。后用"叹为观止"指赞美所见的事物好到了极点。〔例〕刀具表演赛中，一位年青的神刀手以普通车工一半的时间迅速加工完一个工件，令人～。

【探囊取物】 tàn náng qǔ wù　探：手伸进去拿。囊：口袋。《新五代史·南唐世家》："取江南如探囊中物尔。"意思是拿下江南就像手伸到口袋里取东西一样。比喻能够轻而易举地办成某件事情。

【螳臂当车】 táng bì dāng chē 螳臂：螳螂的前腿。当：阻挡。《庄子·人间世》说，螳螂"怒其臂以当车辙，不知其不胜任也"。(怒：奋起。)意思是说，螳螂奋举前腿来挡住车子前进，不知道它的力量根本不胜任。后用"螳臂当车"比喻不自量力地去做办不到的事，必然失败。〔例〕和平与发展是当前不可逆转的世界潮流，超级大国到处推行霸权主义，无异于～，必然激起世界各国的强烈反对。

【螳螂捕蝉，黄雀在后】 táng láng bǔ chán, huáng què zài hòu 汉朝刘向《说苑·正谏》说，春秋时，吴王要攻打楚国，不准别人提意见。一个官吏的儿子对吴王说：我在园子里打鸟，看到一只蝉在树上饮露水，却不知道后面有只螳螂正要捕捉它；螳螂要捕蝉，却不知道后面有只黄雀正要啄它；黄雀要吃螳螂，却不知道有人正在树下要用弹弓来打它。蝉、螳螂、黄雀都只看到眼前的好处，而不顾后患。吴王听了，就决定不去攻打楚国了。比喻目光短浅，只想到算计别人，不想到有人在算计他。

【滔滔不绝】 tāo tāo bù jué 滔滔：大水滚滚流动的样子。指话很多，说起来没个完。〔例〕他在会上～地讲了两个钟头。

【韬光养晦】 tāo guāng yǎng huì 韬：音掏。韬光：把声名才华掩藏起来。养晦：暂且隐退，等待时机。指隐藏才能，不使外露。

【逃之夭夭】 táo zhī yāo yāo 《诗经·周南·桃夭》："桃之夭夭。""夭夭"形容树木茂盛的样子。因"桃"和"逃"同音，后人就借用"逃之夭夭"作为"逃跑"的诙谐说法，"夭夭"在这里没有意义。

【桃红柳绿】 táo hóng liǔ lǜ　桃花红,柳叶绿。形容春天的美景。又作"柳绿桃红"。

【桃李满天下】 táo lǐ mǎn tiān xià　桃李:比喻老师所教的学生。"桃李满天下"比喻一个人的学生很多,各地都有。〔例〕赵老师辛勤教学三十余年,~。

【讨价还价】 tǎo jià huán jià　买卖东西时,卖主要价高,买主给价低,双方要反复争议。比喻在进行谈判时反复争议,或接受任务时讲条件。

【摘奸发伏】 tī jiān fā fú　摘:揭露。发:检举。伏:隐秘。揭露奸邪,检举隐恶。

【提纲挈领】 tí gāng qiè lǐng　纲:鱼网的总绳。挈:提起。领:衣领。抓住纲绳,提起衣领。比喻抓住要领,简明扼要。〔例〕小组会上,组长~地传达了大会报告的内容。

【提心吊胆】 tí xīn diào dǎn　形容十分担心或害怕。〔例〕他在 50 米高空作业,真让人~。又作"悬心吊胆"。

【啼饥号寒】 tí jī háo hán　啼:哭。号:叫。因为饥饿寒冷而哭叫。唐朝韩愈《进学解》:"冬暖而儿号寒,年丰而妻啼饥。"形容挨饿受冻的悲惨生活。又作"号寒啼饥"。〔注意〕"号"不读 hào。

【啼笑皆非】 tí xiào jiē fēi　皆非:都不是。哭也不是,笑也不是,不知如何是好。

【醍醐灌顶】 tí hú guàn dǐng　醍醐:音提胡,佛经中指从牛乳中提炼出来的精华,比喻最高的佛法。比喻灌输智慧,使人彻底醒悟。后也比喻舒适畅快。

【体贴入微】 tǐ tiē rù wēi　体贴:细心为别人着想。入微:达到精细的程度。形容对人照顾和关怀非常细心周到。

〔例〕女护士对病人热情诚恳，～，病房里没有人不称赞她。

【体无完肤】 tǐ wú wán fū 完：完整。肤：皮肤。全身的皮肤没有一块好的。形容遍体都是伤。也比喻理由全部被驳倒，或被批评、责骂得很厉害。

【涕泪交集】 tì lèi jiāo jí 涕：鼻涕。泪：眼泪。交：同时，一起。形容悲痛到了极点。

【涕泗滂沱】 tì sì pāng tuó 涕：眼泪。泗：鼻涕。滂沱：雨下得很大的样子。形容哭得很厉害，眼泪鼻涕像下雨一样。

【天崩地坼】 tiān bēng dì chè 见"天崩地裂"（本页）。

【天崩地裂】 tiān bēng dì liè 崩：倒塌。比喻重大的事变。又作"天崩地坼"。坼：音彻，裂开。

【天长地久】 tiān cháng dì jiǔ 语出《老子》七章。本指天地存在的久远。现形容经历的时间极长。又作"地久天长"。

【天长日久】 tiān cháng rì jiǔ 时间长，日子久。〔例〕小明每天按时起床、上学、做作业，～，就成了习惯。又作"日久天长"。

【天翻地覆】 tiān fān dì fù 形容变化巨大。〔例〕改革开放以来，我国各行各业都发生了～的变化。后也形容闹得很凶。参见"翻天覆地"（104 页）。

【天高地厚】 tiān gāo dì hòu 《西厢记》五本二折："这天高地厚情，直到海枯石烂时。"比喻恩情深厚。现多用以比喻事物的复杂和艰巨。〔例〕不能因为自己发表了几篇小文章，便不知～，看不起任何人了。

【天各一方】 tiān gè yī fāng 远隔异地，各在一方。形容离别后，彼此相距遥远。〔例〕我们兄弟三人～，相见是很不容易的。

【天公地道】 tiān gōng dì dào 形容十分公平合理。

【天花乱坠】 tiān huā luàn zhuì 坠：落下来。传说南朝梁武帝时有个和尚讲经，感动了上天，天上纷纷落下花来。后用"天花乱坠"形容说话有声有色，极其动听（多指夸张而不符合实际）。

【天昏地暗】 tiān hūn dì àn 形容刮大风时飞沙蔽日的景象。〔例〕只见狂风四起，飞沙走石，～，日月无光。后也用"天昏地暗"比喻政治腐败或社会混乱。

【天经地义】 tiān jīng dì yì 绝对正确、不能改变的道理。

【天罗地网】 tiān luó dì wǎng 罗：捕鸟的网。指上下四方设置的包围圈。比喻对敌人、逃犯等的严密包围。

【天马行空】 tiān mǎ xíng kōng 天马：神马。行空：腾空飞行。天马奔驰神速，像是腾起在空中飞行一样。比喻诗文气势豪放。也比喻人浮躁，不踏实。

【天壤之别】 tiān rǎng zhī bié 壤：地。天和地，一在极上，一在极下，比喻差别极大。又作"天渊之别"、"霄壤之别"。渊：深水池。霄：天。

【天网恢恢，疏而不漏】 tiān wǎng huī huī，shū ér bù lòu 天网：天道之网，指自然的惩罚。恢恢：宽广的样子。疏：不严密。语出《老子》七十三章。意思是天道公平，作恶就要受惩罚，它看起来似乎并不周密，但最终不会放过一个坏人。

【天下乌鸦一般黑】 tiān xià wū yā yī bān hēi 比喻同类的人或事物都有大致相同的特点。后比喻世上的坏人坏事都是一样的坏。

【天下无敌】 tiān xià wú dí　天下没有能抵得住的。形容战无不胜。〔例〕只要我们相信群众，依靠群众，我们就会～，永远立于不败之地。

【天涯海角】 tiān yá hǎi jiǎo　涯：边。形容非常偏僻遥远的地方。〔例〕为了替祖国寻找地下宝藏，我们勘探队愿走遍～。

【天衣无缝】 tiān yī wú fèng　《太平广记》引牛峤《灵怪录》说，郭翰在夏夜见到一个仙女从天上下来，衣服没有衣缝。郭翰很奇怪。仙女说，天衣本来就不是用针线做的。比喻事物完整周密，找不出什么毛病（多指诗文等）。〔例〕这幅画原已破损，经过郑师傅修补，～，一点痕迹都看不出来。

【天渊之别】 tiān yuān zhī bié　见“天壤之别”（356 页）。

【天造地设】 tiān zào dì shè　设：设置。指事物自然形成，合乎理想，不必再加人工。〔例〕这块石头简直是个～的了望台，在这里安个岗哨再合适也没有了。

【天诛地灭】 tiān zhū dì miè　诛：杀死。比喻为天地所不容。

【添油加醋】 tiān yóu jiā cù　比喻叙述事情或转述别人的话时，随意夸张，添加内容。

【恬不知耻】 tián bù zhī chǐ　恬：音甜，安然。耻：羞耻。做了坏事满不在乎，一点儿也不感到羞耻。

【甜言蜜语】 tián yán mì yǔ　像蜜糖一样甜的话。比喻为了骗人而说的动听的话。〔例〕唐朝宰相李林甫对人满嘴～，不安好心，是个阴谋家、两面派。

【覥然人面】 tiǎn rán rén miàn 覥然：惭愧的样子。《国语·越语下》："余虽覥然而人面哉，吾犹禽兽也。"后用"覥然人面"形容人不知羞耻。〔注意〕"覥"不能读作 miàn。

【挑肥拣瘦】 tiāo féi jiǎn shòu 比喻挑挑拣拣，光要对自己有利的。〔例〕他在工作中从不～，总是把困难留给自己，把方便让给别人。

【挑三拣四】 tiāo sān jiǎn sì 挑挑拣拣，嫌这个又嫌那个。形容反复挑选。

【条分缕析】 tiáo fēn lǚ xī 缕：一条一条地。有条有理地细细分析。

【调嘴学舌】 tiáo zuǐ xué shé 调嘴：耍嘴皮。学舌：把听来的话随便传播。指背地里说人闲话，搬弄是非。

【挑拨离间】 tiǎo bō lí jiàn 搬弄是非，使别人不团结。〔注意〕"间"不读 jiān。

【跳梁小丑】 tiào liáng xiǎo chǒu 跳梁：即"跳踉(liáng)"，跳来跳去，形容捣乱的样子。小丑：卑鄙的小人。比喻猖狂捣乱而成不了大气候的坏人。

【铁案如山】 tiě àn rú shān 案：犯罪的纪录或结论。指罪证确凿，定的案像山那样不能推翻。

【铁面无私】 tiě miàn wú sī 铁面：比喻刚直无私。形容公正严明，不怕权势，不讲情面。〔例〕公司的会计可算得上～，不合制度的事凭谁来也休想得到通融。

【铁石心肠】 tiě shí xīn cháng 心肠硬得像铁和石头一样。形容心肠很硬，不为感情所动。〔例〕这种场面，即使是～的人见了也会流下眼泪。

【铁树开花】 tiě shù kāi huā　铁树:也叫苏铁,常绿乔木,好多年才开一次花。比喻事情非常罕见或极难实现。

【铁证如山】 tiě zhèng rú shān　铁证:比喻确凿的证据。形容证据确凿,像山一样不能动摇。〔例〕检察官说明被告犯罪的详细情节,～,被告只好低头承认。

【听风是雨】 tīng fēng shì yǔ　听到风声就以为下雨了。比喻听到一点传闻就信以为真。〔例〕那些～的人从来就是谣言的积极传播者。

【听其自然】 tīng qí zì rán　听:任凭。听任它自然发展,不去过问。〔例〕对小林应当进行必要的帮助,不能～。

【听天由命】 tīng tiān yóu mìng　听:任凭,听任。由:顺随,听从。命:命运。听任事态自然发展变化,不作主观努力。这是一种宿命论思想。

【听之任之】 tīng zhī rèn zhī　听、任:听凭,任凭。任凭事物存在发展而不去过问。

【停滞不前】 tíng zhì bù qián　滞:不动。停止下来,不继续前进。〔例〕谁骄傲自满,谁就会～。〔注意〕"滞"不能读作 dài。

【淳膏湛碧】 tíng gāo zhàn bì　淳:水止而不流。膏:油脂。湛:深色。碧:青绿。比喻水静如膏,颜色碧绿。

【挺身而出】 tǐng shēn ér chū　挺:撑直。面对着艰难或危险的事情,勇敢地站出来。

【铤而走险】 tǐng ér zǒu xiǎn　铤:音挺,快跑的样子。走险:奔向险处。《左传·文公十七年》:"铤而走险,急何能择?"指在无路可走的时候采取冒险行动。〔注意〕"铤"不能写作"挺"。

【通情达理】 tōng qíng dá lǐ 通、达：对事理认识得透彻、明了。指说话、做事很讲情理。

【通权达变】 tōng quán dá biàn 通、达：懂得，明了。权：权宜，变通。做事能适应客观情况的变化，懂得变通，不死守常规。〔例〕在新的国际形势下，我们要～，团结一切可以团结的力量，维护世界和平。

【通同一气】 tōng tóng yī qì 通同：串通。一气：同一伙。形容互相串通，结成一伙。

【通宵达旦】 tōng xiāo dá dàn 通：整个，全部。宵：夜间。旦：清早。整整一夜到天亮。

【同病相怜】 tóng bìng xiāng lián 怜：怜惜，同情。比喻因有同样的遭遇或痛苦而互相同情。

【同仇敌忾】 tóng chóu dí kài 同仇：共同仇恨。敌忾：对敌人的愤恨。指全体一致痛恨敌人。又作“敌忾同仇”。〔注意〕“忾”不能读作 qì。

【同床异梦】 tóng chuáng yì mèng 异：不同，有分别。原指夫妇生活在一起，但感情不和。比喻同做一件事而心里各有各的打算。

【同恶相济】 tóng è xiāng jì 同恶：共同作恶的人。济：帮助。坏人互相勾结，共同作恶。

【同甘共苦】 tóng gān gòng kǔ 甘：甜。同欢乐，共患难。〔例〕在艰难岁月里，我们～，结下了深厚友谊。

【同工异曲】 tóng gōng yì qǔ 见“异曲同工”（459 页）。

【同归于尽】 tóng guī yú jìn 归于：走向。尽：完结，灭亡。一同毁灭。

【同流合污】 tóng liú hé wū　指跟坏人一起干坏事。

【同室操戈】 tóng shì cāo gē　同室:同住在一个房子里。引申为自家人。操:拿。戈:古代的一种兵器。自家人动刀枪。指兄弟争吵。泛指内部相争。

【同心合力】 tóng xīn hé lì　见"同心协力"(本页)。

【同心同德】 tóng xīn tóng dé　心:思想。德:信念。指思想统一,信念一致。〔例〕我国各族人民在党的领导下～,为建设社会主义而奋斗。

【同心协力】 tóng xīn xié lì　协:合。团结一致,共同努力。〔例〕抗美援朝期间,中朝人民～,战胜了强大的敌人。又作"同心合力"。参见"齐心协力"(270页)。

【同舟共济】 tóng zhōu gòng jì　济:渡河。《孙子·九地》:"夫吴人与越人相恶也,当其同舟而济,遇风,其相救也如左右手。"意思是吴人和越人有仇,但是当他们坐在一条船上渡河而遇到风浪时,就会像人的两手似的互相帮助。后用"同舟共济"比喻在困难的环境中,团结互助。参见"风雨同舟"(116页)。

【铜墙铁壁】 tóng qiáng tiě bì　比喻十分坚固的防御工事。〔例〕上半场,主队虽攻势凶猛,但在客队～般的防守下,也只能无功而返。

【童言无忌】 tóng yán wú jì　忌:忌讳。小孩子天真烂漫,说话没有忌讳。

【童颜鹤发】 tóng yán hè fà　见"鹤发童颜"(152页)。

【统筹兼顾】 tǒng chóu jiān gù　筹:谋划。顾:照顾。统一筹划,全面照顾。

【痛定思痛】 tòng dìng sī tòng　痛:痛苦。定:安定。唐朝韩愈《与李翱书》:"如痛定之人,思当痛之时。"指悲痛的心情平静之后,再追想当时所受的痛苦。〔例〕事故已经造成,～,该好好分析原因,总结教训。

【痛改前非】 tòng gǎi qián fēi　痛:彻底地。非:错误。彻底改正以前所犯的错误。〔例〕他认识到自己错误严重,决心～,因此得到同志们的谅解。

【痛哭流涕】 tòng kū liú tì　痛哭:纵情大哭。涕:眼泪。形容极度悲伤的样子。〔例〕多年的梦想破灭了,她怎么能不～呢?

【痛快淋漓】 tòng kuài lín lí　痛快:尽兴。淋漓:比喻酣畅。形容痛快到了极点。〔例〕利用暑假,我们到三峡游玩,真有～之感。

【痛心疾首】 tòng xīn jí shǒu　疾:痛。首:头。形容痛恨到了极点。

【偷工减料】 tōu gōng jiǎn liào　原指商人为了牟取暴利而暗中降低产品质量,削减工料。现也指做事图省事,马虎敷衍。〔例〕1. 为了维护产品的质量,他们在生产中决不～。2. 做工作要认真负责,可不能～,马马虎虎。

【偷梁换柱】 tōu liáng huàn zhù　比喻暗中玩弄手法,以假代真,以劣代优。

【偷天换日】 tōu tiān huàn rì　比喻暗中改变事物的真相,以达到蒙混欺骗的目的。

【头破血流】 tóu pò xuè liú　头打破了,血流满面。多用来形容惨败。〔例〕逆时代潮流而动的,到头来没有不碰得个～的。

【头疼脑热】 tóu téng nǎo rè　泛指一般小病。〔例〕他这个人有个～的，从来不去医院。

【头童齿豁】 tóu tóng chǐ huō　童：原指山无草木，比喻人秃顶。豁：残缺。头顶秃了，牙齿脱落了。形容人衰老的样子。〔例〕几年未见，他已经是～，老态龙钟了。

【头痛医头，脚痛医脚】 tóu tòng yī tóu, jiǎo tòng yī jiǎo　比喻被动应付，对问题不作根本彻底的解决。

【头头是道】 tóu tóu shì dào　道：道理。形容说话做事很有条理。〔例〕别看他还是个十二三岁的孩子，说起话来可～。

【头重脚轻】 tóu zhòng jiǎo qīng　上面重，下面轻。原来形容头昏，脚下无力。后用“头重脚轻”比喻基础不稳固。也指事物前后或上下不协调。〔例〕这个架子有点～，如不改装，是很危险的。

【投笔从戎】 tóu bǐ cóng róng　投：扔。戎：音容，军事，军队。从戎：从军，参军。《后汉书·班超传》中说：班超年轻时曾在官府做抄写工作。一天，他掷笔长叹说：大丈夫应当在边疆为国立功，哪能老在笔砚之间讨生活呢！就去参了军，后来成为东汉的名将。后用“投笔从戎”指文人从军。〔例〕抗日战争爆发，革命青年纷纷～，奔赴抗日的前方。

【投畀豺虎】 tóu bì chái hǔ　畀：音痹，给予。《诗经·小雅·巷伯》：“取彼潜人，投畀豺虎。”（潜人：说别人坏话的人。）意思是那种好搬弄是非的人，要把他扔出去喂豺狼虎豹。后形容人民群众对坏人的愤恨。

【投鞭断流】 tóu biān duàn liú　《晋书·苻坚载记》里说，苻坚准备进攻东晋，有人劝他说：晋国有长江天险可守，还是别去打吧！符坚回答说：我这么多的军队，每个兵把马鞭子投到江里，就可以截断水流。后用"投鞭断流"比喻人马众多，兵力强大。

【投机倒把】 tóu jī dǎo bǎ　投机：利用时机谋私利。倒把：转手买卖，操纵物价，牟取暴利。〔例〕对于贪污盗窃、～活动要狠狠打击。

【投机取巧】 tóu jī qǔ qiǎo　投机：利用时机钻空子。取巧：采取狡猾的手段占便宜。指用不正当的手段谋取私利。现也指不付出艰苦的劳动，想靠小聪明来取得成功。〔例〕搞学问，需要扎扎实实下工夫，一步一个脚印，不容许～、弄虚作假。

【投其所好】 tóu qí suǒ hào　投：投合。好：喜好，爱好。迎合别人的喜好。〔注意〕"好"不读 hǎo。

【投石问路】 tóu shí wèn lù　原指潜入某处前，先扔一块石子以探测情况。后比喻在行动前，先进行试探以摸清情况。

【投鼠忌器】 tóu shǔ jì qì　投：扔东西过去。忌：顾忌。《汉书·贾谊传》："欲投鼠而忌器。"意思是想用东西打老鼠，又怕打坏了老鼠旁边的器物。比喻想打击坏人而又有所顾忌。〔例〕大观园里茯苓霜失窃后，平儿明知是彩云偷的，但～，怕伤了探春的体面，不愿去起赃。

【投桃报李】 tóu táo bào lǐ　投：赠给。报：回报。《诗经·大雅·抑》："投我以桃，报之以李。"意思是他送给我桃儿，我以李子回赠他。后用"投桃报李"比喻友好往来。

【突飞猛进】 tū fēi měng jìn　形容进步和发展特别迅速。〔例〕在严格的科学管理下，近半年来，我公司业绩～。

【突如其来】 tū rú qí lái　突如：突然。形容出人意料地突然发生。〔例〕一股~的大风,刮得天昏地暗。

【图谋不轨】 tú móu bù guǐ 图谋:暗中策划。不轨:不法行为。阴谋进行违法活动。〔例〕这几个人~,必将受到法律的严惩。

【图穷匕首见】 tú qióng bǐ shǒu xiàn 匕:音比。匕首:短剑。见:同"现",显露。《战国策·燕策》上说,荆轲奉燕太子之命去刺秦王,以献燕国督亢(地名)的地图为名,预先把匕首卷在图里。当献图时,地图展到最后,露出匕首,荆轲拿起匕首来就要刺秦王。后用"图穷匕首见"比喻事情发展到最后,真相或本意显露了出来。又作"图穷匕见"。〔注意〕"见"不读 jiàn。

【图穷匕见】 tú qióng bǐ xiàn 见"图穷匕首见"(本页)。

【徒劳往返】 tú láo wǎng fǎn 徒:白白地。徒劳:白费力气。来回白跑。〔例〕你要找他最好事先电话联系一下,免得~。又作"往返徒劳"。

【徒劳无功】 tú láo wú gōng 功:成就,功效。白白付出劳动而没有成效。〔例〕我们一定要按照客观规律办事,否则会~。

【徒劳无益】 tú láo wú yì 白费劲,没有一点用处。〔例〕为错误辩护是~的,还是汲取教训,切实改正为好。

【徒托空言】 tú tuō kōng yán 徒:只。托:依赖。形容只讲空话,没有行动。〔例〕你说得再好听,也不过是纸上谈兵,~而已。

【徒有其名】 tú yǒu qí míng 见"徒有虚名"(本页)。

【徒有虚名】 tú yǒu xū míng 空有名声。形容名实不符。

又作"徒有其名"。

【徒子徒孙】 tú zǐ tú sūn　徒弟和徒弟的徒弟。指一个祖师沿传下来的弟子。泛指信徒和党羽(含贬义)。

【涂脂抹粉】 tú zhī mǒ fěn　搽胭脂抹粉。比喻为遮掩丑恶的本质而粉饰打扮。

【土崩瓦解】 tǔ bēng wǎ jiě　《史记·秦始皇本纪》:"秦之积衰,天下土崩瓦解。"意思是秦国衰亡的因素日益积累,最后就像土崩塌,瓦破碎一样,不可收拾。比喻彻底垮台。

【土龙刍狗】 tǔ lóng chú gǒu　刍:草。用泥捏的龙,用草扎的狗。《三国志·蜀书·杜微传》:"曹丕篡弑,自立为帝,是犹土龙刍狗之有名也。"比喻名不副实。

【土生土长】 tǔ shēng tǔ zhǎng　土:本地的。本地生的,本地长的。〔例〕怪不得他对这里的风土人情十分熟悉,原来他是这里~的。

【吐胆倾心】 tǔ dǎn qīng xīn　比喻痛快地说出心里话。又作"倾心吐胆"。

【吐刚茹柔】 tǔ gāng rú róu　刚:硬。茹:吃。柔:软。《诗经·大雅·烝民》:"人亦有言,柔则茹之,刚则吐之。"意思是吃下软的,吐出硬的。后用"吐刚茹柔"比喻欺软怕硬。

【吐故纳新】 tǔ gù nà xīn　故:旧。纳:吸收。《庄子·刻意》:"吹呴呼吸,吐故纳新。"(呴:音虚,呵气。)原指人呼吸时,吐出浊气,吸进新鲜空气。后多用来比喻扬弃旧的、不好的,吸收新的、好的。

【兔起鹘落】 tù qǐ hú luò　鹘:音忽阳平,一种鹰类的猛禽,捕食鸟类和小兽。兔子刚跳起来,鹘就飞扑下去。比喻动作敏捷。也比喻书法笔姿飞舞。〔例〕老李精于少林拳,打起来矫健利落，～，行动都带着风声。

【兔犬俱敝】 tù quǎn jù bì　敝：疲敝，累垮。《战国策·齐策》记载，韩国有条黑狗名叫卢，跑得最快。东郭山的兔子，最敏捷。黑狗追捕东郭山的兔子，绕山奔跑三圈，腾越五座山，兔子在前竭力地跑，狗在后竭力地追，结果狗和兔子都累死在那里。农夫看见了，独得其利。后用"兔犬俱敝"比喻两败俱伤，第三者获利。

【兔死狗烹】 tù sǐ gǒu pēng　兔子死了，猎狗就被人烹食。《史记·越王勾践世家》上说，越国灭了吴国之后，功臣范蠡(lǐ)逃到国外，写信给另一个功臣文种说："鸟打完了，好弓便被藏起来；兔子死光了，猎狗便被杀了煮来吃。越王这个人只可以跟他共患难，不能跟他同安乐，你为什么还不走呢？"文种不听，后来终于被杀。比喻给统治者效劳尽力的人事成后被抛弃或杀掉。

【兔死狐悲】 tù sǐ hú bēi　兔子死了，狐狸感到悲伤。比喻因同类的死亡而感到悲伤(多用于贬义)。

【推本溯源】 tuī běn sù yuán　推：推求。溯：逆着水流走，引申为追寻。推究根本，寻求来源。〔注意〕"溯"不能读作 suò。

【推波助澜】 tuī bō zhù lán　澜：大浪。比喻从旁鼓动、助长事物(多指坏的事物)的声势和发展，扩大影响。

【推陈出新】 tuī chén chū xīn　推：摆脱，排除。陈：旧的。指对旧的文化进行批判地继承，剔除其糟粕，吸取其精华，创造出新的文化。〔例〕我国武术工作者对传统太极拳大胆改革，～，整理成"简化太极拳"和"八十二式太极拳"。

【推诚相见】 tuī chéng xiāng jiàn　诚：真实的心意。推

诚：给人以真心。指以真心对待人。〔例〕他们两人在工作中～，有不同的意见，摆在桌面上谈，合作得很好。

【推己及人】 tuī jǐ jí rén 用自己的心去推想别人的心意。指设身处地替别人着想。

【推襟送抱】 tuī jīn sòng bào 襟、抱：指心意。比喻推心置腹以诚相待。〔例〕你我二人几十年的交往，可以说是～，无话不谈。

【推涛作浪】 tuī tāo zuò làng 涛：大浪。推动波涛，掀起浪头。比喻助长坏人坏事，煽动情绪，制造事端。

【推贤让能】 tuī xián ràng néng 推：推荐。让：谦让。推荐贤人，让位给能者。

【推心置腹】 tuī xīn zhì fù 《后汉书·光武帝本纪》："推赤心置人腹中。"意思是把赤诚的心交给人家。比喻真心待人。〔例〕跟同志～地交换意见，有利于沟通思想，改进工作。

【推燥居湿】 tuī zào jū shī 明朝孙毂《孝经援神契》："母之于子也，鞠养殷勤，推燥居湿，绝少分甘。"意思是母亲把干燥的地方让给幼儿，自己睡在孩子便溺后的湿处。形容抚育幼儿的辛苦。

【退避三舍】 tuì bì sān shè 舍：春秋时行军三十里叫一舍。《左传·僖公二十三年》上说，晋公子重耳（晋文公）逃亡到楚国时，楚王问他将来怎样报答自己。重耳说，如果将来晋楚交兵，"避君三舍"。以后晋楚在城濮交战，晋文公遵守诺言，把军队后撤九十里。比喻退让和回避，避免冲突。

【蜕化变质】 tuì huà biàn zhì 蜕：音退。蜕化：原指昆虫脱皮后，变换原来的形态。比喻人堕落变坏。〔注意〕"蜕"

不能读作 shuì 或 ruì。

【吞吞吐吐】 tūn tūn tǔ tǔ　想说，但又不痛痛快快地说。形容说话有顾虑。

【囤积居奇】 tún jī jū qí　囤：积存。居：储藏。居奇：把稀少的货物储藏起来。指商人囤积大量商品，等待高价出卖，牟取暴利。

【拖泥带水】 tuō ní dài shuǐ　在泥水中行走。比喻说话做事不干脆利落。

【拖人下水】 tuō rén xià shuǐ　拖：拉。拉别人下水。比喻引诱别人一道干坏事。

【脱缰之马】 tuō jiāng zhī mǎ　脱：脱落。缰：缰绳。挣脱了缰绳的马。比喻没有拘束的人或事物。

【脱胎换骨】 tuō tāi huàn gǔ　原为道教用语。指修道者得道以后，就脱凡胎为圣胎，换凡骨为仙骨。后比喻彻底改变。

【脱颖而出】 tuō yǐng ér chū　颖：细长东西的尖端。《史记·平原君虞卿列传》：“使遂早得处囊中，乃颖脱而出，非特其末见而已。”（遂：毛遂。）意思是如果毛遂早得到任用，就会像锥子放在布袋里那样，锥针都能全部穿出来。比喻本领全部显露出来。

【唾手可得】 tuò shǒu kě dé　唾：音妥去，吐。唾手：往手上吐唾沫。比喻极容易得到。〔例〕四个现代化决非～，只有付出艰苦的劳动才能使它实现。

W

【挖耳当招】wā ěr dàng zhāo　看到人挖耳朵，就误认为是招呼自己。形容迫切期待的心情。〔注意〕"当"不读 dàng。

【挖空心思】wā kōng xīn sī　比喻想尽一切办法（含贬义）。

【挖肉补疮】wā ròu bǔ chuāng　见"剜肉补疮"（371页）。

【瓦釜雷鸣】wǎ fǔ léi míng　釜：音府，古代的一种锅。《楚辞·卜居》："黄钟毁弃，瓦釜雷鸣。谗人高张，贤士无名。"（黄钟：古代的一种乐器。谗人：背后说人坏话的人。）意思是说，高妙的乐器被废弃了，瓦盆却敲得雷一般响。坏人猖狂一时，好人却默默无闻。后用"瓦釜雷鸣"比喻无德无才的人占据高位，威风一时。

【瓦合之卒】wǎ hé zhī zú　瓦合：碎瓦拼合在一起。卒：士兵。形容胡乱凑合起来并不齐心的军队。

【瓦鸡陶犬】wǎ jī táo quǎn　用泥土烧制的鸡狗。比喻毫无实用价值。

【歪打正着】wāi dǎ zhèng zháo　比喻采取的方法本来不恰当，却意外地取得了好的结果。

【歪风邪气】wāi fēng xié qì　指不良的作风和风气。〔例〕我们要教育孩子从小具有是非观念，敢于同～作斗争。

【歪门邪道】 wāi mén xié dào　指不正当的门路、手段或不正经的事情。又作"邪门歪道"。

【外强中干】 wài qiáng zhōng gān　干:空虚。《左传·僖公十五年》记载,晋侯和秦国作战,想使用郑国出产的战马。庆郑说:"今乘异产以从戎事,及惧而变……外强中干,进退不可,周旋不能,君必悔之。"(异产:指别国所产的马。)意思是骑着别国产的马外貌似乎强壮,但是不熟习当地的土地条件,内心很脆弱,一上战场,不好驾驭,你必定要后悔。后用"外强中干"形容外表强壮,内里空虚。〔注意〕"干"不读gàn。

【外柔内刚】 wài róu nèi gāng　见"外柔中刚"(本页)。

【外柔中刚】 wài róu zhōng gāng　柔:柔顺。中:内心。刚:刚强。指外表柔弱而内心刚强。又作"外柔内刚"。

【外顺内悖】 wài shùn nèi bèi　顺:顺从。悖:违反。表面顺从而内心悖逆。

【外圆内方】 wài yuán nèi fāng　比喻人外表随和,内心却很有主见。

【剜肉补疮】 wān ròu bǔ chuāng　剜:用刀挖取。疮:外伤。唐朝聂夷中《咏田家》诗:"二月卖新丝,五月粜新谷;医得眼前疮,剜却心头肉。"(粜:音跳,卖粮食。)意思是农民为生活所迫,卖掉还没有收获的新丝新谷,虽然可以度过眼前的困难,却丢掉了以后的收入。比喻只顾眼前,用有害的方法来救急。又作"挖肉补疮"。

【纨袴子弟】 wán kù zǐ dì　纨袴:细绢做的裤子,泛指华丽的衣着。旧时指有钱有势富贵人家成天吃喝玩乐、不务正业的子弟。

【完璧归赵】 wán bì guī zhào　璧：古代一种扁圆形的、中间有孔的玉器。《史记·廉颇蔺相如列传》(蔺：音吝。)记载，秦王骗赵国说，愿意用十五座城换赵国的国宝和氏璧。赵王不敢拒绝，但又怕上当。大臣蔺相如自告奋勇去秦国，表示如果换不到城，一定把璧完整地送回国。蔺相如到秦国献璧后，见秦王没有给城的意思，就设计把璧从秦王手里取回，送还赵国。后比喻把原物完好地归还本人。

【完美无缺】 wán měi wú quē　完善美好，没有缺点。〔例〕我们要在赞扬声中找差距，不能听了表扬就以为自己的工作是～的了。

【玩忽职守】 wán hū zhí shǒu　玩忽：不严肃认真地对待。职守：职责。指不严肃认真地对待自己的工作。〔例〕对于个别～的人，要进行教育、批评。

【玩火自焚】 wán huǒ zì fén　焚：烧。玩火的必定会烧了自己。比喻干冒险或害人的勾当，最后受害的还是自己。

【玩世不恭】 wán shì bù gōng　玩：不严肃地对待。不恭：不严肃。指因对现实不满而采取的一种不严肃不认真的生活态度。

【玩物丧志】 wán wù sàng zhì　玩：玩赏。丧：丧失，消磨。志：志气。指迷恋于所玩赏的事物而消磨了积极进取的志气。

【万般无奈】 wàn bān wú nài　万般：(情况或思绪)很多。无奈：无可奈何。指最不得已、实在没办法等情况。〔例〕我在～的情况下，同意了这件事。

【万变不离其宗】 wàn biàn bù lí qí zōng　宗：宗旨，目的。尽管形式上变化多端，其本质或目的不变。

【万古不变】 wàn gǔ bù biàn 万古：千年万代，永远。指永远不变。〔例〕要用发展的眼光观察事物，那种～的思维方法是不对的。

【万古长存】 wàn gǔ cháng cún 万古：千年万代。指某种好的精神或品德永远存在。〔例〕革命先烈的丰功伟绩，将～。

【万古长青】 wàn gǔ cháng qīng 青：绿色。千秋万代都像松柏一样永远苍翠。比喻崇高的精神或深厚的友谊永远不会消失。

【万古流芳】 wàn gǔ liú fāng 芳：香，比喻好名声。流：流传。好名声永远流传。〔例〕革命先烈为人民献出了宝贵的生命，他们的名字～，永远为后人所景仰。又作"万世流芳"。

【万劫不复】 wàn jié bù fù 劫：佛教称世界从生成到毁灭的整个过程。万劫：比喻万世。指永远不能恢复。

【万籁俱寂】 wàn lài jù jì 万籁：自然界万物发出的种种声响。寂：寂静。形容周围环境非常安静，一点儿声响都没有。〔例〕～的深夜里，大街上只有零星几辆小汽车静悄悄地驶过。又作"万籁无声"。

【万籁无声】 wàn lài wú shēng 见"万籁俱寂"（本页）。

【万流景仰】 wàn liú jǐng yǎng 万流：指各方面的人。天下的人都尊敬、仰慕。

【万马奔腾】 wàn mǎ bēn téng 奔腾：奔跑跳跃。形容群众性的活动声势浩大或场面热烈。

【万马皆喑】 wàn mǎ jiē yīn 见"万马齐喑"（374 页）。

【万马齐喑】 wàn mǎ qí yīn 喑:音因,哑。清朝龚自珍《己亥杂诗》:"九州生气恃风雷,万马齐喑究可哀。"(恃:音事,依靠。风雷:疾风迅雷,比喻巨大的变动。究:终究。)意思是说,要使中国具有生气,必须有一场巨大的变革;人民在统治者的压抑下都不敢讲话,死气沉沉,这终究是可悲的。旧时形容人民沉默不敢讲话。后也比喻沉闷的政治局面。又作"万马皆喑"。

【万念俱灰】 wàn niàn jù huī 俱:全,都。所有的想法和打算都破灭了。形容极端灰心失望的心情。

【万人空巷】 wàn rén kōng xiàng 指家家户户的人都从巷里出来了。多形容庆祝、欢迎等盛况。〔例〕开国大典那天,北京城~,欢庆的人们都想亲身体验那历史性的时刻。

【万世流芳】 wàn shì liú fāng 见"万古流芳"(373页)。

【万事大吉】 wàn shì dà jí 大吉:很吉利。什么事都很圆满顺利。

【万事亨通】 wàn shì hēng tōng 亨:顺利。通:通畅。一切事情都很顺利。

【万事俱备,只欠东风】 wàn shì jù bèi, zhǐ qiàn dōng fēng 俱:全,都。欠:缺。《三国演义》中的一个故事说,曹操率领大军准备渡江南征,周瑜率领孙权和刘备的联军抵抗,计划火攻曹操的水军。一切都准备好了,只差东风没有刮起来,不能放火。比喻什么都已准备好了,只差最后一个重要条件了。〔例〕~,等输电线接通,机器就可以开动了。

【万事如意】 wàn shì rú yì 一切事情都顺心。多用作向他人祝颂的话。

【万水千山】wàn shuǐ qiān shān 万道河,千重山。形容路途艰难遥远。〔例〕中国工农红军在毛主席统率下,经过～,胜利地到达了陕北革命根据地。又作"千山万水"。

【万无一失】wàn wú yī shī 万:形容很多。失:差错。指绝对不会出差错。〔例〕为使飞行～,机械师对飞机的每个机件都做了细致的检查。又作"百无一失"。

【万象更新】wàn xiàng gēng xīn 万象:宇宙间的一切景象。事物或景象改换了样子,出现了一番新气象。〔例〕社会主义建设蓬勃发展,祖国大地～。〔注意〕"更"不读 gèng。

【万应灵丹】wàn yìng líng dān 应:适应。灵丹:灵验的药。比喻一种能解决各种疑难问题的办法。

【万众一心】wàn zhòng yī xīn 千万人一条心。形容团结一致。

【万紫千红】wàn zǐ qiān hóng 形容百花齐放,色彩艳丽。也比喻事物丰富多采。〔例〕1. "五一"节的公园里,百花盛开,～。2. 这次汇报演出,反映了我国文艺舞台百花齐放、～的繁荣景象。

【亡命之徒】wáng mìng zhī tú 亡命:改名换姓,逃亡在外。指逃亡的人。也称冒险犯法、不顾性命的人。

【亡羊补牢】wáng yáng bǔ láo 亡:失去。牢:牲口圈。《战国策·楚策》:"亡羊而补牢,未为迟也。"意思是说,羊逃跑了再去修补羊圈,还不算晚。比喻出了问题以后想办法补救,可以防止继续受损失。常与"犹未为晚"连用。

【王顾左右而言他】wáng gù zuǒ yòu ér yán tā 他:别的。《孟子·梁惠王下》上说,孟子问齐宣王:当王的不好好治理国家,怎么办?齐王回过头来左右张望,把话题扯到别处去了("王顾左右而言他")。指离开话题,回避难以答复的问题。

【网开一面】 wǎng kāi yī miàn 《史记·殷本纪》上说,成汤在野外看到有人四面张起网来捕禽兽,就叫人把网打开了三面,给禽兽留下生路。后多用"网开一面"比喻采取宽大态度,给人一条出路。

【枉法徇私】 wǎng fǎ xùn sī 枉法:歪曲法律。徇私:为了私人关系而做不合法的事。指官吏违法乱纪,包庇坏人坏事。

【枉费心机】 wǎng fèi xīn jī 枉:白白地,徒然。白费心思。〔例〕你不要~了,只有刻苦读书,才能取得好成绩。又作"枉费心计"。

【枉费心计】 wǎng fèi xīn jì 见"枉费心机"(本页)。

【往返徒劳】 wǎng fǎn tú láo 见"徒劳往返"(365页)。

【惘然若失】 wǎng rán ruò shī 惘然:失意而不舒畅的样子。心情不舒畅,好像丢掉了什么东西似的。

【妄自菲薄】 wàng zì fěi bó 妄:过分地。菲薄:小看,轻视。过分看轻自己。形容自卑。〔例〕我们必须正确地看待自己,既不要~,也不要妄自尊大。

【妄自尊大】 wàng zì zūn dà 妄:过分地。尊:高贵。过高地看待自己。形容狂妄自大。

【忘恩负义】 wàng ēn fù yì 恩:恩惠。负:辜负,违背。义:道义。忘记别人对自己的好处,反而做出对不起别人的事。

【忘乎所以】 wàng hū suǒ yǐ 所以:指适宜的举动。指因过分兴奋或得意而忘了应有的举止。〔例〕我们在成绩面前应该谦虚谨慎，不能骄傲自满，～。

【望尘莫及】 wàng chén mò jí　莫：不能。及：赶上。望见前面骑马的人走过扬起的尘土而不能赶上。比喻远远落在后面。

【望穿秋水】 wàng chuān qiū shuǐ　秋水：秋天的水特别清亮，古人常用来比喻人的眼睛。眼睛都望穿了。形容对远方亲友的殷切盼望。

【望而却步】 wàng ér què bù　却步：不敢前进，往后退。形容遇到危险、困难或力所不及的事就往后退缩。

【望而生畏】 wàng ér shēng wèi　生畏：害怕。看见了就害怕。

【望风而逃】 wàng fēng ér táo　远远望见对方的气势很盛，就吓得逃跑了。〔例〕解放军百万雄师一夜间飞渡长江，敌人～，溃不成军。

【望风披靡】 wàng fēng pī mǐ　靡：音米。披靡：草木随风倒伏。比喻军队毫无斗志，老远看到对方的气势很盛，没有交锋就溃散了。〔注意〕"靡"不读 mí。

【望梅止渴】 wàng méi zhǐ kě　《世说新语·假谲》上说，曹操的军队一次行军，路上缺水，士兵都很渴。曹操说，前头就有一大片梅树林，树上梅子又甜又酸，可以解渴。士兵一听梅子，嘴里就有了口水，都不渴了。后比喻愿望无法实现，用空想安慰自己。

【望文生义】 wàng wén shēng yì　文：文字，词句。不了解某一词句的确切涵义，光从字面上去牵强附会，做出不确切的解释。〔注意〕"义"不能写作"意"。

【望眼欲穿】 wàng yǎn yù chuān　穿：通透。眼睛都要望穿了。形容盼望殷切。

【望洋兴叹】 wàng yáng xīng tàn　望洋：又作"望阳"、"茫洋"，仰望的样子。兴：发出。《庄子·秋水》上说，河伯（河神）因为秋水上涨，自以为大得了不起。后来到了海边，看到了无边无际的海洋，才感到自己渺小，仰望着海神，发出叹息。原指在伟大的事物面前感叹自己的渺小。后多比喻做事时因力不胜任或没有条件而感到无可奈何。

【望子成龙】 wàng zǐ chéng lóng　龙：比喻俊杰。盼望儿子成为出类拔萃的人物。〔例〕他父亲～心切，把全部心思都花在了培养儿子成才上。

【危机四伏】 wēi jī sì fú　危机：危险的祸根。伏：隐藏。到处隐藏着危险的祸根。

【危如累卵】 wēi rú lěi luǎn　危：危险，危急。累：堆积。卵：蛋。比喻形势非常危险，如同堆起来的蛋，随时都有塌下打碎的可能。

【危言高论】 wēi yán gāo lùn　危言：使人吃惊的话。正直而不同凡响的言论。

【危言耸听】 wēi yán sǒng tīng　危言：使人吃惊的话。耸听：使人听了吃惊。指故意说些夸大的吓人的话，使人惊疑震动。

【危言危行】 wēi yán wēi xíng　危：正。《论语·宪问》："邦有道，危言危行。"意思是言语正直，行为正直。现指讲正直的话，做正直的事。

【危在旦夕】 wēi zài dàn xī　旦夕：早晨和晚上，指很短时间之内。形容危险就在眼前。

【威风凛凛】 wēi fēng lǐn lǐn　凛凛：严肃，令人敬畏的样子。形容威严的气概,令人敬畏。

【威风扫地】 wēi fēng sǎo dì 令人畏服的声势、气派完全丧失。〔例〕那一次失败的战役使他～,再也没有恢复元气。

【威迫利诱】 wēi pò lì yòu 见"威胁利诱"(本页)。

【威武不屈】 wēi wǔ bù qū 威武:权势,武力。屈:屈服。《孟子·滕文公下》:"威武不能屈。"意思是强暴的压力不能使之屈服。表示坚贞顽强。

【威胁利诱】 wēi xié lì yòu 威胁:用强力逼迫。利诱:用好处进行诱惑。形容软硬兼施。又作"威迫利诱"。

【威信扫地】 wēi xìn sǎo dì 威望和信誉完全丧失。〔例〕领导犯了错误,如果不承认不改正,那肯定要～。

【微不足道】 wēi bù zú dào 指意义、价值等小得不值得一提。

【微乎其微】 wēi hū qí wēi 微:小。乎:古汉语助词。形容非常小或非常少。

【微言大义】 wēi yán dà yì 微:精深,精微。包含在精微语言里的深刻的道理。

【巍然屹立】 wēi rán yì lì 巍然:高大的样子。屹:音义,山势高耸直立的样子。比喻像高山一样直立地上,不可动摇。〔例〕人民英雄纪念碑～在天安门广场。

【为德不终】 wéi dé bù zhōng 见"为德不卒"(本页)。

【为德不卒】 wéi dé bù zú 卒:完结。好事没有做到底。又作"为德不终"。

【为非作歹】 wéi fēi zuò dǎi 非、歹:指坏事。做种种坏事。

【为富不仁】 wéi fù bù rén 为富：想发财致富。不仁：没有好心肠。想发财致富的剥削者绝不会有好心肠。

【为鬼为蜮】 wéi guǐ wéi yù 蜮：传说中能含沙射影暗中害人的动物。比喻用心险恶，暗中害人。

【为期不远】 wéi qī bù yuǎn 为：作为。期：预定的日子。指快到规定或算定的日子。〔例〕新车间离正式投产已～，工人们正进行最后一次设备检查。

【为裘为箕】 wéi qiú wéi jī 裘：皮衣。箕：簸箕。《礼记·学记》："良冶之子必学为裘，良弓之子必学为箕。"意思是铁匠的儿子能学会做皮衣，弓匠的儿子能学会做簸箕。后用"为裘为箕"比喻子承父业。

【为所欲为】 wéi suǒ yù wéi 为：做。欲：想，要。想干什么就干什么（多指干坏事）。

【违法乱纪】 wéi fǎ luàn jì 违犯法令，破坏纲纪。

【围城打援】 wéi chéng dǎ yuán 援：援兵。指一种战术。进攻的一方以部分兵力包围据守城镇（据点）的敌人，诱使敌人从其他地方派兵援救，然后以事先部署好的主力部队来歼灭敌人的援军。

【围魏救赵】 wéi wèi jiù zhào 《史记·孙子吴起列传》记载，战国时，魏国围攻赵国的都城邯郸，赵国向齐国求救。齐王命令田忌、孙膑带兵去救赵国。孙膑考虑到魏国的精锐部队出征在赵国，内部空虚，就带兵攻打魏国本土，迫使魏国把军队撤回，趁魏军回师疲惫，在中途予以截击，把魏军打得大败，从而解了邯郸之围，救了赵国。后用"围魏救赵"指袭击敌人后方的据点以迫使进攻之敌撤退的战术。

【唯利是图】 wéi lì shì tú 唯：又写作"惟"，仅，只。是：复

指代词,指代前面的"利"。图:贪图。只要有利就去追求。〔例〕1. 经商者则～。2. 他是一个～的小人,常干出损人利己的事。

【唯命是从】 wéi mìng shì cóng　命:命令。是:复指代词,指代前面的名词"命"。从:听从。是命令就服从,不敢有半点违抗。又作"唯命是听"。听:听从。

【唯命是听】 wéi mìng shì tīng　见"唯命是从"(本页)。

【唯唯诺诺】 wéi wéi nuò nuò　唯、诺:表示同意的答话声,类似现在口语中的"唉(āi)""欸(ě)"等。形容自己没有主意,一味附和,恭顺听从的样子。〔例〕我们需要的是勇于实践、敢于创新的青年,不需要那种～、无所作为的人。

【唯我独尊】 wéi wǒ dú zūn　唯:又写作"惟",只有。尊:高贵。认为只有自己最了不起。形容极端自高自大。

【惟妙惟肖】 wéi miào wéi xiào　惟:古汉语助词。妙:好。肖:相像。形容艺术技巧好,描写、模仿得非常逼真。〔例〕这个相声演员模仿京剧梅派的唱腔,简直是～。〔注意〕"肖"不读 xiāo。

【尾大不掉】 wěi dà bù diào　掉:摆动。《左传·昭公十一年》:"末大必折,尾大不掉,君所知也。"尾巴太大,掉转不灵。旧时比喻部下的势力强大,无法指挥调度。后比喻机构庞大,指挥不灵。

【委曲求全】 wěi qū qiú quán　委曲:委屈。勉强迁就,以求保全。〔例〕在原则性问题上必须据理力争,不能～。

【娓娓动听】 wěi wěi dòng tīng　娓娓:说话连续不倦的样子。形容善于讲话,使人喜欢听。〔例〕阿姨给孩子们讲狼外婆的故事,讲得～,孩子们都听得出神了。

【娓娓而谈】wěi wěi ér tán　连续不倦地谈论着。〔例〕老王回忆起他在林场的生活,～,使我们没有去过的年轻人也非常向往。

【萎靡不振】wěi mǐ bù zhèn　萎:又写作"委"。萎靡:精神颓丧,不振作。形容意志消沉。

【为丛驱雀】wèi cóng qū què　比喻不会团结人,把一些本来可以团结过来的人赶到敌对方面去。参见"为渊驱鱼"(本页)。

【为虎傅翼】wèi hǔ fù yì　傅:添加。翼:音意,翅膀。替老虎加上翅膀。比喻帮助坏人,增加恶人的势力。又作"为虎添翼"。

【为虎添翼】wèi hǔ tiān yì　见"为虎傅翼"(本页)。

【为虎作伥】wèi hǔ zuò chāng　伥:音昌,旧时迷信传说,被老虎咬死的人变成鬼,又去引诱别人来让老虎吃,这种鬼叫作"伥"。比喻充当恶人的帮凶。

【为人作嫁】wèi rén zuò jià　唐朝秦韬玉《贫女》诗:"苦恨年年压金线,为他人作嫁衣裳。"原意是说穷苦人家的女儿没有钱置备嫁衣,却每年辛辛苦苦地用金线刺绣,给别人做嫁衣。比喻空为别人辛苦。〔例〕1.　"卖油的娘子水梳头",这个谚语生动地反映了古代劳动人民辛辛苦苦～的悲惨生活。2.　有人认为,编辑工作就是～,其实大可不必贬低自己的价值和贡献。

【为渊驱鱼】wèi yuān qū yú　渊:深水。驱:赶。《孟子·离娄上》:"为渊驱鱼者,獭也。为丛驱爵(同雀)者,鹯也。"(獭:音塔,水獭。丛:树林。鹯:音毡,鸟名,鹰类。)意思是说,把鱼赶到深水池去的是水獭,把鸟赶到树林去的是鹰。

原比喻残暴的统治迫使自己一方的百姓投向敌方。后多比喻不会团结人，把一些本来可以团结过来的人赶到敌对方面去。〔注意〕"为"不读 wéi。

【未卜先知】 wèi bǔ xiān zhī　卜：占卜，算卦，测知未来的吉凶祸福，这是一种迷信行为。没有占卜便能事先知道。形容有预见。〔例〕她好像～似的，料定这件事会有这样的结局。

【未可厚非】 wèi kě hòu fēi　未可：不可。厚：过分。非：责备。不能过分责备。指说话做事虽有缺点，但还有可取之处，应予谅解。

【未老先衰】 wèi lǎo xiān shuāi　衰：衰老。年纪还不大就衰老了。多指由于精神或体力负担过重而导致过早衰老。

【未雨绸缪】 wèi yǔ chóu móu　缪：音谋。绸缪：缠绕。《诗经·豳(bīn)风·鸱鸮》："迨天之未阴雨，彻彼桑土，绸缪牖户。"(迨：音代，等到。彻：剥。土：同"杜"，树根。牖：音友，窗户。)意思是说，在下雨以前，把桑树根的皮剥出来捆好门窗。比喻事先做好准备工作。〔例〕各单位应当～，在春汛到来以前做好防洪的准备工作。〔注意〕"缪"不读 miù。

【味同嚼蜡】 wèi tóng jiáo là　嚼：咀嚼。像吃蜡一样，没有一点味儿。形容语言或文章枯燥无味。〔例〕这篇文章空话连篇，叫人看起来～。

【畏首畏尾】 wèi shǒu wèi wěi　畏：畏惧，害怕。前也怕，后也怕。比喻做事胆子小，顾虑多。〔例〕青年人应当敢于创新，敢于实践，而不应当～，缩手缩脚。

【畏缩不前】 wèi suō bù qián　畏惧退缩，不敢前进。又作"畏葸不前"。葸：音喜，害怕。

【畏葸不前】 wèi xǐ bù qián 见"畏缩不前"(383页)。

【猬结蚁聚】 wèi jié yǐ jù 猬:刺猬。像刺猬毛那样丛集、像蚂蚁那样成群。比喻很多人集结在一起。

【蔚成风气】 wèi chéng fēng qì 见"蔚然成风"(本页)。

【蔚然成风】 wèi rán chéng fēng 蔚然:草木茂盛的样子。指一件事情逐渐发展盛行,形成一种良好风气。

【蔚为大观】 wèi wéi dà guān 蔚:草木茂盛。大观:盛大的景象。形容事物美好繁多,给人一种盛大的印象。〔例〕广州交易会上的商品,丰富多彩,～。

【温故知新】 wēn gù zhī xīn 温:温习。故:旧。温习旧的知识,得到新的理解和体会。也指回忆过去,能更好地认识现在。

【温良恭俭让】 wēn liáng gōng jiǎn ràng 语出《论语·学而》。意思是温和、善良、恭敬、节制、忍让。这原是儒家提倡的待人接物的准则。后也形容态度温和谦恭而没有锋芒。

【温情脉脉】 wēn qíng mò mò 温情:温柔的感情。脉脉:音陌陌,默默地用眼神表达情意。形容感情默默流露的样子。〔注意〕"脉"不读 mài。

【温柔敦厚】 wēn róu dūn hòu 温:温柔。柔:柔和。敦:诚恳。厚:厚道。原指态度温和,朴实厚道。后也泛指待人温和宽厚。

【温文尔雅】 wēn wén ěr yǎ 温:温和而有礼貌。尔雅:文雅。形容人态度温和,举止文雅。

【文不对题】 wén bù duì tí 指文章的内容和题目不相关。也指谈话、发言与主题无关。〔例〕这篇文章东拉西扯,

～。

【文不加点】 wén bù jiā diǎn　点：修改。文章一气写成，无须修改。形容文思敏捷，写作技巧纯熟。〔例〕李先生的文章向来是～，一挥而就。

【文采风流】 wén cǎi fēng liú　文采：才华。风流：遗风，流风余韵。形容才华横溢。

【文从字顺】 wén cóng zì shùn　从、顺：通顺。指文章通顺。〔例〕他原先识字不多，经过几年的努力，已经能写出～内容丰富的文章了。

【文过饰非】 wén guò shì fēi　饰：音是。文、饰：掩饰。过、非：错误。用漂亮的言词掩饰自己的过失和错误。〔例〕犯了错误不改，反而～，那样会犯更大的错误。

【文江学海】 wén jiāng xué hǎi　文章和学问像长江或大海。形容文章和学问丰富渊博。

【文情并茂】 wén qíng bìng mào　文：文采。情：感情。指文章文采和感情兼备。〔例〕他的文章向来～，读来引人入胜。

【文人相轻】 wén rén xiāng qīng　文人：指读书人。轻：轻视，瞧不起。指文人之间互相看不起。

【文如其人】 wén rú qí rén　指文章的风格同作者的性格特点相似。〔例〕俗话说～，他的文章活泼热情，就像他的为人。

【文山会海】 wén shān huì hǎi　文件多得像山，会议多得像海。形容冗务泛滥成灾。〔例〕机关工作作风整顿以后，再也不用整天陷入～中了。

【文恬武嬉】 wén tián wǔ xī　文：文官。恬：音甜，安适。

武：武将。嬉：游戏，玩乐。唐朝韩愈《平淮西碑》："相臣将臣，文恬武嬉。"文官安闲自得，武官游荡玩乐。是指官吏只知贪图安逸享受，吃喝玩乐。〔注意〕"嬉"不能读作 xǐ。

【文武双全】wén wǔ shuāng quán　形容人能文能武，智勇双全。

【文武之道，一张一弛】wén wǔ zhī dào, yī zhāng yī chí　见"一张一弛"（451页）。

【文以载道】wén yǐ zài dào　文：文章。载：装载。宋周敦颐《通书·文辞》："文，所以载道也。"意思是文章是用来说明道理的。〔注意〕"载"不读 zǎi。

【文质彬彬】wén zhì bīn bīn　文：文采。质：实质，引申为质朴。彬彬：指文和质配合适当。形容人文雅有礼貌。〔例〕别看他～的样子，干起活来可像个小老虎。

【闻风而起】wén fēng ér qǐ　闻：听到。风：风声，消息。一听到风声，就立刻起来响应。〔例〕明末农民起义领袖李自成提出"均田""免赋"的口号，各地农民～，纷纷响应。

【闻风丧胆】wén fēng sàng dǎn　丧胆：吓破了胆。听到风声，就吓得丧失了勇气。

【闻过则喜】wén guò zé xǐ　过：过失，错误。则：就。听到别人批评自己的缺点或错误，表示欢迎和高兴。指虚心接受意见。

【闻鸡起舞】wén jī qǐ wǔ　闻：听到。《晋书·祖逖传》中说，祖逖和刘琨立志为国家效力，互相勉励，夜里听到鸡叫就起床舞剑，刻苦练武。后用"闻鸡起舞"比喻有志为国效力的人及时奋发。

【闻所未闻】wén suǒ wèi wén　听到了从来没有听到过

的事。形容事物新奇罕见。〔例〕这次我出国访问，接触许多见所未见、～的事，长了不少见识。

【闻一知十】 wén yī zhī shí　闻：听到。听到一点就能推知许多。后用以形容非常聪明，善于类推。

【稳操胜券】 wěn cāo shèng quàn　操：持，握。券：凭证。比喻有充分的把握取胜。

【稳如泰山】 wěn rú tài shān　见"安如泰山"(2页)。

【稳扎稳打】 wěn zhā wěn dǎ　扎：扎营。本指打仗时步步设营，采取稳妥的办法打击敌人。现比喻做事稳妥而有把握。〔例〕工作中还是需要～的作风，不可操之过急。

【问道于盲】 wèn dào yú máng　盲：瞎子。向瞎子问路。比喻向什么也不懂的人请教，不解决问题。

【问心无愧】 wèn xīn wú kuì　愧：惭愧。扪心自问，毫无惭愧的地方。〔例〕只要你自己做事～，别的也不用去管了。

【瓮牖绳枢】 wèng yǒu shéng shū　瓮：坛子。牖：窗户。枢：门轴。用坛子口做窗户，用绳做门轴。形容家境贫寒。

【瓮中之鳖】 wèng zhōng zhī biē　瓮：大坛子。鳖：甲鱼，俗称"王八"。比喻已在掌握之中、逃跑不了的东西(多指敌人)。〔例〕等我军控制了全部制高点和山口，敌人就成了～。

【瓮中捉鳖】 wèng zhōng zhuō biē　从大坛子里捉王八。比喻想要捕捉的对象已在掌握之中。形容手到就能擒来，轻易而有把握。〔例〕辽沈战役中，我军首先攻克锦州，切断东北敌人的逃路，造成关门打狗、～的局面。

【蜗行牛步】 wō xíng niú bù　像蜗牛爬行，像老牛慢步。比喻行动迟缓，速度极慢。〔例〕为了赶上世界先进水平，必须加快改革步伐，那种～的作风是不行的。

【我行我素】 wǒ xíng wǒ sù　素:平素的,本来的。不管人家怎样说,仍旧按照自己平素的一套去做。〔例〕他做事主观,又不肯接受同事意见,～,终于给工作造成了极大的损失。

【卧薪尝胆】 wò xīn cháng dǎn　薪:柴草。春秋时代,越国被吴国打败,越王勾践立志要报仇。他为了使自己不因生活安乐而忘记耻辱,夜间睡在柴草上,并在住处悬挂着苦胆,吃饭睡觉之前经常尝尝那胆的苦味,以激励自己的斗志。经过长期准备,越国终于打败吴国。后用"卧薪尝胆"形容人刻苦自励,发奋图强。

【握手言欢】 wò shǒu yán huān　握手谈笑。多形容发生不和,以后又和好。

【乌合之众】 wū hé zhī zhòng　乌合:像乌鸦似地聚在一起。比喻临时杂凑的、毫无组织纪律的一群人。〔例〕这伙敌军是～,不堪一击。

【乌七八糟】 wū qī bā zāo　形容十分杂乱。

【乌烟瘴气】 wū yān zhàng qì　瘴气:南方山林中的湿热空气,从前认为是瘴疠的病源。比喻环境嘈杂、秩序混乱或社会黑暗。

【污泥浊水】 wū ní zhuó shuǐ　比喻一切落后、腐朽和反动的东西。

【呜呼哀哉】 wū hū āi zāi　旧时祭文中常用的表示对死者哀悼的语句,意思是"唉!伤心啊!"后用以指死亡或完蛋(多用于坏人,有讽刺的意味)。

【无病呻吟】 wú bìng shēn yín　呻吟:病痛时哼哼。没病瞎哼哼。比喻没有值得忧伤的事情而叹息感慨。也比喻文艺作品没有真实感情,装腔作势。〔例〕作家如果脱离生活、脱离群众,就往往思想空虚,写出作品也是～。

【无病自灸】 wú bìng zì jiǔ 灸:中医的一种治疗方法,用燃烧的艾绒熏烤一定的穴位。没病却用艾绒熏烤。形容自寻痛苦或烦恼。

【无耻之尤】 wú chǐ zhī yóu 尤:特别突出的。形容无耻到了极点。

【无出其右】 wú chū qí yòu 出:超过。右:古代以右为上位。没有能超过他的。

【无敌于天下】 wú dí yú tiān xià 天下:指全世界。全世界都没有敌手。

【无地自容】 wú dì zì róng 容:容纳。没有地方可以让自己容身。形容非常羞愧。

【无的放矢】 wú dì fàng shǐ 的:靶子。矢:箭。没有目标乱射箭。比喻说话做事没有明确目的,或不切合实际。

【无冬无夏】 wú dōng wú xià 不管冬天夏天。《诗经·陈风·宛丘》:"无冬无夏,值其鹭羽。"形容一年四季不分寒暑,从不间断。〔例〕为了商场的货源,他～地在外面采购。

【无动于中】 wú dòng yú zhōng 见"无动于衷"(本页)。

【无动于衷】 wú dòng yú zhōng 衷:内心。心里一点也没有触动。〔例〕不管父母怎样苦口婆心地劝说,他都～,一副不撞南墙不回头的样子。又作"无动于中"。

【无独有偶】 wú dú yǒu ǒu 独:一个。偶:一对。不只一个,竟然还有配对的(多用于贬义)。

【无恶不作】 wú è bù zuò 恶:坏事。没有哪样坏事不干的。指干尽了坏事。〔例〕他这个人游手好闲，～，民愤极大。

【无法无天】 wú fǎ wú tiān　原指不顾国法和天理,任意干坏事。后多形容违法乱纪,不受管束。

【无风不起浪】 wú fēng bù qǐ làng　比喻事情发生,总有个原因。

【无风起浪】 wú fēng qǐ làng　比喻平白无故地生出事来。有故意制造事端的意思。

【无功受禄】 wú gōng shòu lù　禄:古代官吏的薪俸。没有功劳而得到优厚的待遇。〔例〕这个科研项目,我没有实际参加,不能～。

【无关大局】 wú guān dà jú　关:关系。大局:全局。对全局没有关系或影响。比喻不重要或没关系。又作"无关大体"。

【无关大体】 wú guān dà tǐ　见"无关大局"(本页)。

【无关宏旨】 wú guān hóng zhǐ　宏:大。旨:意旨,意思。和主要的意思无关。指意义不大或关系不大。〔例〕粗心大意可不是～的小事,它常常可以影响一个人的事业。

【无关痛痒】 wú guān tòng yǎng　痛痒:比喻切身相关的事。指与自身利害没有关系。又作"不关痛痒"。

【无官一身轻】 wú guān yī shēn qīng　不做官了,感到一身轻松。旧时官吏去官以后常用这话来自我安慰。后也泛指卸去责任后一时感到轻松。

【无稽之谈】 wú jī zhī tán　稽:音机,查考。没有根据的说法。

【无济于事】 wú jì yú shì　济:有益。对事情没有什么帮助。比喻不解决问题。〔例〕这块地里的虫子特别多，一架喷雾器根本～。

【无坚不摧】 wú jiān bù cuī 形容力量非常强大，没有什么坚固的东西不能摧毁。〔例〕中国人民解放军是一支～的英雄军队。

【无精打采】 wú jīng dǎ cǎi 精：精神。打：打消。采：兴致。形容精神不振，提不起劲头。又作"没精打采"。

【无拘无束】 wú jū wú shù 拘：限制。束：约束。没有任何限制约束。形容自由自在。

【无可比拟】 wú kě bǐ nǐ 比拟：相比。没有可以相比的。

【无可非议】 wú kě fēi yì 非议：批评指责。没有什么可以指责的。〔例〕广大读者要求科普读物不仅内容科学严谨，而且文字浅白易懂，这是～的。

【无可厚非】 wú kě hòu fēi 厚：过分。非：非难，责备。指不可以过分责备。

【无可讳言】 wú kě huì yán 讳言：有顾忌，不敢或不愿说。没有什么不可以直说的。指可以坦率地说。又作"无庸讳言"。

【无可奈何】 wú kě nài hé 奈何：怎么办。指感到没有办法。

【无可奈何花落去】 wú kě nài hé huā luò qù 对春花的凋落感到没有办法。语出宋朝晏殊《浣溪沙》词。形容留恋春景而又无法挽留的心情。后来泛指怀念已经消逝了的事物的惆怅心情。

【无可争辩】 wú kě zhēng biàn 没有什么可争辩的。表示确实无疑。〔例〕台湾自古就是中国领土的一部分，这是一个～的事实。

【无可置疑】 wú kě zhì yí　置疑:怀疑。事实明显或理由充足,没有什么可以怀疑的。〔例〕不管前进道路上会出现什么困难,我们都能克服,都能战胜,这是～的。又作"无庸置疑"。

【无孔不入】 wú kǒng bù rù　孔:小洞。比喻有空子就钻(含贬义)。

【无理取闹】 wú lǐ qǔ nào　毫无理由地跟人吵闹。指故意捣乱。

【无名小卒】 wú míng xiǎo zú　卒:士兵。比喻不出名、无关紧要的人。

【无名英雄】 wú míng yīng xióng　姓名不为世人所知的英雄人物。也泛指不计较个人得失,勤恳工作的人。〔例〕这里的工作人员,他们甘当～,把青春献给了祖国的国防事业。

【无能为力】 wú néng wéi lì　为力:使劲。用不上力量。指使不上劲或没有能力去做好某件事情、解决某个问题。

【无偏无党】 wú piān wú dǎng　偏:偏向。党:偏袒。办事公正,不偏袒任何一方。

【无穷无尽】 wú qióng wú jìn　穷:完了。没有止境,没有限度。〔例〕劳动人民拥有～的智慧。

【无人问津】 wú rén wèn jīn　津:渡口。没有人来询问渡口。晋代陶渊明《桃花源记》:"南阳刘子骥,高尚士也;闻之,欣然规往,未果,寻病终。后遂无问津者。"后用"无人问津"比喻没人过问,受到冷落。〔例〕这部小说出版以后,基本上～,寂寞地立在书店的架子上。

【无伤大体】 wú shāng dà tǐ　伤:妨害。对于事物的主要方面没有什么妨害。〔例〕这篇论文写得很出色,虽有一些以商榷的地方,但也～。

【无伤大雅】 wú shāng dà yǎ　伤:妨害。指虽有影响但对主要方面没有妨害。

【无声无臭】 wú shēng wú xiù　臭:音嗅,气味。没有声音,没有气味。比喻没有名声,不被人知道。〔例〕建筑这些古代宫殿的,都是～的匠人,但他们的劳动却给后人留下无价的精神财富。〔注意〕"臭"不读 chòu。

【无师自通】 wú shī zì tōng　指没有老师的指导,自己学会、通晓某种知识或技能。〔例〕他在音乐方面很有天分,好几种乐器都能～地鼓捣几下,而且像模像样的。

【无事不登三宝殿】 wú shì bù dēng sān bǎo diàn　三宝殿:泛指佛殿。比喻没事不上门。

【无事生非】 wú shì shēng fēi　无缘无故找岔子,存心制造麻烦。

【无私有弊】 wú sī yǒu bì　弊:欺诈行为。没有不轨行为,但却因所处的环境而受到怀疑。〔例〕这件事,本来与我无关,只是因为我当时在场,～,造成别人的猜疑。

【无所不包】 wú suǒ bù bāo　没有什么不被包括。形容包含的东西非常多。〔例〕写总结要突出重点,不要面面俱到,～。

【无所不为】 wú suǒ bù wéi　为:做。没有不干的事情。指什么坏事都干了。

【无所不用其极】 wú suǒ bù yòng qí jí　极:尽头,顶点。语出《礼记·大学》。原意是无处不用尽心力。后指做坏事时任何极端的手段都使出来。

【无所不至】 wú suǒ bù zhì　至:到。指没有不到的地方。

也指什么坏事都干得出。

【无所措手足】 wú suǒ cuò shǒu zú　措:安放。手脚没有地方放。形容没有办法,不知如何是好。〔例〕对新参加工作的同志要热情帮助,不要因为他们工作中的某些缺点错误而多所指责,使他们～。

【无所顾忌】 wú suǒ gù jì　没有任何顾虑。〔例〕他是一个性格直爽的人,说话办事～。

【无所事事】 wú suǒ shì shì　无:没有。事事:从事某种事情。闲着什么事都不干。

【无所适从】 wú suǒ shì cóng　适:往。从:跟随。不知听从哪一个好。指不知怎么办才好。〔例〕有人叫去,有人不叫去,弄得他～,不知道听谁的好。

【无所畏惧】 wú suǒ wèi jù　畏惧:害怕。没有什么可害怕的。〔例〕彻底的唯物主义者是～的。

【无所用心】 wú suǒ yòng xīn　用心:动脑筋。指不动脑筋,什么事情都不关心。参见"饱食终日"(12页)。

【无所作为】 wú suǒ zuò wéi　作为:做出成绩。指工作中安于现状,缺乏创造性。〔例〕青年人要勇于开拓,大胆创新,不应该满足现状,～。

【无往不利】 wú wǎng bù lì　所到之处,没有不顺利的。指处处行得通。〔例〕坚定地贯彻执行国家的各项政策法规,工作就能～。又作"无往而不利"。

【无往不胜】 wú wǎng bù shèng　无论到哪儿都胜利。〔例〕只有按照事物发展的客观规律办事,才能～。

【无往而不利】 wú wǎng ér bù lì　见"无往不利"(本页)。

【无妄之灾】 wú wàng zhī zāi　无妄:意外。语出《周易·无妄》。指平白无故地受到的灾祸或损害。

【无微不至】 wú wēi bù zhì　微:细微。至:到。形容关怀、照顾得非常细心周到。〔例〕弟弟求学的这几年,一直受到姐姐～的关怀。

【无隙可乘】 wú xì kě chéng　隙:空子。乘:趁,利用机会。没有空子可钻。

【无懈可击】 wú xiè kě jī　懈:松懈。击:攻击。没有一点弱点可以让人攻击。形容十分严密,找不到一点漏洞。〔例〕这篇文章观点正确,论证严密,逻辑性强,可以说是～。

【无依无靠】 wú yī wú kào　没有依靠。多指孤苦伶仃,无人照顾。〔例〕小明从小失去父母,～,是居委会张奶奶把他抚养大的。

【无以复加】 wú yǐ fù jiā　复:再。再也不能超过。指程度达到了顶点(多用于贬义)。

【无影无踪】 wú yǐng wú zōng　影:影子。踪:踪迹。形容完全消失,不知去向。

【无庸讳言】 wú yōng huì yán　见"无可讳言"(391 页)。

【无庸置疑】 wú yōng zhì yí　见"无可置疑"(392 页)。

【无庸赘述】 wú yōng zhuì shù　赘:音坠,多余的。述:讲述。用不着多说。〔例〕这个道理简单明了,～。

【无忧无虑】 wú yōu wú lǜ　没有任何忧虑。形容心情舒畅安然。〔例〕工作了几年再相聚,让她们回忆起那～的大学时代,不禁感慨万千。

【无与伦比】 wú yǔ lún bǐ　伦:类。指事物非常完美,没有能跟它相比的(专指正面的事物)。

【无缘无故】 wú yuán wú gù　缘:因由。没有任何理由。〔例〕她从不～接受别人的礼物。

【无源之水,无本之木】 wú yuán zhī shuǐ, wú běn zhī mù　源:水源。本:树根。没有源头的水,没有根的树。比喻没有基础的事物。〔例〕离开了生活,文艺创作就成了～。

【无中生有】 wú zhōng shēng yǒu　把没有的说成有。指凭空捏造。

【无足轻重】 wú zú qīng zhòng　足:足以。没有它并不轻些,有它也并不重些。指无关紧要。

【五彩缤纷】 wǔ cǎi bīn fēn　见"五色缤纷"(本页)。

【五方杂处】 wǔ fāng zá chǔ　五方:指东、南、西、北和中央。形容大城市的居民,从什么地方来的人都有。

【五光十色】 wǔ guāng shí sè　形容色泽鲜艳,花样繁多。〔例〕西沙群岛一带,海水显出种种色彩,一块块、一条条地交错着,～,非常美丽。

【五湖四海】 wǔ hú sì hǎi　指全国各地,有时也指世界各地。后有时也比喻广泛的团结。

【五花八门】 wǔ huā bā mén　原指五行阵和八门阵。这是古代两种战术变化很多的阵势。比喻变化多端或花样繁多。

【五内俱崩】 wǔ nèi jù bēng　五内:五脏。伤心得连内脏都破碎了。形容极度哀痛。

【五色缤纷】 wǔ sè bīn fēn　五色:各种颜色。缤纷:繁多而缭乱。指颜色繁多,非常好看。〔例〕国庆夜晚的焰火,从夜空中洒下～的星雨。又作"五彩缤纷"。

【五十步笑百步】 wǔ shí bù xiào bǎi bù 《孟子·梁惠王上》说,有两个打了败仗的士兵,退了五十步远的讥笑退了一百步的。比喻自己跟别人有同样的缺点错误,只是程度上轻一些,却毫无自知之明地去讥笑别人。

【五体投地】 wǔ tǐ tóu dì 两手、两膝和头一起着地。是佛教一种最恭敬的行礼仪式。比喻佩服到了极点(多含有诙谐或讽刺意味)。

【五颜六色】 wǔ yán liù sè 形容色彩繁多。也指各种各样。〔例〕商场里挂着～的衣裙。

【舞文弄墨】 wǔ wén nòng mò 舞、弄:玩弄,耍弄。形容玩弄文字技巧。

【勿谓言之不预也】 wù wèi yán zhī bù yù yě 勿谓:不要说。预:预先。不要说没有事先跟你说过。指把话说在前头。〔例〕这件事你们要负完全责任,一旦出现差错,绝不姑息,～。

【物换星移】 wù huàn xīng yí 物换:景物改变。星移:星辰变换位置。比喻时间的变化。参见"星移斗转"(417页)。

【物极必反】 wù jí bì fǎn 极:顶点。反:走向反面。事物发展到极点,会向相反的方面转化。

【物尽其用】 wù jìn qí yòng 尽:全部用出,指充分发挥。用:用处。各种东西凡有可用之处,都要尽量利用。指充分利用物资,一点不浪费。〔例〕这个工厂大搞综合利用,做到了变废为宝,～。

【物美价廉】 wù měi jià lián 见"价廉物美"(177页)。

【物伤其类】 wù shāng qí lèi 物:动物。伤:悲伤,感伤。

指见到同类死亡,联想到自己将来的下场而感到悲伤。比喻见到情况与自己相似的人的遭遇而感伤(多用于贬义)。

【物是人非】 wù shì rén fēi　景物依旧,人事已变。〔例〕看到这里熟悉的一草一木,想到岁月流逝,～,他的心里不觉有几分怅然。

【物以类聚】 wù yǐ lèi jù　同类的东西聚在一起。多比喻坏人彼此臭味相投,勾结在一起。常与"人以群分"连用。

【雾里看花】 wù lǐ kàn huā　唐朝杜甫《小寒食舟中作》诗:"春水船如天上坐,老年花似雾中看。"意思是年老眼花,看花像隔了一层雾一样。后用"雾里看花"比喻对事物看不真切。〔例〕作品虽然也有诗情画意,也不乏感人肺腑之言,但总像～,隐隐约约,隔着一层。

X

【息事宁人】 xī shì níng rén 息：平息。宁：安定。指调解纠纷，使事情平息下来，使人们平安相处。〔例〕原则问题应当辩论清楚，不能采取～的态度不了了之。

【息息相关】 xī xī xiāng guān 息：呼吸。呼吸相互关连。形容非常密切。

【悉听尊便】 xī tīng zūn biàn 悉：完全。听：听任。指任由对方想怎么做就怎么做。是"随你的便吧"的委婉说法。〔例〕道理我已经说过了，是去是留，～。

【惜墨如金】 xī mò rú jīn 惜：爱惜。爱惜墨就像金子一样。指不轻易动笔。

【稀奇古怪】 xī qí gǔ guài 稀：稀少。奇：新奇。古怪：生疏少见的。形容罕见而怪诞的事情。〔例〕他讲了一些～的事，使大家又诧异又觉得好笑。

【熙熙攘攘】 xī xī rǎng rǎng 熙：音希。熙熙：和乐的样子。攘：音嚷。攘攘：乱纷纷。形容人来人往，非常热闹拥挤。〔例〕周末的商业街上总是～，人头攒动。

【膝痒搔背】 xī yǎng sāo bèi 膝盖发痒，却去搔脊背。比喻处事不得当或不得要领。

【嬉皮笑脸】 xī pí xiào liǎn 形容嬉笑不严肃的样子。〔例〕回答老师的提问，要严肃认真，不能～的。

【习非成是】 xí fēi chéng shì 习：习惯。非：错误。是：正确。习惯于某种错误的做法或说法，反以为是对的。

【习惯成自然】 xí guàn chéng zì rán 习惯了以后就会形成一种很自然的事。〔例〕长期注意整洁、注意卫生，也就～了。

【习焉不察】 xí yān bù chá 习：对某事物常常接触而熟悉。焉：音烟，古汉语助词，相当于介词"于"加代词"是"。指经常接触某种事物，反而觉察不到其中存在的问题。

【习以为常】 xí yǐ wéi cháng 指某种事情经常去做，或某种现象经常看到，也就觉得很平常了。

【习与性成】 xí yǔ xìng chéng 习：习惯。性：性格。长期习惯于怎样，就会形成怎样的性格。有习惯成自然的意思。〔例〕他从小就不爱讲话，～，到现在也还是话不多。

【席不暇暖】 xí bù xiá nuǎn 席：坐席，坐垫。暇：音霞，空闲。连坐席还没有来得及坐热就起来了。形容很忙，多坐一会儿的时间都没有。

【席地幕天】 xí dì mù tiān 把地当作席子，把天当作帐幕。形容心胸开阔。后也用以形容野外生活的豪情。又作"幕天席地"。

【洗耳恭听】 xǐ ěr gōng tīng 洗干净耳朵恭恭敬敬听别人讲话。请人讲话时的客气话。指专心地听。〔例〕您有什么意见请说吧，我们～。

【洗心革面】 xǐ xīn gé miàn 洗心：指清除坏思想。革面：改变旧面貌。比喻彻底悔改。

【喜不自胜】 xǐ bù zì shèng 胜：禁受得住。高兴得自己都禁受不住。形容非常高兴。〔例〕听到被录取的消息，他

～,连忙打电话告诉自己的好朋友。

【喜出望外】 xǐ chū wàng wài　由于出乎意料的好事而非常高兴。〔例〕小张今天下午得到一张他盼望已久的足球票,真叫他～。

【喜怒哀乐】 xǐ nù āi lè　喜欢、愤怒、悲哀、快乐。指人内心各种不同的感情。〔例〕她在歌声里倾注了自己的～,因而唱得特别有感情。

【喜怒无常】 xǐ nù wú cháng　无常:变化不定。一会儿高兴,一会儿生气,情绪不稳定。

【喜闻乐见】 xǐ wén lè jiàn　闻:听。喜欢听,乐意看。指很欢迎。

【喜笑颜开】 xǐ xiào yán kāi　颜:脸色。开:舒展。形容心里高兴,满面笑容。〔例〕农民看着金黄色的麦田～,庆贺今年又是一个丰收年。

【喜新厌旧】 xǐ xīn yàn jiù　喜欢新的,厌弃旧的。多指对爱情不专一。

【喜形于色】 xǐ xíng yú sè　形:表露。色:脸色。内心的喜悦表现在脸上。形容抑制不住内心的喜悦。〔例〕看你今天～,大概有什么好事吧?

【喜逐颜开】 xǐ zhú yán kāi　见"笑逐颜开"(410页)。

【细水长流】 xì shuǐ cháng liú　比喻节约使用财物,使经常不缺用。也比喻一点一滴不间断地做某件事。〔例〕1. 家庭开支要有计划,～,才能过好日子。2. 他每天跟随广播电台学英语一小时,～,一年来已经学完了初级班的课程。

【细枝末节】 xì zhī mò jié　细:细小的。末节:小节。比喻事情或问题的细小而无关紧要的部分。

【虾兵蟹将】 xiā bīng xiè jiàng　古代神怪小说里海龙王手下的兵将。比喻敌人的爪牙或不中用的大小喽啰。〔例〕京剧《打渔杀家》里,渔霸家的教师爷被萧恩打倒在地,他手下的～见势不妙,一哄而散。

【狭路相逢】 xiá lù xiāng féng　狭:窄。汉朝乐府诗《相逢行》:"相逢狭路间,道隘不容车。"意思是在很窄的路上相遇,没有地方可让。后多用来指仇人相见,彼此都不肯轻易放过。

【遐迩闻名】 xiá ěr wén míng　遐:音霞,远。迩:音耳,近。形容名声很大,远近都知道。〔例〕江西景德镇的瓷器质地优良,工艺精美,一向～。

【瑕不掩瑜】 xiá bù yǎn yú　瑕:音霞,玉上的斑点。瑜:音于,玉的光彩。比喻缺点掩盖不了优点,缺点是次要的,优点是主要的。〔例〕～,画面结构虽然有些拘束,仍然不失为一幅名作。

【瑕瑜互见】 xiá yú hù jiàn　比喻缺点、优点都有(多指文章)。〔例〕这部小说虽有不足的地方,但也不能完全否定,可以说是～吧。

【下笔成章】 xià bǐ chéng zhāng　章:文章。一动笔就能写成文章。形容文思敏捷。

【下不为例】 xià bù wéi lì　下:下一次。例:先例。只此一次,下次不能再以此为例。表示只通融这一次。〔例〕这次算了,～,以后不能再这样做了。

【下车伊始】 xià chē yī shǐ　下车:旧指新官到任。伊:音衣,古汉语助词。伊始:开始。旧指新官刚到任。现比喻干部刚到一个地方。〔例〕不熟悉情况,不调查研究,～,就发号施令，这样做工作没有不碰钉子的。

【下里巴人】 xià lǐ bā rén　原指战国时代楚国民间流行的一种歌曲。比喻通俗的文学艺术。经常和"阳春白雪"对举使用。

【下马看花】 xià mǎ kàn huā　比喻停下来，深入实际，认真调查研究。〔例〕这次到农村去算是～，住了一段时间做了一点调查，向农民学到了一点有益的经验。参见"走马看花"（510页）。

【仙风道骨】 xiān fēng dào gǔ　仙人的风采，得道者的气度。形容人的风度神采清丽脱俗。也形容书法等气韵飘逸洒脱。

【先睹为快】 xiān dǔ wéi kuài　睹：看见。以能尽先看到为快乐（多指文学作品）。

【先发制人】 xiān fā zhì rén　指争取主动，先动手来制服对方。〔例〕这一仗取得胜利的原因之一，是我们～，一下子占据了有利的制高点。

【先见之明】 xiān jiàn zhī míng　明：指能力。事先看清问题的能力。指对事物发展的预见性。

【先礼后兵】 xiān lǐ hòu bīng　礼：礼貌。兵：兵器，引申为动用武力。先按通常的礼节同对方交涉，如果行不通，再用武力或其他强硬手段解决。〔例〕平津战役中，为了保护天津人民的生命财产，我军～，劝告守敌接受和平解决，在敌人拒绝投降以后才发起进攻。

【先人后己】 xiān rén hòu jǐ　《礼记·坊记》："君子贵人而贱己，先人而后己，则民作让。"意思是遇事先为别人着想，然后考虑自己。后用"先人后己"指优先考虑他人利益。

【先入为主】xiān rù wéi zhǔ　指先听进去的话或先获得的印象往往在头脑中占有主导地位，以后再遇到不同的意见时，就不容易接受。

【先入之见】xiān rù zhī jiàn　指在对某事物进行调查研究之前就形成或接受的看法。指成见。

【先声夺人】xiān shēng duó rén　声：声势。夺人：指动摇人心。先张扬自己的声势以压倒对方。也比喻做事抢先一步。〔例〕球赛开始后，客队～，一上来就猛打猛冲，打得主队一时不知所措。

【先天不足】xiān tiān bù zú　先天：中医指人或动物在母腹中的孕育时期，与"后天"（生下来以后）相对。原指人或动物生下来体质就不好。后也指事物的根基差。

【先斩后奏】xiān zhǎn hòu zòu　斩：杀头，旧时的一种死刑。奏：封建时代臣子对皇帝说话或上书。原指臣子先把人处决了，然后再报告帝王。后比喻未经请示就先做了某事，造成既成事实，然后再向上级报告。

【纤芥之疾】xiān jiè zhī jí　纤芥：细微。比喻不必在意的小毛病。参见"癣疥之疾"（424页）。

【掀风鼓浪】xiān fēng gǔ làng　见"兴风作浪"（417页）。

【闲情逸致】xián qíng yì zhì　逸：安闲。致：兴致。指悠闲的心情和安逸的兴致。〔例〕这些天大家都在紧张地工作着，谁还有～去钓鱼呢！

【闲言碎语】xián yán suì yǔ　指在人背后说长道短、搬弄是非的闲话。

【弦外之音】xián wài zhī yīn　弦：乐器上发音的丝线。比喻言外之意，即在话里间接透露，而不是明说出来的意思。

〔注意〕"弦"不能读作 xuán。

【衔尾相随】 xián wěi xiāng suí　衔:音咸,马嚼子。尾:马的尾巴。马嚼子接着马尾巴。形容一个紧接着一个,成单行前进。〔例〕一只只骆驼～,排成长长的一列在沙漠中缓慢前进。

【显而易见】 xiǎn ér yì jiàn　事情或道理非常明显,极容易看清楚。

【显山露水】 xiǎn shān lù shuǐ　比喻显露才能,表现自己(一般用于否定式)。〔例〕越有真才实学的人,越不～。

【险象环生】 xiǎn xiàng huán shēng　环生:像连环套一样一个接一个地发生。形容危险的情况连续不断地出现。〔例〕这场比赛真是～,不打到最后一刻简直决不出胜负。

【鲜为人知】 xiǎn wèi rén zhī　鲜:少。为:被。很少被人知道。〔例〕那件事过去多年了,一直～。

【现身说法】 xiàn shēn shuō fǎ　指以亲身经历和体验为例来说明某种道理。

【相安无事】 xiāng ān wú shì　安:安定,平安。指彼此相处没有什么争执或冲突,还过得去。

【相得益彰】 xiāng dé yì zhāng　益:更加。彰:明显。指两个人或两件事物互相配合,双方的能力和作用更能显示出来。〔例〕小高的男中音和老杨的手风琴的伴奏～,更富有艺术感染力。

【相反相成】 xiāng fǎn xiāng chéng　相反:指两个事物相排斥,相对立。相成:指对立的事物互相依赖,互相促成。两个看起来是相反的事物,实际上是互相依赖,互相促成的。指相反的东西有同一性。〔例〕战争与和平是～的,战争在一定条件下可以转化成和平,和平在一定条件下也可以转化成战争。

【相辅相成】 *xiāng fǔ xiāng chéng* 辅:辅助,帮助。指两件事物互相配合,互相辅助,缺一不可。

【相煎何急】 *xiāng jiān hé jí* 煎:煮。煮得为什么那样急。比喻兄弟间自相残害。参见"煮豆燃萁"(501页)。

【相见恨晚】 *xiāng jiàn hèn wǎn* 恨:遗憾。指遗憾没有早日相见。形容一见如故,情投意合。〔例〕两个人聊得十分投机,大有~之感慨。

【相敬如宾】 *xiāng jìng rú bīn* 《左传·僖公三十三年》:"其妻馌之,敬,相待如宾。"(馌:音业 yè,给在田里耕作的人送饭。)意思是互相敬重,像对待宾客一样。后用"相敬如宾"形容夫妻互相敬重,平等相待。〔例〕老两口一辈子和和睦睦,~,脸都没红过。

【相去无几】 *xiāng qù wú jǐ* 相去:相距。无几:没有多少。指二者距离不远或差别不大。〔例〕这两种花布价格~,质量差别却很大。

【相忍为国】 *xiāng rěn wèi guó* 忍:容忍。为了国家的利益而作一定的让步。

【相濡以沫】 *xiāng rú yǐ mò* 濡:沾湿。沫:唾沫。《庄子·大宗师》:"泉涸,鱼相与处于陆,相呴以湿,相濡以沫。"意思是泉水干枯了,鱼就吐沫用来互相沾湿。后用以比喻在困难中用微薄的力量互相帮助。

【相视莫逆】 *xiāng shì mò nì* 《庄子·大宗师》里说,子祀、子舆、子犁、子来四个人相互说:"谁能把'无'当作头,把'生'当作脊梁,把'死'当作尻骨,谁能知道生死存亡是一体的，我们就和他做朋友。"四人相视而笑，内心相契，就一同做了朋友。后用"相视莫逆"形容情投意合、友谊深厚。

【相提并论】xiāng tí bìng lùn　把两个人或两件事放在一起谈论或看待(多用于否定句)。

【相形见绌】xiāng xíng jiàn chù　形:对照，比较。绌:音触，不够，不足。和同类的事物相比较，显出不足。〔例〕一队的人力已是够强的了，可跟二队一比，就有点～。〔注意〕"绌"不能读作 zhuō。

【相形失色】xiāng xíng shī sè　失色:失去光彩。和同类的事物相比较，显得大大不如。

【相依为命】xiāng yī wéi mìng　互相依靠着过日子。泛指互相依靠，谁也离不开谁。〔例〕丈夫去世后，她们母女二人～，过着极其艰难的日子。

【相映成趣】xiāng yìng chéng qù　相映:对照，衬托。趣:兴味，趣味。相互衬托着，显得很有趣味，很有意思。〔例〕草木浓绿一片，点缀着三两朵红花，～。

【降龙伏虎】xiáng lóng fú hǔ　降:降伏。伏:制伏。比喻有极大能力，能够战胜很强的对手或克服很大的困难。〔例〕青年突击队员们真是～的能手，他们迅速凿通了花岗岩的山头，保证了水渠工程的如期完成。

【响彻云霄】xiǎng chè yún xiāo　彻:透过。云霄:指高空。形容声音响亮，好像可以穿过云层，直达高空。〔例〕广场上欢呼声和口号声～。

【响遏行云】xiǎng è xíng yún　遏:阻止。形容歌声嘹亮，高入云霄，连浮动着的云彩也被止住了。〔例〕《黄河大合唱》～的歌声，总是能激起人们的爱国热情。

【想入非非】 xiǎng rù fēi fēi　非非：出于佛经，指虚幻的境界。想到非常玄妙虚幻的地方去了。形容完全脱离现实地胡思乱想。〔例〕根据能量守恒定律来看，要发明一个不用动力的永动机简直是～。

【向壁虚构】 xiàng bì xū gòu　见"向壁虚造"（本页）。

【向壁虚造】 xiàng bì xū zào　向：对着。壁：墙壁。虚：凭空。造：捏造。汉朝许慎《说文解字·序》说，一般人都以为汉初从孔子旧居墙壁里发现的古文经书，是某些人故意改变正体字，"乡壁虚造"（乡：同"向"），即对着墙壁，凭空造出来的。比喻不根据事实而凭空捏造。又作"向壁虚构"。

【向隅而泣】 xiàng yú ér qì　隅：墙角。泣：哭。一个人面对墙角哭泣。形容没有人理睬，非常孤立，只能绝望地哭泣。〔例〕历史上有多少个人野心家在他们失败之后成了～的可怜虫！〔注意〕"隅"不能读作 ǒu。

【项背相望】 xiàng bèi xiāng wàng　项：颈项。背：脊背。《后汉书·左雄传》："监司项背相望。"意思是前后相顾。后用来形容人多，连续不断。

【项庄舞剑，意在沛公】 xiàng zhuāng wǔ jiàn, yì zài pèi gōng　项庄：人名，项羽手下的武将。沛：音佩。沛公：刘邦。《史记·项羽本纪》中说，刘邦和项羽在鸿门会见，项羽的谋士范增想除掉刘邦，就让项庄在酒宴上舞剑，乘机杀死刘邦。刘邦的谋士张良说："今者项庄拔剑舞，其意常在沛公也。"比喻说话和行动的真实意图别有所指。

【相风使帆】 xiàng fēng shǐ fān　相：看。见"见风使舵"（180页）。

【相机而动】 xiàng jī ér dòng　相：观察。机：时机，机会。

动:动作,行动。观察时机,看到适当机会立即行动。〔注意〕"相"不读 xiāng。

【相机行事】 xiàng jī xíng shì 行:做,办。观察时机,看具体情况灵活办事。〔注意〕"相"不读 xiāng。

【象牙之塔】 xiàng yá zhī tǎ 指主张"为艺术而艺术"的文艺家脱离社会现实的个人幻想的艺术境界。也比喻脱离现实生活的知识分子的小天地。〔例〕一个作家,如果把自己关进~,不去接触现实的广阔社会,就不可能写出伟大的作品。

【像煞有介事】 xiàng shà yǒu jiè shì 煞:极。介:那样。苏州、上海一带的方言。指装模作样,活像真有那么一回事似的。又简作"煞有介事"。

【逍遥法外】 xiāo yáo fǎ wài 逍遥:安闲自在,不受拘束。指犯法的人没有受到法律制裁,仍然自由自在。〔例〕对破坏社会治安的犯罪分子要严厉惩处,不能让他们~。

【逍遥自在】 xiāo yáo zì zài 无拘无束,安闲自得。

【萧规曹随】 xiāo guī cáo suí 西汉初年,萧何、曹参先后做丞相,萧何制定的一套法规政令,曹参完全继承下来,遵照执行。后用"萧规曹随"比喻后人完全按照前人的成规办事。

【销声匿迹】 xiāo shēng nì jì 销:去掉。销声:不公开讲话。匿:音逆,隐藏。匿迹:不露行踪。指隐藏起来或不公开露面。

【霄壤之别】 xiāo rǎng zhī bié 见"天壤之别"(356 页)。

【小肚鸡肠】 xiǎo dù jī cháng 比喻器量小,心胸狭窄。〔例〕跟她那种~的人,犯不着计较。

【小恩小惠】 xiǎo ēn xiǎo huì 为了收买人心而给人以小

的好处。

【小巧玲珑】 xiǎo qiǎo líng lóng　小巧:细小而灵巧。玲珑:精巧细致。形容东西小而精致。〔例〕工艺美术展览会上展出的几件翠玉和水晶的雕刻,～,精致可爱。

【小题大做】 xiǎo tí dà zuò　拿小题目做大文章。比喻把小事情当做大事情来处理(含有不值得这样做的意思)。〔例〕这种无关紧要的事也要一再提出来讨论,太～了。

【小巫见大巫】 xiǎo wū jiàn dà wū　巫:替人祈祷求神,以骗钱过日子的人。《三国志·吴书·张纮传》注引《吴书》:"小巫见大巫,神气尽矣。"原意是小巫遇到大巫,法术无可施展。后比喻相形之下,一个远远比不上另一个(含有讽刺或风趣的意思)。

【小心谨慎】 xiǎo xīn jǐn shèn　形容说话、做事非常慎重。〔例〕他为人～,办事可靠。

【小心翼翼】 xiǎo xīn yì yì　翼翼:恭敬慎重的样子。谨慎小心,一点不敢疏忽。〔例〕工作人员把运往灾区的医药用品～地搬到直升飞机上。

【笑里藏刀】 xiào lǐ cáng dāo　形容对人外表和气,内心却阴险毒辣。

【笑容可掬】 xiào róng kě jū　掬:音居,用双手捧起来。形容笑容满面。〔例〕谢老～地跟每个到会的同志打招呼。

【笑逐颜开】 xiào zhú yán kāi　逐:音竹,驱使。颜:脸面。笑得使面容舒展开来。形容满脸笑容,十分高兴的样子。〔例〕庆功大会上,职工们喜气洋洋,～。又作"喜逐颜开"。

【邪门歪道】 xié mén wāi dào　见"歪门邪道"(371页)。

【胁肩谄笑】 xié jiān chǎn xiào　胁肩：把两肩收拢起来。谄：音产，奉承人。为了奉承人，缩起肩膀装出笑脸。形容巴结人的丑态。

【卸磨杀驴】 xiè mò shā lǘ　磨完东西后，把拉磨的驴卸下来杀掉。比喻把曾经为自己出过力的人一脚踢开。

【邂逅相遇】 xiè hòu xiāng yù　邂逅：音懈后，没有约会而遇见。指无意中相遇。〔例〕我在街上跟一位分别了十多年的老同学～，两人都非常兴奋。〔注意〕"邂"不能读作 jiě。

【心安理得】 xīn ān lǐ dé　自以为做的事情合乎道理，心里很坦然。

【心不在焉】 xīn bù zài yān　焉：古汉语助词，意思相当于"于此"。心思不在这里。指思想不集中。〔例〕驾驶机动车要精神高度集中，可不能～。

【心潮澎湃】 xīn cháo péng pài　澎湃：音朋派，波浪互相撞击。心里像浪潮翻腾。形容心情十分激动，不能平静。

【心驰神往】 xīn chí shén wǎng　驰：奔驰。往：去。形容一心向往。

【心胆俱裂】 xīn dǎn jù liè　俱：都。裂：破开。吓破了心和胆。形容受到极大的惊吓。

【心烦意乱】 xīn fán yì luàn　心：心情。意：思绪。心情烦躁，思绪杂乱。〔例〕昨天那件事，使他～，一夜没睡好。

【心服口服】 xīn fú kǒu fú　形容心口如一地佩服。〔例〕对人对事，只有讲道理，才能使人～。

【心腹之患】 xīn fù zhī huàn　心腹：这里指内部。患：祸害。比喻隐藏在内部的严重祸害。

【心甘情愿】xīn gān qíng yuàn　心甘:乐意。心里完全愿意,没有一点勉强。多指自愿作出某种牺牲。〔例〕为了治好女儿的病,她～献出自己的一个肾。又作"甘心情愿"。

【心高气傲】xīn gāo qì ào　形容人要强好胜,不肯屈居人下。〔例〕小菊是个～的人,总想在同伴中逞能。

【心广体胖】xīn guǎng tǐ pán　语出《礼记·大学》。原指人心胸开阔,外貌就安详。后转指心情愉快,无所牵挂,因而人也发胖。又作"心宽体胖"。〔注意〕"胖"不读 pàng。

【心狠手辣】xīn hěn shǒu là　心肠凶狠,手段毒辣。

【心花怒放】xīn huā nù fàng　怒放:盛开。心里高兴得像花儿盛开一样。形容极其高兴。〔例〕大娘听说女儿的名字上了光荣榜,直乐得～。

【心怀叵测】xīn huái pǒ cè　见"居心叵测"(198页)。

【心慌意乱】xīn huāng yì luàn　心里着慌,乱了主意。

【心灰意懒】xīn huī yì lǎn　灰:消沉,失望。懒:懒散。灰心失望,意志消沉。又作"心灰意冷"。

【心灰意冷】xīn huī yì lěng　见"心灰意懒"(本页)。

【心急如焚】xīn jí rú fén　焚:烧。心里急得像着了火一样。形容内心焦急万分。

【心惊胆战】xīn jīng dǎn zhàn　见"胆战心惊"(83页)。

【心惊肉跳】xīn jīng ròu tiào　形容担心灾祸临头,恐慌不安。

【心口如一】xīn kǒu rú yī　心里想的和嘴里说的一样。形容诚实直爽。〔例〕小段为人直爽,～,让人很容易和他交上朋友。

【心宽体胖】 xīn kuān tǐ pán 见"心广体胖"(412页)。

【心旷神怡】 xīn kuàng shén yí 旷:空阔。怡:音移,愉快。心境开阔,精神愉快。〔例〕雨后初晴,登上峰顶,遥望黄河,令人～。

【心劳日拙】 xīn láo rì zhuō 拙:笨,不灵巧。《尚书·周官》:"作伪心劳日拙。"意思是弄虚作假的人,用尽心机,百般掩饰,可是事情还是越来越不顺手。后多指做坏事的人,虽然心思用尽,到头来不但捞不到好处,处境反而一天比一天糟。

【心力交瘁】 xīn lì jiāo cuì 交:一齐,同时。瘁:音粹,过度的劳累。精神和体力都极度劳累。

【心灵手巧】 xīn líng shǒu qiǎo 心思灵敏,手艺精巧。〔例〕姑姑是个～的人,把家里布置得清雅宜人,十分温馨。

【心领神会】 xīn lǐng shén huì 领:领会,明白。会:理解。指对方没有说破,心里已经领会。

【心乱如麻】 xīn luàn rú má 心里乱得像一团乱麻。形容心里十分烦乱。

【心满意足】 xīn mǎn yì zú 意:心愿。心里感到十分满意。

【心明眼亮】 xīn míng yǎn liàng 心里明白,眼睛雪亮。形容看问题敏锐,能辨别是非。〔例〕听了他的情况分析,使我们～,处理工作顺利多了。又作"眼明心亮"。

【心平气和】 xīn píng qì hé 心情平静,态度温和。指不急躁,不生气。

【心如刀割】 xīn rú dāo gē 内心痛苦得像刀割一样。形容痛苦万分。

【心手相应】 xīn shǒu xiāng yìng 心里怎么想,手里就能怎么做。多用来形容技艺精湛,能随心所欲。

【心向往之】 xīn xiàng wǎng zhī 向往:想望。之:古汉语代词。对某个人或事物心里很向往。〔例〕提起天下第一山,大家都~。

【心心相印】 xīn xīn xiāng yìn 印:合。彼此的心意不用说出,就可以互相了解。形容彼此思想感情完全一致。

【心血来潮】 xīn xuè lái cháo 来潮:潮水上涨。指心里突然或偶然起了一个念头。〔例〕做工作要有计划有步骤地进行,不能一时~,想干什么就干什么。

【心有灵犀一点通】 xīn yǒu líng xī yī diǎn tōng 犀:音西。灵犀:古人说犀牛是一种灵兽,它的角上有条白纹从角尖通向头脑,感应灵敏,所以称灵犀。这原是唐朝李商隐《无题》诗中的诗句,比喻恋爱着的男女双方心心相印。后多比喻双方对彼此的心思都能心领神会。

【心有余而力不足】 xīn yǒu yú ér lì bù zú 心里非常想做,可是力量不够。

【心有余悸】 xīn yǒu yú jì 悸:因害怕而心跳。事情虽然过去,但回想起来,仍感到恐惧。〔例〕这件事已经过去十多年了,今天想起来,仍~。

【心猿意马】 xīn yuán yì mǎ 心、意:心思。形容心思不定,好像猴子跳、马奔跑一样控制不住。〔例〕我们做一件工作,应当专心地去干,不要~。又作"意马心猿"。

【心悦诚服】 xīn yuè chéng fú 悦:高兴,愉快。诚:真心。由衷地高兴,真心地服气。指真诚地服气或服从。〔例〕

批评要摆事实，讲道理，以理服人，这样才能使被批评的人～。

【心照不宣】xīn zhào bù xuān　照：知道。宣：公开说出。彼此心里明白，而不公开说出来。

【心直口快】xīn zhí kǒu kuài　性情直爽，有话就说。〔例〕他是一个性格开朗、～的小伙子。

【心中无数】xīn zhōng wú shù　数：数目，指掌握的实际情况。指心里没底。

【心中有数】xīn zhōng yǒu shù　指心里有底。

【心醉魂迷】xīn zuì hún mí　心如酒醉，神情迷乱。北齐颜之推《颜氏家训·慕贤》："所值名贤，未尝不心醉魂迷，向慕之也。"意思是内心钦佩、仰慕之极。现用以形容极其迷恋。又作"心醉神迷"。

【心醉神迷】xīn zuì shén mí　见"心醉魂迷"（本页）。

【欣喜若狂】xīn xǐ ruò kuáng　欣喜：快乐，欢喜。若：好像。形容高兴到了极点。

【欣欣向荣】xīn xīn xiàng róng　欣欣：草木生机旺盛的样子。荣：茂盛。形容草木长得茂盛。比喻事业蓬勃发展，兴旺昌盛。〔例〕祖国的建设日新月异，～。

【新陈代谢】xīn chén dài xiè　陈：旧的。谢：凋谢，衰败。指生物体不断用新物质代替旧物质的过程。也指新事物不断产生发展，代替旧的事物。

【新仇旧恨】xīn chóu jiù hèn　新仇加旧恨。形容仇恨很深。又作"旧恨新仇"。

【新愁旧恨】xīn chóu jiù hèn　愁：忧烦苦闷。恨：遗憾。

现时的烦闷加上往日的遗憾。形容无限忧伤、怨恨的情绪。〔例〕一时间～一齐涌上心头，她不禁潸然泪下。

【新婚燕尔】 xīn hūn yàn ěr　燕：同"宴"，快乐。尔：后缀词。形容新婚快乐的情形。

【馨香祷祝】 xīn xiāng dǎo zhù　馨香：烧香的香味，这里指烧香。祷祝：祷告祝愿。原指迷信的人虔诚地向神祈祷祝愿。后引申指真诚地期望。

【信口雌黄】 xìn kǒu cí huáng　信口：随口说话。雌黄：鸡冠石，黄赤色。古时写字用黄纸，写错了就用雌黄涂了重写。比喻不顾事实，随口乱说。

【信口开合】 xìn kǒu kāi hé　见"信口开河"（本页）。

【信口开河】 xìn kǒu kāi hé　随口乱说一气。又作"信口开合"。

【信马由缰】 xìn mǎ yóu jiāng　信：听凭。由：随从。骑在马上，不拉缰绳，由着马走。比喻无目的的闲逛或随意行动。〔例〕一清早他就出去了，没有目的，不慌不忙，～地慢慢走。

【信赏必罚】 xìn shǎng bì fá　信：确实。必：一定。有功劳的一定奖赏，有罪过的一定惩罚。指赏罚严明。

【信誓旦旦】 xìn shì dàn dàn　信誓：表示真诚的誓言。旦旦：明白确实的样子。誓言说得诚恳可信。〔例〕战国晚期，关东六国联合抗秦。但六国由于存在利害冲突，表面上～，实际上各有打算，因此终于被秦国各个击破。

【信手拈来】 xìn shǒu niān lái　信手：随手。拈：用两三个手指头捏东西。随手拿来。多指写文章时能自由纯熟地选用词语或应用典故，用不着怎么思考。〔注意〕"拈"不能读作 zhān。

【兴风作浪】 xīng fēng zuò làng 作:兴起。比喻煽动情绪,挑起事端。又作"掀风鼓浪"。

【兴利除弊】 xīng lì chú bì 兴:兴办。弊:害处。兴办有利的事业,消除有害的事情。又作"兴利除害"。

【兴利除害】 xīng lì chú hài 见"兴利除弊"(本页)。

【兴师动众】 xīng shī dòng zhòng 师:军队。众:指大队人马。旧指大规模出兵。现多指动用很多人力。〔例〕有三五个人去就可以了,不必这么~的。

【兴师问罪】 xīng shī wèn zuì 兴:发动。师:军队。古代指发动军队,声讨对方的罪行。后泛指严厉谴责对方的过错。〔例〕他气咻咻地走进来,一副准备~的架势,好像我犯下了天大的错误。

【兴妖作怪】 xīng yāo zuò guài 妖、怪:传说中害人的东西。比喻坏人破坏捣乱。

【星火燎原】 xīng huǒ liáo yuán 星火:一点儿小火星。燎:延烧。原:原野。"星星之火,可以燎原"的缩语。一点儿小火星可以把整个原野烧起来。常比喻新生事物开始时力量虽然微小,但有旺盛的生命力,前途无限。

【星罗棋布】 xīng luó qí bù 罗:罗列。布:分布。像天空的星星和棋盘上的棋子那样分布着。形容数量很多,分布很广。〔例〕这一带山区小水库~,改变了过去农业用水的被动局面。

【星星之火】 xīng xīng zhī huǒ 星星:细小的。一点点小火星。比喻开始时微小,但有远大发展前途的新事物。

【星移斗转】 xīng yí dǒu zhuǎn 斗:北斗星。星斗变动

位置。指季节或时间的变化。又作"斗转星移"。

【腥风血雨】 xīng fēng xuè yǔ　风里夹着腥味,雨点带着鲜血。形容疯狂杀戮的凶险气氛或环境。〔例〕大革命失败后,老赵担任党的交通员,于~之中,往来上海与江西苏区之间,出色地完成了任务。又作"血雨腥风"。

【行百里者半九十】 xíng bǎi lǐ zhě bàn jiǔ shí　《战国策·秦策五》:"诗云:'行百里者半九十。'此言末路之难。"意思是,如果要走一百里路,走了九十里,只能算完成一半。比喻事情越接近成功,做起来越困难。常用来劝勉人做事要善始善终。

【行成于思】 xíng chéng yú sī　唐朝韩愈《进学解》:"行成于思,毁于随。"意思是说,做事情成功是由于多思考,失败是由于不经心。"行成于思"指做事情要多思考,多分析。

【行将就木】 xíng jiāng jiù mù　行将:快要。就木:进棺材。指人寿命已经不长,快要进棺材了。〔例〕我虽年近八十,~,但还要为祖国的现代化建设尽自己一份力量。

【行若无事】 xíng ruò wú shì　行:行动。若:好像。指人在紧急关头,态度镇静,毫不慌乱。有时也指对坏人坏事听之任之,满不在乎。

【行尸走肉】 xíng shī zǒu ròu　行尸:会走动的尸体。走肉:会走动而没有灵魂的肉体。比喻没有精神追求,庸碌无为,毫无生气的人。

【行同狗彘】 xíng tóng gǒu zhì　行:行为。彘:音志,猪。指人无耻,行为和猪狗一样。

【行远自迩】 xíng yuǎn zì ěr　迩:音耳,近。走远路必须从最近的一步走起。比喻做事情都得由浅入深,一步步前进。〔例〕～,学习要先打好基础,然后再逐步加深。

【行云流水】 xíng yún liú shuǐ 形容文章自然不受拘束,就像飘浮着的云和流动着的水一样。〔例〕这部描写当代都市生活的长篇小说,风格明快自然,有如～。

【行之有效】 xíng zhī yǒu xiào 实行起来有成效。指某种方法或措施已经实行过,证明很有效用。〔例〕推广广播体操,是增强全国人民体质的一种～的措施。

【形单影只】 xíng dān yǐng zhī 只:指单独。形容孤独,没有同伴。〔例〕他性格内向,不善与人交往,即使在人群中间也总是显得～、落落寡合。〔注意〕"只"不读 zhǐ。

【形格势禁】 xíng gé shì jìn 格:阻碍,限制。指受形势的阻碍或限制,事情难于进行。

【形迹可疑】 xíng jì kě yí 举动和神色值得怀疑。

【形色仓皇】 xíng sè cāng huáng 形:举止。仓皇:匆忙而慌张。动作匆忙,神色慌张。〔例〕民警老黄刚把那个走失的孩子领到问事处,不一会儿就见一个旅客～地进来,原来他就是孩子的父亲。

【形销骨立】 xíng xiāo gǔ lì 形:身形。销:通"消",消瘦。形容身体极为消瘦。

【形形色色】 xíng xíng sè sè 形容事物种类繁多,各式各样。〔例〕这种犬已经驯养了很多年,并培育出～的优良品种。

【形影不离】 xíng yǐng bù lí 像形体和它的影子那样分不开。形容彼此关系亲密,经常在一起。〔例〕这两个孩子成天～,比亲姐妹还亲。

【形影相吊】 xíng yǐng xiāng diào 见"茕茕孑立,形影相

吊"(290页)。

【兴高采烈】xìng gāo cǎi liè　兴:兴致。采:精神。烈:强烈,旺盛。兴致高,精神饱满。〔例〕从靶场回来的路上,大伙～地谈论着打靶比赛的情况。

【兴味索然】xìng wèi suǒ rán　兴味:趣味。索然:毫无兴趣的样子。一点兴趣也没有。〔例〕这篇文章内容空洞,语言贫乏,读起来使人～。

【兴致勃勃】xìng zhì bó bó　兴致:兴趣。勃勃:精神旺盛的样子。形容兴头很足。〔例〕宿舍里,大家正在～地听两个探亲回来的战士讲述家乡见闻。

【幸灾乐祸】xìng zāi lè huò　幸:高兴。乐:欢喜。指人缺乏善意,在别人遇到灾祸时感到高兴。〔例〕别人有困难应该去帮助,不应该～,在一边看笑话。

【凶多吉少】xiōng duō jí shǎo　凶:不幸的,不吉祥的。吉:吉利。指估计事态的发展趋势不妙,凶害多,吉利少。

【凶相毕露】xiōng xiàng bì lù　毕:完全。凶恶的面目完全暴露了出来。

【兄弟阋于墙,外御其侮】xiōng dì xì yú qiáng, wài yù qí wǔ　阋:音细,争吵。墙:指家里。御:抵抗。语出《诗经·小雅·常棣》。意思是兄弟们虽然在家里争吵,但能一致抵御外人的欺侮。比喻内部虽有分歧、争议,但能团结起来对付外来的侵略。

【汹涌澎湃】xiōng yǒng péng pài　汹涌:波涛猛烈地向上涌。澎湃:音朋派,大浪互相碰撞。形容声势浩大。

【胸无城府】xiōng wú chéng fǔ　城府:城市和官府,借指待人处事的心机。形容待人接物坦率真诚。

【胸无点墨】xiōng wú diǎn mò　肚子里没有一点墨水。指人没有文化。

【胸无宿物】xiōng wú sù wù　宿物:旧有的,指成见。为人坦诚,没有成见。

【胸有成竹】xiōng yǒu chéng zhú　成:现成。宋朝文同善于画竹子,当时苏轼说他所以画得好,是因为他在动笔以前,心里已经有画成了的竹子的模样("得成竹于胸中")。(见苏轼《文与可画筼筜谷偃竹记》。筼筜:音云当)后用"胸有成竹"比喻在做事之前已经拿定主意。〔例〕看他～的样子,我才稍稍放下心来。又作"成竹在胸"。

【雄才大略】xióng cái dà lüè　非常杰出的才智和谋略。

【雄心壮志】xióng xīn zhuàng zhì　伟大的理想,宏伟的志愿。〔例〕他怀着报效祖国的～,说服妻子一同回国工作。

【休戚相关】xiū qī xiāng guān　休:喜悦,吉利。戚:忧愁,悲哀。忧喜、祸福彼此相关连。形容关系密切,利害相关。〔例〕《红楼梦》中贾、王、薛、史四大家族～,一荣俱荣,一损俱损。参见"休戚与共"(本页)。

【休戚与共】xiū qī yǔ gòng　忧喜、祸福彼此共同承担。形容关系密切,利害相同。参见"休戚相关"(本页)。

【休养生息】xiū yǎng shēng xī　休养:休息调养。生息:人口繁殖。指在战争或社会大动荡之后,减轻人民负担,安定生活,恢复元气。

【朽木不雕】xiǔ mù bù diāo　朽木:腐烂的木头。雕:雕刻。《论语·公冶长》:"朽木不可雕也,粪土之墙不可圬也。"意思是烂木头不可雕刻,脏土墙不可粉刷。后比喻人不可造就或局势不可救药。

【朽木粪土】xiǔ mù fèn tǔ　朽木：烂木头。粪土：脏土臭泥。比喻不堪造就、对社会没有用处的人。

【秀而不实】xiù ér bù shí　秀：禾类植物开花。实：果实。《论语·子罕》："秀而不实者有矣夫！"意思是庄稼只开花，不结实。后来用以比喻才能出众，但终无成就。

【秀外慧中】xiù wài huì zhōng　慧：聪慧。指人外貌秀美，内心聪慧。〔例〕先生三个千金，个个温婉娴静，～，令人称羡不已。

【袖手旁观】xiù shǒu páng guān　袖手：把手揣在袖子里。唐朝韩愈《祭柳子厚文》："不善为斲，血指汗颜；巧匠旁观，缩手袖间。"（斲：音浊，用刀斧砍。）意思是说，不会砍木头的人在砍，弄得手指破了流血，紧张得满脸是汗；而会砍的人却不让去砍，把手揣在袖里，在一边看。后用"袖手旁观"比喻置身事外，既不过问，也不协助别人。

【虚怀若谷】xū huái ruò gǔ　谷：山谷。胸怀像山谷一样深广。形容十分谦虚。〔例〕敬爱的周总理对群众诚恳热情，～，使每个见过他的人都深受感动。

【虚情假意】xū qíng jiǎ yì　虚假的情意。指虚伪的热情与亲近。

【虚位以待】xū wèi yǐ dài　虚：空着。空出位子等候。〔例〕没有合适的人选，我们宁可～，绝不滥用干部。

【虚无缥缈】xū wú piāo miǎo　缥缈：音飘秒，隐隐约约，若有若无的样子。形容空虚渺茫。〔例〕人飞到月亮上去，这在古代只不过是一种～的幻想，但今天已经成了现实。

【虚有其表】xū yǒu qí biǎo　表：表面，外貌。空有好看的外表，实际上不行。

【虚与委蛇】 xū yǔ wēi yí　虚:不真实,假意。与:跟。委蛇:音威移,敷衍。指对人虚情假意,敷衍应酬。〔例〕赤壁之战前夕,蒋干过江到东吴,想劝说周瑜投降曹操,周瑜~,反让蒋干中了他借刀杀人之计。

【虚张声势】 xū zhāng shēng shì　虚:虚假。张:声张,张扬。假装出强大的气势。

【嘘寒问暖】 xū hán wèn nuǎn　嘘:音虚。嘘寒:向受冷的人呵热气。问暖:问他暖和不暖和。形容对人的生活十分关切。〔例〕乡里的干部对军烈属非常关心,经常到他们家里了解情况,~。

【栩栩如生】 xǔ xǔ rú shēng　栩:音许。栩栩:生动的样子。指艺术形象非常逼真,如同活的一样。〔例〕这些泥塑造得~,像真人一样。〔注意〕"栩"不能读作 yǔ。

【旭日东升】 xù rì dōng shēng　旭:音蓄。旭日:早晨刚出来的太阳。早上太阳从东方升起。形容朝气蓬勃的气象。

【轩然大波】 xuān rán dà bō　轩然:高高的样子。比喻大的纠纷或乱子。〔例〕没想到这么点小事竟然引起这样一场~。

【喧宾夺主】 xuān bīn duó zhǔ　喧:吵吵嚷嚷。客人的声音压倒了主人的声音。比喻外来的或次要的事物占据了原有的或主要事物的位置。〔例〕画日就该突出那一轮朝日,如果把云彩画得那么多那么浓,那就未免有点~了。

【悬而未决】 xuán ér wèi jué　悬:挂起来。决:解决。一直拖在那里,没有得到解决。

【悬心吊胆】 xuán xīn diào dǎn　见"提心吊胆"(354 页)。

【悬崖陡壁】 xuán yá dǒu bì 见"悬崖峭壁"(本页)。

【悬崖勒马】 xuán yá lè mǎ 悬崖:又高又陡的山崖。勒:收住缰绳。在高高的山崖边上勒住马。比喻到了危险的边缘及时清醒回头。〔例〕大家劝他～,不要再坚持错误。〔注意〕"勒"不读 lēi。

【悬崖峭壁】 xuán yá qiào bì 峭壁:陡直的山崖。形容山势险峻。又作"悬崖陡壁"。

【旋转乾坤】 xuán zhuǎn qián kūn 乾:八卦之一,代表天。坤:八卦之一,代表地。比喻从根本上改变已成的局面。又作"扭转乾坤"。〔注意〕"乾"不能写作"干",不读 gān。

【选贤任能】 xuǎn xián rèn néng 贤、能:贤明能干的人。选拔任用贤明能干的人。〔例〕作为决策人,是否善于～,显得十分重要。

【烜赫一时】 xuǎn hè yī shí 烜:音选。烜赫:气势很盛。在一个时期内名声威势很盛(含贬义)。〔注意〕"烜"不能写作"恒",不能读作 héng。

【癣疥之疾】 xuǎn jiè zhī jí 癣、疥:两种皮肤病。比喻无关紧要的小问题和小毛病。参见"纤芥之疾"(404 页)。

【削足适履】 xuē zú shì lǚ 足:脚。履:鞋。语出《淮南子·说林训》。因为鞋小脚大,就把脚削去一块来凑合鞋的大小。比喻不合理地迁就凑合或不顾具体条件,生搬硬套。又作"削趾适履"。

【穴居野处】 xué jū yě chǔ 穴:洞。处:住。居住在洞里,生活在荒野。形容原始人的生活状况。〔例〕原始人～,过着渔猎生活。〔注意〕"处"不读 chù。

【学而不厌】 xué ér bù yàn 厌:满足。学习总感到不满足。形容好学。〔例〕他这种刻苦钻研、～的精神，值得我们学习。

【学富五车】 xué fù wǔ chē　富：多。《庄子·天下》："惠施多方，其书五车。"意思是书很多。后用"学富五车"形容学识渊博。〔例〕教授才高八斗，～，带出的弟子也都不同凡响，成为各自单位的栋梁。

【学无常师】 xué wú cháng shī　常：固定。求学没有固定不变的老师。指要善于向各种有专长的人学习。

【学以致用】 xué yǐ zhì yòng　致：使达到。为了实际应用而学习。

【雪上加霜】 xuě shàng jiā shuāng　比喻接连遭受灾难或使事情更加严重。〔例〕丈夫刚刚离去，儿子又得了不治之症，真是～。

【雪中送炭】 xuě zhōng sòng tàn　在下雪天给人送炭取暖。比喻在别人急需时给以物质上或精神上的帮助。〔例〕唐山地震后，全国各地立即运去各种救灾物资，真是～。

【血海深仇】 xuè hǎi shēn chóu　血海：形容杀人流血多。形容仇恨极大、极深。多指有血债的深仇大恨。

【血口喷人】 xuè kǒu pēn rén　比喻用恶毒的话诬蔑或辱骂别人。

【血流成河】 xuè liú chéng hé　鲜血流成河。形容被杀的人极多。

【血流漂杵】 xuè liú piāo chǔ　杵：音楚，舂米的短木棰。血流成河，舂米的木棰都漂了起来。形容战争中杀人极多。

【血流如注】 xuè liú rú zhù　注：灌。形容血流得又多又急。〔例〕子弹穿过他的左臂，立刻～。他用布扎了扎伤口，一只手继续射击。

【血气方刚】 xuè qì fāng gāng 血气:指精力。方:正。刚:旺盛。形容年轻人精力正旺盛。〔例〕这些青年人～,干起活儿来一个个都像小老虎。

【血肉相连】 xuè ròu xiāng lián 像血和肉一样互相联系着。比喻关系非常密切,不可分离。〔例〕越是远离祖国,越是深切地感到自己和祖国～。

【血雨腥风】 xuè yǔ xīng fēng 见"腥风血雨"(418页)。

【寻根究底】 xún gēn jiū dǐ 见"追根究底"(504页)。

【寻事生非】 xún shì shēng fēi 见"惹是生非"(295页)。

【寻死觅活】 xún sǐ mì huó 觅:寻求。闹着要死要活。多指用自杀来吓唬人。

【寻章摘句】 xún zhāng zhāi jù 寻:搜寻。摘:摘录。从书本中搜寻摘抄片断语句,在写作时套用。也指只侧重推敲词句,不深究义理。

【寻踪觅迹】 xún zōng mì jì 觅:寻找。指寻找痕迹。〔例〕刑侦队长～,终于发现了一些线索。

【循规蹈矩】 xún guī dǎo jǔ 循:依照。规:圆规。蹈:踩。矩:曲尺。规、矩是定方圆的标准工具,借指行为的准则。原指遵守规矩,不敢违反。后也指拘守旧则,不敢稍作变动。

【循名责实】 xún míng zé shí 循:依着。责:求。按着名称或名义去寻求实际内容,使得名实相符。

【循序渐进】 xún xù jiàn jìn 循:顺,按照。序:次序。渐:逐渐。指学习工作等按照一定的步骤逐渐深入或提高。

〔例〕学习要～,不先掌握基础知识,就无法继续深造。

【循循善诱】 xún xún shàn yòu 循循:有次序的样子。诱:引导。指善于引导别人进行学习。〔例〕她对学生～,使他们开动脑筋,学得生动活泼。

【训练有素】 xùn liàn yǒu sù 素:平时,素来。平时一直有训练。〔例〕从演习可以看出,这支部队是～的。

【迅雷不及掩耳】 xùn léi bù jí yǎn ěr 迅:快,迅速。雷声来得非常快,连捂耳朵都来不及。比喻来势迅猛,使人来不及防备。〔例〕打击盗版的活动以～之势同时在全国范围内展开,取得了很好的效果。

【徇情枉法】 xùn qíng wǎng fǎ 徇:无原则地顺从。枉:歪曲,违背。为屈从私情而做违法乱纪的事。

【徇私舞弊】 xùn sī wǔ bì 徇私:为了私人关系而做不合法的事。舞弊:用欺骗的方法做违法乱纪的事。指为了私利而弄虚做假,做违法乱纪的事。

Y

【鸦雀无声】 yā què wú shēng　鸦:乌鸦。雀:麻雀。连乌鸦麻雀的声音都没有。形容非常静。〔例〕会场里～,大家都被他那精彩生动的讲话吸引住了。

【哑口无言】 yǎ kǒu wú yán　像哑巴一样说不出话来。形容理屈词穷的样子。〔例〕老刘一番话,把他驳得～。

【哑然失笑】 yǎ rán shī xiào　哑然:形容笑声。失笑:不由自主地发笑。禁不住笑出声来(多用以表示轻视)。

【雅俗共赏】 yǎ sú gòng shǎng　雅、俗:旧时把文化程度高的人称做"雅人",把文化程度较低的人称做"俗人"。形容某些文艺作品既优美,又通俗,各种不同文化程度的人都能够欣赏。〔例〕我国许多地方戏曲～,极受欢迎。

【揠苗助长】 yà miáo zhù zhǎng　见"拔苗助长"(6页)。

【烟消雾散】 yān xiāo wù sàn　见"烟消云散"(本页)。

【烟消云散】 yān xiāo yún sàn　像烟云消散一样。比喻事物消失得干干净净。〔例〕经过他这一番解释,大家的疑虑就～了。又作"烟消雾散"。

【湮没无闻】 yān mò wú wén　湮:音烟。湮没:埋没。名声被埋没,没人知道。〔例〕历史上有多少能工巧匠以自己的发明创造为后人造福,但他们的姓名事迹却已～。

【严惩不贷】 yán chéng bù dài　贷:宽恕。严厉惩罚,决

不宽恕。〔例〕对于情节严重、影响恶劣的犯罪分子,非～不足以平民愤。

【严于律己】 yán yú lǜ jǐ 律:约束。指对自己要求严格。〔例〕～,宽以待人,是做人的一个很高的境界。

【严阵以待】 yán zhèn yǐ dài 严阵:整齐严肃的阵势。指做好充分战斗准备,等待着敌人。

【延年益寿】 yán nián yì shòu 年:岁数。益:增加。寿:年岁,生命。增加岁数,延长寿命。

【言必信,行必果】 yán bì xìn, xíng bì guǒ 信:守信用。果:成事实。语出《论语·子路》。意思是说,说了就一定守信用,做事就一定做到。

【言必有据】 yán bì yǒu jù 只要发表言论,一定有所根据。

【言必有中】 yán bì yǒu zhòng 中:正好对上。指话都能说到点子上。〔例〕他能根据具体情况进行具体分析,因而～,提出的意见往往切实可行。〔注意〕"中"不读 zhōng。

【言不及义】 yán bù jí yì 及:到。义:义理,事理,这里指正经事情。指所说的话没有能说到正经的事上来。

【言不尽意】 yán bù jìn yì 说的话没能把意思都表达出来(常用于书信)。〔例〕信就写到这里吧,～,望你常来信。

【言不由衷】 yán bù yóu zhōng 由:从。衷:内心。话不是打心眼里说出来的,即说的不是真心话。指心口不一致。〔例〕他知道自己那样说是～,可还是鬼使神差地脱口而出。

【言出法随】 yán chū fǎ suí 言:这里指法令或命令。法:法律。随:跟随。话一说出口,法律就跟在后面。指法令一经公布就严格执行,如有违犯就依法处置。

【言传身教】yán chuán shēn jiào　传：传授。言传：用言语教人。身教：亲身示范。既用言语来教导，又用行动来示范。〔例〕我们团长经常深入连队，和战士一起摸爬滚打，～，战士们都很愿意跟他接近。

【言而无信】yán ér wú xìn　信：信用。说出话来不算数，没有信用。

【言而有信】yán ér yǒu xìn　信：信用。《论语·学而》："与朋友交，言而有信。"指说出话来算数，讲信用。

【言归于好】yán guī yú hǎo　言：古汉语助词。归于：回到。好：和好。指彼此重新和好。〔例〕两人都作了自我批评，消除误会，～。

【言归正传】yán guī zhèng zhuàn　归：回到。正传：指本题。把话头转回到正题上来。旧小说中常用的套语。〔例〕咱们闲话少说，～，开始讨论吧。〔注意〕"传"不读 chuán。

【言过其实】yán guò qí shí　实：实际。话说得过分，超过了实际情况。〔例〕他的工作是有成绩的，但如果说成已经什么问题都解决了，就未免～。

【言简意赅】yán jiǎn yì gāi　赅：音该，完备。话不多，但意思都有了。形容说话写文章简明扼要。〔例〕老刘的发言～，生动有力。

【言近旨远】yán jìn zhǐ yuǎn　旨：意思。话很浅近，含意却很深远。〔例〕陈老先生这番话～，值得我们深思。

【言听计从】yán tīng jì cóng　从：听从。什么话都听从，什么主意都采纳。形容对某人十分信任（多含贬义）。

【言外之意】yán wài zhī yì　指有这个意思，但没有在话里明说出来。〔例〕他一再说忙，～是不参加这次活动了。

【言为心声】 yán wéi xīn shēng 汉朝扬雄《法言·问神》:"言,心声也。"意思是言语是思想的反映,从一个人的话里可以知道他的思想感情。〔例〕～,你既有这种言论,当然就有这种思想。

【言笑自若】 yán xiào zì ruò 见"谈笑自若"(352页)。

【言行一致】 yán xíng yī zhì 说的和做的一个样。〔例〕他向来～,怎么说就怎么做。

【言者无罪,闻者足戒】 yán zhě wú zuì, wén zhě zú jiè 言者:说话的人。闻者:听话的人。足:足以,值得。指提意见的人只要是善意的,即使提得不正确,也是无罪的;听取意见的人即使没有对方所提的缺点错误,也值得引为警戒。〔例〕对待批评的态度,应该是～,有则改之,无则加勉。

【言之成理】 yán zhī chéng lǐ 言:说。之:指所说的事情。话说得有一定道理。多与"持之有故"连用。〔例〕在辩论中要说服对方,必须做到持之有故,～。

【言之无物】 yán zhī wú wù 指文章或言论很空洞,没有实际内容。〔例〕写文章要有内容,切忌空话连篇,～。

【言之有理】 yán zhī yǒu lǐ 之:指说的内容。话说得合乎道理。〔例〕李厂长觉得老李～,点头笑了。

【言之凿凿】 yán zhī záo záo 凿凿:确实。形容说得非常确实。〔例〕老李～,你还有什么可以怀疑的呢?

【颜面扫地】 yán miàn sǎo dì 比喻面子丧失干净。

【奄奄一息】 yǎn yǎn yī xī 奄:音掩。奄奄:呼吸微弱的样子。一息:一口气。只剩下一口气。形容临近死亡。

【掩耳盗铃】 yǎn ěr dào líng 《吕氏春秋·自知》里说,有人找到一口钟（古代乐器），想把它背走。但钟太大，背不了，他想用锤子把它敲碎，分片拿走。刚一敲，钟就响了起来。他怕别人听见声音，要来争夺，就赶紧捂住自己的耳朵，以为自己听不见了，别人也不会听见。后用"掩耳盗铃"比喻自己欺骗自己，明明掩盖不住的事情偏要想法子掩盖。

【掩人耳目】 yǎn rén ěr mù　掩：遮。比喻用假象迷惑人，欺骗人。〔例〕弄虚作假，即使能～于一时，终究不能改变事实的真相。

【眼高手低】 yǎn gāo shǒu dī　眼高：眼界高。手低：能力低。指要求的标准很高（甚至不切实际），但实际上自己也做不到。

【眼花缭乱】 yǎn huā liáo luàn　缭乱：纷乱。形容看见复杂纷繁的事物而感到迷乱。〔例〕展厅中的工艺品琳琅满目，令人～。

【眼明手快】 yǎn míng shǒu kuài　看得准，动作敏捷。〔例〕他打球时～，是个有发展前途的运动员。

【眼明心亮】 yǎn míng xīn liàng　见"心明眼亮"（413页）。

【偃旗息鼓】 yǎn qí xī gǔ　偃：音掩，放倒。放倒旗子，停止敲鼓。原指行军时隐蔽行踪，不让敌人觉察。后比喻事情中止或声势减弱。

【宴安鸩毒】 yàn ān zhèn dú　宴安：安乐。鸩毒：毒酒。安乐像毒药。指贪图享受就等于喝毒酒自杀。

【雁过拔毛】 yàn guò bá máo　原指武艺高强。后多比喻在经办事情时，从中盘剥或唯利是图。〔例〕当地人以欺生闻名，对外乡人是～，你可一定多加小心啊！

【扬眉吐气】yáng méi tǔ qì　扬眉:舒展开眉头。形容摆脱了长期受压状态后高兴痛快的样子。〔例〕新中国成立了,劳苦大众～,翻身作了主人。

【扬汤止沸】yáng tāng zhǐ fèi　汤:开水。把锅里开着的水舀起来再倒回去,使它凉下来不沸腾。比喻办法不彻底,不能从根本上解决问题。

【羊质虎皮】yáng zhì hǔ pí　质:本性。汉朝扬雄《法言·吾子》:"羊质而虎皮,见草而说,见豺而战,忘其皮之虎矣。"(说:同"悦"。战:发抖。)意思是说,羊虽然披上虎皮,还是见到草就喜欢,碰到豺狼就怕得发抖,它的本性没有变。比喻外表装做强大而实际上很胆小。

【阳春白雪】yáng chūn bái xuě　原指战国时代楚国的一种较高级的歌曲。比喻高深的不通俗的文学艺术。经常和"下里巴人"对举。〔例〕文艺要在普及的基础上不断提高,因为老百姓不仅需要"下里巴人",也需要"～"。

【阳奉阴违】yáng fèng yīn wéi　阳:指外露的,明显的。奉:奉行,照着办。阴:指暗里的,不显露的。违:违背。指玩弄两面派手法,表面上遵从,暗地里违背。〔例〕～,口是心非,这是两面派的惯伎。

【洋为中用】yáng wéi zhōng yòng　批判地吸收外国文化中一切有益的东西,为发展我国的建设事业所用。

【洋洋大观】yáng yáng dà guān　洋洋:丰盛或众多的样子。大观:丰富多采的景象。形容美好的事物众多丰盛。〔例〕展览馆中,各种轻工业产品琳琅满目,堪称～。

【洋洋得意】yáng yáng dé yì　洋洋:原为"扬扬",得意的样子。形容得意时神气十足的姿态。又作"得意洋洋"。

【洋洋洒洒】 yáng yáng sǎ sǎ　洋洋：众多。洒洒：连续不断。形容文章、讲话等长篇大论，连续不断。〔例〕他大笔一挥，～几千字的文章就写出来了。

【仰人鼻息】 yǎng rén bí xī　仰：依赖。鼻息：呼吸。依赖别人的呼吸来生活。比喻依赖别人，不能自主。〔例〕一个国家如果在经济上～，就不可能有真正的政治上的独立。

【仰首伸眉】 yǎng shǒu shēn méi　仰首：抬头。伸：舒展。形容意气高昂的样子。

【养虎遗患】 yǎng hǔ yí huàn　遗：留下。患：灾祸。留着老虎不除掉，就会成为后患。比喻纵容坏人坏事，留下后患。参见"养痈遗患"（本页）。

【养精蓄锐】 yǎng jīng xù ruì　养：使身心得到休息。精：精神。蓄：保存。锐：锐气。保养精神，蓄积锐气。〔例〕第二天还有一场比赛，队员们休整一天，～，以利再战。

【养痈遗患】 yǎng yōng yí huàn　痈：毒疮。遗：留下。患：灾祸。留着毒疮不去医治就会成为后患。比喻纵容包庇坏人坏事，结果会遭受祸害。

【养尊处优】 yǎng zūn chǔ yōu　尊：尊贵。处：处于。优：优裕。指生活在有人伺候、条件优裕的环境中。〔例〕溺爱子女，从小就让他们～，这对他们的成长没有任何好处。〔注意〕"处"不读 chù。

【妖言惑众】 yāo yán huò zhòng　妖言：不合事实真相的话。惑：迷乱。用荒谬的鬼话迷惑人。

【腰缠万贯】 yāo chán wàn guàn　贯：古时制钱，用绳子穿上，每一千个叫一贯。腰里装着很多的钱。形容十分富有。

【邀功求赏】 yāo gōng qiú shǎng　邀功：把别人的功劳当成自己的功劳。原指以别人的功劳来求取奖赏。后泛指求取功劳和奖赏。〔例〕有的人做了点份内该做的事，就想着～，并且居功自傲起来。

【摇唇鼓舌】 yáo chún gǔ shé　摇、鼓：耍弄。耍嘴皮，嚼舌头。形容耍弄嘴皮进行挑拨煽动。

【摇旗呐喊】 yáo qí nà hǎn　呐喊：大喊大叫。原指古代作战时摇着旗子，大声喊杀助威。现比喻给别人助长声势（多含贬义）。

【摇身一变】 yáo shēn yī biàn　神怪小说中描写有神通的人能用法术一晃身子就改变自己本来的模样。后用来形容人身份、立场、面目等一下子来个大改变（含贬义）。

【摇头摆尾】 yáo tóu bǎi wěi　《景德传灯录》："门下有个赤梢鱼，摇头摆尾向南去。"原形容鱼悠然自在的样子。后用来形容人摇头晃脑、轻浮得意的样子。

【摇尾乞怜】 yáo wěi qǐ lián　乞：乞求。狗摇着尾巴向主人乞求爱怜。比喻装出一副可怜相向人讨好。

【摇摇欲坠】 yáo yáo yù zhuì　摇摇：动摇不稳的样子。欲：要。坠：掉下。形容十分危险，很快就要掉下来，或不稳固，很快就要垮台。〔例〕老屋年久失修，经过连日雨水的浸泡，屋顶已～。

【遥相呼应】 yáo xiāng hū yìng　遥：遥远。远远地互相配合。

【杳如黄鹤】 yǎo rú huáng hè　杳：音咬，远得看不见。唐朝崔颢(hào)《黄鹤楼》诗："黄鹤一去不复返。"原指传说中仙人骑着黄鹤飞去，从此不再回来。后用"杳如黄鹤"比喻无影无踪或下落不明。

【杳无人烟】 yǎo wú rén yān 杳:远得不见踪影。人烟:指人家、住户。没有人居住。形容十分荒凉。〔例〕漫漫戈壁,～,让人顿生宇宙天地深不可测之感。

【杳无音信】 yǎo wú yīn xìn 杳:远得不见踪影。形容没有一点儿消息。〔例〕毕业后一别多年,～。

【咬文嚼字】 yǎo wén jiáo zì 形容过分斟酌字句。多用来讽刺死抠字眼而不注重精神实质。后也指故意卖弄自己的学识。〔例〕1.做编辑工作的,常常会犯～、爱挑人毛病的职业病。2.念了几年中文系,说话就爱～,让人不知所云。

【咬牙切齿】 yǎo yá qiè chǐ 切齿:咬紧牙,表示痛恨。形容极端仇视或痛恨。〔例〕琼花见到她的仇人南霸天坐着轿子过来,直恨得～。

【要言不烦】 yào yán bù fán 要:简要。指说话或写文章简单扼要,不烦琐。〔例〕他的发言话虽不多,但抓住了问题的实质,可说是～。

【耀武扬威】 yào wǔ yáng wēi 耀:夸耀,炫耀。扬:传播,显露。炫耀武力,显示威风。

【野心勃勃】 yě xīn bó bó 勃勃:旺盛的样子。形容野心非常大。〔例〕袁世凯～,妄想复辟帝制,当然遭到全国人民的反对,又气又急,一命呜呼。

【业精于勤】 yè jīng yú qín 学业上的精深造诣,有赖于勤奋刻苦。〔例〕古人说得好,"～,荒于嬉",只有勤奋学习,才能取得好的成绩。

【叶公好龙】 Yè Gōng hào lóng 汉朝刘向《新序·杂事》记载,古时有个叫叶公的人,特别喜欢龙,家里用的东西上画着龙,屋子里外也都刻着龙。天上的真龙知道以后,就来到叶公家里,从窗外把头探进来。叶公一见,吓得逃走了。比喻口头上说爱好某事物,实际上并不真爱好。

【叶落归根】yè luò guī gēn 树叶从树根生发出来,凋落后最终还是回到树根。比喻事物总有一定的归宿。多指作客他乡的人最终要回到故乡。〔例〕～,张大爷五十多岁了,还是带着妻儿从关外回到了家乡。

【夜不闭户】yè bù bì hù 夜里睡觉不用闩上门。形容社会治安情况良好。常与"路不拾遗"连用。〔例〕鄂伦春族以打猎为生,民风淳朴,路不拾遗,～。

【夜长梦多】yè cháng mèng duō 比喻时间一拖长,情况可能发生不利的变化。〔例〕这件事要赶快解决,免得～,又出新问题。

【夜郎自大】yè láng zì dà 夜郎:汉朝时我国西南部的一个王国。《汉书·西南夷传》里说,夜郎的面积只有汉朝一个州那么大,但有一次夜郎王却问汉朝使臣说:汉朝与夜郎哪一个大?后用"夜郎自大"比喻人无知而又狂妄自大。〔例〕我们要发展科学技术,就要注意研究和吸收国内外一切有用的东西。反对～,故步自封。

【夜深人静】yè shēn rén jìng 静:没有声响。深夜没有人声,非常寂静。〔例〕她学习非常刻苦,有时看书看到～还不休息。又作"更深人静"。更:旧时计时的单位,一夜分成五更,每更约两小时。

【夜以继日】yè yǐ jì rì 继:连续。晚上连着白天。形容加紧工作或学习。〔例〕桥梁工人～地工作,终于在雨季到来以前把七个桥墩全都修好了。又作"日以继夜"。

【一败如水】yī bài rú shuǐ 形容军队打了大败仗,像水泼到上地那样不可收拾。

【一败涂地】 yī bài tú dì　涂地："肝脑涂地"的省略，心肝和脑浆流了一地，形容死得很惨。《史记·高祖本纪》："今置将不善，壹败涂地。"意思是，现在如果安排的将领不妥当，一旦失败，会使肝脑涂地。现形容失败到不可收拾的地步。〔例〕解放前，在外国商品倾销的情况下，不少民族资本家宣告破产，～。

【一板三眼】 yī bǎn sān yǎn　板、眼：戏曲音乐的节拍。比喻言语、行动有条理或合规矩。有时也比喻做事死板，不懂得灵活掌握。〔例〕1. 每天上班，他布置全班工作，总是合理安排人力，～，从不马虎。2. 他做事认真，但有点～，不善于应变。

【一本万利】 yī běn wàn lì　本：本钱。利：利润。形容只用少量本钱而牟取最大利润。

【一本正经】 yī běn zhèng jīng　形容表现得很庄重，很规矩（多含讽刺意味）。

【一鼻孔出气】 yī bí kǒng chū qì　同一个鼻孔出气。比喻立场、观点、主张完全一致（多含贬义）。

【一笔勾销】 yī bǐ gōu xiāo　勾销：取消，抹掉。把账一笔抹掉。比喻把一切全都取消。

【一笔抹煞】 yī bǐ mǒ shā　煞：又写作"杀"。抹煞：勾销。比喻轻率地把成绩、优点全部否定。〔例〕他的工作有缺点，也有成绩，不能不分青红皂白～。

【一表人才】 yī biǎo rén cái　表：外貌。形容人相貌英俊、风度潇洒。

【一波三折】 yī bō sān zhé　波：指书法中的捺。折：指写字转变笔锋。原指写字笔法的曲折多变。现比喻文章的结构起伏曲折。也比喻事情进行中意外的变化很多。〔例〕这部影片情节复杂，～，引人入胜。

【一波未平，一波又起】yī bō wèi píng，yī bō yòu qǐ 比喻事情进行过程中波折很多，一个问题还没有解决，另一个又发生了。

【一不做，二不休】yī bù zuò，èr bù xiū 休：停止。唐朝赵元一《奉天录》上说，唐德宗时，张光晟（shèng）随着朱泚（cǐ）搞叛乱，在形势不利时杀了朱泚投降唐王朝，但最后仍不免被处死。张在临死前说："传语后人：'第一莫作，第二莫休。'"原意是要么不做，做了就索性做到底。后用"一不做，二不休"指事情既然做开了头，就索性做到底。

【一步登天】yī bù dēng tiān 比喻一下子达到极高的境界或程度。有时也用来比喻人突然得志，爬上高位（含有讽刺意味）。〔例〕1. 知识要通过学习逐渐积累，想～是不可能的。2. 那种靠玩弄权术而～的人，终究不会有好下场。

【一唱三叹】yī chàng sān tàn 唱：也写作"倡"。叹：和着唱。一个人领头唱，三个人和着唱。原指音乐和歌唱简单而质朴。后转用来形容诗文婉转而含意深刻。〔例〕程派唱腔回咽婉转，～，如泣如诉。

【一唱一和】yī chàng yī hè 和：随着别人唱。比喻二人互相配合，互相呼应（含贬义）。〔注意〕"和"不读 hé。

【一尘不染】yī chén bù rǎn 尘：佛教用语，指外界色、声、香、味、触、法等诱惑，总称"六尘"。染：沾染。原指佛教徒修行时，排除物欲，保持心地洁净。现泛指丝毫不受坏习惯、坏风气的影响。也用来形容非常清洁、干净。〔例〕1. 老董坚持原则，廉洁奉公，群众称他为～的好干部。2. 屋子里窗明几净,～。

【一成不变】 yī chéng bù biàn　成:形成。一经形成,不再改变。〔例〕事物都是在发展的,世界上没有～的东西。

【一筹莫展】 yī chóu mò zhǎn　筹:计策,办法。展:施展。一点计策也施展不出,一点办法也想不出来。

【一触即发】 yī chù jí fā　触:碰。即:就。原指把箭扣在弦上,拉开弓等着射出去。比喻事态发展到了十分紧张的阶段,稍一触动就立即会爆发。

【一锤定音】 yī chuí dìng yīn　原指制造铜锣时,最后一锤决定锣的音色。比喻一句话或一个动作就决定了。〔例〕是导师的一句话起了～的作用,他被录取了。

【一蹴而就】 yī cù ér jiù　蹴:音促,踏。就:成功。踏一步就成功。比喻事情轻而易举,一下子就成功。〔例〕科学上的发明创造需要人们付出艰苦的劳动,绝不是～的。〔注意〕"蹴"不能读作 jiù。

【一刀两断】 yī dāo liǎng duàn　比喻坚决断绝关系。

【一得之功】 yī dé zhī gōng　一得:指很少的收获。功:成就。一点微小的成绩。〔例〕不要沾沾自喜于～,要永远保持谦虚谨慎。

【一得之见】 yī dé zhī jiàn　谦虚的说法,指自己对某个问题的见解。

【一定不易】 yī dìng bù yì　易:改变。确定不变的。〔例〕哪里有压迫,哪里就有反抗,这是～的道理。

【一发千钧】 yī fà qiān jūn　钧:三十斤。唐朝韩愈《与孟尚书书》:"其危如一发引千钧。"意思是危险得像千钧重品在一根头发上。比喻情况万分危急。〔例〕一辆汽车在通过铁道口时突然熄火,此时正有一列火车驶来。在这~的时候,几个路人奋不顾身地合力把汽车推出了轨道。又作"千钧一发"。

【一帆风顺】yī fān fēng shùn 船挂着满帆顺风行驶。比喻非常顺利,没有任何阻碍。

【一反常态】yī fǎn cháng tài 形容完全改变了平常的态度。

【一分为二】yī fēn wéi èr 为:成为。哲学用语,指事物作为矛盾着的统一体,都包含着相互矛盾对立的两个方面。现通常也指全面看待人或事物,看到积极方面,也看到消极方面。〔例〕对灿烂的中国古代文化要采取~的态度,剔除其糟粕,吸收其精华。

【一夫当关,万夫莫开】yī fū dāng guān, wàn fū mò kāi 唐朝李白《蜀道难》:"剑阁峥嵘而崔嵬,一夫当关,万夫莫开。"(剑阁:四川剑阁县大小剑山之间的栈道名剑阁,又名剑门关。峥嵘:山又高又陡。崔嵬:音催围,高大。)意思是山势又高又险,一个人把着关口,一万个人也打不进来。形容地势十分险要。〔例〕居庸关形势险要,~,历来是兵家必争之地。

【一改故辙】yī gǎi gù zhé 故:旧的。辙:车轮轧出的痕迹。彻底改变走惯了的老路。指坚决走上新路。〔例〕在大家的帮助下,他~,努力工作。

【一概而论】yī gài ér lùn 指处理事情或问题不分性质,不加区别,用同一标准来对待或处理(多用于否定)。〔例〕对不同问题,要根据不同情况作具体分析,不能~。

【一干二净】yī gān èr jìng 形容非常干净。也形容一点儿也不剩。〔例〕1.学生们把教室、楼道打扫得～，准备迎接新年的到来。2.孩子们把地里的麦穗捡得～，做到颗粒还家。

【一鼓作气】 yī gǔ zuò qì 《左传·庄公十年》："夫战，勇气也。一鼓作气，再而衰，三而竭。"意思是说，打仗是要凭勇气的。第一次击进军鼓，士气振奋。如果不趁着这股勇气向敌人进攻，等到第二次、第三次击鼓的时候，士兵的勇气就减退了，消失了。后用"一鼓作气"表示鼓足干劲，一口气完成。〔例〕还有三十方土的任务，我们要～，在收工前把它拿下来！

【一呼百诺】 yī hū bǎi nuò 呼：喊。诺：答应的声音。旧指有钱有势的人，只要喊一声，手下的人立刻都答应。形容有钱有势，仆从或响应者很多。

【一呼百应】 yī hū bǎi yìng 应：响应。一个人一呼喊，马上有很多人响应。〔例〕秦末陈胜、吴广揭竿而起，义军所到之处，～，出现了波澜壮阔的全国农民大起义的局面。

【一挥而就】 yī huī ér jiù 挥：挥动，这里指挥笔。就：成。一动笔就写成了。形容写字、写文章、画画非常快。〔例〕他想了一想，提起笔来～。

【一技之长】 yī jì zhī cháng 技：技能。长：长处。指有某种技能或特长。

【一见如故】 yī jiàn rú gù 故：故人，老朋友。初次见面就像老朋友一样合得来。〔例〕在火车上，他们两人～，谈得非常投机。

【一见钟情】 yī jiàn zhōng qíng 钟：集中。钟情：感情专注。指男女之间一见面就发生了爱情。

【一箭双雕】 yī jiàn shuāng diāo 雕：一种很凶猛的鸟，

能捕食山羊、野兔等。《北史·长孙晟（shèng）传》说，天上有两个大雕为争肉纠缠在一起，长孙晟用箭射去，一下射中两个雕。原指射箭技术高超。后比喻做一件事达到两个目的。

【一介不取】yī jiè bù qǔ 一介：也写作"一芥"，细小的东西。一点小东西也不拿。形容廉洁自律。

【一举成名】yī jǔ chéng míng 原指一旦中了科举就扬名天下。后指一下子就出了名。〔例〕《儒林外史》中对一个屡考不中，最后终于～的儒生作了辛辣的讽刺。

【一举两得】yī jǔ liǎng dé 举：动作，举动。做一件事得到两方面的好处。〔例〕荒山造林，～，既能生产木材，又能保持水土。

【一决雌雄】yī jué cí xióng 雌雄：比喻胜负。决一胜负。〔例〕这两个篮球队准备在运动会上～。

【一蹶不振】yī jué bù zhèn 蹶：音掘，栽跟头。振：振作。一跌倒就再也爬不起来。比喻遭受一次挫折之后就再也振作不起来。

【一刻千金】yī kè qiān jīn 一刻：短暂的时间。比喻时间非常宝贵。

【一孔之见】yī kǒng zhī jiàn 孔：小窟窿。从一个小窟窿里面所看到的。比喻狭隘片面的见解。〔例〕不要满足于个人的～，要虚心向他人学习。

【一览无余】yī lǎn wú yú 览：看。余：剩下。一下子就看清楚了。形容事物简单明了。

【一劳永逸】yī láo yǒng yì 逸：安逸。辛苦一次，把事情办好，以后就可以不再费力了。

【一了百了】 yī liǎo bǎi liǎo　了：了结、完成。把一件主要的事情了结以后，其余有关的事情也跟着了结。

【一鳞半爪】 yī lín bàn zhǎo　原指龙在云中，东露一鳞，西露半爪，看不到它的全貌。比喻零星片段的事物。〔例〕观察问题要全面，不要抓住～就轻率地下结论。参见"东鳞西爪"（93页）。

【一落千丈】 yī luò qiān zhàng　唐朝韩愈《听颖师弹琴》诗："跻攀分寸不可上，失势一落千丈强。"（跻：登，上升。）原指琴声陡然降落。后用来形容声誉、地位、情绪或经济状况等急剧下降。〔例〕辽沈、平津、淮海三大战役后，国民党军士气～，蒋家王朝的彻底垮台已成定局。

【一马当先】 yī mǎ dāng xiān　策马跑在最前面。形容处于领先位置。〔例〕在技术革新方面，他和车间的工人组成一个小组，～，成绩显著。

【一马平川】 yī mǎ píng chuān　能纵马飞奔的平地。形容地势平坦、开阔。〔例〕这边是平原，～，任你奔驰。

【一脉相承】 yī mài xiāng chéng　一脉：指联络贯通而成的一个系统。相承：前后、上下相承受。从同一血统、派别世代相承流传下来。指某种思想、行为或学说之间有继承关系。又作"一脉相传"。

【一脉相传】 yī mài xiāng chuán　见"一脉相承"（本页）。

【一毛不拔】 yī máo bù bá　《孟子·尽心上》："杨子取为我，拔一毛而利天下，不为也。"形容为人非常吝啬自私。〔例〕《儒林外史》描写一个～的守财奴，临死前还伸出两个指头，要人把油灯的两根灯芯减去一根。

【一面之辞】yī miàn zhī cí　面:方面。辞:又写作"词"。争执的双方中一方所说的话。〔例〕处理同事之间的争执,不能单凭～,要认真听取双方的意见。

【一面之交】yī miàn zhī jiāo　交:交情。只见过一面。指交情不深。〔例〕我和李文在那次会上有过～,不知他是否还记得我。

【一鸣惊人】yī míng jīng rén　《史记·滑稽列传》:"此鸟不飞则已,一飞冲天;不鸣则已,一鸣惊人。"(已:罢。)比喻平时没有突出的表现,一下子做出惊人的成绩。〔例〕在全国体操比赛中,不少新手～,创造出良好的成绩。

【一命呜呼】yī mìng wū hū　呜呼:古汉语叹词,旧时常用于祭文,后来借指死亡。指人死亡(含有风趣嘲讽的意味)。

【一模一样】yī mú yī yàng　样子完全相同。〔注意〕"模"不读 mó。

【一木难支】yī mù nán zhī　见"独木难支"(96 页)。

【一目了然】yī mù liǎo rán　目:看。了然:明明白白的样子。一眼就看得很清楚。〔例〕展览会的说明书写得简明扼要,使人对展览内容～。

【一目十行】yī mù shí háng　看书时同时可以看十行。形容看书非常快。〔例〕他趁着开车前的一个钟头,把这一本小说～地浏览了一遍。

【一年之计在于春】yī nián zhī jì zài yú chūn　一年之计:全年的安排和打算。谚语说:"一年之计在于春,一日之计在于晨。"意思是说,要在一年(或一天)开始时多做并做好工作,为全年(或全天)的工作打好基础。

【一念之差】yī niàn zhī chā　差:差错。一个念头的差错

（造成严重后果）。

【一诺千金】 yī nuò qiān jīn　诺：诺言。《史记·季布栾布列传》："得黄金百斤，不如得季布一诺。"许下的一个诺言有千金的价值。比喻说话算数，极有信用。

【一拍即合】 yī pāi jí hé　拍：打拍子。一打拍子就能与乐曲的节奏相合。比喻很容易、很快就和谐一致。〔例〕他们俩在这件事上～，所见略同，颇有找到知己的感觉。

【一盘散沙】 yī pán sǎn shā　比喻力量分散，没有组织起来。

【一贫如洗】 yī pín rú xǐ　穷得像用水洗过似的，什么都没有。形容十分贫穷。〔例〕解放前，我家～，常常吃了上顿没下顿。

【一曝十寒】 yī pù shí hán　曝：音瀑，晒。《孟子·告子上》："虽有天下易生之物也，一日暴之，十日寒之，未有能生者也。"（暴：同"曝"。）意思是说，虽然是最容易生长的植物，晒一天，冻十天，也不可能生长。后用"一曝十寒"比喻学习或工作一时勤奋，一时又懒散，没有恒心。〔例〕学习如果没有恒心，～，那是学不好的。〔注意〕"曝"不能读作 bào。

【一气呵成】 yī qì hē chéng　呵：呼气。一口气做成。形容文章结构紧凑，文气连贯。也比喻做一件事安排紧凑，迅速不间断地完成。〔注意〕"呵"不能读作 hā。

【一窍不通】 yī qiào bù tōng　比喻一点儿也不懂。

【一穷二白】 yī qióng èr bái　穷：指经济不发达。白：指文化科学落后。比喻基础差，底子薄。

【一丘之貉】 yī qiū zhī hé　丘：土山。貉：音盒，一种像狐狸的野兽。一个土山里的貉。比喻彼此同是丑类，没有什么差别。

【一日千里】yī rì qiān lǐ　比喻进展极快。〔例〕近20年，我国的各项建设～，呈现出良好的发展态势。

【一日三秋】yī rì sān qiū　《诗经·王风·采葛》："一日不见，如三秋兮。"意思是一天不见面，就像过了三年。后用"一日三秋"比喻分别时间虽短，却觉得很长。形容思念殷切。

【一如既往】yī rú jì wǎng　一：完全。如：像。既往：从前。指态度没有变化，完全像从前一样。〔例〕中国人民将～地支持世界各国人民争取和平的正义斗争。

【一身是胆】yī shēn shì dǎn　胆：胆量。形容胆量大，无所畏惧。〔例〕小张精明强干，机智灵活，～，是个优秀的侦察兵。又作"浑身是胆"。浑身：全身。

【一失足成千古恨】yī shī zú chéng qiān gǔ hèn　失足：跌跤。千古：长远的年代。比喻一旦犯下严重错误或堕落，就成为终身的恨事。

【一事无成】yī shì wú chéng　连一样事情都没有做成。指什么事情都做不成。形容毫无成就。〔例〕学习要求持之以恒，如果三天打鱼，两天晒网，就将～。

【一视同仁】yī shì tóng rén　一：相同，同一。仁：仁爱。同样看待，不分厚薄。

【一手包办】yī shǒu bāo bàn　包办：总揽一切，独自办理。指一人独揽，不让别人插手。

【一手遮天】yī shǒu zhē tiān　一只手把天遮住。形容依仗权势，玩弄手段，蒙蔽群众。

【一丝不苟】yī sī bù gǒu　苟：苟且，马虎。指做事认真细致，一点儿不马虎。〔例〕第十三车队工作～，车辆的每一个小毛病,他们都能随时发现,随时修理。

【一丝一毫】 yī sī yī háo　毫:一厘的十分之一。丝:一毫的十分之一。一点点儿。〔例〕他对工作极端负责,～也不放松。

【一塌糊涂】 yī tā hú tú　形容混乱或败坏到了不可收拾的程度。

【一潭死水】 yī tán sǐ shuǐ　潭:深水池。一池子死水。比喻停滞不前的沉闷局面。〔例〕"五四"运动打破了旧中国～的局面,开始了反帝反封建的民主革命的新阶段。

【一团和气】 yī tuán hé qì　本指态度和蔼可亲,现也指互相之间只讲和气,不讲原则。〔例〕不讲原则,不分是非,～,是不可能达到真正的团结的。

【一团漆黑】 yī tuán qī hēi　见"漆黑一团"(269页)。

【一网打尽】 yī wǎng dǎ jìn　比喻一个不漏地全部抓住或彻底肃清。〔例〕在群众的协助下,公安人员把一个流氓集团的头子,～,逮捕法办。

【一往情深】 yī wǎng qíng shēn　一往:一直。指对人或事物一直有很深的感情。

【一往无前】 yī wǎng wú qián　一往:一直向前进。无前:前面没有东西能阻挡。形容勇猛无畏地前进。〔例〕这支军队具有～的精神,勇敢善战,战无不胜。

【一望无际】 yī wàng wú jì　际:边。一眼望不到边。形容非常辽阔。

【一文不名】 yī wén bù míng　一文:一枚铜钱。名:占有。一个钱也没有。形容极为穷困。

【一无长物】yī wú cháng wù 见"别无长物"(22页)。

【一无可取】yī wú kě qǔ 没有一点儿可以肯定的地方。〔例〕他的建议虽然不全面,但也不是～。

【一无是处】yī wú shì chù 是:对的。没有一点儿对的或好的地方。〔例〕要全面看待一个人,不要因为他有某些缺点,就把他说得～。

【一无所长】yī wú suǒ cháng 没有一点儿专长。〔例〕他说自己～,其实这是客气话。

【一无所有】yī wú suǒ yǒu 什么也没有。〔例〕十几年前这里还是～的一片荒地,现在已经成为烟囱林立的工厂区。

【一无所知】yī wú suǒ zhī 什么也不知道。〔例〕两年没有通信,他目前的情况我已经～了。

【一物降一物】yī wù xiáng yī wù 俗语说:"卤水点豆腐,一物降一物。"指有一种事物,就会有另一种事物来制服它。〔例〕老李那张嘴厉害吧? 可一碰到老任就卡了壳了,真是～。

【一息尚存】yī xī shàng cún 一息:一呼一吸。还有一口气儿。指生命的最后阶段。〔例〕只要我～,就要继续工作,把这个项目攻下来。

【一相情愿】yī xiāng qíng yuàn 一相:原作"一厢",一边,比喻一方面。指只是单方面的愿望,没有考虑对方是否同意,或客观条件是否具备。

【一笑置之】yī xiào zhì zhī 置:放。笑一笑,就把它放在一边了。表示不当回事儿。

【一蟹不如一蟹】yī xiè bù rú yī xiè 宋朝无名氏《圣宋

摭遗》上说，陶谷奉命出使吴越，吴越王设宴招待。陶谷喜欢吃螃蟹，主人便在席上陈列了从大到小十多种螃蟹。陶谷看了笑着说："真所谓一蟹不如一蟹。"比喻一个不如一个，越来越差。

【一泻千里】yī xiè qiān lǐ　形容江河奔流直下，流得又快又远。也比喻文笔或乐曲气势奔放。〔例〕1. 金沙江穿行在川滇边界的深山狭谷间，江面狭窄，水流湍急，～。2. 《怒吼吧黄河》一曲，描写中国人民因五千年的苦难而怒吼，气势磅礴，～。

【一心一德】yī xīn yī dé　一德：信念一致。指大家一条心，为同一个目的努力。

【一心一意】yī xīn yī yì　只有一个心眼儿，没有别的考虑。〔例〕他多年来～钻研甲骨文，颇有创见。

【一言既出，驷马难追】yī yán jì chū, sì mǎ nán zhuī　既：已经。驷马：古代称同拉一辆车的四匹马。一句话说出了口，就是套上四匹马拉的车也难追上。指话说出口，就不能再收回，一定要算数。〔例〕～，这件事就这样说定了。

【一言为定】yī yán wéi dìng　一句话说定了，不再更改。〔例〕咱们～，各派三个人参加联合试验小组。

【一言以蔽之】yī yán yǐ bì zhī　蔽：遮，引申为概括。用一句话来概括。〔例〕他说了那么多话，～，就是要大家注意勤俭节约。

【一叶障目，不见泰山】yī yè zhàng mù, bù jiàn tài shān　障：遮住，挡着。泰山：中国的一座大山，在山东省。一片树叶挡住了眼睛，连面前高大的泰山都看不见。比喻为局部现象所迷惑，看不到全局或整体。〔例〕读书、做人都一样,要眼界开阔、想问题全面,不要～,而自以为是。

【一叶知秋】 yī yè zhī qiū 宋朝唐庚《文录》引唐人诗:"一叶落知天下秋。"意思是从一片树叶的凋落,知道秋天的到来。比喻通过个别的细微的迹象,可以看到整个形势的发展趋向与结果。

【一衣带水】 yī yī dài shuǐ 一条衣带那样狭窄的水。指虽有江河湖海相隔,但距离不远,不足以成为交往的阻碍。〔例〕中日两国是～的邻邦。

【一意孤行】 yī yì gū xíng 孤行:独自行事。指不接受别人的劝告,顽固地按照自己的主观想法去做。〔例〕工作中不了解情况,又不接受劝告,～,没有不失败的。

【一应俱全】 yī yīng jù quán 一应:所有一切。指(某一范围内的东西)统统都有。

【一语道破】 yī yǔ dào pò 道:说。破:揭穿。一句话就说穿了。〔例〕老王～了小张的秘密。

【一语破的】 yī yǔ pò dì 破的:射中箭靶,比喻击中要害。一句话就说中要害。〔例〕老马同志的话～,把解决问题的关键指出来了。

【一张一弛】 yī zhāng yī chí 张、弛:弓上弦叫张,卸下弦叫弛。《礼记·杂记下》:"一张一弛,文武之道也。"(文、武:指周文王和周武王。道:方法)这里以"张""弛"比喻"严""宽",意思是宽严相结合,是文王武王治理国家的方法。现用来比喻生活的松紧和工作的劳逸要合理安排。〔例〕古话说,～,你每天从早忙到晚,也应该适当休息一下。又作"文武之道,一张一弛"。〔注意〕"弛"不能写作"驰"。

【一着不慎,满盘皆输】 yī zhāo bù shèn, mǎn pán jiē

shū 着：下棋时下一子、走一步叫一着。原指下棋时关键性的一步棋走得不当，整盘棋就输了。比喻某一个对全局具有决定意义的问题处理不当，结果导致整个失败。〔注意〕"着"不读 zháo 或 zhuó。

【一朝一夕】yī zhāo yī xī　朝：早晨。夕：晚上。一个早晨或一个晚上。形容很短的时间。〔例〕写专著要做长期准备，不是～就能告成的。

【一针见血】yī zhēn jiàn xiě　比喻说话直截了当，切中要害。

【一枕黄粱】yī zhěn huáng liáng　见"黄粱一梦"（162页）。

【一知半解】yī zhī bàn jiě　知道得不全面，理解得也不透彻。〔例〕我对这个问题不过是～，实在不能给你什么帮助。

【一纸空文】yī zhǐ kōng wén　只是写在纸上没有兑现或不能兑现的东西（指条约、规定、计划等）。〔例〕一个规划没有切实有效的措施来保证，就有可能变成～。

【一掷千金】yī zhì qiān jīn　掷：音质，扔。千金：指许多钱。指用钱满不在乎，一花就是一大笔。〔例〕大款们～，挥霍无度，令人鄙弃。

【一字千金】yī zì qiān jīn　《史记·吕不韦列传》中说，秦国宰相吕不韦为了树立个人威信，让门客编了一部《吕氏春秋》，公布在咸阳城门上，说有能增减一个字的，就赏赐黄金千斤。后用"一字千金"称赞文辞精妙。

【一字之师】yī zì zhī shī　宋朝陶岳《五代史补》记载，齐己携《早梅》诗去拜访在袁州府的郑谷，其诗有"前村深雪里，昨夜数枝开"一句，郑谷认为"数枝非早也，未若一枝"，令齐己拜服。从此郑谷被人称为"一字师"。后用"一字之师"指能给人改正一个字的老师。

【衣冠楚楚】 yī guān chǔ chǔ 冠:帽子。楚楚:鲜明整洁的样子。衣帽穿戴得很整齐,很漂亮(多含诙谐、讽刺的意味)。

【衣冠禽兽】 yī guān qín shòu 穿戴着衣帽的禽兽。指虚有人的外表而品德极坏,行为像禽兽一样卑劣的人。

【衣锦还乡】 yī jǐn huán xiāng 衣:穿。穿着锦绣衣服返回故乡。指富贵后向家乡人炫耀。〔例〕他每次回老家,总是特意西服革履的,把一家人打扮得光鲜明亮,做出～的样子。

【衣衫褴褛】 yī shān lán lǚ 褴褛:(衣服)破烂。衣着破烂不堪。〔例〕那791～、形容枯槁的样子,给了他强烈的震撼,深深地留在他的记忆里。

【衣食父母】 yī shí fù mǔ 提供衣食的父母。比喻赖以生存的人。〔例〕对于出版社来说,作者和读者都是～。

【依然故我】 yī rán gù wǒ 依然:仍旧。故:老,旧。指人没有什么长进,还是从前的老样子。〔例〕小李懒懒散散,不抓紧学习,所以多年来～,没有什么进步。

【依然如故】 yī rán rú gù 故:过去的。没有变化,仍旧和过去一样。

【依违两可】 yī wéi liǎng kě 依:赞成。违:反对。两可:这样那样都可以。指态度犹豫,没有确定的意见。〔例〕究竟赞成还是反对,应当态度鲜明,不要～。

【依样画葫芦】 yī yàng huà hú lú 依:依照。样:样子。比喻单纯模仿,没有创新。〔例〕我们要学习先进厂的产品设计,但学习也要注意发挥创造性,不能～,照单全收。

【依依不舍】 yī yī bù shě　依依：留恋而不忍分离的样子。不舍：舍不得。形容舍不得离开。〔例〕临分手的时候，两人～，互相留下了地址。又作"依依难舍"。

【依依难舍】 yī yī nán shě　见"依依不舍"（本页）。

【怡然自得】 yí rán zì dé　怡然：喜悦的样子。自得：舒适。形容高兴而满足的样子。

【贻害无穷】 yí hài wú qióng　贻：音移，遗留。留下无穷的祸患。又作"遗害无穷"。

【贻人口实】 yí rén kǒu shí　贻：给。口实：话柄。指做事或说话不小心，给人家留下了话柄。

【贻笑大方】 yí xiào dà fāng　贻笑：见笑。《庄子·秋水》："吾长见笑于大方之家。"（大方：泛指有某种专长的人。）指让内行人笑话。又作"见笑大方"。

【移风易俗】 yí fēng yì sú　移：改变，变动。易：改换。改变旧的风俗习惯。

【移花接木】 yí huā jiē mù　把一种花木的枝条或嫩芽嫁接到另一种花木上。比喻暗中用手段更换人或事物来欺骗别人。

【移山倒海】 yí shān dǎo hǎi　搬动大山，翻倒大海。比喻人类改造自然的巨大力量和雄伟气魄。

【移樽就教】 yí zūn jiù jiào　樽：古代的酒器。就：凑近，靠近。端着酒杯离座到对方面前共饮，以便请教。比喻主动去向人请教。

【遗臭万年】 yí chòu wàn nián　遗：留下。臭：指坏名声。死后恶名一直流传，永远被人唾骂。

【遗害无穷】yí hài wú qióng　见"贻害无穷"（454页）。

【颐指气使】yí zhǐ qì shǐ　颐：腮帮。颐指：用腮帮子指挥人。气使：用神气支使人。不说话而用面部表情来示意。形容指挥别人时的傲慢态度。

【疑神疑鬼】yí shén yí guǐ　形容非常多疑。

【疑团莫释】yí tuán mò shì　疑团：疑问多，积成了团。释：消散。心里有很多疑问，没法解开。〔例〕这件事使不少人～，有必要做一次调查，澄清真相。

【以德报怨】yǐ dé bào yuàn　以：用。报：报答。不记别人的仇，反而给他好处。

【以毒攻毒】yǐ dú gōng dú　中医用语，指用含有毒性的药物治疗毒疮等恶性病。比喻利用不良事物本身的矛盾来反对不良事物，或利用恶人来对付恶人。

【以讹传讹】yǐ é chuán é　讹：音鹅，错误。指把本来就不正确的话又错误地传出去，越传越错。〔例〕古时候有个人跟别人说自己吐的痰里有一片羽毛，结果～，人们竟传说他吐出了一只鸭子。

【以耳代目】yǐ ěr dài mù　拿听到的代替亲眼看到的。指不亲自去调查了解，光听信别人说的。〔例〕领导干部做工作要深入群众，亲自了解情况，不能～，光听汇报。

【以攻为守】yǐ gōng wéi shǒu　以进攻做为防御的手段。〔例〕诸葛亮～，六出祁山，使魏国忙于防御而无暇进攻蜀国。

【以管窥天】yǐ guǎn kuī tiān　通过竹管看天。比喻观察、认识问题片面。参见"以蠡测海"（456页）、"管窥蠡测"（140页）。

【以己度人】 yǐ jǐ duó rén　度:音铎,揣摩,推测。用自己的心思(多指不好的)去揣度别人。〔注意〕"度"不读 dù。

【以儆效尤】 yǐ jǐng xiào yóu　以:用来。儆:音井,告诫,警戒。尤:过错。效尤:学着做坏事。指处理一个坏人或一件坏事,用来警告那些学着做坏事的人。

【以蠡测海】 yǐ lí cè hǎi　蠡:音梨,贝壳。用贝壳来量海。比喻观察和了解很狭窄很片面。参见"管窥蠡测"(140页)、"以管窥天"(455页)。

【以理服人】 yǐ lǐ fú rén　理:道理。服:说服,使心服。用道理来说服人。〔例〕开展批评,要摆事实,讲道理,~。

【以力服人】 yǐ lì fú rén　力:强制的力量。服:使服从,制服。用强制手段使人服从。

【以邻为壑】 yǐ lín wéi hè　壑:深谷,深沟。《孟子·告子下》记载,战国时,白圭自夸善于治水。孟子批评他说,你不是像夏禹那样疏通河道让水流到海里,而是单纯用筑堤挡水的办法使水流到别的国家,实际上是把邻国当作排泄洪水的沟壑。后用"以邻为壑"比喻只图自己一方的利益,把困难或祸害转嫁给别人。

【以卵击石】 yǐ luǎn jī shí　见"以卵投石"(本页)。

【以卵投石】 yǐ luǎn tóu shí　拿蛋去碰石头上。比喻不估计自己的力量,自取灭亡。又作"以卵击石"。

【以貌取人】 yǐ mào qǔ rén　貌:相貌。根据外貌来判断一个人的品质才能。〔例〕要从本质上去看一个人的好坏,不能~。

【以身试法】 yǐ shēn shì fǎ　试:尝试。试着亲身去做触犯法令的事。指明知故犯。

【以身殉职】 yǐ shēn xùn zhí 殉：为了某种目的而牺牲生命。为忠于本职工作而献出生命。〔例〕白求恩同志为了中国人民的解放事业，～，表现了崇高的无产阶级国际主义精神。

【以身作则】 yǐ shēn zuò zé 身：自身。则：准则，榜样。以自己的行动作出榜样。〔例〕作为部门领导，他处处～，要求别人做到的，自己首先必须做到。

【以售其奸】 yǐ shòu qí jiān 售：销售，推销。用来推行他的奸计。〔例〕野心家阴谋家往往利用人们的轻信，～。

【以往鉴来】 yǐ wǎng jiàn lái 往：过去。鉴：照，借鉴。来：未来。用过去的经验教训，作为以后办事的借鉴。

【以文会友】 yǐ wén huì yǒu 指通过文章交朋友。〔例〕通过参加两年一次的年会，～，他结识了不少学界朋友。

【以小人之心，度君子之腹】 yǐ xiǎo rén zhī xīn, duó jūn zǐ zhī fù 小人：指道德品质不好的人。君子：指品行高尚的人。度：音铎，猜测。用卑劣的心意去猜测品行高尚的人。〔注意〕"度"不读 dù。

【以眼还眼，以牙还牙】 yǐ yǎn huán yǎn, yǐ yá huán yá 语出基督教《旧约全书·申命记》。指对方怎么来，就怎么进行回击。后多比喻针锋相对地进行斗争。

【以逸待劳】 yǐ yì dài láo 逸：安逸。劳：疲劳。语出《孙子·军争》。指在战争中做好充分准备，养精蓄锐，等疲乏的敌人来犯时给以迎头痛击。〔例〕在游击战争中，我军常常～，以少胜多，把远道而来的敌人打得狼狈逃窜。

【以怨报德】 yǐ yuàn bào dé 报：报答。用怨恨来回报别人的恩惠。〔例〕寓言《中山狼传》叙述东郭先生救了一只受伤被人追逐的狼，狼在脱险后却～，要吃东郭先生充饥。

【倚官仗势】 yǐ guān zhàng shì　倚、仗：依靠，凭借。倚仗官府的权势。

【倚老卖老】 yǐ lǎo mài lǎo　倚：仗着。仗着岁数大，摆老资格。

【倚马可待】 yǐ mǎ kě dài　南朝宋刘义庆《世说新语·文学》记载，桓宣武(桓温)北征鲜卑，袁宏当时跟随前往，后被罚免去官职。碰巧需要露布文(使四方速闻的文书，不缄封露而宣布)，就叫袁宏倚在马前写作。袁宏手不停笔，一会儿就写了七张纸，文笔十分好。后用"倚马可待"比喻文思敏捷，文章写得又快又好。

【义薄云天】 yì bó yún tiān　义：正义。薄：迫近。云天：指高空。正义之气直上高空。形容为正义而斗争的精神极其崇高。

【义不容辞】 yì bù róng cí　义：道义。容：允许。辞：推托。道义上不允许推辞。〔例〕支援灾区，捐款捐物，是我们～的义务。

【义愤填膺】 yì fèn tián yīng　义愤：对违反正义的事情所产生的愤怒。膺：音英，胸。填膺：充满了胸腔。指满腔义愤。

【义无反顾】 yì wú fǎn gù　义：道义。反顾：回头看。从道义上只有勇往直前，不能犹豫回顾。

【义形于色】 yì xíng yú sè　义：正义。形：表现。色：脸色。仗义不平之气在脸上流露出来。

【义正辞严】 yì zhèng cí yán　理由正当充足，措词严正有力。

【亦步亦趋】 yì bù yì qū　步：走。趋：快走。《庄子·田子方》里说，颜渊对孔子说："夫子步亦步，夫子趋亦趋，夫子驰亦驰。"意思是说，你慢走我也慢走，你快走我也快走，你跑我也跑。后用"亦步亦趋"比喻由于缺乏主张，或为了讨好，事事模仿或追随别人。

【异端邪说】 yì duān xié shuō　异端：和正统思想不同的主张或教义。邪说：有害的学说。指错误的、非正统的观点、学说。〔例〕哥白尼的太阳系学说曾被当时的宗教势力看成是～，受到野蛮的压制。

【异乎寻常】 yì hū xún cháng　异：不同。乎：于。跟平常的情况很不一样。〔例〕今年雨水之多～，一定要提前做好防汛的准备工作。

【异军突起】 yì jūn tū qǐ　异军：另一支军队。比喻一支新生力量突然出现。〔例〕以鲁迅先生为代表的文化新军，在当时文坛上～，猛烈地冲击着反动势力。

【异口同声】 yì kǒu tóng shēng　异：不同的。大家说的都一样。

【异曲同工】 yì qǔ tóng gōng　曲：曲调。工：工巧，精致。唐朝韩愈《进学解》："子云相如，同工异曲。"（子云：扬雄的字。相如：司马相如。二人都是汉代文学家。）原意是说，两人的作品就像两支乐曲，虽然曲调不同，但却同样精致。比喻不同的文学艺术作品虽然作法和内容不一样，但都很出色。也比喻话的说法不一而用意相同，或一件事情的做法不同而都巧妙地达到目的。〔例〕这两类作品在取材和表现手法上有～之妙。又作"同工异曲"。

【异想天开】 yì xiǎng tiān kāi　异：奇异。指想法很不切

实际，非常奇怪。

【抑强扶弱】yì qiáng fú ruò 见"扶弱抑强"(118页)。

【抑扬顿挫】yì yáng dùn cuò 抑:降低。扬:提高。顿:停顿。挫:转折。指声音的高低起伏和停顿转折。

【易如反掌】yì rú fǎn zhǎng 像翻一下手掌那样容易。比喻事情非常容易做。

【意广才疏】yì guǎng cái shū 见"才疏意广"(45页)。

【意马心猿】yì mǎ xīn yuán 见"心猿意马"(414页)。

【意气风发】yì qì fēng fā 意气:意志和气概。风发:像刮风一样迅猛,比喻奋发。形容精神振奋,气概豪迈。〔例〕开幕式上,孩子们个个～,迈着整齐的步伐走在运动场上。

【意气相投】yì qì xiāng tóu 意气:志趣和性格。指志趣和性格相同的人,彼此投合(多用于褒义)。

【意气用事】yì qì yòng shì 意气:主观偏激的情绪。用事:办事。指以感情代替理智来对待事情。〔例〕办事情要讲原则,不能～,图一时的痛快。

【溢于言表】yì yú yán biǎo 指感情、意愿在言谈中流露出来。〔例〕看到她激动之情～,我们也受到了感染。

【毅然决然】yì rán jué rán 毅然:坚定地。决然:坚决地。意志坚决,毫不犹豫。

【因材施教】yīn cái shī jiào 指针对学习者的志趣、能力等具体情况进行不同的教育。〔例〕教师应该注意学生各方面的差异,以便～。

【因地制宜】yīn dì zhì yí 因:根据。制:制定。宜:适当。根据各地的具体情况,制定适宜的办法。

【因祸得福】 yīn huò dé fú 指坏事变成了好事。〔例〕他受伤住进医院,结识了美丽善良的女护士,结成百年之好,真是～啊!

【因陋就简】 yīn lòu jiù jiǎn 因:依着,沿袭。陋:简陋。就:将就,凑合。就着原来简陋的条件办事。

【因人成事】 yīn rén chéng shì 因:依靠。依靠别人的力量办成事情。

【因时制宜】 yīn shí zhì yí 根据不同时期的具体情况,采取适当的措施。〔例〕我们要～,积极鼓励农村乡镇兴办机械化或半机械化的养鸡场,以满足城市日益增长的需要。

【因势利导】 yīn shì lì dǎo 因:循,顺着。势:趋势。利导:引导。顺着事情发展的趋势,加以引导。

【因小失大】 yīn xiǎo shī dà 为了小的利益,造成大的损失。

【因循守旧】 yīn xún shǒu jiù 因循:照老样子不改。死守老一套,缺乏创新的精神。〔例〕人们摆脱～思想,大胆改革工艺,使产品产量和质量有了明显的提高。

【因循坐误】 yīn xún zuò wù 坐误:致使耽误。指情况有了变化,还照老一套办,因而耽误了事情。〔例〕今年"三秋"天气反常,我们应当立即改变原定收割计划,组织抢收,避免～。

【因噎废食】 yīn yē fèi shí 噎:食物堵住喉咙。废:停止。《吕氏春秋·荡兵》:"有以噎死者,欲禁天下之食,悖。"(饐:同"噎"。悖:音背 bèi,荒谬。)意思是说,因为有人吃饭噎死了,就想让天下人都不吃饭,这太荒谬了。比喻要做的事情由于出了点小毛病或怕出问题而索性不去干(含贬义)。

〔例〕因为害怕发生意外而禁止大家去游泳，这是～。

【阴差阳错】 yīn chā yáng cuò　见"阴错阳差"（本页）。

【阴错阳差】 yīn cuò yáng chā　由于偶然的因素而造成差错。〔例〕那趟失事航班上本来是有他的，可他临时改签了早一班飞机，～的躲过了一劫。又作"阴差阳错"。

【阴谋诡计】 yīn móu guǐ jì　阴谋：暗中做坏事的计谋。诡计：狡诈的计策。指暗地里策划坏事。

【音容宛在】 yīn róng wǎn zài　音：声音。容：容貌。宛：仿佛。仿佛还听到他的声音，还看到他的容貌神情。形容对死者的想念。

【音容笑貌】 yīn róng xiào mào　指人的声音、容貌和神情。多用于对死者的怀念。〔例〕老李去世两年了，但他的～，犹在眼前，好像他还在我们中间一样。

【殷鉴不远】 yīn jiàn bù yuǎn　殷：音因，商朝后期的称号。鉴：镜子，引申为教训。《诗经·大雅·荡》："殷鉴不远，在夏后之世。"（后：帝王。）意思是说，殷商可以作为教训的往事并不远，就在夏朝。指殷商子孙应以夏的灭亡为鉴戒。后泛指前人的教训就在眼前。

【吟风弄月】 yín fēng nòng yuè　吟：音银，吟咏。弄：玩弄，玩赏。旧指文人写作或朗诵以风月等自然景色为题材的作品。后多形容作品空虚无聊。

【银样镴枪头】 yín yàng là qiāng tóu　镴：音蜡，通常叫焊锡，颜色和银相似，很软。枪：旧式兵器，在长柄的一端安有金属尖。样子像银子实际是焊锡做的枪头。比喻外表很好看，实际上不中用。〔例〕《水浒》里的恶霸蒋门神是个～，武松只几拳便送了他的命。〔注意〕"镴"不能写作"蜡"。

【寅吃卯粮】yín chī mǎo liáng　寅、卯：我国农历纪年、纪时用的"地支"的次序，寅年在卯年之前。这一年吃了下一年的粮。比喻经济困难，收入不够支出，预先支用了以后的进项。

【引而不发】yǐn ér bù fā　引：拉弓。发：射箭。《孟子·尽心上》："君子引而不发，跃如也。"意思是说，善于教射箭的人，拉满了弓不射出去，却摆着跃跃欲射的样子，让人体会射箭的要领。后用"引而不发"比喻善于启发引导。也比喻做好准备暂不行动，以待时机。

【引吭高歌】yǐn háng gāo gē　引：拉，伸。吭：音航，嗓子。放开嗓子大声歌唱。〔例〕新年联欢会上，总少不了他为大家～。〔注意〕"吭"不能读作 kàng。

【引火烧身】yǐn huǒ shāo shēn　比喻自讨苦吃或自取灭亡。后也比喻主动暴露自己的缺点错误，以争取大家的批评帮助。

【引经据典】yǐn jīng jù diǎn　据：依据。引用经典书籍作为论证的依据。

【引狼入室】yǐn láng rù shì　比喻把坏人或敌人引入内部。

【引人入胜】yǐn rén rù shèng　引：吸引，引诱。胜：胜地，胜境，指美妙的境地或生动的情景。引人进入佳境。现多用来指风景或文艺作品特别吸引人。〔例〕山洞里流水汩汩，岸上石笋林立，钟乳悬垂，千态万状，～。

【引人注目】yǐn rén zhù mù　注目：注视，目光集中在一点上。吸引人们注意。〔例〕她性格内向，不善言辞。开会时总是坐在一个最不～的角落。

【引以为戒】 yǐn yǐ wéi jiè　戒:警戒。指把过去犯错误的教训拿来作为警戒,避免重犯。〔例〕大家对于过去几次因疏忽而导致的错误应～。

【饮泣吞声】 yǐn qì tūn shēng　饮泣:让眼泪往肚里咽。吞声:把哭声忍住。眼泪只能往肚里流,不敢哭出声来。形容受压迫时,忍受痛苦,不敢公开表露。〔例〕她一想起解放前在地主家～地过日子时的情景,就满腔悲愤。

【饮水思源】 yǐn shuǐ sī yuán　喝水的时候想起水是从哪儿来的。比喻不忘本。〔例〕～,我们永远不会忘记那位为人民而死的好县长。

【饮鸩止渴】 yǐn zhèn zhǐ kě　鸩:音阵,毒酒。《后汉书·霍谞(音须)传》:"譬犹疗饥于附子,止渴于酖毒,未入肠胃,已绝咽喉。"(附子:一种中药,有毒。酖:同"鸩"。)意思是说,就像拿附子来充饥,拿毒酒来解渴,还没下肚,喉咙就已经烂了。后用"饮鸩止渴"比喻用错误的办法解决眼前的困难而不顾后果。〔注意〕"鸩"不能写作"鸠",不能读作 jiū。

【隐恶扬善】 yǐn è yáng shàn　隐:藏匿。扬:宣扬。不谈人的坏处,光宣扬人的好处。语出《礼记·中庸》。

【隐晦曲折】 yǐn huì qū zhé　隐晦:不明显。曲折:转弯抹角。指写文章或说话时用隐隐约约、转弯抹角的方式来表达某种思想。〔注意〕"晦"不能读作 huǐ。

【隐姓埋名】 yǐn xìng mái míng　隐瞒自己的真实姓名,不让别人知道。

【应有尽有】 yīng yǒu jìn yǒu　尽:都,全。该有的全都有。形容很齐全。〔例〕别看这家商店小,居民急需的日用品却是～。

【英雄无用武之地】 yīng xióng wú yòng wǔ zhī dì 比喻有才能却没地方或机会施展。

【英姿焕发】 yīng zī huàn fā 英姿:英俊威武的姿态。焕发:光彩四射。形容英俊威武的样子。〔例〕穿上军装的新战士顿时~,一个个脸上挂着骄傲的笑意。

【英姿飒爽】 yīng zī sà shuǎng 飒爽:豪迈、矫健,很有精神。形容英俊威武、精神焕发的样子。〔例〕女兵们迈着整齐的步伐,~地走向比武场。又作"飒爽英姿"。

【莺歌燕舞】 yīng gē yàn wǔ 莺:黄莺。黄莺在歌唱,小燕子在飞舞。形容春天鸟儿喧闹活跃的景象。后常比喻蓬勃兴旺的景象。

【鹦鹉学舌】 yīng wǔ xué shé 鹦鹉:一种能模仿人说话声音的鸟。比喻人家怎么说,他也跟着怎么说(含贬义)。

【迎刃而解】 yíng rèn ér jiě 刃:刀口。解:分开。《晋书·杜预传》:"譬如破竹,数节之后,皆迎刃而解。"意思是说,劈竹子时,头上几节一破开,下面的顺着刀口自己就裂开了。比喻处理事情、解决问题很顺利。

【迎头赶上】 yíng tóu gǎn shàng 加紧追过最前面的。〔例〕我国的科学技术和国际先进水平相比还存在差距,但只要我们奋发图强,就一定能~。

【迎头痛击】 yíng tóu tòng jī 痛:狠狠地。迎上去给敌人以狠狠的打击。〔例〕长征胜利结束后,红军在陕北直罗镇一带给了来犯的敌人一个~。

【营私舞弊】 yíng sī wǔ bì 营:谋求。私:私利。舞弊:用欺骗的方式做坏事。因图谋私利而玩弄欺骗手段做犯法的事。

【蝇头微利】yíng tóu wēi lì　比喻非常微小的利润。又作"蝇头小利"。

【蝇头小利】yíng tóu xiǎo lì　见"蝇头微利"(本页)。

【蝇营狗苟】yíng yíng gǒu gǒu　营:指苍蝇飞动时发出的声音。苟:苟且,这里指不顾羞耻。比喻为了追逐名利,不择手段,像苍蝇一样飞来飞去,像狗一样的不识羞耻。又作"狗苟蝇营"。

【应对如流】yìng duì rú liú　应:回答。对:对答。流:水流,流利。形容答话很快,很流利。

【应付自如】yìng fù zì rú　应付:设法对待或处置。自如:活动不受阻碍。处理事情从容不迫,很有办法。〔例〕小张工作勤恳,又善于学习,所以虽然来的时间不长,对一般日常事务,已经可以～。

【应接不暇】yìng jiē bù xiá　暇:音霞,空闲。原形容景物繁多,来不及观赏。后多形容来人或事情太多,应付不过来。

【应运而生】yìng yùn ér shēng　应运:顺应天命。指顺应天命而降生。后泛指顺应时机而产生。〔例〕随着留学热的不断升温,各种应付英语考试的补习学校～。〔注意〕"应"不读 yīng。

【庸人自扰】yōng rén zì rǎo　庸人:平庸的人。自扰:自己惹出麻烦来。《新唐书·陆象先传》:"天下本无事,庸人扰之为烦耳。"后多作"天下本无事,庸人自扰之",指本来没事,自己找麻烦。

【永垂不朽】yǒng chuí bù xiǔ　垂:流传后世。朽:腐烂,磨灭。指光辉的事迹和伟大的精神永远流传,不会磨灭。〔例〕人民英雄～。

【勇猛精进】 yǒng měng jīng jìn　精进：猛进。勇敢有力地向前进。

【勇往直前】 yǒng wǎng zhí qián　往：去。勇敢地一直向前进。

【用兵如神】 yòng bīng rú shén　用兵：使用军队作战。形容擅长指挥军队打仗。〔例〕战争年代，将军足智多谋，～，常常打得敌人摸不着头脑。

【用心良苦】 yòng xīn liáng kǔ　良：很。指很费心思。〔例〕为了安排两人见面而又不使当事人觉得不自然，他想了好几种方案，真是～。

【优柔寡断】 yōu róu guǎ duàn　优柔：犹豫不决。寡：少。断：决断。指做事犹豫，缺乏决断。〔例〕指挥员如果在战场上～，就会贻误战机，造成严重损失。

【优胜劣败】 yōu shèng liè bài　指生物在生存竞争中适应力强的保存下来，适应力差的被淘汰。这是达尔文进化论的一个基本论点。〔例〕生物界在自然选择中，一般情况下，总是～，适者生存。

【优哉游哉】 yōu zāi yóu zāi　优、游：悠闲无事。哉：古汉语感叹词。指生活悠闲自在。

【忧患余生】 yōu huàn yú shēng　忧患：困苦患难。余生：剩下的生命。指饱经患难之后侥幸保全下来的生命。〔例〕陈老先生在旧社会备尝辛酸，～，因此分外热爱新社会。

【忧心忡忡】 yōu xīn chōng chōng　忧：忧愁。忡：音冲。忡忡：忧愁不安的样子。形容心事重重，非常忧愁。

【忧心如焚】 yōu xīn rú fén　焚：烧。心里愁得像火烧一样。形容非常忧虑焦急。〔例〕"九一八"事变后，爱国志士目击山河破碎,无不～。

【悠然自得】 yōu rán zì dé　悠然:悠闲的样子。自得:内心感到得意。形容神态从容,心情舒适。

【犹豫不决】 yóu yù bù jué　拿不定主意。〔例〕他性格优柔寡断,常常在关键时刻～。

【油腔滑调】 yóu qiāng huá diào　油、滑:不严肃。腔、调:指说话的声调、语气。形容说话轻浮油滑,不诚恳,不严肃。

【油头粉面】 yóu tóu fěn miàn　形容人打扮得妖艳轻浮(含贬义)。〔例〕她见他第一面时,就觉得他～的让人讨厌。

【油头滑脑】 yóu tóu huá nǎo　形容人又轻浮,又狡猾。

【油嘴滑舌】 yóu zuǐ huá shé　形容说话油滑,耍嘴皮子。

【游刃有余】 yóu rèn yǒu yú　游:移动。刃:刀刃。有余:有余地。《庄子·养生主》里说,一个厨师宰牛的技术非常熟练,对牛身骨骼构造了解得非常清楚。他宰牛的时候,刀子能在牛骨缝里灵活地移动,没有一点阻碍。而且骨缝还显得很宽,刀刃在里面还大有活动余地。后用“游刃有余”比喻工作熟练,有实际经验,解决问题毫不费事。〔例〕他担任过市运动会的总裁判,现在组织一个学校的运动会,真是～。

【游手好闲】 yóu shǒu hào xián　游手:指闲着手不干事。好闲:喜欢安逸。指人游荡懒散,不愿参加工作或劳动。

【有案可查】 yǒu àn kě chá　案:档案,文件。指有证据可查。又作“有案可稽”。

【有案可稽】 yǒu àn kě jī　见“有案可查”(本页)。

【有备无患】 yǒu bèi wú huàn　事先有准备,就可以避免祸患。〔例〕我们必须提高警惕，加强战备，做到～。

【有的放矢】 yǒu dì fàng shǐ　的：箭靶子。矢：箭。放箭要对准靶子。比喻说话做事有针对性。〔例〕有经验的老师会根据学生的薄弱环节～，这样的教学才会收到好的效果。

【有过之而无不及】 yǒu guò zhī ér wú bù jí　过：超过。不及：不如。相比之下，只有超过而不会不如(多用于坏的方面)。又作"有过之，无不及"。

【有过之，无不及】 yǒu guò zhī, wú bù jí　见"有过之而无不及"(本页)。

【有机可乘】 yǒu jī kě chéng　乘：趁。机：机会。有空子可钻。又作"有隙可乘"。

【有加无已】 yǒu jiā wú yǐ　已：停止。不停地增加或事态发展越来越厉害(多用于贬义)。

【有教无类】 yǒu jiào wú lèi　无类：不分类别。不管什么人都可以受到教育。语出《论语·卫灵公》。

【有口皆碑】 yǒu kǒu jiē bēi　皆：全，都。碑：石碑，用以记载人生前的功德。比喻人人称赞。〔例〕对他这几年的政绩，大家是看在眼里并且～的。

【有口难分】 yǒu kǒu nán fēn　分：分辩。有口也难以分辩。形容很难分辩，无法说清。

【有口难言】 yǒu kǒu nán yán　言：说。有话不便说或不敢说。〔例〕经理一厢情愿的一番慷慨陈词，让在坐的人面面相觑，～。

【有口无心】 yǒu kǒu wú xīn　嘴上说了，心里可没那么想。指不是有心说的。

【有名无实】yǒu míng wú shí　光有空名,实际上并不是那样。

【有目共睹】yǒu mù gòng dǔ　睹:看见。指非常明显,谁都看得见。〔例〕我国近二十年以来的建设成就,是～的。

【有目共赏】yǒu mù gòng shǎng　赏:赞赏,欣赏。谁看见了都赞赏。〔例〕徐悲鸿画的奔马,矫健神俊,～。

【有气无力】yǒu qì wú lì　形容人身体虚弱无力或精神不振作。〔例〕他这次可真病得不轻,连说话都～的。

【有求必应】yǒu qiú bì yìng　只要有人请求帮助,就一定答应。〔例〕他为人热心,～,所以大家有困难总愿意找他。

【有声有色】yǒu shēng yǒu sè　形容说话或表演精彩生动。

【有始有终】yǒu shǐ yǒu zhōng　有开头也有收尾。指做事能坚持到底。〔例〕他们几个人坚持参加外语培训班,做到～。

【有恃无恐】yǒu shì wú kǒng　恃:音事,依仗,依靠。恐:害怕。因为有所依仗而毫不害怕,或毫无顾忌(含贬义)。〔注意〕"恃"不能写作"持",不能读作 chí。

【有条不紊】yǒu tiáo bù wěn　紊:乱。《尚书·盘庚上》:"若网在纲,有条而不紊。"(纲:网上的大绳。)意思是说,像拴在大绳上的网一样,有条理而不紊乱。形容有条有理,一点不乱。〔例〕无论怎样头绪纷繁的事,他都能～、从容不迫地处理。

【有头无尾】yǒu tóu wú wěi　有开头没有收尾。指没有把事情做完。〔例〕做什么事都要善始善终,不能～。

【有闻必录】yǒu wén bì lù　闻:听到的。录:记录。听到什么,不管对不对,全都记录下来。〔例〕一个记者采写什么,不写什么,其实是有选择的,一般不会是～。

【有隙可乘】yǒu xì kě chéng　见"有机可乘"(469页)。

【有血有肉】yǒu xuè yǒu ròu　比喻文艺作品中的人物形象生动、丰满。〔例〕这部小说成功地塑造了一个农民起义领袖的形象,写得～,非常生动。

【有眼不识泰山】yǒu yǎn bù shí tài shān　泰山:我国的名山,在山东。比喻见闻太少,认不出地位高或本领大的人(含有风趣的意味)。

【有眼无珠】yǒu yǎn wú zhū　珠:眼珠。没长眼珠子。用来责骂人瞎了眼,看不见某人或某事物的伟大或重要。

【有以善处】yǒu yǐ shàn chǔ　以:用来。善:妥善。处:处理,对待。指正确对待,妥善处理。〔例〕希望你从这次错误中吸取教训,～。

【有勇无谋】yǒu yǒng wú móu　只有勇气,没有计谋。

【有则改之,无则加勉】yǒu zé gǎi zhī, wú zé jiā miǎn　之:它,这里指缺点错误。加:加以。勉:勉励。对别人给自己指出的缺点错误,如果有,就改正,如果没有,就用来勉励自己。

【牖中窥日】yǒu zhōng kuī rì　牖:窗户。窥:看。从窗中看太阳,较为显著。比喻学识浅的人成见少,易于接受新知识。

【诱敌深入】yòu dí shēn rù　诱:引诱。指把敌人引进来,使它处于孤立而又不易逃跑的不利地位。

【于今为烈】 yú jīn wéi liè　于:在。烈:厉害。常与"古已有之"连用。意思是说,某件事过去就已经有过,不过现在的更加厉害罢了。

【余音绕梁】 yú yīn rào liáng　余音:指音乐奏完以后好像还留在耳边的声音。梁:屋梁。《列子·汤问》上说,有个叫韩娥的到齐国去,在路上断了粮,便以歌唱求食。唱完离开以后,歌声还绕着屋梁三天不绝。后用"余音绕梁"形容歌声优美,给人留下难忘的印象。〔例〕她唱得优美动人,真是~,令人难忘。

【余勇可贾】 yú yǒng kě gǔ　余:多余的。贾:音古,卖。《左传·成公二年》记载,齐晋两国交战,齐国的高固冲进晋军的队伍,夺了对方的战车,回来后夸耀说:"欲勇者,贾余(我)余勇。"意思是说,我还有余力可卖,谁要就可以来买。后用"余勇可贾"表示还有力量没有用完。〔注意〕"贾"不读jiǎ。

【鱼贯而行】 yú guàn ér xíng　贯:连贯。像游鱼一样一个跟着一个地接连着走。形容一个跟一个地前进。〔例〕追剿部队~,通过了危险的老虎岩。

【鱼龙混杂】 yú lóng hùn zá　比喻坏的和好的混在一起。常与"泥沙俱下"连用。〔例〕改革开放给中国带来了无限生机和空前繁荣,但也难免泥沙俱下,~。

【鱼目混珠】 yú mù hùn zhū　拿鱼眼睛冒充珍珠。比喻用假的冒充真的。〔例〕他精于鉴别古代书画法帖,在他面前休想~。

【愚公移山】 yú gōng yí shān　《列子·汤问》里的一个寓言说,古代有个叫北山愚公的老人要铲平家门前挡路的两座大山。他的邻居智叟认为不可能。他回答说，我死了还有儿子，儿子死了还有孙子，子子孙孙没有穷尽，但山却是不会增高的，铲一点就低一点，为什么铲不平呢？比喻坚持不懈地改造自然和坚定不移地进行斗争。

【愚昧无知】 yú mèi wú zhī　愚：愚笨，不聪明。昧：糊涂，不明白。形容又愚笨又没有知识。

【与虎谋皮】 yǔ hǔ móu pí　跟老虎商量要它的皮。原作"与狐谋皮"。比喻跟恶人商量要他放弃自己的利益，绝对办不到。〔例〕向霸权主义者乞求和平，这岂不是～！

【与人为善】 yǔ rén wéi shàn　与：赞成。为：做。善：好的。指赞成人学好。现指善意帮助人。〔例〕批评的态度应当是严肃的，但又是～的。

【与日俱增】 yǔ rì jù zēng　与：跟着。俱：一起。随着时间一天一天地增长。形容不断增长。〔例〕随着学习成绩的不断提高，女儿对自己的信心也～。

【与时俱进】 yǔ shí jù jìn　时：时间。俱：一起，一同。进：前进。与时间一起前进。指不断进取，永不停滞。〔例〕科学研究需要～，不断创新。

【与世无争】 yǔ shì wú zhēng　不跟社会上的人发生争执。这是一种消极的回避矛盾的处世态度。后也指超然达观的处世哲学。

【与众不同】 yǔ zhòng bù tóng　跟大家不一样。〔例〕他的办法～，很值得试一试。

【羽毛未丰】 yǔ máo wèi fēng　丰：丰满。指小鸟没长成，身上的毛还很稀疏。比喻年纪轻，经历少，不成熟，或力量还不够强大。

【雨过天青】 yǔ guò tiān qīng　见"雨过天晴"（本页）。

【雨过天晴】 yǔ guò tiān qíng　雨后转晴。也比喻政治上由黑暗到光明。又作"雨过天青"。

【雨后春笋】 yǔ hòu chūn sǔn　指春天下雨后，竹笋一下子就长出来很多。比喻新事物迅速大量地涌现出来。〔例〕1927年，闽西革命根据地建立以后，各级革命政权像～般地建立了起来。

【语无伦次】 yǔ wú lún cì　伦、次：条理，次序。话讲得乱七八糟，毫无次序。

【语焉不详】 yǔ yān bù xiáng　语：说话。焉：古汉语助词。指虽然提到了，但说得不详细。〔例〕他信上虽然提到这事，但～，请你再介绍一番。

【语重心长】 yǔ zhòng xīn cháng　话深刻有力，情意深长。〔例〕老校长～地嘱咐我："你第一次担任领导工作，希望你永远不脱离群众，做一个真正的人民勤务员。"

【玉洁冰清】 yù jié bīng qīng　像玉那样洁白，像冰那样清净。形容人心地纯洁，品行端正。

【玉石俱焚】 yù shí jù fén　《尚书·胤（音印 yìn）征》："火炎昆冈，玉石俱焚。"（炎：燃烧。昆冈：出玉的山。）意思是大火烧了昆冈，美玉和石头一起烧坏。比喻好坏不分，同归于尽。

【郁郁寡欢】 yù yù guǎ huān　郁郁：苦闷的样子。寡：少。闷闷不乐。〔例〕李老先生自从失去老伴以后，一直～。

【浴血奋战】 yù xuè fèn zhàn　浴血：指浑身是血。形容顽强地拼死战斗。〔例〕黄巢农民起义军十年～，动摇了唐王朝的统治。

【欲盖弥彰】 yù gài mí zhāng　盖:遮掩。弥:更加。彰:明显。想掩盖坏事的真相,结果反而更明显地暴露了出来。

【欲壑难填】 yù hè nán tián　欲:欲望。壑:深谷。形容欲望像深谷一样,很难填满。指贪心重,没法满足。

【欲加之罪,何患无辞】 yù jiā zhī zuì, hé huàn wú cí　欲:要。之:古汉语代词。患:忧虑,担心。辞:言语,这里指借口。语出《左传·僖公十年》。要想加罪于人,不愁找不到罪名。指故意找借口诬害人。

【欲擒故纵】 yù qín gù zòng　擒:捕捉。纵:放走。故意先放开他,使他放松戒备,充分暴露,然后再把他捉住。比喻为了更好地控制,故意放松一下。

【欲取姑予】 yù qǔ gū yǔ　见"将欲取之,必先与之"(182页)。

【欲速则不达】 yù sù zé bù dá　速:快。达:到。指过于性急图快,反而不能达到目的。〔例〕学习必须循序渐进,~,容易造成消化不良。

【鹬蚌相持,渔翁得利】 yù bàng xiāng chí, yú wēng dé lì　见"鹬蚌相争,渔翁得利"(本页)。

【鹬蚌相争,渔翁得利】 yù bàng xiāng zhēng, yú wēng dé lì　鹬:音育,一种长嘴的水鸟。《战国策·燕二》中一个寓言说,蚌正在张开壳晒太阳,鹬去啄它的肉,被蚌夹住了嘴。双方相持不下,结果被渔翁一起捉住。比喻双方争执不下,两败俱伤,让第三者占了便宜。〔例〕战国时代,东方的六国互相争夺,结果是~,逐一被秦国攻破吞并。又作"鹬蚌相持,渔翁得利"。

【冤家路窄】 yuān jiā lù zhǎi　冤家:仇人。仇敌相逢在窄路上。指仇人或不愿意见面的人偏偏相遇。

【冤冤相报】yuān yuān xiāng bào　指仇人之间互相报复不止。

【元方季方】yuán fāng jì fāng　南朝宋刘义庆《世说新语·德行》载,东汉陈寔有两个儿子,一个是元方,一个是季方,二人皆以才德著称。有一次元方、季方的儿子在谈论谁的父亲功德为大时争执不决,同去问祖父陈寔,陈寔说:"元方难为兄,季方难为弟。"意思是兄弟俩都一样难得。参见"难兄难弟"(251页)。

【原封不动】yuán fēng bù dòng　封:封口。原来贴的封口没有动过。比喻完全按照原样,一点不加变动。〔例〕学习先进技术应当同本国的具体情况结合起来,而不应当～地照搬。

【原形毕露】yuán xíng bì lù　毕:完全。本来面目完全暴露。指伪装被彻底揭开。

【原原本本】yuán yuán běn běn　原:原来。本:本来。从头到尾按原来的样子。指详细叙述事情的全部起因和整个过程,一点不漏。〔例〕他喝了口水,然后把事情的经过～、一五一十地说了一遍。

【圆凿方枘】yuán záo fāng ruì　见"方枘圆凿"(107页)。

【缘木求鱼】yuán mù qiú yú　缘木:爬树。《孟子·梁惠王上》:"以若所为,求若所欲,犹缘木而求鱼也。"意思是按你的做法而要得到你所希望的,就像爬到树上去捉鱼一样。比喻方向或办法不对头,不可能达到目的。

【源源不断】yuán yuán bù duàn　见"源源不绝"(本页)。

【源源不绝】yuán yuán bù jué　源源:继续不断的样子。

形容接连不断。〔例〕每年都有许多农业机械和农药化肥～地从城市运往农村。又作"源源不断"。

【源远流长】yuán yuǎn liú cháng 源头很远,水流很长。比喻历史悠久。〔例〕中国文化～,给我们留下了许多珍贵的遗产。

【远见卓识】yuǎn jiàn zhuó shí 卓:卓越,高超。有远大的眼光和高明的见解。〔例〕厂长让职工轮流参加技术培训,几年下来,就为厂子带来了丰厚的效益,充分显示了他的～。

【远交近攻】yuǎn jiāo jìn gōng 联络距离远的国家,进攻邻近的国家。这是战国时秦国采用的一种外交策略,利用敌方矛盾,各个击破,最后并吞六国,统一中国。后也指待人处世的一种手段。

【远水不解近渴】yuǎn shuǐ bù jiě jìn kě 比喻慢的办法救不了急。〔例〕正在浇麦的当口坏了水泵,县里虽有修理站,也是～,不如咱们自己赶紧修理吧。又作"远水不救近火"。

【远水不救近火】yuǎn shuǐ bù jiù jìn huǒ 见"远水不解近渴"(本页)。

【远走高飞】yuǎn zǒu gāo fēi 指像野兽那样远远跑掉,像鸟儿那样高高飞走。比喻人跑到很远的地方去。多指摆脱困境去寻找出路。〔例〕林冲杀了陆虞候,自知高俅不会罢休,不如～,投奔梁山泊。

【怨声载道】yuàn shēng zài dào 载:充满。道:道路。怨恨的声音充满道路。形容人民群众普遍怨恨不满。〔例〕清政府对外屈膝投降,对内镇压人民,连年的灾荒,加上苛捐杂税,使百姓～。

【怨天尤人】 yuàn tiān yóu rén　怨：怨恨。天：这里指命运。尤：责怪，归罪。指遇到挫折或出了问题，一味抱怨命运，责怪别人。

【约定俗成】 yuē dìng sú chéng　约定：共同议定。俗：大众中形成的风俗习惯。指事物的名称或社会习惯往往是由人民群众经过长期社会实践而确定或形成的。〔例〕汉字简化工作的方针是～，就是在社会习惯的基础上因势利导，尽可能采用已经流行的简化字。

【刖趾适屦】 yuè zhǐ shì lǚ　见"削足适履"(424页)。

【跃然纸上】 yuè rán zhǐ shàng　跃然：活跃的样子。活跃地呈现在纸上。形容文学作品叙述描写真实生动。〔例〕这篇小说情节曲折，描写生动，少先队员天真而机智的形象～。

【跃跃欲试】 yuè yuè yù shì　跃跃：迫切想要动作的样子。欲：要。形容急切地想试试。〔例〕公开招聘经理的告示一帖出，不少人～。

【越俎代庖】 yuè zǔ dài páo　越：超过。俎：音组，古代祭祀时盛牛羊祭品的器具。庖：音袍，厨师。《庄子·逍遥游》："庖人虽不治庖，尸祝不越樽俎而代之矣。"(治：从事。祝：主持祭祀的人。樽：盛酒的器具。)意思是即使厨师不在厨房做饭，司祭也不能放下祭品去替他下厨房。后用"越俎代庖"比喻超出自己职务范围去处理别人所管的事。〔例〕教师要引导学生自己去分析问题，解决问题，只要学生自己能干的事，就不要～。〔注意〕"庖"不能读作 bāo。

【晕头转向】 yūn tóu zhuàn xiàng　晕：头昏。转向：迷失方向。头脑发晕，辨不清方向。

【云谲波诡】 yún jué bō guǐ 谲:音决,欺诈。诡:音鬼,欺诈,奸滑。好像云彩和水波那样,千态万状,不可捉摸。形容事物变幻莫测。〔例〕在～的国际斗争中,周总理表现了非凡的外交才能,立下了不朽的功勋。又作"波谲云诡"。

【云山雾罩】 yún shān wù zhào 山被云雾笼罩,让人看不清它的真面目。比喻不着边际,故弄玄虚,暧昧不明。〔例〕听他说得～,大家面面相觑,将信将疑。

【芸芸众生】 yún yún zhòng shēng 芸芸:众多的样子。众生:佛家指一切有生命的东西。原指世间的一切生灵。后泛指普通人。

【运筹帷幄】 yùn chóu wéi wò 筹:谋划。帷幄:音围握,古时军中帐幕。《汉书·高帝纪》:"夫运筹帷幄之中,决胜千里之外,吾不如子房。"(子房:张良的字。)意思是在帐幕里出谋划策,决定千里外战斗的胜利,我不如张良。后用"运筹帷幄"指拟订作战策略。引申为筹划,指挥。〔例〕毛主席～,用兵如神,指挥我军打了那么多大胜仗,在战争史上是少见的。

【运斤成风】 yùn jīn chéng fēng 斤:斧。《庄子·徐无鬼》里说,有一个郢人鼻尖上沾上了刷墙的白灰,让姓石的木匠砍掉它。木匠抡起斧头,一阵风声过后,白灰尽落而鼻子完好无伤。后用"运斤成风"形容技法纯熟。

【运用之妙,存乎一心】 yùn yòng zhī miào, cún hū yī xīn 妙:巧妙,指灵活性。存乎:在于。心:思考。《宋史·岳飞传》记载,岳飞对宗泽说:"阵而后战,兵法之常,运用之妙,存乎一心。"意思是摆好阵势以后出战,这是打仗的常规,但运用得巧妙灵活,全在于善于思考。指高超的指挥作战的艺术。

【运用自如】yùn yòng zì rú　自如:活动不受阻碍。运用得非常熟练自然。〔例〕学习外语,要结合实际,在听、说、读、写各方面不断练习,才能～。

Z

【杂乱无章】zá luàn wú zhāng　章：条理。乱七八糟，没有条理。〔例〕这篇文章层次不清，～，让人抓不住中心。

【再接再厉】zài jiē zài lì　接：交战。厉：原作"砺"，磨快。语出唐朝韩愈、孟郊《斗鸡联句》中孟郊的诗句。指公鸡相斗，每次交锋以前先磨一下嘴。后用"再接再厉"比喻继续努力，再加一把劲。

【再衰三竭】zài shuāi sān jié　竭：用尽。这是"再而衰，三而竭"的缩略语。指力量一再消耗，已经衰减耗竭。〔例〕斯大林格勒之战是第二次世界大战的转折点，希特勒的军队从此越战越弱，～，再也没有大举进攻的力量了。参见"一鼓作气"（442页）。

【在劫难逃】zài jié nán táo　劫：佛教用语，梵语译音"劫簸"的省略，指大灾难。迷信的人认为命里注定要遭受的灾难是无法逃脱的。有时也用来指某种灾害不可避免。

【在所不辞】zài suǒ bù cí　决不推辞。〔例〕解放军是人民的子弟兵，只要人民需要，即使赴汤蹈火，也～。

【在所不惜】zài suǒ bù xī　决不吝惜。〔例〕为了人民的利益，就是献出自己的生命，也～。

【在所难免】zài suǒ nán miǎn　难于避免。〔例〕工作中犯错误是～的，重要的是从中吸取教训，避免再犯。

【载歌载舞】 zài gē zài wǔ　载:音在,古汉语助词,"载……载……"表示同时做两种动作。边唱歌,边跳舞。形容尽情欢乐。〔例〕联欢晚会上,演员们～,气氛十分热烈。

【载舟覆舟】 zài zhōu fù zhōu　载:承载。覆:倾覆。《荀子·王制》:"水则载舟,水则覆舟。"意思是,水可以使船浮起来,也可以使船倾覆。后用"载舟覆舟"比喻百姓是决定政权兴衰的根本力量。

【赞不绝口】 zàn bù jué kǒu　赞:称赞。绝:停。不住口地称赞。〔例〕小孙放假回家,放下背包就去帮父母干活儿,村里的人～。

【凿壁偷光】 záo bì tōu guāng　晋朝葛洪《西京杂记》卷二记载,匡衡勤学而无烛,见邻家有烛,于是在墙上凿洞引光而读书。后用"凿壁偷光"指勤奋学习。〔例〕古人"囊萤映雪""～"的故事特别值得今天条件优越的孩子学习。

【造谣惑众】 zào yáo huò zhòng　惑:迷惑。制造谣言,迷惑群众。

【造谣生事】 zào yáo shēng shì　制造谣言,挑起事端。

【造谣中伤】 zào yáo zhòng shāng　中伤:诬蔑别人,使受损害。制造谣言,陷害别人。〔注意〕"中"不读 zhōng。

【责无旁贷】 zé wú páng dài　责:责任。贷:推卸。自己应尽的责任,不能推卸给旁人。〔例〕保护环境是我们每个人的～。

【责有攸归】 zé yǒu yōu guī　攸:所。归:归属。是谁的责任,就该归谁承担。指分内的责任不容推卸。

【择善而从】 zé shàn ér cóng　择:选择。从:跟随,听从。指选择好的,按照好的做。〔例〕我们要～,学习别人的长处。

【啧有烦言】 zé yǒu fán yán　啧：音责，争论。烦言：气愤或不满的话。形容议论纷纷，抱怨责备。〔例〕物业管理中的问题常常让住户～。

【贼喊捉贼】 zéi hǎn zhuō zéi　做贼的人喊捉贼。比喻坏人为了自己逃脱，故意制造混乱，转移目标，把别人说成是坏人。

【债台高筑】 zhài tái gāo zhù　《汉书·诸侯王表序》注说，战国时代，周赧（nǎn）王向人借债很多，没钱归还，债主常常来讨债，逼得他逃到宫里一个高台上躲避，后人就称这个台为"逃债台"。后用"债台高筑"形容欠债很多。

【沾沾自喜】 zhān zhān zì xǐ　沾沾：自得的样子。形容自以为不错而得意的样子。〔例〕工作有一点成绩就～，满足于现状，势必妨碍进步。

【瞻前顾后】 zhān qián gù hòu　瞻：往前看。顾：向后看。看看前面，又看看后面。形容做事之前考虑周密慎重。也形容顾虑太多，犹豫不决。〔例〕1. 对付她这种人，一定要～，留有余地，免得让她抓住把柄。2. 这件事要抓紧时机，早下决断，不要～，犹豫不决。

【斩草除根】 zhǎn cǎo chú gēn　斩草：割草。除草时要连根除掉，使草不能再长。比喻除去祸根，以免后患。又作"剪草除根"。剪：除掉。

【斩钉截铁】 zhǎn dīng jié tiě　形容说话或行动坚决果断。〔例〕这件事他处理得～，一点余地也不留。

【崭露头角】 zhǎn lù tóu jiǎo　崭：高出。比喻突出地显露出才能和本领。〔例〕12岁时，她已在全国体操锦标赛上～。〔注意〕"崭"不能写作"暂"。

【辗转反侧】zhǎn zhuǎn fǎn cè　辗转：翻来覆去。反侧：反覆。《诗经·周南·关雎》："悠哉悠哉，辗转反侧。"意思是想得很久很久，翻来覆去不能安睡。现形容心里有事，躺着翻来覆去地睡不着觉。

【战天斗地】zhàn tiān dòu dì　形容征服和改造大自然的英雄气概。

【战无不胜】zhàn wú bù shèng　形容强大无比，可以战胜一切。

【战战兢兢】zhàn zhàn jīng jīng　战战：恐惧发抖的样子。兢兢：小心谨慎的样子。形容非常害怕而又小心谨慎。〔注意〕"兢"不能写作"竞"、"竟"。

【张灯结彩】zhāng dēng jié cǎi　张：陈设。结：扎，系。彩：彩绸。形容节日或喜庆的繁华热闹景象。〔例〕一到正月十五，小镇上～，热闹非凡。

【张冠李戴】zhāng guān lǐ dài　冠：帽子。把姓张的帽子戴在姓李的头上。比喻认错了对象，弄错了事实。

【张皇失措】zhāng huáng shī cuò　张皇：慌张。失措：举动失去常态。惊慌得不知怎么办才好。

【张口结舌】zhāng kǒu jié shé　结舌：舌头转动不了。张着嘴说不出话来。形容理屈词穷。〔例〕辩论会上，小李据理反驳，说得对方～。

【张牙舞爪】zhāng yá wǔ zhǎo　张：张开，显露。舞：挥舞。形容猛兽凶恶可怕。比喻猖狂凶恶。〔例〕你还是老实点吧，别那么～的！

【獐头鼠目】zhāng tóu shǔ mù　獐：獐子，一种像鹿而无角的野兽。脑袋像獐子那样又小又尖，眼睛像老鼠那样又小又圆。形容人相貌丑陋,神情狡猾(用于形容坏人)。

【彰明较著】zhāng míng jiào zhù　彰、明、较、著:明显。指事情或道理极其明显,很容易看清。

【彰善瘅恶】zhāng shàn dàn è　彰:表扬。瘅:音但,憎恨。表扬好的,斥责恶的。

【掌上明珠】zhǎng shàng míng zhū　比喻极受父母疼爱的儿女,特指女儿。〔例〕小华聪明活泼,是她父母的～。

【仗势欺人】zhàng shì qī rén　仗:依仗。依仗某种权势欺压人。

【仗义疏财】zhàng yì shū cái　仗义:讲义气。疏:分出。旧指讲义气,拿出自己的钱财来帮助别人。

【仗义执言】zhàng yì zhí yán　仗义:依仗,凭借。执:坚持。为了正义说公道话。指能伸张正义。

【招兵买马】zhāo bīng mǎi mǎ　旧时指组织或扩充武装力量。后比喻组织或扩充人力。

【招贤纳士】zhāo xián nà shì　招:延请。纳:吸纳。士:指贤德之人。指招引接纳有才德的人。〔例〕公司一旦成立,首先应该～,广罗人才。

【招降纳叛】zhāo xiáng nà pàn　招:招收。纳:收罗进来。原指收容接纳敌方投降叛变过来的人,以扩大自己的势力。现指收罗坏人,结党作恶。

【招摇过市】zhāo yáo guò shì　招摇:张大声势,引人注意。市:街。指在公开场合大摇大摆地显示声势,引人注意。

【招摇撞骗】zhāo yáo zhuàng piàn　撞骗:到处找机会行骗。假借名义,进行蒙骗欺诈。

【昭然若揭】 zhāo rán ruò jiē 昭然:很明显的样子。揭:举。《庄子·达生》:"昭昭乎若揭日月而行也。"意思是明显得像高举着太阳月亮走路一样。形容真相全部暴露,一切都明明白白。

【朝不保夕】 zhāo bù bǎo xī 见"朝不虑夕"(本页)。

【朝不虑夕】 zhāo bù lǜ xī 朝:早晨。虑:考虑。夕:晚上。早晨不能知道晚上会变成什么样子或发生什么情况。形容形势危急,难以预料。又作"朝不谋夕"、"朝不保夕"。〔注意〕"朝"不读 cháo。

【朝不谋夕】 zhāo bù móu xī 见"朝不虑夕"(本页)。

【朝令夕改】 zhāo lìng xī gǎi 早晨发布的命令,晚上就改了。比喻经常改变主张和办法,一会儿一个样。〔例〕上级机关如果～,下级机关就会无所适从。

【朝气蓬勃】 zhāo qì péng bó 朝气:早上的空气,比喻兴奋振作,力求进取的精神状态。蓬勃:旺盛的样子。形容充满了生气和活力。〔例〕看着这些～的小伙子,我们老年人也觉得变年轻了。

【朝秦暮楚】 zhāo qín mù chǔ 战国前期,秦楚两个诸侯大国相互对立,经常作战。有的诸侯小国为了自身的利益与安全,时而倒向秦国,时而又倒向楚国。后用"朝秦暮楚"比喻人反复无常。〔例〕辛亥革命后军阀割据时期,政客们～,看谁的势力大就投靠谁。

【朝三暮四】 zhāo sān mù sì 《庄子·齐物论》上说,一个人拿橡子喂猴子,对猴子说,早上给三个,晚上给四个,猴子一听就生气。于是他又说早上四个,晚上三个,猴子都高兴了。原指玩弄手法欺骗人。后用来比喻常常变卦,反复无常。〔例〕一会儿学英语,一会儿又学日语,这样～,很可能一门也学不好。

【朝思暮想】 zhāo sī mù xiǎng　时刻都在想着。形容思念殷切。〔例〕自从邂逅了李妍,他就开始～,希望什么时候再见到她。

【朝闻夕改】 zhāo wén xī gǎi　朝:早晨。闻:听。夕:晚上。改:改正。早晨听到对自己的意见,晚上就改正。形容改正错误之快。〔注意〕"朝"不读 cháo。

【照本宣科】 zhào běn xuān kē　本:书本、文本。科:科条,条文。照着本子念条文。形容讲课、发言等死板地按照课文、讲稿,没有发挥,不生动。

【照猫画虎】 zhào māo huà hǔ　比喻只从表面、形式上模仿。〔例〕我们借鉴人家的东西时,肯定要加以创新,而不是简单的～。

【遮天蔽日】 zhē tiān bì rì　遮盖了天空和太阳。形容数量、气势、权势等很大。〔例〕一时间,厚厚的黑云～,城市沉入黑暗之中。

【折冲尊俎】 zhé chōng zūn zǔ　折冲:指抵御敌人。尊:同"樽"。俎:音组。尊俎:古代盛酒肉的器物,也指宴席。原指诸侯国在会盟的宴席上制胜对方。后泛指进行外交谈判。〔例〕1945 年秋在重庆,周恩来同志陪同毛泽东主席与国民党～,取得了签订"双十"协定的胜利。

【折戟沉沙】 zhé jǐ chén shā　戟:古代一种兵器。折断的戟埋在沙里。形容惨败。

【辙乱旗靡】 zhé luàn qí mǐ　辙:音哲,车轮轧出的痕迹。靡:音米,倒下。《左传·庄公十年》:"吾视其辙乱,望其旗靡,故逐之。"意思是,我看见他们的车迹错乱,旗帜倒下,所以才命令追击他们。后用"辙乱旗靡"形容军队溃败混乱。〔注意〕"靡"不读 mí。

【针锋相对】 zhēn fēng xiāng duì　锋:刀剑等锐利的部分。针尖对针尖。比喻双方在策略、论点及行动方式等方面尖锐对立。

【真才实学】 zhēn cái shí xué　真正的才干和学问。〔例〕学历并不代表一个人的～,还要看他是否担得起这副重任。

【真金不怕火炼】 zhēn jīn bù pà huǒ liàn　比喻品质好、意志坚强的人经得起任何考验。

【真凭实据】 zhēn píng shí jù　确凿的凭据。

【真伪莫辨】 zhēn wěi mò biàn　莫:不。真假分辨不清。〔例〕三个侦察兵换上敌人的军装,使敌哨兵～,趁黑夜混出了县城。

【真相大白】 zhēn xiàng dà bái　大白:完全清楚。真实情况完全弄明白了。〔例〕这个案件经公安人员多方调查,终于～。

【真心诚意】 zhēn xīn chéng yì　真:真实。诚:诚恳。心意真实诚恳。〔例〕见他的态度～,她也不便再责怪人家了。又作"真心实意"。

【真心实意】 zhēn xīn shí yì　见"真心诚意"(本页)。

【真知灼见】 zhēn zhī zhuó jiàn　真:真实,正确。灼:音酌,明白,透彻。正确而透彻的见解。〔例〕这篇文章立论精辟,颇有～,确实发人深思。

【枕戈待旦】 zhěn gē dài dàn　枕:头枕着。戈:古代的一种兵器。旦:天亮。《晋书·刘琨传》:"吾枕戈待旦,志枭逆房。"(枭:枭首,砍头示众。逆房:敌人。)意思是立志杀敌,枕着武器睡觉等天亮。形容时刻准备作战。〔例〕战士们一,只等一声令下,就立刻出发。

【枕石漱流】 zhěn shí shù liú 以石为枕,用流水漱口。形容隐居山林的生活。〔例〕古人崇尚归隐山林,过~的神仙生活,实际上是逃避现实的一种无奈之举。

【振聋发聩】 zhèn lóng fā kuì 聩:音愧,耳聋。声音很大,使耳聋的人也听得见。比喻用语言文字唤醒糊涂麻木的人,使他们清醒过来。又作"发聋振聩"。

【振振有词】 zhèn zhèn yǒu cí 振振:理直气壮的样子。形容自以为理由充分,说个没完。

【震耳欲聋】 zhèn ěr yù lóng 形容声音很大,耳朵都快震聋了。〔例〕一声~的巨响,路边的山头炸开了一个口子。

【震撼人心】 zhèn hàn rén xīn 撼:音汉,摇动。指对人内心震动很大。〔例〕这位作家的作品,有着多么~的艺术魅力啊!

【争长论短】 zhēng cháng lùn duǎn 长、短:比喻正确和错误,是和非。争论谁是谁非。多指在不太重要的事情上过于计较。〔例〕这些细小问题,大家别~的了。

【争分夺秒】 zhēng fēn duó miǎo 分分秒秒都要争取。形容时间抓得很紧。〔例〕高考在即,毕业班的学生们都~地准备最后冲刺。

【争奇斗艳】 zhēng qí dòu yàn 指争着以奇异、美丽取胜。〔例〕节日的公园里,各种鲜花~,好一派缤纷绚丽的景象。

【争强好胜】 zhēng qiáng hào shèng 指处处喜欢胜过别

人。〔例〕她从小就是个～的孩子,各门功课都是班里最棒的。

【争权夺利】zhēng quán duó lì　争夺权力和利益。

【争先恐后】zhēng xiān kǒng hòu　抢着向前,唯恐落后。〔例〕锣鼓一响,孩子们都～地跑去看热闹。

【峥嵘岁月】zhēng róng suì yuè　峥嵘:音争荣,山势高峻奇特的样子,引申为不平凡。形容不平凡的年月。〔例〕每当回想起过去革命斗争的～,我总是充满了对牺牲的战友的怀念。

【蒸蒸日上】zhēng zhēng rì shàng　蒸蒸:热气上升的样子。形容事业一天天地向上发展。

【整装待发】zhěng zhuāng dài fā　装:行装。整理好行装,等待出发。〔例〕队伍已经～,可上边的命令还迟迟没有下达。

【正本清源】zhèng běn qīng yuán　正本:从根本上整顿。清源:从源头上清理。比喻从根本上加以整顿清理。

【正大光明】zhèng dà guāng míng　见"光明正大"(141页)。

【正襟危坐】zhèng jīn wēi zuò　正襟:把衣襟理整齐。危坐:直挺挺地跪坐着,引申为端正地坐着。形容严肃或拘谨的样子。

【正人君子】zhèng rén jūn zǐ　原指品行端正的人。后多作讽刺的用法,指假装正经的人。

【正颜厉色】zhèng yán lì sè　正:端庄、严肃。颜:颜面。厉:严厉。色:脸色。形容板着脸,神情非常严厉。

【正中下怀】 zhèng zhòng xià huái　中:音众,正对上,恰好合上。下怀:指自己的心意。(原是谦虚的说法)正合自己的心意。〔例〕小赵多年钻研植物保护,苦于没有机会向专家请教,听说这次派他陪专家到各地考察,～。〔注意〕"中"不读 zhōng。

【郑重其事】 zhèng zhòng qí shì　郑重:严肃认真。形容说话做事时态度非常严肃认真。〔例〕他～地说:"这是一项重要任务,一定要完成。"

【政出多门】 zhèng chū duō mén　政:政令。《左传·襄公三十年》记载,陈国国君大权旁落,几个卿大夫分别掌握大权。"政出多门",意思是政令出自几个卿大夫的门下。后用"政出多门"指中央领导软弱,国家权力分散(含贬义)。

【之乎者也】 zhī hū zhě yě　之、乎、者、也,均为文言语助词。多用来讥讽文人过分咬文嚼字。〔例〕现代人写文章,若满纸的～,总难免有做作、卖弄之嫌。

【支离破碎】 zhī lí pò suì　支离:分散,残缺。形容事物零散破碎,不完整。〔例〕时隔多年,留在记忆里的,只剩下一些～的片断。

【支吾其词】 zhī wú qí cí　支吾:说话含混搪塞。指用含混的话搪塞应付,以掩盖真实情况。〔例〕见有人问他,忙～,生怕露出什么马脚。

【只言片语】 zhī yán piàn yǔ　只:单独的,个别的。片:零星的。指零碎的、不完整的话。〔例〕他只听到些～,便四处散播消息,于是关于那件事有了各种版本的注解。

【芝兰玉树】 zhī lán yù shù　芝兰:香草名。玉树:传说中的仙树。指才德出众的优秀子弟。语出《世说新语·言语》。

【知彼知己】 zhī bǐ zhī jǐ　见"知己知彼"(本页)。

【知法犯法】 zhī fǎ fàn fǎ　法:法律。知道法律,又违反法律。指明知故犯。

【知己知彼】 zhī jǐ zhī bǐ　《孙子·谋攻》:"知彼知己,百战不殆。"(殆:音代,危险。)意思是说,如果对敌我双方的情况都能了解透彻,打起仗来就可以立于不败之地。后用"知己知彼"泛指对双方情况都能了解。〔例〕只有～,才能对战局有充分的把握。又作"知彼知己"。

【知难行易】 zhī nán xíng yì　指了解、弄懂其中的道理难,实际去做比较容易。〔例〕～,我们还是把它的原理彻底搞清楚再说吧。

【知人善任】 zhī rén shàn rèn　任:任用,使用。善于认识人的品行和才能,最合理地使用。〔例〕每个人都有长处和短处,这就要求领导者～,使他们能充分发挥特长,积极工作。

【知书达礼】 zhī shū dá lǐ　达:通达,懂得。念过书,懂得礼仪。用于称赞有文化修养、有礼貌的读书人。〔例〕她喜欢这个～、温文尔雅的小伙子。

【知无不言】 zhī wú bù yán　凡是知道的没有不说的。常与"言无不尽"连用。〔例〕大家抱着～、言无不尽的态度,提出不少宝贵意见。

【执法如山】 zhí fǎ rú shān　比喻严格执法,坚定不动摇。〔例〕检察机关～,任何违纪行为都逃脱不了惩罚。

【执迷不悟】 zhí mí bù wù　执:坚持。迷:迷惑。坚持错误而不觉悟。〔例〕犯了错误如果还～,那是危险的。

【直截了当】 zhí jié liǎo dàng　直截:不拐弯抹角。了当:爽快。指说话办事简单爽快。〔例〕小王是个没有城府的人,说话从来都是～，不会绕弯子。〔注意〕"截"不能写作"接"。

【直情径行】 zhí qíng jìng xíng　凭着自己的意思径直地去做。〔例〕不考虑客观条件，单凭个人热情，～，工作是肯定做不好的。又作"径情直行"。

【直抒己见】 zhí shū jǐ jiàn　直：直爽，坦率。抒：音舒，发表。坦率地发表自己的意见。〔例〕讨论会上，大家热烈发言，～。

【直言不讳】 zhí yán bù huì　讳：忌讳。说话坦率，毫无顾忌。〔例〕大家～地指出了我工作方法上存在的问题，对我帮助很大。〔注意〕"讳"不能读作 wéi。

【直言贾祸】 zhí yán gǔ huò　贾：音古，买，引申为招致。贾祸：惹祸。指说话坦率的人会惹祸。〔注意〕"贾"不读 jiǎ。

【只此一家，别无分店】 zhǐ cǐ yī jiā, bié wú fēn diàn　原是旧时一些店铺招揽生意的用语，向顾客表明他没有分店，只能在他这一家店铺里买到某种商品。泛指某种事物只有他那儿有，别处都没有。

【只见树木，不见森林】 zhǐ jiàn shù mù, bù jiàn sēn lín　比喻只看到局部，看不到整体或全局。

【只可意会，不可言传】 zhǐ kě yì huì, bù kě yán chuán　只能用心去揣摩体会，无法用话具体地表达出来。指道理奥妙，难以说明。有时也指情况微妙，不便说明。

【只许州官放火，不许百姓点灯】 zhǐ xǔ zhōu guān fàng huǒ, bù xǔ bǎi xìng diǎn dēng　宋朝陆游《老学庵笔记》记载，当时有个叫田登的做州官，要老百姓避讳他的名字，因"登"和"灯"同音，老百姓"点灯"只能说"点火"。元宵节放灯时，他出布告说："本州依例放火三日。"后来就用"只许州官（说）放火，不许百姓（说）点灯"指有权势的人自己可以任意所为，却不许他人有正当的权利。

【只争朝夕】 zhǐ zhēng zhāo xī　朝夕：一朝一夕，形容时间非常短。比喻抓紧时间，力争在最短时间内达到目的。〔例〕干工作要～，该今天做的事就不要拖到明天。〔注意〕"朝"不读 cháo。

【纸上谈兵】 zhǐ shàng tán bīng　兵：用兵，指打仗。在纸面上谈论打仗。《史记·廉颇蔺相如列传》(蔺：音蔺)上说，战国时赵国名将赵奢的儿子赵括，从小学习兵法，善于谈兵，父亲也难不倒他。后来他代替廉颇当将军，只按兵书条条办事，不懂得灵活变通，结果，长平之战被秦兵打败，全军覆没。后用"纸上谈兵"比喻空谈理论，不能解决实际问题。也比喻空谈不能成为现实。〔例〕1. 他只会～，讲得头头是道，干起来却是没有办法。2. 要学会并精通农村常见病和多发病的防治，就必须到农村去亲身实践，否则只能是～。

【纸醉金迷】 zhǐ zuì jīn mí　宋朝陶穀《清异录》上说，唐朝末年有个人叫孟斧，他家一个小房间里的家具都包上了金纸，闪闪发光。有人见了说：在那房间里呆一会儿，也"令人金迷纸醉"，意思是让闪光的金纸把人弄糊了。后用"纸醉金迷"形容奢侈豪华的生活。又作"金迷纸醉"。

【指挥若定】 zhǐ huī ruò dìng　定：规定。形容态度冷静，考虑周全，指挥起来就像一切都事先规定好了似的。

【指鹿为马】 zhǐ lù wéi mǎ　《史记·秦始皇本纪》记载，秦二世时，丞相赵高想篡位，怕群臣不服，就设法试验一下。他把一只鹿献给二世说："这是马。"二世说："丞相错了吧？把鹿说成马了。"当即问左右大臣这是什么。大臣们有的不说话，有的说是马，也有的说是鹿。赵高后来就把说是鹿的人都暗害了。后用"指鹿为马"比喻故意颠倒黑白，混淆是非。

【指日可待】zhǐ rì kě dài　指日：可以指明的日期。待：期待(事情、希望等)。为期不远，不久就可以实现。〔例〕这个工厂的基本建设工程已告完成，机器也已安装完毕，正式投产已经～。

【指桑骂槐】zhǐ sāng mà huái　桑：桑树。槐：槐树。指着桑树骂槐树。比喻表面上骂这个人，实际上是骂那个人。

【指手画脚】zhǐ shǒu huà jiǎo　指说话时做出各种动作。形容说话时放肆或得意忘形。

【咫尺天涯】zhǐ chǐ tiān yá　咫尺：比喻距离很近。天涯：天边。比喻距离虽近，但很难相见，像是远在天边一样。〔例〕两人分手以后，虽然同在一个城市，却已是～了。

【趾高气扬】zhǐ gāo qì yáng　趾：脚。走路时脚抬得很高，神气十足。形容骄傲自满，得意忘形的样子。〔例〕有的人一旦出了名，成了星，就～起来，以为自己真的高人一等。

【至高无上】zhì gāo wú shàng　至：最。再也没有更高的了。〔例〕人民的利益是～的。

【至理名言】zhì lǐ míng yán　至：极，最。名：著名。最正确的道理，最精辟的言论。〔例〕"虚心使人进步，骄傲使人落后"，这真是一句～。

【志大才疏】zhì dà cái shū　疏：粗疏，稀松。《后汉书·孔融传》说："融负其高气，志在靖难，而才疏意广，迄无成功。"(靖：平定。疎：同"疏"。)意思是孔融自以为了不起，立志平定国难，但才力差，考虑不周，所以一直没有能达到目的。后用"志大才疏"指人志向大而才具不够。又作"才疏志大"。

【志得意满】 zhì dé yì mǎn　指志向、愿望都得到满足。〔例〕刚过而立之年，他已经拥有了事业成功带来的一切，应该算是～了。

【志士仁人】 zhì shì rén rén　指有高尚志向和道德的人。〔例〕翻开一部中国历史，真是英雄豪杰～无数。

【志同道合】 zhì tóng dào hé　志：志向。道：方向，道路。志趣相同，意见一致。〔例〕几个人～，很快组成了一支乐队。

【炙手可热】 zhì shǒu kě rè　炙：烤。热得烫手。比喻权势大，气焰盛。唐朝杜甫《丽人行》："炙手可热势绝伦。"意思是，权势之大没人能比，气焰之热可以烫手。后用"炙手可热"形容权势大，气焰盛，使人不敢接近。〔注意〕"炙"不能写作"灸"。

【治病救人】 zhì bìng jiù rén　治好病把人挽救过来。比喻帮助别人改正错误。〔例〕对犯错误的人应该抱着～的态度，真心诚意地帮助他们。

【栉风沐雨】 zhì fēng mù yǔ　栉：音质，梳头发。沐：洗头。风梳发，雨洗头。形容人经常在外面不避风雨而辛苦奔波。〔例〕地质勘探队员常年跋山涉水，～，辛勤地寻找地下宝藏。又作"沐雨栉风"。〔注意〕"栉"不能读作 jié。

【掷地有声】 zhì dì yǒu shēng　掷：扔，投。据南朝宋刘义庆《世说新语·文学》以及《晋书·孙绰传》记载，孙绰曾作《天台山赋》，写好后拿给范荣期看，说："卿试掷地，要作金石声。"原形容文学作品文辞华美，声韵铿锵。后用"掷地有声"形容人的文章或话语气势豪迈，坚定有力。〔例〕这篇文章真是大手笔，字字珠玑，～。

【智尽能索】 zhì jìn néng suǒ　智：智慧。索：尽。智慧和

能力都已用尽。

【智勇双全】 zhì yǒng shuāng quán　智：智谋。又有智谋，又很勇敢。〔例〕小赵大胆果断，机智灵活，是个～的侦察兵。

【智者千虑，必有一失】 zhì zhě qiān lǜ, bì yǒu yī shī　智者：聪明人。千虑：多次考虑。失：差错。语出《史记·淮阴侯列传》。不管多聪明的人，在很多次的考虑中，也一定会出现个别错误。〔例〕～，就算你聪明，也不能过于自信。

【置若罔闻】 zhì ruò wǎng wén　置：放着。若：像。罔：没有。放在一边，好像没有听见似的。指不予理睬。〔例〕他对大家的意见总是～，后来就再也没有人愿意说什么了。

【置之不理】 zhì zhī bù lǐ　置：放置。理：理睬，过问。放在一边，不理不睬。〔例〕他对别人的议论～，依然我行我素。

【置之度外】 zhì zhī dù wài　度：打算，考虑。放在考虑之外。指不把个人的生死利害等放在心上。

【置之死地】 zhì zhī sǐ dì　有意使人处于无法生存下去的境地。

【置之死地而后快】 zhì zhī sǐ dì ér hòu kuài　死地：兵法中指不拼死作战就不能生存的境地。快：痛快。恨不得把人弄死才痛快。形容心肠狠毒。〔例〕明末天启年间宦官魏忠贤专权，对东林党人恨之入骨，必欲～。

【置诸高阁】 zhì zhū gāo gé　见"束之高阁"（340页）。

【中流砥柱】 zhōng liú dǐ zhù　中流：水流的中央。砥：音底。砥柱：山名，在今河南省三门峡东，像柱石一般挺立在黄河急流之中，故名。比喻坚强独立的、起支柱作用的人或集体。〔例〕在长期争取解放的斗争和民族战争中，中国共产党人一直是中国人民的～。

【中庸之道】 zhōng yōng zhī dào 中庸:儒家的一种主张,指待人接物不偏不倚。道:道理,这里指处世哲学。现指不偏不倚、折衷调和的处世态度。

【忠心耿耿】 zhōng xīn gěng gěng 耿耿:忠诚的样子。形容非常忠诚。〔例〕雷锋同志对党对人民～,是青年学习的榜样。

【忠言逆耳】 zhōng yán nì ěr 忠言:诚恳劝告的话。逆耳:刺耳,听起来不舒服。《史记·留侯世家》:"忠言逆耳利于行。"意思是说,正直的劝告听起来不顺耳,但有利于改正缺点错误。〔例〕～,大家的批评听起来尖锐了些,但对你改正缺点是有好处的。

【忠贞不渝】 zhōng zhēn bù yú 忠贞:忠实坚定。渝:改变。忠诚坚定,永不改变。〔例〕他们～的爱情经历了半个世纪风风雨雨的考验,像钻石一样永恒。

【终南捷径】 zhōng nán jié jìng 终南:终南山,在今陕西西安西南。唐朝刘肃《大唐新语·隐逸》记载,唐人卢藏用想入朝做官,就隐居在都城长安附近的终南山,后果然被皇帝召去做了官。同代人司马承祯也想效法,藏用指着终南山说:"此中大有嘉处。"承祯说:"以仆视之,仕宦之捷径耳。"后用"终南捷径"比喻谋取官职或求得名利的捷径。

【终天之恨】 zhōng tiān zhī hèn 终天:终身。恨:悲痛,遗憾。到死的时候都消除不了的悔恨。参见"抱恨终天"(12页)。

【钟灵毓秀】 zhōng líng yù xiù 钟:聚集,集中。毓:同"育",孕育。凝聚了天地间的灵气,孕育着优秀的人物。指山川秀美人才辈出。也省称"钟秀"、"毓灵"。

【众口难调】 zhòng kǒu nán tiáo 调：调配。原意是各人的口味不同，很难做出一种饭菜使所有的人都感到好吃。比喻做事很难让所有的人都满意。〔例〕俗话说～，南甜北咸，东辣西酸，要合每个人的口味几乎是不可能的事。

【众口铄金】 zhòng kǒu shuò jīn 铄：音朔，熔化。形容舆论力量大，连金属都能熔化。比喻众口一词可以混淆是非。

【众目睽睽】 zhòng mù kuí kuí 睽：音葵。睽睽：睁大眼睛注视着。许多人睁着眼睛看着。指在众人注视之下。

【众目昭彰】 zhòng mù zhāo zhāng 昭彰：明显。大家都看得很清楚。

【众怒难犯】 zhòng nù nán fàn 犯：触犯。群众的愤怒不可触犯。〔例〕"五四"运动中，北京学生为反对签订巴黎和约，举行集会和游行，全国人民也纷纷举行罢工罢市。军阀政府见～，只好拒绝在和约上签字。

【众叛亲离】 zhòng pàn qīn lí 叛：背叛。离：离开。众人反对，亲人背离。形容完全孤立。

【众擎易举】 zhòng qíng yì jǔ 擎：音情，往上托。许多人一齐用力，容易把东西举起来。比喻大家同心协力就容易把事情办成。〔例〕～，全乡男女老少齐动员，几个月时间就把小水库建成了。〔注意〕"擎"不能读作 jìng。

【众人拾柴火焰高】 zhòng rén shí chái huǒ yàn gāo 比喻人多力量大。〔例〕～，要是大家齐心合力，这事就一定能办好。

【众矢之的】 zhòng shǐ zhī dì 众：许多。矢：箭。的：箭靶子。比喻大家攻击的对象。〔注意〕"的"不读 de、dí。

【众所周知】 zhòng suǒ zhōu zhī　周：普遍，全面。大家全都知道。〔例〕在那个年代，由于～的原因，她是没有上大学的权利的。

【众望所归】 zhòng wàng suǒ guī　众望：众人的希望。归：归向。大家一致期望的。指得到大家的信任。〔例〕老陈坚持原则，有工作经验，又有人缘儿，他当工会主席是～。

【众星捧月】 zhòng xīng pěng yuè　众多星星衬托着月亮。比喻许多人围绕、拥戴一个中心人物。〔例〕她演了一部戏而一举成名，于是走到哪儿都有人～一样围着她。

【众志成城】 zhòng zhì chéng chéng　万众一心，像坚固的城墙一样不可摧毁。比喻团结一致，力量无比强大。〔例〕在洪水面前，抢险部队官兵团结一致，～，经过几天几夜的奋战，终于保住了大堤。

【种瓜得瓜，种豆得豆】 zhòng guā dé guā, zhòng dòu dé dòu　种什么，收什么。比喻做了什么事，得到什么样的结果。

【重于泰山】 zhòng yú tài shān　泰山：我国著名的高山，在山东省。汉朝司马迁《报任少卿书》："人固有一死，或重于泰山，或轻于鸿毛。"（鸿：大雁。）意思是说，人总是要死的，有的人死得有意义，比泰山还重；有的人死得毫无意义，比鸿毛还轻。后用"重于泰山"比喻意义重大。

【周而复始】 zhōu ér fù shǐ　周：转一圈。复始：重新开始。转了一圈又一圈，不断循环。〔例〕一年之中，春夏秋冬连成四季，～，年年如此。

【诛锄异己】 zhū chú yì jǐ　诛：杀害。锄：铲除。指消灭和清除在政治上反对自己或与自己意见不合的人。〔例〕明朝末年,太监魏忠贤把持朝政,～,成千上万的人都被逮捕处死。

【诛求无已】 zhū qiú wú yǐ　诛求:苛求,勒索。无已:没有个完。指勒索榨取没完没了。〔例〕旧社会剥削阶级～,苛捐杂税多如牛毛,使老百姓无法生活。

【珠光宝气】 zhū guāng bǎo qì　珠:珍珠。宝:宝石。形容妇女服饰华贵富丽,闪耀着珍宝的光色。〔例〕几年不见,她从一个淳朴可爱的女学生,变成了～的阔太太,真让人感慨不已。

【珠联璧合】 zhū lián bì hé　璧:古代的一种玉器,扁圆形,中间有孔。珍珠联串在一起,美玉结合在一块。比喻杰出的人才或美好的事物结合在一起。

【珠圆玉润】 zhū yuán yù rùn　像珠子一样圆,像玉石一样光润。比喻歌声婉转优美,或文字流畅明快。〔例〕她有一副～的嗓子,唱得极其婉转动人。

【铢积寸累】 zhū jī cùn lěi　见"积铢累寸"(171页)。

【蛛丝马迹】 zhū sī mǎ jì　蛛丝:蜘蛛丝。马迹:马蹄印。从挂下来的蜘蛛丝可以找到蜘蛛的所在,从马蹄的印子可以查出马的去向。比喻事情所留下的隐约可寻的痕迹和线索(多指坏事)。〔例〕公安人员根据现场的一些～分析追踪,终于查明了火灾的肇事者。

【逐鹿中原】 zhú lù zhōng yuán　逐:追赶。鹿:比喻政权。逐鹿:比喻争夺政权。中原:我国黄河中下游地区,泛指中国。指群雄并起,争夺天下。

【煮豆燃萁】 zhǔ dòu rán qí　燃:烧。萁:音其,豆秸。烧豆秸煮豆子。《世说新语·文学》记载,魏文帝曹丕想害死弟弟曹植,限他用走七步路的时间里作出一首诗,否则就要杀他。曹植立刻写了一首诗:"煮豆持作羹,漉豉以为汁。萁在釜下燃,豆在釜中泣。本自同根生,相煎何太急?"(漉 lù:过滤。豉 chǐ:熟豆子。釜 fǔ:锅。煎:煮。)后用"煮豆燃萁"比喻兄弟间自相残杀。〔注意〕"萁"不能读作 jī。

【助桀为虐】 zhù jié wéi nüè　见"助纣为虐"(本页)。

【助人为乐】 zhù rén wéi lè　把帮助别人视为乐事。〔例〕孩子通过帮助别人解决困难,真正体会了～的道理。

【助纣为虐】 zhù zhòu wéi nüè　纣:音昼,商朝末代的君主,相传是暴君。为:做,干。虐:暴行。比喻帮助恶人干坏事。又作"助桀为虐"。桀:夏朝末代的暴君。

【铸成大错】 zhù chéng dà cuò　铸:铸造。错:错刀,我国古代币名。《资治通鉴·唐昭宣帝天祐三年》记载,唐朝末年,天雄(现河北省大名县一带)节度使罗绍威有精锐部队五千人,骄横跋扈,不服管辖。罗便请求朱全忠,派兵突然袭击,把五千人都杀了。朱全忠居功盖这要那,罗无力抵抗,又苦于供应,后悔地说:"合六州四十三县铁,不能为此错也。"这里"错"是双关语,借用为错误的"错"。指造成严重的错误。

【筑室道谋】 zhù shì dào móu　道:路。谋:商议。《诗经·小雅·小旻(mín)》:"如彼筑室于道谋,是用不溃于成。"(溃:音愧,达到。)意思是说,就像盖房子,看见过路的人就去同他们商量,过路的人意见各不相同,因此房子老盖不起来。比喻做事没有主见,缺乏计划,一会儿听这个,一会儿听那个,终于一事无成。

【专横跋扈】 zhuān hèng bá hù　专横:专断蛮横,任意妄为。跋扈:霸道,蛮不讲理。指任意妄为,蛮不讲理。〔注意〕

"横"不读 héng。

【专心致志】zhuān xīn zhì zhì　致：尽。志：志向，志趣。把心思完全放在上面。形容一心一意，聚精会神。〔例〕他正在～地学习。

【转弯抹角】zhuǎn wān mò jiǎo　转弯：拐弯。抹角：紧挨着犄角儿绕过。沿着弯弯曲曲的路走。比喻说话绕弯，不直截了当。又作"拐弯抹角"。

【转危为安】zhuǎn wēi wéi ān　由危险转为平安。〔例〕大夫们经过两个小时的抢救，终于使病人～。

【装疯卖傻】zhuāng fēng mài shǎ　卖：卖弄。故意装成疯疯癫癫，傻里傻气。〔例〕这个破坏分子纵火被当场抓住，竟还想～，蒙蔽群众。

【装聋作哑】zhuāng lóng zuò yǎ　假装聋哑。指故意不理睬，只当不知道。

【装模作样】zhuāng mú zuò yàng　模、样：姿态。指故意做作，故作姿态。〔注意〕"模"不读 mó。

【装腔作势】zhuāng qiāng zuò shì　腔：腔调。势：姿态。拿腔拿调，故意做作，想引人注意或吓唬人。

【壮志凌云】zhuàng zhì líng yún　壮志：宏伟的志愿。凌云：直上云霄。形容理想宏伟远大。

【壮志未酬】zhuàng zhì wèi chóu　酬：实现（愿望）。伟大的理想尚未实现。

【追本穷源】zhuī běn qióng yuán　本：根本。穷：深入探求。源：根源。追究事物发生的根源。〔例〕他富有钻研精神，对问题总是～，不彻底搞清不罢休。

【追根究底】 zhuī gēn jiū dǐ　追求根底。一般指追问一件事的原由。〔例〕这孩子遇到不明白的事情就爱～，问个没完没了了。又作"寻根究底"。

【追悔莫及】 zhuī huǐ mò jí　追悔：追忆过去而感到悔恨。即使悔恨也无法挽回。〔例〕对你来说，这是天赐良机，你若不紧紧抓住它，到时候可是～呀！

【惴惴不安】 zhuì zhuì bù ān　惴：音坠。惴惴：忧愁恐惧的样子。形容因害怕或担心而不安。〔注意〕"惴"不能读作chuǎn。

【谆谆告诫】 zhūn zhūn gào jiè　谆：音准阴平。谆谆：教诲时恳切耐心的样子。告诫：劝告。恳切耐心地劝告（用于长辈对晚辈或上级对下级）。〔注意〕"谆"不能读作chún。

【捉襟见肘】 zhuō jīn jiàn zhǒu　捉襟：整理衣襟。肘：胳膊肘。《庄子·让王》说，曾子十年没有添新衣服，旧衣已破得没法再穿，"捉襟而肘见"（整一整衣襟，胳膊肘就露了出来）。后用"捉襟见肘"形容衣服破烂。比喻顾此失彼，穷于应付。又作"捉襟肘见"。

【捉襟肘见】 zhuō jīn zhǒu jiàn　见"捉襟见肘"（本页）。

【卓尔不群】 zhuó ěr bù qún　卓：音浊。卓尔：特出的样子。不群：跟众人不一样。指才德超出寻常，与众不同。

【卓有成效】 zhuó yǒu chéng xiào　卓：高明，突出。有突出的成绩和效果。〔例〕第三科研小组这几年的工作～，受到了上级的表扬。

【着手成春】 zhuó shǒu chéng chūn　着手：动手，开始做。成春：转成了春天。一着手就转成春天。比喻医术高明，刚一动手病情就好转了。〔例〕赵大夫～的高明医术，远近闻名。〔注意〕"着"不读 zháo。

【擢发难数】 zhuó fà nán shǔ　擢:音啄。擢发:拔下头发。《史记·范雎(jū)蔡泽列传》:"擢贾之发以续贾之罪,尚未足。"(贾:须贾,人名。续:连接。)意思是须贾罪恶多到拔下他的头发还数不清的程度。后用"擢发难数"形容罪行多得数不清。〔例〕他犯下的罪行～,不公开审判不足以平民愤。

【孜孜不倦】 zī zī bù juàn　孜:音资。孜孜:勤奋的样子。指工作或学习勤奋不知疲倦。

【趑趄不前】 zī jū bù qián　趑趄:音资拘,想往前走又不敢的样子。形容犹豫畏缩不敢前进。参见"踌躇不前"(62页)。〔注意〕"趑"不能读作 cì。"趄"不能读作 qiě。

【锱铢必较】 zī zhū bì jiào　锱:音资。锱、铢:都是古代极小的重量单位,六铢等于一锱,四锱等于一两。较:计较。形容非常小气,很少的钱也一定要计较。也比喻气量狭小,很小的事也要计较。〔注意〕"锱"不能写作"镏",不能读作 liú。"较"不能读作 jiǎo。

【子虚乌有】 zǐ xū wū yǒu　汉朝司马相如著《子虚赋》,假托子虚先生、乌有先生、无是公三人对话。(子虚:并非真实。乌有:哪有此事。无是:并无此人。)后用"子虚乌有"指假设的、不存在的、不真实的事情。〔例〕神话虽属～,但曲折地反映了古代人民与自然作斗争的精神。

【子曰诗云】 zǐ yuē shī yún　子:孔子。诗:《诗经》。指引经据典。

【自拔来归】 zì bá lái guī　自拔:自己主动脱离恶劣的境地。来归:归向我们。指敌方人员投奔过来。

【自暴自弃】 zì bào zì qì 暴:糟践,损害。弃:抛弃,鄙弃。自己瞧不起自己,甘于落后或堕落。〔例〕犯了错误,应当认真检查,努力改正,绝不能～,对自己失去信心。

【自不量力】 zì bù liàng lì 见"不自量力"(43页)。

【自惭形秽】 zì cán xíng huì 惭:惭愧。秽:肮脏。形秽:模样丑陋。因为自己不如别人而感到惭愧。〔例〕他自从犯了错误以后,总有点～,我们应当热情地帮助他。〔注意〕"秽"不能读作 suì。

【自成一家】 zì chéng yī jiā 指在某种学术、技能上有独到之处,能自成体系。〔例〕徐悲鸿画马,黄胄画驴,都已～,成为他们各自的标签。

【自吹自擂】 zì chuī zì léi 吹:吹喇叭。擂:音雷,打鼓。比喻自我吹嘘。〔例〕碰到困难挫折不气馁,有了成绩不～,这才是正确的态度。

【自得其乐】 zì dé qí lè 自己能从中得到乐趣。〔例〕他干的工作别人看着很枯燥,他却挺～的。

【自高自大】 zì gāo zì dà 自以为了不起。

【自告奋勇】 zì gào fèn yǒng 告:表明。奋勇:鼓起勇气。主动要求担任某项艰巨的任务。

【自顾不暇】 zì gù bù xiá 暇:音霞。不暇:没有空闲。光顾自己还来不及。指没有力量再照顾别人。〔例〕我最近忙得～,他托的事只好过几天再说了。〔注意〕"暇"不能读作 jiǎ。

【自给自足】 zì jǐ zì zú 给:供给。依靠自己的生产,满足自己的需要。〔注意〕"给"不读 gěi。

【自掘坟墓】 zì jué fén mù 掘:挖、刨。自己的所作所为就像在替自己挖掘坟墓一样。比喻自寻死路。

【自力更生】 zì lì gēng shēng 更生:重又获得生命,比喻重新兴旺起来。指不依赖外力,靠自己的力量重新振作起来,把事情办好。〔例〕新中国成立之初,我们全靠~,白手起家,建立起自己的民族工业格局。

【自鸣得意】 zì míng dé yì 鸣:表示。自以为了不起,表示很得意。

【自命不凡】 zì mìng bù fán 自命:自己认为。不凡:不平常。自以为不平凡,比别人高明。

【自欺欺人】 zì qī qī rén 欺骗自己,也欺骗别人。

【自强不息】 zì qiáng bù xī 自强:自己努力。息:停息。自觉地努力向上,永不松懈。〔例〕春秋时越王勾践卧薪尝胆,~,终于打败了吴王夫差。

【自取灭亡】 zì qǔ miè wáng 自己的行为导致自己的灭亡。〔例〕常言道:"多行不义必自毙。"干坏事的人不会永远得意,早晚有一天他们会~的。

【自然而然】 zì rán ér rán 指自然如此,不经人力干预而形成的。〔例〕年貌相当,兴趣相投,使两个人~的走到了一起。

【自生自灭】 zì shēng zì miè 自然地发生,生长,又自然地消灭。形容自然发展,无人过问。〔例〕要重视新生事物,为它提供发展的条件,不能听任它~。

【自食其恶果】 zì shí qí è guǒ 见"自食其果"(本页)。

【自食其果】 zì shí qí guǒ 果:后果。指自己做了坏事,自己受到损害或惩罚。又作"自食其恶果"。

【自食其力】 zì shí qí lì 依靠自己的劳动来生活。

【自食其言】 zì shí qí yán 食:吃。其:他的。言:话。指说了话不算数。〔例〕他们不按合同办事,～,理应受到法律制裁。参见"食言而肥"(332页)。

【自始至终】 zì shǐ zhì zhōng 从开始到末了。表示一贯到底。

【自私自利】 zì sī zì lì 私心很重,只为个人利益打算。〔例〕他是个～的人,从来不会为别人着想。

【自讨苦吃】 zì tǎo kǔ chī 讨:招惹。指自己为自己找麻烦。〔例〕都怪我多嘴,这事儿就落在我头上了,真是～。

【自投罗网】 zì tóu luó wǎng 罗:捕鸟的网。比喻自己送死。

【自我陶醉】 zì wǒ táo zuì 陶醉:满意地沉浸在某种情绪或境界中。指盲目地自我欣赏。〔例〕如果有了点成绩就～,飘飘然起来,工作就必然会停滞不前。

【自我作古】 zì wǒ zuò gǔ 作古:创始,"古"也作"故"。由我创始。指不沿袭前人。

【自相残杀】 zì xiāng cán shā 残:伤害。自己人互相杀害。〔例〕在历史上,统治集团内部为了争权夺势,父子兄弟～,是屡见不鲜的事。

【自相矛盾】 zì xiāng máo dùn 矛:长矛,古代进攻用的武器。盾:盾牌,古代防御用的武器。《韩非子·难一》中的一个寓言说,楚国有一个卖矛和盾的人,夸他的盾非常坚固,什么东西也刺不透,又夸他的矛最锐利,什么东西都可以刺进去。旁人问他:"用你的矛刺你的盾怎么样?"那人无法回答。比喻自己说话做事前后抵触。

【自以为是】 zì yǐ wéi shì　以为:认为。是:对的。总以为自己是对的。形容主观,不虚心。

【自由自在】 zì yóu zì zài　安闲舒适,不受任何拘束。〔例〕父母年纪大了,他们爱自己～地生活,或看书,或出去逛公园,不喜欢别人打搅他们的生活规律。

【自圆其说】 zì yuán qí shuō　圆:圆满,周全。指说话的人能使自己的论点没有漏洞。〔例〕这段话粗看好像能～,仔细一推敲,就可以发现不少漏洞。

【自怨自艾】 zì yuàn zì yì　自怨:悔恨自己的错误。艾:音义。自艾:改正自己的错误。原义是悔恨自己的错误,自己改正。现在只指悔恨自己的错误。〔例〕有错误改了就好,不必总是～的。〔注意〕"艾"不读 ài。

【自知之明】 zì zhī zhī míng　自知:自己了解自己。明:看清事物的能力。指了解自己的情况,对自己有正确的估计。

【自作聪明】 zì zuò cōng míng　自以为聪明而乱作主张。指过高地估计自己,主观地办事。

【自作自受】 zì zuò zì shòu　受:承受。自己做了蠢事坏事,自己倒霉。

【字里行间】 zì lǐ háng jiān　指字句中间。〔例〕这篇文章歌颂了劳动人民的智慧和力量,～流露出深厚的感情。

【字斟句酌】 zì zhēn jù zhuó　斟:音真。酌:音浊。斟、酌:原指倒酒时酌量,泛指对事情估量考虑。指写文章和说话时慎重细致,一字一句地推敲琢磨。〔例〕为了使文章准确、鲜明、生动,～地进行加工是必要的。

【恣意妄为】 zì yì wàng wéi　恣:音字,放肆。恣意:任

意。妄：乱。妄为：胡搞。任意干坏事。

【纵横捭阖】 *zòng héng bǎi hé*　纵横：合纵、连横的简称。战国后期秦国称霸，有人主张关东六国由南而北联合起来，共同对付关西的秦国，这叫合纵；有人主张分化六国，使他们服从秦国，东西联合，这叫连横。捭：音摆，分开。阖：音合，关闭。捭阖：指当时一些谋士游说时使用的手段。指在政治或外交上运用手段进行分化或拉拢。

【纵横驰骋】 *zòng héng chí chěng*　纵：南北的方向。横：东西的方向。骋：音逞。驰骋：(骑马)奔驰。不受阻挡地往来奔驰。形容英勇战斗，所向无敌。

【纵虎归山】 *zòng hǔ guī shān*　纵：释放。把老虎放回山去。比喻把坏人放回老巢，留下祸根。又作"放虎还山"。

【走马观花】 *zǒu mǎ guān huā*　见"走马看花"(本页)。

【走马看花】 *zǒu mǎ kàn huā*　走：跑。走马：骑着马跑。指大略地观察一下。〔例〕这次参观虽说是～，但增加了不少感性认识。又作"走马观花"。

【走投无路】 *zǒu tóu wú lù*　投：投奔。无路可走，已到绝境。〔注意〕"投"不能写作"头"。

【足智多谋】 *zú zhì duō móu*　足：充足。智：才识，智慧。谋：计谋。富有智慧，善于谋划。〔例〕三国故事长期在民间流传，诸葛亮便成了～的典型人物。

【罪不容诛】 *zuì bù róng zhū*　诛：处死。罪恶极大，杀了也抵不了所犯的罪恶。

【罪大恶极】 *zuì dà è jí*　罪恶大到了极点。〔例〕对于～的犯罪分子，必须依法严惩。

【罪恶昭彰】 *zuì è zhāo zhāng*　昭彰：明显。罪恶非常明

显,人所共见。

【罪魁祸首】 zuì kuí huò shǒu　魁、首:头目。作恶犯罪的头子。

【罪有应得】 zuì yǒu yīng dé　指受到的惩罚是应该的,没有被冤枉。〔例〕他被判刑、罚没家产,那是～,连他自己都不得不承认。

【醉生梦死】 zuì shēng mèng sǐ　像喝醉酒和做梦那样,昏昏沉沉,糊里糊涂地过日子。

【醉翁之意不在酒】 zuì wēng zhī yì bù zài jiǔ　宋朝欧阳修《醉翁亭记》:"醉翁之意不在酒,在乎山水之间也。"(醉翁:欧阳修自称。)原是作者自说在亭子里真意不在喝酒,而在于欣赏山里的风景。后用来表示本意不在此,而在别的方面。

【左道旁门】 zuǒ dào páng mén　左道:邪道。旁门:比喻不正经的门路。原指不正派的宗教派别。借指不正派的学术派别。后泛指不正派的东西。又作"旁门左道"。

【左顾右盼】 zuǒ gù yòu pàn　顾:回头看。盼:看。向左边看,向右边看。形容得意或仔细观察事物的神态。

【左右逢源】 zuǒ yòu féng yuán　逢:遇到。源:水源。《孟子·离娄下》:"资之深,则取之左右逢其原。"(资:积累。原:同"源"。)意思是说,做学问如果积累丰富,则需要时无论哪方面都能取之不尽,用之不竭。后用"左右逢源"比喻做事得心应手,非常顺利。也比喻办事圆滑。

【左支右绌】 zuǒ zhī yòu chù　支:支撑。绌:音触,不够,不足。指力量不足,应付了这方面,那方面又出了问题。

【作壁上观】 zuò bì shàng guān　壁:壁垒,军营周围的高

墙。《史记·项羽本纪》记载，秦将章邯(hán)包围了赵国的巨鹿城，其他诸侯带兵前去援救。当时秦兵屡胜，声势很大，只有楚将项羽领了队伍冲锋陷阵，其他诸侯的将领都不敢出兵，只在壁上观战。后用"作壁上观"比喻置身于事外，在一旁观望。

【作法自毙】 zuò fǎ zì bì　法：法律。毙：死。自己立法，自己受害。比喻自己想出的办法，反而害了自己。

【作奸犯科】 zuò jiān fàn kē　作奸：做坏事。科：科条，指法律条文。犯科：触犯法律。指为非作歹，违犯法律。〔例〕只有对那些违法乱纪、～的坏人进行严厉打击，社会上正气才能抬头。

【作茧自缚】 zuò jiǎn zì fù　缚：束缚。蚕吐丝作茧，把自己包在里面。比喻自己使自己陷入困境。

【作威作福】 zuò wēi zuò fú　《尚书·洪范》："惟辟作福，惟辟作威。"(辟：音壁 bì，国君。)本指只有国君才能行赏罚，揽威权。后用"作威作福"表示妄自尊大，滥用权力。

【坐吃山空】 zuò chī shān kōng　指光是消费而不从事生产，即使有堆积如山的财富，也要耗尽。

【坐地分赃】 zuò dì fēn zāng　坐地：就地。赃：赃物，指偷盗得来的财物。原指盗贼就地瓜分偷盗来的赃物。现多指匪首窝主自己不动手而坐在家里分同伙偷盗来的财物。

【坐而论道】 zuò ér lùn dào　坐着空谈大道理。指口头说说，不见行动。〔例〕关心群众生活，不能～，必须有切实的措施。

【坐观成败】 zuò guān chéng bài　冷眼旁观人家的成功或失败。

【坐井观天】zuò jǐng guān tiān 唐朝韩愈《原道》:"坐井而观天,曰天小者,非天小也。"意思是坐在井底看天,说天很小,其实天并不小。后用"坐井观天"比喻目光狭小,所见有限。〔例〕原来以为我们的规划够先进的了,去外地一看,才知道我们过去是～,不知道天外有天。

【坐立不安】zuò lì bù ān 坐着也不是,站着也不是。形容心情紧张或烦躁。

【坐山观虎斗】zuò shān guān hǔ dòu 观:看。《史记·张仪列传》里说,有个叫卞庄子的人在山里观看两只老虎争食相斗,等到老虎一死一伤,他就刺死伤虎,博得了一举杀两虎的名声。后用"坐山观虎斗"比喻坐看别人互相争斗,等待两败俱伤,从中取利。

【坐视不救】zuò shì bù jiù 视:看。别人有危难,自己坐着旁观,不肯帮助。〔例〕秦末农民起义时,项羽杀死了对友军～的将领宋义,率领部队击溃了围困巨鹿城的秦军。

【坐收渔利】zuò shōu yú lì 比喻利用别人之间的矛盾获得利益。参见"鹬蚌相争,渔翁得利"(475页)。又作"坐收渔人之利"。

【坐收渔人之利】zuò shōu yú rén zhī lì 见"坐收渔利"(本页)。

【坐卧不安】zuò wò bù ān 见"坐卧不宁"(本页)。

【坐卧不宁】zuò wò bù níng 卧:躺下。宁:安宁。坐不稳,睡不安。十分担心忧虑的样子。又作"坐卧不安"。

【坐享其成】zuò xiǎng qí chéng 享:享受。成:成果。坐着不动而享受别人的劳动成果。

【坐以待毙】zuò yǐ dài bì 待:等待。毙:死。坐着等死。

指处在困难或危险的境地,不积极设法而听其自然。〔例〕与其~,不如冒险冲出重围,或许能杀出一条生路。

【坐以待旦】 zuò yǐ dài dàn　旦:天亮。坐着等天亮。〔例〕爬到泰山的日观峰,已经是后半夜,大家~,准备观看日出的壮丽景象。

【座无虚席】 zuò wú xū xí　虚:空。席:座位。座位没有空下来的。形容听众、观众或客人很多。〔例〕刘老师课讲得很精彩,每逢有他的大课,教室里总是~。

【做贼心虚】 zuò zéi xīn xū　指做了坏事,因怕人发觉而内心不安。〔例〕她背后说人家闲话,结果两人单独在一起时,眼睛都不敢直视对方,颇有点~。

图书在版编目（CIP）数据

汉语成语小词典/商务印书馆辞书研究中心修订.
—2003年修订本. —北京：商务印书馆，2003
　ISBN 7-100-03580-5

Ⅰ.汉… Ⅱ.商… Ⅲ.汉语-成语词典
Ⅳ.H136.3-61

中国版本图书馆 CIP 数据核字（2002）第 068373 号

所有权利保留。
未经许可，不得以任何方式使用。

HÀNYǓ CHÉNGYǓ XIǍOCÍDIǍN
汉语成语小词典
（2003年修订本）
商务印书馆辞书研究中心修订

商　务　印　书　馆　出　版
（北京王府井大街36号 邮政编码100710）
商　务　印　书　馆　发　行
河北新华印刷一厂印刷
ISBN 7-100-03580-5/H·912

1959年11月第1版　　　　　开本787×1092 1/64
1998年6月第5版　　　　　印张9⅜插页1
2003年1月第6版　　　　　印数150 000册
2004年5月第152次印刷

定价：12.00元